Glan Fluß
Im Jahr 1789 Geometrisch
aufgenommen u. gezeichnet von
Erklerung der Zeichen
Post Strasse nach Reichenhall
Post Strasse nach Laufen
F
L
U
S
S
Nahmen der vornehm
sten Orte
Pflegegericht
Neuhauser

Barth-Scalmani / Mazohl-Wallnig / Wangermann (Hrsg.)

GENIE UND ALLTAG

Gunda Barth-Scalmani
Brigitte Mazohl-Wallnig
Ernst Wangermann (Hrsg.)

GENIE UND ALLTAG

Bürgerliche Stadtkultur zur Mozartzeit

OTTO MÜLLER VERLAG

Gedruckt mit Unterstützung von:
Stiftungs- und Förderungesgesellschaft der Paris-Lodron-Universität Salzburg
Österreichische Gesellschaft zur Erforschung des 18. Jahrhunderts
Internationale Stiftung Mozarteum
Kulturverwaltung der Stadt Salzburg
Bundesministerium für Wissenschaft und Forschung
Oberbank Salzburg
Bausparkasse Wüstenrot

ISBN 3-7013-0877-2

Umschlaggestaltung unter Verwendung des Ölbildes „Salzburger Häuser“,
2. Hälfte des 18. Jh.s, Salzburger Museum C. A.: Leo Fellinger, Salzburg
Vorsatzpapier: Stadtplan von Salzburg um 1789, Museum C. A.
Satz: Fotosatz Rizner, Salzburg
Druck: Druckerei Roser, Salzburg
Bindung: Buchbinderei Almesberger, Salzburg

Inhaltsverzeichnis

Vorwort

Über Wolfgang Amadeus Mozart sind so viele Bücher geschrieben worden, daß Bibliotheken damit gefüllt werden könnten. In diesem Band kommt Wolfgang Amadeus Mozart aber eher nur am Rande vor. Mozart und seine Familie sind nur die mehr oder minder vertrauten Personen, an deren Beispiel die Rekonstruktion einiger interessanter Aspekte des Lebens am Ende des 18. Jahrhunderts in Salzburg und Wien unternommen wird. Im Vordergrund steht also nicht das musikalische Genie Mozart, sondern es geht in diesem Buch um das kulturelle Umfeld der bekannten Familie.

Die zeitliche Dimension mag den Anschein erwecken, daß die Distanz zu groß, die Einladung zur Vergangenheitsreise einer Fahrt ins Ungewisse gleichkäme. Außerdem glauben wir alle vertraut zu sein mit dem Leben des jungen Genies aus jener kleinen geistlichen Residenzstadt am nördlichen Rand der Alpen. Sind wir uns wirklich bewußt, daß zu „Mozarts Zeit" ein gewaltiger gesellschaftlicher Umwälzungsprozeß begann, der bis ans Ende des 20. Jahrhunderts seine Nachwirkungen zeigt? Ständisch-feudale Rechte, Vorrechte der Geburt wurden langsam abgelöst durch die Ideale angeblich gleicher Individuen. Die Unterordnung unter das Gemeinwohl und der Individualismus sollten freilich zu in sich widersprüchlichen Grundlagen der bürgerlichen Gesellschaft werden. Die Gesellschaft wurde zunehmend arbeitsteiliger, bestimmt von Geld- und Marktwirtschaft, von wachsenden Handels- und Verkehrsbeziehungen, sodaß sie sich nicht mehr lange mit den Ordnungen grundherrschaftlicher Autorität regieren ließ.

Wie reiste man zu jener Zeit, wie funktionierte das Postsystem, das es möglich machte, daß die abwesenden Familienmitglieder mit den Daheimgebliebenen und Freunden regelmäßig Briefe wechseln konnten? *(Mazohl-Wallnig, Wallnig)* Daß Nannerl und Wolfgang im Fasching tanzten, ist bekannt: vor dieses Bild wird die damalige gesetzliche Regelung und ihre Handhabung gestellt, wird gezeigt, wie (unterschiedlich) diese Vergnügungen für die Bevölkerung am Land und in der Stadt geregelt waren. *(Mittendorfer)* Welche (Glücks-)Spiele waren zu jener Zeit in den bürgerlichen Häusern und bei Hofe beliebt, inwieweit wurde dabei der Rahmen des Gesetzlich-Erlaubten überschritten? *(Bauer)* Wie lebten die Salzburger Hofmusiker? *(Rainer)* Nach welchen sozialen und kulturellen Leitbildern orientierte sich Vater Mozart? Der Musikus in Hofdiensten, gewissermaßen nur ein kleines Rädchen im Hofstaat des absoluten geistlichen Herrschers, richtete sich nach den damaligen „bürgerlichen Normen“, war Teil jener sich neu formierenden bürgerlichen Gesellschaft. *(Barth-Scalmani)* Unter den Männern, die in Wien zum Freundeskreis von Wolfgang Amadeus Mozart gehörten, finden sich viele neue Wirtschaftsbürger. *(Mittenzwei)* Dem Leben und dem Alltagsablauf eines damals typischen österreichischen Beamten geht der Beitrag *Heindls* nach. Mit der Analyse der zu Mozarts Zeiten führenden Zeitschrift für guten Geschmack, Mode- und Stilfragen läßt sich der „Zeitgeist“ der tonangebenden Schichten fassen. *(Herzog)* Die schwierige Handhabung des Urheberrechtes und seine Entwicklung zeigen, daß Mozart durchaus marktorientiert produzieren konnte, oft aber auch das finanzielle Nachsehen hatte, weil die rechtliche Sicherstellung des geistigen Eigentums fehlte. *(Reiber)* Die Rolle, die der Musik im pädagogischen Denken und der Unterrichtspraxis jener Zeit zukam, wird von *Antonicek* thematisiert. Der Beitrag *Wangermanns* geht der moralischen Funktion der schönen Künste im ästhetischen Diskurs nach. Die Philosophie der Freimaurerlogen, in denen Mozart verkehrte, wird von *Rosenstrauch-Königsberg* beleuchtet, und die Thematisierung der Freiheit in einigen Opernlibretti von *Puntscher-Riekmann* anschaulich dargelegt.

Es entsteht so mosaikartig ein Bild vom gesellschaftlichen Umfeld der Familie Mozart, zugleich ein Bild städtischen Lebens und Denkens am Ende des 18. Jahrhunderts.

Die hier veröffentlichten Beiträge gehen auf eine Tagung in

Salzburg im Herbst 1991 zurück. Die Vorgeschichte sei kurz rekapituliert. Die Österreichische Gesellschaft zur Erforschung des 18. Jahrhunderts unternahm es, das mögliche Interesse an einer Tagung zur Zeit und zum gesellschaftlichen Umfeld Mozarts in der Geburtsstadt des Komponisten zu sondieren. Dabei stellte sich heraus, daß *Gunda Barth-Scalmani,* unabhängig von der in Wien ergriffenen Initiative, ein Konzept zu einer historischen Mozart-Tagung erarbeitet hatte und dafür Interesse zu erwecken versuchte. So kam es zu einer glücklichen Vereinigung dieser beiden Initiativen. *Theophil Antonicek* und *Ernst Wangermann* von Seiten der Gesellschaft und die Salzburger Historikerinnen *Gunda Barth-Scalmani* und *Brigitte Mazohl-Wallnig* waren sich schnell einig hinsichtlich der Themen, für die Referenten gewonnen werden sollten. Allen Mitarbeitern an der Tagung und den Referenten, die ihre Beiträge in schriftlich überarbeiteter Form für diese Publikation zur Verfügung gestellt haben, sei an dieser Stelle herzlich gedankt.

Gedankt sei bei dieser Gelegenheit nochmals den Salzburger Körperschaften, deren Interesse und großzügige finanzielle Unterstützung es möglich machte, die Tagung in einem dem Anlaß und Thema entsprechenden würdigen Rahmen abzuhalten. Demnach konnte sie mit einer dem weniger bekannten Mozart gewidmeten musikalischen Darbietung ergänzt und gleichsam vollendet werden. Es ist sehr zu bedauern, daß diese von Josef Wallnig originell konzipierte und vom Ensemble „Vaganten“ hervorragend ausgeführte Darbietung in diesem Tagungsband nicht, so wie die Referate, verewigt werden konnte.

Gunda Barth-Scalmani, Brigitte Mazohl-Wallnig,
Ernst Wangermann

Salzburg, Frühling 1994

Italienische Postkutsche, Stich, 1775.

BRIGITTE MAZOHL-WALLNIG UND JOSEF WALLNIG

Reisen zur Mozart-Zeit – Die Mozarts auf Reisen

Wollte man eine musikalische Analyse des Titels dieses Beitrags vornehmen, so könnte man ihn als zweiteilige Periode, als rhythmisches Paar bezeichnen, wobei der erste Teil durch eine – im Sinne musikalischer Rhetorik – auf „Mozart-Zeit" endende Emphase gekennzeichnet ist, und dadurch ein Spannungsverhältnis zum zweiten Teil des rhythmischen Paares erzeugt wird, das sich dann in der deszendenten Betonung des Wortes „Reisen" auflöst.

Die verschiedene Gewichtung der Akzente in den beiden Titelteilen deutet also auf die unterschiedliche Interpretation des rhythmischen Paares durch die beiden Vortragenden hin:

Bilden doch einerseits die *Mozarts* nichts anderes als die zeitlichen Determinanten, unter denen sich ein allgemeines Interesse am Reisen verbirgt, und sind doch andererseits die Mozarts auf *Reisen,* losgelöst von ihrer kulturellen Bedeutung, ebenfalls nichts anderes als Leidensgenossen von anderen frierenden, durchgeschüttelten und ungeziefergeplagten Benützern von Postkutschen und anderen Gefährten.

In beiden Fällen geht es aber nicht um die musikalische Unsterblichkeit, sondern um die prosaische Lebenswirklichkeit, welche die Mozarts mit anderen Sterblichen verbindet, mit dem Unterschied allerdings, daß die Mozartschen Reiseerfahrungen, im Gegensatz zu denen ihrer Leidensgenossen, außerordentlich gut dokumentiert sind.

Daher wird in dieser zweistimmigen Invention versucht, „das musikalische Genie" Mozart in den Rahmen seiner Alltäglichkeit zu stellen, d. h. es in der Alltäglichkeit eines bürgerlich-kleinstädtischen Reisenden in der zweiten Hälfte des

18. Jahrhunderts etwas genauer zu betrachten und es in dieser Qualität als historische Quelle zu mißbrauchen.[1]

Die nun von Josef Wallnig vorzutragende Hauptstimme der zweistimmigen Invention verarbeitet Mozarts Gefährte, während Brigitte Mazohl-Wallnigs Gegenstimme den Einzelfall mit dessen allgemeinen Rahmenbedingungen kontrapunktisch verknüpft.

Mozarts Gefährte I

Als Leopold Mozart im Winter 1762 auf der Rückfahrt von Preßburg nach Wien sich genötigt sah, einen Wagen zu kaufen, so hatte das unter anderem den profanen Grund, daß er „sonst ein paar Rippen weniger nach Hause gebracht hätte", denn die Wege waren „unbeschreiblich knoppericht und voller tieffer gruben und schläge".[2] Bei den Landkutschern war ein viersitziger geschlossener Wagen nicht zu bekommen, so kaufte man den Wagen also bei einem Stadtkutscher, dem das Überlandfahren ja nicht gestattet war.

Mit diesem Gefährt geht es dann im Juni des Jahres 1763 auf die große Europa-Reise, die die Mozarts bis London führt. Doch schon zwei Stunden „außer Wasserburg" bricht das hintere Rad „in Stücken"[3] und man erlebt, was es an Zeitaufwand, Nerven und Geld kostet, den Wagen bei Wagner und Schmied „restituieren zu lassen", denn es ist notwendig geworden, „auch dem anderen Rad die Puls fühlen zu lassen". Leopold räsoniert über den verlorenen Tag: „Daß beträchtlichste bey der Sache sind die Kösten. denn wenigst hab ich die Ehre die Pferd und den Kutscher zu verzehren."[4]

Die Probleme mit dem Wagen reißen auch auf der Weiterfahrt nicht ab. Die gepflasterten Poststraßen zwischen Paris und Lüttich führen zu Defekten an den eisernen Reifen der Vorderräder, denn „Poststraßen, die wie Städte gepflastert" seien, bemerkt Leopold, „greifen die Wagen, Räder, und sonderheitlich das Eisenwerck an und richten es zu Grund".[5]

Auf dem Weg zwischen Aachen und Lüttich werden die Räder provisorisch repariert, in Brüssel entschließt sich Leopold, „die zwei kleinen Räder und vordere axe"[6] neu machen zu lassen.

Leopold beklagt darüber hinaus die hohen Kosten der Reise von Brüssel nach Paris: Die Poststationen liegen vorerst in Stundenabständen, später nicht mehr als zwei Stunden voneinander entfernt. Bis Valenciennes zahlt man für ein Pferd 45 Kreuzer, das ist um ein Drittel mehr als der in Deutschland übliche Preis von 30 Kreuzern. Ab Valenciennes muß man mit sechs Pferden weiterreisen; dafür bekommt man auch einen zweiten Postknecht zusätzlich in Rechnung gestellt. Leopold klagt: „Man hat genug zu sorgen, damit man die Lohner versorge, damit sie nicht ausspringen, und die Räder ablaufen: und die bagage muß bei ieder Post Station, wenns nicht recht vest gebunden ist, neu gebunden werden, sonst bricht alles zusammen und wird alles verdorben."[7]

Nach der ebenfalls sehr kostspieligen Fahrt von Paris nach Calais mit sieben Postpferden und dementsprechend wieder mit zwei „Bedienten" wird der Wagen vor der Weiterreise nach London bei dem „Procureur du Roy et l'amiraute'" eingestellt.[8]

Auf der Rückreise von London über Paris nach Salzburg ergibt sich die Notwendigkeit, die auf der Reise erworbenen Gegenstände in zwei Koffern und einem „mit wax-duech überzogenen Verschlag"[9] über die Pariser Banquiers Popelier und Eberts nach Salzburg schicken zu lassen.

Und dennoch ist der Reisewagen der Mozarts mit einem „grossen Coffre, noch einen(m) kleinen, dann eine(m) grossen Mantlsack, und zwei Sitztrüchel nebst dem Magazinn voll mit Bagage"[10] schwer beladen.

Hier gilt es erstmals kurz innezuhalten und einige Stichworte herauszugreifen, die einer genaueren Betrachtung bedürfen.

Da ist zunächst vom Wagen die Rede gewesen und von den Wegen, auf denen er fuhr.

Der enge Zusammenhang zwischen beiden, die Erkenntnis also, daß Räder – von Pferden gezogen – nur rollen, wenn ihnen eine bestimmte Qualität von Boden in einer ausreichenden Breite zur Verfügung steht, war den Reisenden des 18. Jahrhunderts leidvolle notorische Gewißheit.

Leopold Mozart konnte – 1762 – nicht ahnen, daß es nur noch 70-80 Jahre dauern würde, bis der Reibungswiderstand zwischen Rad und Boden durch die Entwicklung der Schiene weitgehend ausgeschaltet werden konnte, ebensowenig wie es ihm vermutlich nicht vorstellbar schien, daß es bald möglich sein würde, die animalische Zugkraft von Pferden durch Dampfmaschinen zu ersetzen.[11]

Und es erscheint auch nicht sehr wahrscheinlich, daß die Mozarts als Durchschnittsreisende neben ihren eigenen begrenzten Rad- und Wagenerfahrungen von den lebhaften Bemühungen der wissenschaftlichen Mechanik ihrer Zeit um die verkehrstechnische Verbesserung von Wagenrad und Straße wußten.[12]

Lange vor Dampfmaschine und Eisenbahn, die uns immer als die entscheidenden Faktoren der „industriellen" Revolution vor Augen geführt werden, wurden nämlich bereits in der Mozart-Zeit – trotz aller Gleichzeitigkeit der von ihnen erlebten Radbrüche – durch die präzise Erforschung der Wechselwirkung zwischen Kraft, Geschwindigkeit und Reibung für die bestmögliche Bewegung des Wagenrads die wissenschaftlichen Voraussetzungen der späteren Modernisierung des Reisens geschaffen.[13]

Daß Schiene und Bahn dabei nur *eine* Variante dieser Thematik bilden, dürfte angesichts unserer heutigen Autowelt offenkundig sein. Die Verminderung des Reibungswiderstandes zwischen Rad und Straße auch im Zusammenhang mit dem Kutschenverkehr war von Anfang an und blieb bis in die Gegenwart hinein entscheidendes Anliegen der technisch-mechanischen Diskussion und ihrer angewandten Forschung.

Von Anfang an, so wurde soeben geäußert, und auf diese Weise einmal mehr die Unsicherheit der Historiker/innen über den Zeitpunkt verschleiert, ab wann es eigentlich im neuzeitlichen Europa tatsächlich einen regelmäßigen Wagenverkehr zur Personenbeförderung auf dafür geeigneten Straßen gegeben habe.

Seit Edith Saurers Forschungen über die Straße[14] und Klaus Beyrers Arbeiten über die Postkutschenreise[15] wissen wir zwar über die verkehrsstrategischen Bemühungen und Verbesserungen des 18. und 19. Jahrhunderts Bescheid; da das Rad aber bekanntlich eine mehrtausendjährige Geschichte aufzuweisen hat, so muß sich hier wohl die Frage stellen, auf welche Weise und wo es gerollt ist, bevor Mechanik und politische Ökonomie sich seiner so intensiv angenommen haben. Beziehungsweise auf welche Weise und auf welchen Wegen sich die Menschen fortbewegt haben, bevor sie sich, wie Leopold Mozart und Sohn mit eigenem Wagen, zu „verzehrendem Kutscher" und „gewichtiger Bagage" auf mehr oder weniger guten Straßen befördern lassen konnten.

Verschämt und in bemerkenswerter zeitlicher Präzision wird in der historischen Literatur davon gesprochen, daß etwa seit dem Ende des 16. oder seit Anfang (oder aber seit der Mitte) des 17. Jahrhunderts der Personenreiseverkehr, also das Fahren in Wagen und Kutsche, in stetem Zunehmen begriffen war.[16]

Wie bei allen eigentlich revolutionären Veränderungen läßt sich also der genaue Zeitpunkt der „Erfindung" eines regelmäßigen fahrenden Personenverkehrs – im Gegensatz zur ersten Eisenbahnfahrt und im Gegensatz auch zum 1990 gefeierten fünfhundertsten Geburtstag des ersten regulären Postkurses – nicht genau bestimmen.[17]

Mit einiger Sicherheit läßt sich allerdings festhalten, daß noch bis ins 17. Jahrhundert hinein, Reisen (jedenfalls für Männer) nicht fahren, sondern reiten bedeutet hat, und daß die verkehrstechnische Infrastruktur, die den Mozarts in der zweiten Hälfte des 18. Jahrhunderts zur Verfügung stand, eine verkehrsgeschichtlich äußerst junge Einrichtung war[18]; bei allen Klagen über die Unbillen dieser Art der Fortbewegung bedeutete sie doch gleichzeitig erst deren Ermöglichung: Wäre Wolfgang zweihundert, ja noch hundertfünzig Jahre früher geboren worden, hätte wohl auch der ehrgeizigste Vater die Möglichkeit einer solchen Europareise gar nicht erst erwogen.

Erst zu Beginn des 17. Jahrhunderts setzen generell staatliche Wegebauordnungen für den Ausbau eines öffentlichen Straßennetzes ein[19]; mit dem Anlegen von Kunststraßen, sogenannten Chausseen, steingepflastert und damit dem Versinken in Schlamm, Löchern und Regenrinnen der „Naturstraßen" entgegenwirkend, wird in Deutschland, nach französischen Vorbild, etwa Anfang des 18. Jahrhunderts begonnen[20]; und auch für das Gewerbe des Wagen- und Kutschenbaus brachte die steigende Nachfrage in jener Zeit erst eine Rasch wachsende Prosperität mit sich und ständig neue Modelle und Typen hervor, wobei die „moderne" Technik des Wagenbaus, hierin den städtischen Kutschen folgend, darin bestand, daß das Wagengestell selbst an den beiden Radachsen aufgehängt war, und nicht, wie bei den älteren Karrenwagen üblich, fest auf den Achsen aufsaß. Die Erschütterungen, denen man auf den „knopperichten Straßen" ausgesetzt war, konnten auf diese Weise wenigstens ein wenig aufgefangen werden.[21]

Das Mozartsche Gefährt stellte also – gemessen an den Karrenwägen, mit denen man damals noch durch die Ordinari-Post befördert wurde – bereits das verbesserte und moderne Modell einer eingehängten Reisekutsche dar; wenngleich freilich auch sie – in einer verkehrstechnisch weniger entwickelten Gegend gekauft – für den fortgeschrittenen Straßenbau Westeuropas wenig geeignet war, und die Räder nach dieser ersten Europareise offenbar nicht mehr zu gebrauchen waren.

Bevor nun aber das eben gefallene Stichwort Ordinari-Post auf ein zweites wesentliches Problem des Reisens führt, sollte nun, um das Formprinzip der musikalischen Invention zu erfüllen, wieder die Hauptstimme ihre weitere thematische Verarbeitung aufnehmen.

Mozarts Gefährte II

Während der ersten Italienreise, die Vater und Sohn Mozart im Jahre 1769 beginnen, scheint der eigene Wagen in Salzburg geblieben zu sein.

Er hatte „seine dienste gethann"[22] und sollte , ebenso wie das im fürsterzbischöflichen Stall eingestellte Pferd auf briefliche Anweisung Leopolds aus Mailand von seiner Frau verkauft werden. Es kam allerdings nicht zu dem Verkauf des Wagens; im Gegenteil: Er wird Wolfgang und seine Mutter 1777/78 nach Paris bringen, allerdings auf der letzten Strekke von Mannheim nach Paris wird der Wagen nicht mehr im Eigentum der Mozarts stehen!

Leopold rät schon mehrmals, den Wagen in Mannheim zu verkaufen und erinnert an die Erfahrungen der teuren Fahrtkosten auf der ersten Parisreise.[23] Aber die „Chaise" erweist sich als schwer verkäuflich. Vielleicht betreiben Mutter und Sohn die Verwertung halbherzig, zumindestens sehr spät.[24] Eineinhalb Monate nach Leopolds Verkaufsanordnung schreibt seine Frau erst zurück, „den Wagen werden versuchen zu verkaufen für 60–70 Gulden"[25], das wäre gemessen am Anschaffungspreis von 80 Gulden ein guter Preis gewesen. Doch, daraus wird nichts. „mit der chaise verkaufen geht es uns sehr schlecht"[26], schreibt Wolfgang an den Vater; und von Brief zu Brief können die Mozarts aus Mannheim nur von sinkenden Angeboten sprechen.[27]

Letztlich wird der Wagen an einen Haderer, einen Lohnkutscher, der die Mozarts nach Paris bringen soll, verkauft. Der Kaufpreis von 40 Gulden wird dabei vom Fuhrlohn von 11 Louis d'or (entspricht etwa 120 Gulden) abgezogen. Der Haderer „thut den kasten auf ein seiniges gestell", wodurch für das Mozartsche ramponierte Gefährt nicht nur die Erneuerung von Rädern und Aufhängung gewährleistet ist, sondern womit noch weitere Vorteile für die neuneinhalbtägige Reise verbunden sind: „Es ist mehr Comodité dabey, ... denn wir haben so vielle kleinigkeiten, die wir in unserer chaise ganz gelegen verwahren können, welches wir auf den Postwagen nicht thun könnten; und hernach sind wir allein, können reden von was wir wollen. denn ich versichere sie, daß, wenn ich wircklich noch mit dem Postwagen gehe, ich auf nichts sorg habe, als auf die trauerigkeit, nicht reden zu können, was man will, und was einem gelegen ist".[28]

Dennoch wird die lange Reise nicht gerade gemütlich gewesen sein. Wolfgang notiert in Paris: „Wir haben geglaubt wir können es nicht aushalten. ich habe mich mein lebetag niemahl so ennuirt".[29] Und Mutter Maria Anna fügt hinzu: „Auf der Reise haben wür 8 täge das schönste wetter gehabt, Morgens erstaunlich kalt, und nachmitag warm, die 2 lesten täge aber hat uns der wind fast ersticket, und der Regen ersäuffet, das wür beyde in wagen waschnass sein worden, und schür nicht mehr schnaufen gekönt".[30]

Nach dem Tod der Mutter im Juli 1778 wird für Herbst Wolfgangs Rückreise von Salzburg aus erwogen, kalkuliert, geplant. Vater Leopold träumt von zukünftigen gemeinsamen Reisen: Er will dafür im Stall ein Pferd halten und ein „Kleins chaisl oder Würstl kauffen"[31], ein offenes, schmales vierrädriges Fuhrwerk also. Wolfgang hingegen hat die Idee, sich für die Heimreise von Paris ein Capriolet, einen verglasten zweirädrigen Wagen, schenken zu lassen, mit dem man dann „mit der Post oder mit viturin" gehen könne.[32] Doch der Vater repliziert mit dem Argument, daß das Geschenkte wahrscheinlich bau- und reparaturfällig sei und er verweist auf die Lohnkutscher, die bei leeren Rückfahrten entsprechend hohe Preise ansetzten, „weil sie auf keine Leute zum zurückfahren antragen und als Ritorno nichts gewinnen können und mit leeren Pferden zurückgehen müssen".[33] Ja, nur das Pferdeausspannen sei schon teuer! Leopold errechnet die Fahrtkosten Paris – Straßburg, das sind $55^1/_2$ Poststationen, mit 2 Livres und 10 Sols pro Poststation, und das ohne Trinkgeld![34] In österreichischer Währung ausgedrückt hätte die Fahrt auf diese Weise etwa 55 Gulden gekostet.[35]

Doch in Wirklichkeit gestaltet sich die Rückfahrt anders, auch was die Kostenfrage betrifft.

Baron Grimm, der Wolfgang während seines Parisaufenthaltes protegiert und unterstützt hatte, versucht Ende September Wolfgang mehr oder minder abzuschieben, indem er die reinen Fahrtkosten, also nicht auch noch zusätzlich die Logis- und Verpflegungskosten zu übernehmen verspricht. „stellen sie sich vor", schreibt Wolfgang seinem Vater, „der M.r grimm hat mir vorgelogen, daß ich mit der Dilligence gehen, und in 5 tägen zu strassburg anckommen werde; – den lezten tag wuste ich erst, daß es ein anderer wagen ist, der schritt für schritt gehet, keine Pferde wechselt, und 10 täge braucht … als ich in wagen kamm, hörte ich die angenehme nachricht, daß wir 12 täge reisen werden".[36]

Die Rechnung für Baron Grimm geht auf: Ihm erwachsen mindere Kosten, während hingegen Mozart für Verpflegung in den verschiedenen Wirtshäusern und Poststationen etwa soviel ausgibt, als eine schnelle, teurere Verbindung Paris-Staßburg gekostet hätte. Dazu kommt die Strapaze, jede Nacht um drei Uhr aufzustehen, denn um vier Uhr wird abgefahren. Zweimal heißt es allerdings schon um ein Uhr aufstehen, da der Wagen um zwei Uhr weggeht. Nach acht Tagen dieser Qual beschließt Mozart mit einem Leidensgenossen, einem deutschen Kaufmann, „mit einer guten gelegenheit, das nicht viell kost“[37] sich nach Straßburg abzusetzen. Die Tatsache, daß Leopold von Wolfgangs Ankunft in Straßburg erst verspätet erfährt, führt zu schwersten Ängsten des Vaters: „Was musten und konnten wir uns nun alle denken, nachdem du nach 6 tagen nicht in Strassburg warest, als daß du Krank geworden, – oder der angebliche Kaufmann etwa ein Räuber, ein Spitzbube etc. möchte gewesen seyn.“[38] Leopold sieht also seinen Sohn schon dahingemordet; seine Sorgen waren allerdings nicht gänzlich unbegründet, gab es damals in Bayern räuberische Umtriebe und Überfälle auf den Poststrecken, sogar bei hellem Mondschein. Er läßt jedenfalls für Wolfgang vorsorglich Messen lesen und geht mit Tochter Nannerl kommunizieren. Doch Wolfgang ist schon auf dem Weg nach Mannheim, von wo er sich im Dezember 1778 dem Reichsprälaten Coelestin II. Angelsprugger anschließt und mit diesem die heutige „romantische Straße“ entlang über Dinkelsbühl und Nördlingen nach Kaisersheim reist. Tage später erreicht er München. Vater Leopold drängt auf baldige Rückkehr des Sohns. Er verschafft ihm die Möglichkeit, statt im „stossenden dilligencewagen“ mit dem „sehr bequemen zweisitzigen Gläserschwimmer der Msse Mellin“[39] nach Salzburg zu fahren, doch Wolfgang lehnt ab: er könne München nicht so überstürzt verlassen.

Die zweite Rückholungsaktion Leopolds hat definitiven Zwangscharakter: „Ich will“, schreibt Leopold, „daß du mit H.Gschwendner abzureisen dich bemühen sollst ... seine chaise ist sehr bequemm... du wirst die Sache doch nicht aufs äuserte treiben ... Ich erwarte dich also mit H. Gschwendner ohnausbleiblich.“[40]

Wolfgang reist mit Franz Xaver Gschwendtner am 14. oder 15. Jänner von München nach Salzburg ab.

Lassen wir uns vom „stoßenden Dilligencewagen" zur Ordinaripost und generell zum nun schon mehrfach gefallenen Stichwort „Post" zurückbringen. Es gibt hier nämlich einen verkehrs- und sprachgeschichtlich höchst bemerkenswerten Zusammenhang. Schon im 16. Jahrhundert waren nämlich die reitenden Kuriere auf den ersten organisierten Postkursen „con diligenza", bzw. zu deutsch „mit Hurtigkeit und Eifer" unterwegs gewesen, wenn Tag und Nacht durch regelmäßigen Pferde- und Menschenwechsel geritten werden konnte, im Gegensatz zum „ordinären" berittenen Boten, dessen Ermüdbarkeit, ebenso wie die seines Pferdes, zeitraubende Essens- und Schlafenspausen nötig gemacht hatte.[41]

Die wörtliche Bedeutung des französisch/italienischen Begriffs „diligence"/„diligenza" (Eifer, Fleiß, Hurtigkeit) war also schon in der Frühgeschichte der Post, lange bevor sie zur „fahrenden" Post wurde, auf jene Organisationsstruktur angewandt worden, die schneller als die „gewöhnliche", die „ordinäre", zu funktionieren hatte.

Erst im Laufe des 18. Jahrhunderts, als die Post neben ihrer bisherigen Kompetenz der Briefbeförderung auch ein organisiertes System der Personenbeförderung entwickelte, wurde der Begriff „diligence" über die Bezeichnung einer schnelleren organisationstechnischen Infrastruktur (häufigere Pferdewechsel, geregelte Ankunfts- und Abfahrtszeiten) hinaus auch auf das Beförderungsmittel selbst übertragen, das im Rahmen dieses geschwinderen Transportsystems eingesetzt war.[42]

In seiner deutschen Konnotation behielt der Begriff „diligence" bis ins 19. Jahrhundert hinein diese Doppelbedeutung, und erst die wagentechnische Verbesserung mittels Federnaufhängung, welche die bisherige tragende Funktion der Riemen entlastete, brachte dann mehr und mehr die ausschließliche Bezeichnung für den Wagentyp selbst hervor. Die Mozartsche Bezeichnung „Diligencewagen" hingegen (für spätere

Ohren bereits ein Pleonasmus) zielt noch ganz auf die ihm zugrundeliegende Transportart der „geschwind post“, ebenso wie der Wagen selbst, „stoßend“ wie er war, in technischer Hinsicht noch keineswegs jene Voraussetzungen mitbrachte, die im 19. Jahrhundert seine eigentlichen Kennzeichen waren.

Über die Wagenproblematik hinaus zeigt sich allerdings an den Mozartschen Bemerkungen über die unterschiedliche Reisegeschwindigkeit – je nachdem ob man mit der „diligence“, der „Ordinari-Post“ oder mit dem eigenen Wagen („Extra-Post“) unterwegs war – die ungeheure Bedeutung der eigentlich entscheidenden Voraussetzung des neuzeitlichen Reiseverkehrs: der organisatorischen Infrastruktur von vernetzten Postkursen.[43]

Und die Schnelligkeit des Fortkommens hing dabei keineswegs nur von den „Gefährten“ ab, auf denen man sich bewegte, sondern vor allem – im Gegensatz zu den heutigen Unterschieden zwischen Intercity und Lokalbahn – von der Häufigkeit und der Perfektion des Pferdewechsels – auf Straßen, die durch kurzfristig aufeinanderfolgende Poststationen mehr oder weniger gut erschlossenen waren.

Das Vorhandensein einer solchen Erschließung allerdings war wiederum nicht nur an den Ausbau der Straßen selbst, sondern vor allem an ein bereits vorgegebenes Netz von Kurier- und Briefpostkursen gebunden: nur dort, wo die reitenden Boten und die Staffetten der „Ordinari-Post“ schon über Jahrzehnte, ja Jahrhunderte hinweg Briefe und Nachrichten befördert hatten, konnte das System einer *fahrenden* „ordinären Post“ und ihrer späteren technischen und organisatorischen Verbesserungen mittels „Diligence“ und „Extrapost“ eingerichtet werden.[44]

Im Gegensatz zu den von den Zeitgenossen und daher auch von späteren Historikergenerationen überlaut bestaunten technisch-industriellen „Errungenschaften“ des 19. Jahrhunderts, hat weder die „Erfindung“ der Post noch die Entstehung eines regulären fahrplanmäßigen Postreiseverkehrs durch die Geschichtswissenschaft bisher eine – auch nur annähernd ihrer tatsächlichen historischen Bedeutung gerecht werdende – Würdigung erfahren. Hätten hier nicht Briefmarken- und Stempelsammler als Hobbyhistoriker wertvolle Vorarbeiten geleistet, wäre es um unsere Informationen um die Geschichte der Post noch schlechter bestellt.

Allein die Wiederentdeckung des schon in römischer Zeit praktizierten, dann in Vergessenheit geratenen Staffettensystems, also die Ausschaltung des entscheidenden Schwachpunktes jeder Form von animalischen Energie, der physischen Ermüdbarkeit, durch eine geregelte Ablöse von jeweils frischen und ausgeruhten Menschen und Pferden, vor ca. fünf Jahrhunderten hatte für die damalige Zeit eine kommunikationsgeschichtliche Revolution bedeutet. Die Laufzeit eines Briefes, einer Nachricht, mit welchen ein einzelner Bote bisher wochenlang unterwegs gewesen war, konnte so – beispielsweise für die Strecke zwischen Innsbruck und Brüssel, dem ersten dokumentierten Kurs im deutschen Sprachraum – auf 5½ Tage im Sommer und 6½ Tage im Winter reduziert werden.[45]

Wenn um die Mitte des 18. Jahrhunderts bereits ein dichtes Netz von geregelten Verkehrsverbindungen – dessen sich auch die Mozarts bedienen konnten – Europa durchzog, so war dies dem rasch zunehmenden Ausbau eines solchen, auf dem Staffettensystem basierenden Verbindungsnetzes zurückzuführen: ein Ausbau, der sich seinerseits – man denke an Buchdruck und maschinelle Papierproduktion, Zeitung und wachsende Alphabetisierung – einer rasant steigenden Nachfrage an organisierter Nachrichtenübermittlung auf breiter Basis verdankte. Regelmäßige Posttage und Postkurse, an und auf denen die Ordinaripost zuverlässig und pünktlich – im Gegensatz zur Unsicherheit und Zufälligkeit vormals willkürlicher Beförderung – Briefe und Nachrichten transportierte, hatten ihrerseits für die Zeitgenossen geradezu revolutionäre

Neuerungen bedeutet, die sie auch – nicht umsonst wird das 18. Jahrhundert das Jahrhundert des Briefes genannt – ausgiebig nützten.[46]

Am Mozartschen Beispiel läßt sich diese ungeheure – wenn auch nicht mehr reflektierte – Bedeutung des Briefes für das Reisen selbst deutlich erkennen: die vorauseilende Kommunikation trifft nicht nur Vorkehrungen für die Reise selbst, sie hat – verkehrsgeschichtlich gesehen – diese überhaupt erst möglich gemacht. Denn ohne die verkehrs- und organisationstechnische Infrastruktur der Briefpost hätte sich das System einer planmäßigen Personenbeförderung durch die fahrende Post nicht entwickeln können.

Mozarts Gefährte III

Hatte die Familie Mozart auf der großen Europareise 1763–66 den eigenen Wagen benutzt, so bedienten sich Vater und Sohn bei den Italienreisen gemieteter Wagen mit wechselnden Kutschern und natürlich auch der schwerfälligen Postkutschen, die allerdings relativ größeren Schutz auf „unsicheren Wegen“ boten, da man „mit dem procaccio in einer grossen Compagnie ist“.[47] Allerdings benötigte man mit dem procaccio beispielsweise von Neapel bis Rom für diese „schöne, aber mit den abscheulichsten Wirtshäusern versehenene Strasse“[48] viereinhalb Tage, während man dieselbe Strecke mit einer Sedia, einem zweirädrigen Wagen mit halbem Verdeck, in 26 Stunden zurücklegen konnte.

Eine Sedia hatte Platz für zwei Personen und zwei Koffer; zwei Pferde oder Maultiere waren vorgespannt. Das eine Tier, das in der Gabel ging, trug und zog den Wagen, das andere, worauf der Vetturino, der Fuhrmann, dem Wagen und Tiere gehörten, saß, ging zur Linken und war unter dem Baum der Sedia an einer Waage angespannt.

Die Mozarts waren schon von Mantua nach Mailand mit

einer Sedia gefahren, und da es Anfang März 1770 „grimmig kalt" war, kaufte man mit Wolfspelz gefütterte Fußsäcke, denn „ohne dieselben würde es uns in der welschen Sedia übel gegangen seyn", merkt Leopold an.[49]

Auf der Fahrt nach Florenz, „über das Gebürg, bei Regen und starken Wind"[50] holt sich Wolfgang einen kleinen Katarrh. Der „abscheulichste Regen" hält auch auf der fünftägigen Fahrt nach Rom an; dazu „abscheulichste Wirtshäuser, Unflath, nichts zu Essen als zum glück da und dort Eyer und Broccoli".[51]

Von Rom nach Neapel fährt man, auch aus Sicherheitsgründen, „in Gesellschaft dreyer anderer Sedien"[52] und benötigt sieben Tage. Für die Fahrt zurück nach Rom gelingt es Leopold, die „gehofte Sedia"[53], nämlich die Sedia des Augustiner-Generals Pater Velasquez Francisco Javier, zu erhalten. Mit ihr wird die Distanz Neapel-Rom in 27 Stunden durchfahren, eine erstaunliche Zeit, bedenkt man dabei auch den Pferdewechsel! Kurz vor Rom verunglückt das Gefährt. Der Postillion schlägt das Pferd, das in die Höhe geht und beim Fallen den vorderen Teil der Sedia mit sich reißt. Leopold verletzt sich am Fuß und leidet noch wochenlang unter dieser Verletzung. Verbittert bringt er es auf den Punkt: „du weist daß zwei Pferd und ein Postillon drei Bestien sind."[54]

Für die Reise von Rom nach Bologna Ende Juli 1770 wählt man einen vetturino. Die erste Tagreise fährt man „aus vorsorge wegen der Malaria"[55] die ganze Nacht durch: das heißt Abfahrt sechs Uhr abends von Rom, Ankunft in Cività Castellana um fünf Uhr früh. Die übrigen Tage fährt man morgens um drei oder vier Uhr aus, zwischen neun Uhr vormittags und vier Uhr nachmittags wird gerastet, und dann fährt man nochmals vier bis fünf Stunden, also bis neun Uhr abends. Die „wegen des wenigen und unterbrochenen schlafes"[56] ungemein mühsame Reise wird „durch eine unglaubliche menge des ungezifers der flöhe und wanzen, die auch einen ermüdeten Cörper nicht schlaffen lassen“[57] noch unerträglicher. Und zu allem Unglück bricht die Wunde an Leopolds Bein durch die Erschütterung beim Fahren wieder auf, die Waden schwellen an. Für die knapp 500 km lange Fahrt benötigt man zehn Tage!

Kälte und Regen begleiten die Mozarts auch auf der Fahrt von Bologna nach Mailand im Oktober 1770. Leopold klagt: „die bewegung der sedia that mir gar gar nicht wohl“, insbesondere, da er unter „schmerzhaftem Revmatismum“[58] leidet.

Auch später wird das Problem der Kälte in den halbgedeckten Wagen brieflich erörtert. Leopold berichtet von seiner Fahrt nach München im Jahre 1774, daß er die Kälte trotz Filzschuhen über den Stiefeln und trotz Fußsäcken nicht hätte ertragen können, hätte er nicht „einen grossen Buschen Heu in die chaise legen und die fusssäcke mit Heu völlig umstecken und überlegen lassen“.[59]

Mailand bleibt nun für einige Monate festes Quartier für die Mozarts, da Wolfgang für Ende Dezember 1770 die Oper „Mithridate, Re di Ponto“ zu komponieren hat. Ein Ausflug nach Turin im Jänner 1771 und vor allem eine ausgedehnte Reise nach Venedig im Februar schieben vorerst die Rückfahrt nach Salzburg auf. Auch die Ankunft in Venedig ist „von üblen wetter und erstaunlichen Wind“[60] geprägt. Für die Rückreise mietet Leopold ein eigenens borcello, ein Schiff, das auf dem üblichen Wasserweg brentaaufwärts, teils von Pferden gezogen, in einem Tag Padua erreichen konnte. Freunde begleiten die Mozarts, man nimmt zu essen und zu trinken mit sich und kocht und ißt auf dem Schiff.[61]

Am 14. März ist man in Vizenza, am 25. März langt man „unter grossen Wind, schnee und erschröcklicher kälte“[62] in Innsbruck an. Am Gründonnerstag, dem 28. März 1771 kommen Vater und Sohn Mozart nach eineinhalbjähriger Abwesenheit wieder nach Salzburg zurück.

So verschieden also die Gefährte waren, mit denen und in denen man in der zweiten Hälfte des 18. Jahrhunderts gereist ist, so differenziert präsentieren sich die organisatorischen Möglichkeiten der Beförderung. Abgesehen von der – im Verhältnis zur späteren Reisepraxis – bedeutend häufigeren Nutzung der Wasserwege, konnte man sich der Ordinaripost, der Extrapost, der „diligence", des „vetturino" und anderer privater „Haderer" und „Lohnkutscher" bedienen. Die erheblichen Unterschiede in der Bequemlichkeit, der Reisegeschwindigkeit und den Kosten hängen aufs engste mit diesen verschiedenen Transportsystemen zusammen: Die Nachteile der Ordinaripost: ein für alle gemeinsamer Wagen, mit all den damit verbundenen Verzögerungen und Aufenthalten, sowie das Gebundensein an vorgegebene Strecken und Zeiten, wurden durch den Vorteil der geringeren Kosten aufgewogen[63], die Bequemlichkeit des Reisens mit dem eigenen Wagen („Extrapost") bzw. des „Diligencewagens" mittels „Schnellpost" hingegen mußten mit erheblich größeren Kosten bezahlt werden.[64]

Daß die Unterschiede dabei beträchtlich waren, beweisen die Mozartschen Kostenrechnungen: den errechneten 55 Gulden für die Distanz Paris – Straßburg (ohne Trinkgeld)[65] mit dem eigenen Wagen standen für diesselbe Strecke inklusive Trinkgeld 44 Gulden mit dem Postwagen gegenüber.[66] Auf deutschem Territorium dürfte der Unterschied noch etwas größer gewesen sein: 6 Gulden für die Strecke Mannheim – Mainz mit eigener Chaisse[67], während die Fahrt mit einfacher Post von Salzburg nach Wien, also für eine mehr als vierfache Strecke, mit fünfzehn Gulden angegeben wird.[68]

Wie teuer insgesamt das Reisen gewesen ist, läßt sich am Jahreseinkommen der Familien Mozart und Weber ermessen, das im ersten Falle ca 500[69], im zweiten ca 1000 Gulden – dies allerdings auch erst nach Aloysias Theaterengagement – betragen hat.[70]

Der Anschaffungspreis von 80 Gulden für das eigene Gefährt hat also das Mozartsche Normaleinkommen von mehr als zwei Monaten verschlungen.

Dem ist freilich entgegenzuhalten, daß die von Leopold sogenannten Kosten für die „Verzehrung", gemessen an heutigen Preisen, sehr viel niedriger waren: ein Doppelzimmer im Mannheimer Pfälzer Hof kostete beispielsweise pro Nacht 48 Kreuzer, also $^{3}/_{4}$ Gulden, und für sechseinhalb Wochen Verpflegung zahlten die Mozarts, ebenfalls im Mannheim, nicht mehr als $42^{1}/_{2}$ Gulden.[71]

Überspitzt könnte man es so formulieren, daß sich das Verhältnis der Kosten zwischen reinen Transportspesen und Kosten für den Aufenthalt im Vergleich zu unserer heutigen Situation umgekehrt hat: die Sensation der raschen Beförderung mußte vor zweihundert Jahren zwar teuer bezahlt werden, doch die banalen Notwendigkeiten des Essens und Schlafens hatten noch, anders als heute, einen ihrer realen Bedeutung angemessenen Preis.

Und es sollte die Geschwindigkeit, mit der gereist wurde, keineswegs so gering eingeschätzt werden, wie dies heute, meist mit unterschwelliger Bewunderung für unsere derzeitige unübertroffene Überwindung von Raum und Zeit, oft geschieht.

Selbst die langsamste Verkehrsform, die Ordinaripost, reiste im 18. Jahrhundert bereits – ebenso wie die italienischen Vetturini – mit einer Durchschnittsgeschwindigkeit von 7–9 Stundenkilometern[72]; die in den zwanziger Jahren des 19. Jahrhunderts eingeführte „Eilpost" näherte sich mit ihren durchschnittlich 14–15 Stundenkilometern fast schon dem Tempo der ersten Eisenbahnen an, und wurde von den Zeitgenossen als unübertroffene Steigerung aller bisheriger Geschwindigkeitserfahrung erlebt.[73]

Keineswegs also brauchte man, wie anläßlich des Auftakts zum Mozartreigen im Dezember 1990 an prominenter Stelle berichtet wurde, für die Distanz zwischen Salzburg und Mailand – im Gegensatz zu den heutigen herrlichen sieben Stunden – zur Mozartzeit sieben Wochen[74]; die Geschwindigkeit, mit der gereist wurde, hing ganz wesentlich von der Entscheidung für die Beförderungsart ab und läßt sich daher nicht generalisieren: von Salzburg nach Mailand konnte man in der zweiten Hälfte des 18. Jahrhunderts bei besten verkehrstechnischen Voraussetzungen knappe drei Tage brauchen oder aber – bei langsameren Transportvarianten – um einiges mehr. Eine gute Woche für diese Strecke einzuplanen, dürfte aber in jedem Fall, auch mit der Ordinaripost, realistisch gewesen sein.

So fremd und fern uns heute die Reiseerfahrungen des 18. Jahrhunderts anmuten, wozu im übrigen die mangelnde wissenschaftliche Forschung ebenso wie die populäre Romantisierung der Postkutschenzeit das ihre beigetragen haben, so bewußt sollte uns sein, daß die entscheidenden Voraussetzungen unseres heutigen Reisens: ein Europa durchziehendes Straßennetz mit Stationen zum Tanken frischer Energie – und vor allem das Organisationsprinzip des fahrplanmäßigen Reisens selbst damals bereits gegeben waren.

Kraft und Energie freilich, und die daraus resultierenden Möglichkeiten der Geschwindigkeit und der Beschleunigung, waren anderen Ursprungs und hinterließen andere Folgen ihrer Verbrennung.

Im Gegensatz zu heute lag in der Begrenztheit der animalischen Kraft das menschliche Maß des Reisens zur Mozartzeit – der Mozarts auf Reisen.

Anmerkungen

1 Demgegenüber lag der Schwerpunkt bisheriger Untersuchungen über die Mozartschen Reisen vorwiegend auf deren musikalischer Bedeutung, vgl. Angermüller, Rudolph: *Auf Europas Straßen. Mozarts Westeuropa-Reise 1763 bis 1766*, in: *Mozart. Bilder und Klänge. 6. Salzburger Landesausstellung*, 23. März bis 3. November 1991. Salzburg 1991, S. 130-161; ders.: „mein größtes Anliegen – opern zu schreiben". Mozarts Reisen nach Italien 1769-1771, 1771, 1772-1773, in: Ebenda, S. 162-189; ders.: „in vita protege, in mortis discrimine defende".

Mozarts Reise nach Mannheim und Paris 1777/79, in: Ebenda, S. 190-229; ein weiteres, anläßlich des Mozartjahres erschienenes Werk zum Thema Mozart auf Reisen widmete nahezu die Hälfte des Textes Mozarts „Reise nach innen", vgl. Keitel, Wilhelm/Dominik Neuner: *Mozart auf Reisen.* München 1991.

2 Leopold Mozart an Lorenz Hagenauer, Salzburg; Wien, 29.12.1762, in: *Mozart. Briefe und Aufzeichnungen, Gesamtausgabe.* Hrsg. von W. A. Braun und O. E. Deutsch, Bde. 1-4, Bde. 5-6 Kommentar, Bd. 7 Register. Kassel, Basel, London, New York 1962-1975, Bd.1, S.66 (im folgenden, auch bei allen anderen Beiträgen: MB).

3 Leopold Mozart an Lorenz Hagenauer, Salzburg; Wasserburg, 11. 6. 1763, in: *MB, Bd.1,* S. 69.

4 Ebenda, S. 70.

5 Leopold Mozart an Lorenz Hagenauer, Salzburg; Brüssel, 17. 10. 1763, in: *MB, Bd.1,* S.104.

6 Leopold Mozart an Lorenz Hagenauer, Salzburg; Brüssel, 4. 11. 1763, in: *MB, Bd.1,* S. 108.

7 Leopold Mozart an Lorenz Hagenauer, Salzburg; Paris, 8. 12. 1773, in: *MB, Bd.1,* S. 113 („Lohner" sind Lehnskutscher, Fuhrwerksvermieter).

8 Leopold Mozart an Lorenz Hagenauer, Salzburg; London, 25. 4. 1764, in: *MB, Bd.1,* S. 145.

9 Leopold Mozart an Lorenz Hagenauer, Salzburg; Lyon, 16. 8. 1766, in: *MB, Bd.1,* S.228.

10 Leopold Mozart an Lorenz Hagenauer, Salzburg; Paris, 16 .5. 1766, in: *MB, Bd.1,* S.221.

11 Gerade auf die mechanische Bewegung und auf die Ausschaltung aller „natürlichen" Hindernisse setzte der Fortschrittsglauben der Zeit: „Das Tier bewegt sich nicht gleichmäßig und kontinuierlich vorwärts, sondern auf unregelmäßig humpelnde Weise... Auch wenn wir selber gehen oder laufen, bewegen wir uns nicht regelmäßig vorwärts ... es ist dieses permanente Anheben unserer Körpermasse, was unsere Bewegung einschränkt und unserer Geschwindigkeit solche engen Grenzen setzt... Eine Maschine kennt derartige Beschränkungen nicht; die Lokomotive fährt gleichmäßig auf den Schienen, nicht im geringsten eingeschränkt...", so brachte diesen Sachverhalt ein zeitgenössischer Text auf den Punkt. Adamson, James: *Sketches of our Information as to Rail-roads.* New Castle 1826, S. 51-52, zit. nach Schivelbusch, Wolfgang: *Geschichte der Eisenbahnreise. – Zur Industrialisierung von Raum und Zeit im 19. Jahrhundert.* Frankfurt/Wien/Berlin 1979, S. 14 f.

12 Die Überwindung von Raum und Zeit als entscheidene Zielsetzung der politischen Ökonomie steht natürlich in engem Zusammenhang mit der Industrialisierung im allgemeinen sowie mit der seit Mitte des 18. Jahrhunderts einsetzenden Entwicklung einer wissenschaftlichen Volkswirtschaftslehre, vgl. Winch, Donald: *Das Aufkommen der Volkswirtschaftslehre als Wissenschaft 1750-1870,* in: Cipolla, Carlo M. (Hrsg.): *Europäische Wirtschaftsgeschichte, 3. Bd.: Die Industrielle Revolution.* Stuttgart/ New York 1976, S. 333-377; zum Thema Straße – Schiene vgl. außerdem Mechtler, Paul: Von Straße und Kanal zur Schiene in Europa, in: Gutkas, Karl/Ernst Bruckmüller (Hrsg.): *Verkehrswege und Eisenbahnen. Beiträge zur Verkehrsgeschichte Österreichs aus Anlaß des Jubiläums „150 Jahre Dampfeisenbahn in Österreich".* Wien 1989, S. 60-73.

13 Führend auf diesem Sektor war Frankreich, wo bereits 1747 eine „École des ponts et chaussées" begründet worden war, vgl. Blanco, Luigi: Stato e funziornari nella Francia del Settecento: *gli „ingénieurs des ponts et chaussées."* Bologna 1991.

14 Saurer, Edith: *Straße Schmuggel Lottospiel. Materielle Kultur und sozialer Protest in Niederösterreich, Böhmen und Lombardo-Venetien.* Göttingen 1989.

15 Beyrer, Klaus: *Die Postkutschenreise.* Tübingen 1985.

16 Vgl. zu diesem historiographischen Defizit die Beobachtungen von Beyrer, Postkutschenreise, S. 56-61.

17 Für den deutschen Sprachraum spricht Behringer, Wolfgang: *Thurn und Taxis. Die Geschichte ihrer Post und ihrer Unternehmen.* München/Zürich 1990, S. 123 ff. bereits für das Jahr 1736 von vier Fahrpostlinien, die von Nürnberg aus nach Leipzig, Frankfurt, Köln, Augsburg führten; im Jahre 1748 wurde ein wöchentlicher Wagenverkehr zwischen Wien und Regensburg, sowie zwischen Wien und Prag eingerichtet, ebenda. S. 123-128.

18 Daß Fahren im Wagen nur für Frauen, Alte und Kranke oder aber für hochgestellte Persönlichkeiten vorgesehen war, wird schon in der älteren Literatur überliefert: „Einer ausgebreiteteren Verwednung von Fuhrwerken zu Luxus- und Reisezwecken standen auch die Anschaungen des Lehenswesens entgegen. Den Lehensherrn war daran gelegen, daß ihre Vasallen, anstatt sich der Verweichlichung im Wagen hinzugeben, jederzeit Kraft und Ausdauer zu Pferde bewiesen: nur Frauen und etwa Geistliche durften sich ... der Wagen bedienen." Veredarius, O.: *Das Buch von der Weltpost.* Berlin 1885 (Faksimile-Edition Wiesbaden 1975), S. 107.

19 Vgl. Beyrer, *Postkutschenreise,* S. 79 ff., Saurer, Straße Schmuggel Lottospiel, S. 101 ff., vgl. für Österreich im besonderen: Otruba, Gustav: *Das Verkehrswesen Österreichs in der Neuzeit (16.-18. Jahrhundert),* in: Gutkas/Bruckmüller, *Verkehrswege und Eisenbahnen,* S. 23-59.

20 Vgl. Behringer, *Thurn und Taxis,* S. 126 ff., Veredarius, Weltpost, S. 101 ff.

21 Beyrer, Postkutschenreise, S. 62 ff., vgl. dazu auch Veredarius, Weltpost, S. 107 ff. Eine systematische technikgeschichtliche Untersuchung über die historische Entwicklung des Wagenbaus müßte allerdings erst geschrieben werden. Auch in dieser Hinsicht hat die Fixierung auf die „revolutionäre" technisch-industrielle Neuerung der Eisenbahn den Blick auf die nicht minder bedeutenden Innovationen im Wagenbau verstellt. Als ältere Standardwerke vgl. Ginzrot, Johann Christian: *Die Wagen und Fahrwerke der verschiedenen Völker des Mittelalters und der Kutschenbau neuester Zeiten nebst der Bespannung, Zäumung und Verzierung ihrer Zug- Reit- und Lasttiere.* 2 Bde. Hildesheim/New York 1979 (Neudruck der Ausgabe von 1830), sowie Pokorny, Gustav: *Skizzen zur Geschichte des Pferdes, des Reit- und Fahrwesens.* Prag 1878.

22 Leopold Mozart an seine Frau, Salzburg; Mailand, 26.1.1770,in: *MB, Bd.1,* S. 309.

23 Leopold Mozart an seinen Sohn, Mannheim; Salzburg, 20.11.1777, in: *MB, Bd.2,* S.131-133.

24 Leopold Mozart an seinen Sohn, Mannheim; Salzburg, 5.1.1778, in: *MB, Bd.2,* S.218.

25 Mozart an seinen Vater, Salzburg; Mannheim, 19. 2.1778, Nachschrift der Mutter, in: *MB, Bd.2,* S.288.

26 Mozart an seinen Vater, Salzburg; Mannheim, 7.3.1778, in: *MB, Bd.2,* S. 318.

27 Mozart an seinen Vater, Salzburg; Mannheim 11.3.1778, in: *MB, Bd.2,* S. 321.

28 Ebenda, S. 322.

29 Mozart an seinen Vater, Salzburg; Paris, 24.3.1778, in: *MB, Bd.2,* S.326.

30 Ebenda, Nachschrift der Mutter, S.328-329.

31 Leopold Mozart an seinen Sohn, Paris; Salzburg, 31.8.1778, in: *MB, Bd.2,* S.461.

32 Mozart an seinen Vater, Salzburg; Paris, 11.9.1778, in: *MB, Bd.2,* S.477.

33 Leopold Mozart an seinen Sohn, Paris; Salzburg, 24.9.1778, in: *MB, Bd.2,* S.484.

34 Ebenda.

35 12 Livres und 10 Sols entsprachen 60 Kreuzern, vgl. *MB, Bd.5,* Kommentar I/II, S. 562. Ein Gulden bestand aus 60 Kreuzern.

36 Mozart an seinen Vater, Salzburg; Nancy, 3.10.1778, in: *MB, Bd.2,* S.490.

37 Ebenda, S.491.

38 Leopold Mozart an seinen Sohn, Straßburg, 19.10.1778, in: *MB, Bd.2,* S.499.

39 Leopold Mozart an seinen Sohn, München; Salzburg, 31.12.1778, in: *MB, Bd.2,* S.533.

40 Leopold Mozart an seinen Sohn, München; Salzburg, 11.1.1779, in: *MB, Bd.2,* S.539-540.

41 Die Durchschnittsgeschwindigkeit eines „ordinären" berittenen Boten belief sich noch zu Beginn des 19. Jahrhunderts auf ca 5 km/h, während die Geschwindigkeit „con diligenza" nahzu das Doppelte betragen konnte. Diese Angabe ebenso wie die unterschiedliche „Betriebsform" selbst wurden den archivalischen Quellen zur Postgeschichte in den Staatsarchiven von Florenz (Bestand Poste: Affari, 1815-1859 bzw. Direzione delle Poste, 1709-1808) und von Venedig (Compagnia dei Corrieri, 1395-1820) entnommen.

42 In Österreich wurden 1749 „Diligencen-Fahrten" eingeführt: auf allen Hauptverkehrsrouten sollten künftig regelmäßig „Postdiligencen" verkehren, vgl. *500 Jahre europäische Postverbindungen,* S. 80 (Die Doppelbedeutung des Wortes klingt auch hier noch mit).

43 Vgl. zu Reisen mit der „Ordinari-Post" den Aufsatz von Brune, Thomas: *Von Nützlichkeit und Pünktlichkeit der Ordinari-Post,* in: Bausinger, Hermann, Klaus Beyrer, Gottfried Korff (Hrsg.): *Reisekultur. Von der Pilgerfahrt zum modernen Tourismus.* München 1991, S. 123-137.

44 Erst mit der Einrichtung der „Postdiligencen" wurde – für Österreich, in anderen Ländern allerdings ähnlich – das Postmonopol auch auf die Fahrpost ausgedehnt, vgl. Kainz, Christine: *Die Post hat einen Brief für Dich. Botenposten und Postboten.* Kautzen 1989, S. 26 ff.

45 Vgl. *500 Jahre europäische Postverbindungen. Aus Österreichs Postgeschichte.* Wien 1990, S. 11.

46 Auch wurde mit „Post" – im Gegensatz zu heute – durchaus noch „Geschwindigkeit" assoziiert, was an einem Wort wie „postwendend" auch heute noch anklingt. „Wer geschwinde reisen will, nimmt die Post", so Zedlers Universallexikon aus dem Jahr 1741, zitiert nach: Brune, *Ordinari-Post,* S. 124.

47 Leopold Mozart an seine Frau, Salzburg; Rom, 28.4.1770, in: *MB, Bd.1,* S.343-344.

48 Leopold Mozart an seine Frau, Salzburg; Neapel, 9.6.1770, in: *MB, Bd.1,* S. 359.

49 Leopold Mozart an seine Frau, Salzburg; Mailand, 3.3.1770, in: *MB, Bd.1,* S.318.

50 Leopold Mozart an seine Frau, Salzburg; Florenz, 3.4.1770, in: *MB Bd.1,* S.330.

51 Leopold Mozart an seine Frau, Salzburg; Rom, 14.4.1770, in: *MB, Bd.1,* S.366.

52 Leopold Mozart an seine Frau, Salzburg; Neapel, 19.5.1770, in: *MB, Bd.1,* S.347.

53 Leopold Mozart an seine Frau, Salzburg; Neapel, 9.6.1770, in: *MB, Bd.1,* S.359.

54 Leopold Mozart an seine Frau, Salzburg; Rom, 30.7.1770, in: *MB, Bd.1,* S.366.

55 Ebenda.

56 Ebenda.

57 Ebenda.

58 Leopold Mozart an seine Frau, Salzburg; Mailand, 20.10.1770, in: *MB, Bd.1,* S.395.

59 Leopold Mozart an seine Frau, Salzburg; München, 21.12.1774, in: *MB, Bd.1,* S.508.

60 Leopold Mozart an seine Frau, Salzburg; Venedig, 13.2.1771, in: *MB, Bd.1,* S.418.

61 Leopold Mozart an seine Frau, Salzburg; Vicenza, 14.3.1771, in: *MB, Bd.1,* S.425.

62 Leopold Mozart an seine Frau, Salzburg; Innsbruck, 25.3.1771, in: *MB, Bd.1,* S.427.

63 Beispielsweise kostetet eine Fahrt von Wien nach Brünn, also für eine Strecke von 16 Meilen (eine Meile ca 7,6 km) mit der Ordinari-Post im Jahre 1750 5 Gulden und 20 Kreuzer, vgl. Kainz, *Post,* S. 26; Brune, *Ordinari-Post,* S. 124,

spricht demgegenüber für das Jahr 1784 von ca einem Gulden pro Postmeile („Postmeilen" sind 2 „normale Meilen, also ca 15 km). Insgesamt ist die Frage der Kosten naturgemäß nicht leicht generalisierbar, vor allem waren Nebengebühren (Trinkgelder, Schmiergelder) stets mitzurechnen.

64 Die Bezeichnung „Diligence" zur Kennzeichnung des durch die „Schnellpost" verwendeten Wagens bürgerte sich erst zu Beginn des 19. Jahrhunderts ein. Zur Einführung der Schnellpost (Eilpost) vgl. North, Gottfried: *Eine Revolution im Reiseverkehr. Die Schnellpost,* in: *Reisekultur,* S. 191-197.

65 Vgl. oben, Anm. 35, Anm. 36.

66 Eine genaue Berechnung dieser Strecke mit dem Postwagen stellt Leopold Mozart in einem weiteren Brief an: Leopold Mozart an Frau und Sohn, Mannheim; Salzburg, 25./26. 2. 1778, in: *MB, Bd.2,* S. 301.

67 Vgl. Haas, Rudolf: *Die Finanzierung von Mozarts Mannheimer Aufenthalt 1777/1778,* in: Würtz, Roland (Hrsg.): *Das Mannheimer Mozartbuch.* Wilhelmshaven 1979, S. 89-103.

68 Vgl. Ammerer, Gerhard: *„nicht sonderlich bequemm". Reisen zur Zeit Mozarts,* in: *Mozart. Bilder und Klänge,* S. 118-123 (hier S. 118).

69 Vgl. Haas, *Finanzierung Mannheimer Aufenthalt,* S. 98.

70 Vgl. Leopold Mozart an seinen Sohn, Paris; Salzburg, 24. 9. 1778, in: *MB, Bd.2,* S. 485.

71 Vgl. Haas, *Finanzierung Mannheimer Aufenthalt,* S. 99.

72 Die Fahrt von Wien nach Brünn beispielsweise dauerte 1750 für 16 Meilen (= ca. 121 km) ca 16 Stunden, was einer Durchschnittsgeschwindigkeit von 7,5 km/h entspricht. Auf der Grundlage von in den italienischen Archiven aufgefundenden „Fahrplänen" vom Ende des 18. Jahrhunderts lassen sich – zumindest idealiter – ähnliche Geschwindigkeiten errechnen.

73 Beyrer, *Postkutschenreise,* S. 238 f., Anm. 694.

74 *Salzburger Nachrichten,* 12. Dezember 1990 in: *Der Jugend den Genius Loci vermitteln.*

Junge Wiener Dame in Sultane, 1787 (links oben); Herr in vollem Anzuge, 1786 (rechts oben); Junger Mann im Negligé, 1786 (links unten); Englische Dame in Tracht, 1786 (rechts unten).

MIRKO HERZOG

„Wenn unsere Damen die Hausfrau an den Nagel hängen …"

Öffentliche Kleidung und bürgerliche Geschlechterphilosophie um 1800 an Beispielen aus dem „Journal des Luxus und der Moden"

Mozart 1782 in einem Brief aus Wien:

> – wegen dem schönen rothen frok welcher mich ganz grausam im herzen kitzelt, bittete ich halt recht sehr mir recht sagen zu lassen *wo man ihn bekommt,* und *wie theuer,* denn daß hab ich ganz vergessen, weil ich nur die schönheit davon in betrachtung gezogen, und nicht den Preis. – denn so einen frok muß ich haben, damit es der Mühe werthe ist die knöpfe darauf zu setzen, mit welchen ich schon lange in meinen gedanken schwanger gehe; – denn ich habe sie einmal, als ich mir zu einem kleide knöpfe ausnahm, auf dem kohlmark in der Brandauischen knöpffabrique vis a vis dem Milano gesehen. – diese sind Perlmutter, auf der seite etwelche weisse Steine herum, und in der Mitte ein schöner gelber Stein. – Ich möchte alles haben was gut, ächt und schön ist! – woher kommt es doch, welche es nicht im Stande sind, alles auf so was verwenden möchten, und die, welche es im Stande wären, es nicht thun?[1]

Mozarts Faible für elegante Kleidung[2] und modische Neuheiten ist eine Facette seiner Persönlichkeit, die in den variantenreichen Idolisierungsprozessen seit dem 19. Jahrhundert[3] ausgespart blieb; aufgelöst in der Apotheose des ‚verkannten Genies', in dem sich das 19. Jahrhundert einen ihm passenden gängigen Idealtypus schuf. In der symbolistischen Märtyrerrolle des Künstlers, der seine Emanzipation vom adeligen Mäzenatentum und höfischen Geschmack im Armengrab beschließt, definierte sich bürgerliches Ethos als moralisch und kulturell der Ignoranz vormaliger Zeiten überlegen. Die retrospektive Vereinnahmung Mozarts als soziomusikalisches Idol bürgerlicher Moral und Kultur in solcher Absolutheit hat weniger mit seiner tatsächlichen sozialen und künstlerischen Rolle in Wien zu tun[4], sondern drückt vielmehr das Selbstverständnis einer bürgerlichen Gesellschaft aus, die sich als historischer Sieger über die Adelskultur des Ancien Regime erwiesen hat. Mozarts Freude an schöner Kleidung[5], sein Interesse an Mode[6] und sein Vergnügen an modischem Müßiggang[7] gehören zu den von der Nachwelt eskamotierten Eigenschaften, die kein geeignetes Identifikationsmoment zur Etablierung einer Außeralltäglichkeit boten.

Schon zu Lebzeiten Mozarts hatte die in Wien gepflegte Repräsentier- und Schaulust, stimuliert und befriedigt von achtzig weitverzweigten Adelsfamilien in Vertretung eines sparsamen Hofes, den Unmut unter nord- und mitteldeutschen Wegbereitern (Friedrich Nicolai) jener bürgerlichen Aufgeklärtheit erregt, die sich mit dem utilitaristischen Denken protestantischer Provenienz zur Ideologie eines um 1800 noch nicht konsolidierten ‚Bürgertums' verband. Die exklusive Selbstdarstellung über Habitus oder Gestus der Person war für den Adel eine Grundbedingung, sich als gesellschaftliches Wesen zu erhalten[8] und war vom „Volk" lange Zeit als Inbegriff adeliger Herrschaft verinnerlicht worden.[9] Folglich gehörte zu einer wesentlichen Strategie bürgerlicher Ideologie die Umwertung höfisch-adliger Statussymbole unter einer moralischen und nützlichkeitsbezogenen Perspektive. ‚Mode' und Prachtentfaltung in der bürgerlichen Gesellschaft des 19. Jahrhunderts sollten schließlich, ausgelagert aus der (berufs-)bürgerlichen Öffentlichkeit, an die Frau verwiesen werden. Abgetan als Zeichen des Oberflächlichen galt – und gilt – ‚Mode' seitdem mit charakterlicher und intellektueller ‚Tiefe' so unvereinbar wie mit ‚Männlichkeit'.

> Inkarnation aller Eitelkeit dieser Welt, umweht sie der *odor di femmina,* von dem Don Giovanni singt. Tiefschürfende Philosophen und ernsthafte Soziologen befassen sich mit ihr höchstens, um sie zu denunzieren oder bestenfalls zu belächeln.[10]

Zwischen der Abwertung der ‚Mode' als ‚weiblich' in der bürgerlich-männlichen Lebenspraxis des 19. Jahrhunderts, und ihrer Abwertung als Bestandteil adeliger Selbstdarstellung in der antifeudalen Polemik im 18. Jahrhundert, liegt ihre ‚Verbürgerung'. Im späten 18. und frühen 19. Jahrhundert wurden in Almanachen und Umgangslehren kulturelle Legitimationsstrategien für eine ‚bürgerliche' Identität präsentiert, die unter Bedacht auf ein sozial heterogenes ‚Bürgertum' kategoriale Prinzipienethik durch praxistaugliche Prinzipien ersetzten, die der sozialen Praxis in einer ständisch dominierten Gesellschaft entsprachen. Die bekannteste dieser Umgangslehren wurde Adolph Freiherrn v. Knigges *Über den Umgang mit Menschen* (1788). Die Abwertung feudaler Selbstrepräsentation als vernunft- und menschlichkeitswidrige Zwangsapparatur durch das Leitbild der vernunftgegründeten Natur war gleichzeitig ihre Modifizierung: Mit dem Ideal der Natürlichkeit ließen sich courtoise Ausdrucksformen politisch dominanter Schichten an den Alltag ‚bürgerlicher' Oberschichten anpassen, ohne bürgerliche Selbstbehauptung zu diskreditieren.[11] Angewandt auf die ‚bürgerliche' Lebenspraxis, meinte das Ideal der ‚Natürlichkeit' die Abstimmung von Umgangs- und Kleidungsverhalten auf die ‚Tugend der Mitte', in der sich soziales Prestige und persönliche Identität im Einklang befinden sollten.[12] Mit den moralischen Leitprinzipien der ‚Vernunft' und ‚Natur' freilich vollzog sich die sukzessive Disziplinierung und Normierung der Gefühle für eine ‚bürgerliche' Lebenswelt.[13] (Ihre Glücksgarantie hat Mozart trotz seiner Absage an feudale Werte bezweifelt.)[14]

Wahrscheinlich den ersten Versuch, für eine geschmacks- und verhaltenssichere ‚bürgerliche' Selbstdarstellung ‚Mode' als Vergesellschaftungsprinzip einzusetzen, unternahm das „Journal des Luxus und der Moden", die erste deutschsprachige und illustrierte Modenzeitschrift, die zwischen 1786 und 1827 in Weimar erschien. Ähnlich wie Knigges *Umgang mit*

Menschen, trat auch das *Journal des Luxus und der Moden* mit dem Anspruch auf, für das sozialgeographisch komplizierte Gebilde eines lockeren Staatenbundes namens „Teutschland“ Regeln für Kleidung, Geselligkeit und Wohnkultur zu formulieren, deren ‚bürgerliche' Geschmacks- und Verhaltenskriterien sozial heterogene Oberschichten zusammenfaßten. Wie die fortschreitende ‚Verbürgerlichung' der öffentlichen Kleidung auch die Auslagerung von ‚Mode' aus einem gesellschaftspolitischen Bezugsfeld durch das ‚bürgerliche' Paradigma der Geschlechtertrennung mit sich brachte, soll im folgenden an Beispielen aus dem „Journal des Luxus und der Moden“ beschrieben werden.

1. Die „glückselige Mittelstraße“: ‚Bürgerliche' Identität als Synthese kultureller Ausdrucksformen des Adels und der Mittelstände.

Das *Journal des Luxus und der Moden* war eines von vielen, wahrscheinlich aber das erfolgreichste und bekannteste Produkt des vielseitigen Weimarer Unternehmers Friedrich Justin Bertuch (1747–1822).[15] Mit einer Erscheinungsdauer von rund vierzig Jahren ist das *Journal des Luxus und der Moden* (hier abgekürzt als *JLM*)[16] eine der wenigen deutschen Zeitschriften um 1800, die ihre Leserschaft über einen langen Zeitraum regelmäßig erreichen konnten.

Der gebürtige Weimarer Bertuch stammte aus bürgerlichen Verhältnissen und wurde mit fünfunddreissig Legationsrat am Weimarer Hof. Neben seiner Tätigkeit für diverse Zeitungen wie Wielands *Teutschen Merkur* entwickelte er sich zum geschäftstüchtigen Verleger und Unternehmer und gründete in Weimar zahlreiche öffentliche Einrichtungen wie etwa eine Zeichenschule, eine Papiermühle oder ein „Landes=Industriecomptoir“, deren gemeinnützigen Zwecke Bertuch geschickt mit seinem ausgeprägten Profitdenken zu kombinieren verstand.

1.1. Inhalt.

Das *JLM*, dessen erstes Heft im Jänner 1786 erschien, wurde bis 1806 von F. J. Bertuch und dem Maler und Kupferstecher Melchior Kraus (1733–1806) gemeinsam herausgegeben; mit den nach 1806 wechselnden Herausgebern (unter ihnen Bertuchs Sohn Carl) veränderte sich das ursprüngliche Programm der Zeitschrift. Der Themenschwerpunkt verlagerte sich nach den ersten zwanzig Jahren vom „Luxus und Wohlleben unter cultivirten Nationen, die ihn nach der Natur der Dinge haben müssen“[17], auf Beiträge zu Kunst und Literatur, abzulesen an den sich ebenfalls ändernden Titeln der Zeitschrift: 1815 wurde das *Journal des Luxus und der Moden* in *Journal für Luxus, Mode und Gegenstände der Kunst* umbenannt, zehn Jahre später in *Journal für Literatur, Kunst, Luxus und Mode.* Der letzte Jahrgang 1827 hieß *Journal für Literatur, Kunst und geselliges Leben.*

Im gängigen Oktavformat informierten die Monatshefte regelmäßig, was in Paris, London, Wien und deutschen Städten als neue Mode galt.[18] Mode wurde im 18. Jahrhundert in einem weiteren Sinn als heute verstanden und umfaßte nicht nur Kleidung, sondern auch Möbel, Gartenanlagen, Kutschen und Tafelgeschirr.[19]

An den redaktionellen Teil und Bildteil (in der Regel drei Kupfertafeln; zwei kolorierte Umrißzeichnungen für Mode[20], die dritte für Gebrauchsgegenstände meist kunsthandwerklicher Art) schloß sich ein „Intelligenzblatt“ an; ein Anzeigenteil, in dem Mode-, Spielzeug-, Musikalien- und Kunsthändler, Buchverlage, Autoren und Autorinnen sowie Zeitungsherausgeber inserierten. („Drey neue Quintetten, à 2 Violoni, 2 Violoncello, welche ich, schön und korrekt geschrieben, auf Subscription anbiete ... Kapellmeister Mozart, in wirklichen Diensten Sr. Majestät.“)[21] Im *Journal* vorgestellte und im „Intelligenzblatt“ annoncierte Gebrauchsgegenstände wurden zum Teil über eine „Expedition“ Bertuchs direkt vertrieben oder in Auftrag genommen. Finanziert wurde das *JLM* vor allem über den Anzeigenteil.

Kleidung und Putz waren im *JLM* nur ein Bereich in einem Themenangebot von kaleidoskopartiger Vielfalt. Neben den monatlichen Berichten über Kleidung und diverse „Waaren des Luxus und unsrer modischen Bedürfnisse"[22] offerierte das *JLM* Beiträge, Rezensionen und Serien zu Theater und Literatur, Kunst- und Kulturgeschichte, Gesundheit, Kosmetika, brachte Reisebeschreibungen und Berichte aus Hof- und Adelskreisen und stellte privat- und nationalökonomisch sinnvolle Reformvorschläge oder Erfindungen der Technologie wie etwa holzsparende Öfen vor.[23]

Vermutlich sollte diese so facettenreiche Mischung aus Unterhaltung und Sachinformation, kombiniert mit einem Versandhandel für Gebrauchsgüter des gehobenen Bedarfs den Absatz sichern und die Auflagenhöhe stabil halten[24]; eine Diversifikationstrategie, die Bertuchs Unternehmertätigkeit wie die der neuen Verlagsunternehmer um 1800 überhaupt kennzeichnete.[25]

1.2. Publikum.

Zielpublikum waren sozialprivilegierte Oberschichten, die die Möglichkeit, Gelegenheit oder Verpflichtung zur Repräsentation hatten: Nach Worten der Herausgeber „die Reichen und Vornehmen, und minder Reichen"[26], die „galante Welt des höheren und mittleren Standes"[27]; „das gnädige Fräulein auf ihrem Schlosse"[28], und die „vornehmere Classe der Bürgerschaft"[29].

Es sind jene Leser und Leserinnen, die nicht nur als Abonnenten der Zeitschrift, sondern auch als Käufer der darin annoncierten Luxuswaren[30] in Frage kamen. Beispielsweise nennt eine „sehr würdige Frau von Stande" im *JLM* als jährliche Ausgaben nur für ihre Gaderobe einmal 680 Reichstaler.[31] Zum Vergleich: 400 bis 600 Rthlr. als Jahreseinkünfte in einer Kleinstadt galten als bescheiden.[32] Ein Jahresabonnement des *JLM* kostete den nicht unerheblichen, für die meisten Zeitungs- oder Periodicaabonnements damals üblichen Preis von 4 Reichstalern.[33] Für vier Reichstaler bekam man 1787 ein 25teiliges Meißener „Ordin. complet. Coffee=Service“[34] oder konnte sich gleich zwei luxuriöse Damenhüte „à la Reine“, immerhin aus Paris, leisten.[35]

Das soziale Spektrum der Leserschaft war aber wahrscheinlich breiter, als es Titel, Inhalt und Preis des Journals vermuten lassen. Über Lesezirkel und Lesebibliotheken[36] konnte das *JLM* auch wenig begüterten Lesern und Leserinnen zugänglich sein; in den Katalogen von 31 rheinländischen Lesegesellschaften ist das *JLM* neunzehnmal vertreten.[36a] Der Preis eines Jahresabonnements von 4 Reichstalern war im Gemeinschaftsabonnement durchaus erschwinglich[37]; und wenn im Freundes- und Bekanntenkreis aus dem „Journal“ vorgelesen und die Kupfertafeln begutachtet wurden, kamen in den Genuß der ‚nouveautés‘ auch jene, die nicht lesen konnten. Die Herausgeber selbst rechnen nach eigenen Worten mit der regelmäßigen Rezeption durch die „mittleren Classen der bürgerlichen Societät“ in den Kleinstädten.[38]

1.3. Ziele.

Als „treue Annalisten der Moden unsers Leibes und Geistes, der Sitten, Genüße, Meynungen, Klugheiten und Thorheiten unsrer Zeit“[39] informierten Herausgeber und Korrespondenten über groß- und kleinstädtische Eitelkeiten, wurde das Publikum in Aufsätzen satirisch-karikierender Form unterhaltsam zum „Selbstdenken“ angeregt, und boten die Herausgeber das *Journal* als mediales Diskussionsforum an, in dem Leser und Leserinnen in Briefbeiträgen über die Praxistauglichkeit von Reformvorschlägen für Kleidung, Luxus, Brief- und Sprachkultur „räsonnieren“ konnten.[40] Die Herausgeber:

> Es ist uns allerdings eine angenehme Erscheinung, daß unsere Leser oft veranlaßt werden, uns über manchen im Journale aufgestellten Artikel ihre Meynungen pro und contra, Erläuterungen, oder Pendants dazu, gütigst einzuschicken; denn dieß ist ein Beweis, daß man das Journal mit Theilnehmung liest, und daß es auf Sitten und Meynungen wirke.[41]

Wie die bürgerlichen Umgangslehren jener Zeit ist auch das *JLM* bemüht, seine Leitbilder in sozialen Praxisbezug zu setzen. Um die Umsetzbarkeit der Vorschläge in den bürgerlichen Alltag zu veranschaulichen, bevorzugen die Beiträge gerade jene Sichtfelder städtischer Öffentlichkeit, wo sich adelige und bürgerliche Lebensbereiche überschnitten: städtische Promenaden, öffentliche Parkanlagen, Konzertsäle und Theater, öffentliche „Assembleen" und Maskenbälle; im Sommer die Spazierwege und Brunnenhäuser deutscher Badeorte. Der ‚bon ton' wird nicht rein normativ, sondern unterhaltsam in Beiträgen von Lesern und Leserinnen präsentiert; in Briefform gehaltene Artikel stellen die Verfasser und Verfasserinnen in scheinbar direkten Kontakt mit den Lesern und Leserinnen und vermitteln den Eindruck, aus unmittelbaren Erfahrungen zu resultieren.

Diese Authentifizierungsstrategie wird besonders bei einem Ziel des *JLM* in bezug auf seine Leserinnen eingesetzt: der Conditionierung der Frau für den privat-häuslichen Bereich. Die geschlechtsspezifische Trennung sozialer Funktionen in private und öffentliche Sphären hat das *JLM* gemeinsam mit den Umgangslehren und (Damen-)Almanachen seiner Zeit.[42] Der mir zur Verfügung stehende Raum erlaubt es nicht, auf diesen Themenaspekt der Konstruktion ‚bürgerlicher' (kultureller) Identität näher einzugehen; festgehalten sei nur, daß im Prototyp der Leserin – der reichen Frau, die an der repräsentativ-geselligen Öffentlichkeit teilnimmt – im *JLM* als Frauen(vor)bild ein Amalgam aus der aristokratischen Dame und der bürgerlichen ‚Hausfrau' propagiert, und dem Lesepublikum als in den Oberschichten angenommenes Identifikationsmodell ‚bürgerlicher' Weiblichkeit präsentiert wird. Durch den Leitgedanken weiblicher ‚Naturbestimmung' und der daraus resultierenden häuslichen Funktionen der Frau modifiziert, ließ sich gepflegte Untätigkeit – Statussymbol des Adels – vom Bürgertum als ein soziales Unterscheidungsmerkmal übernehmen, mit dem sich ‚bürgerliche' Oberschichten an die Adelskultur sowohl anlehnen als auch unterscheiden konnten, und sich von nachfolgenden Schichten absetzten, ohne ‚bürgerliche' Grundwerte zu verleugnen.[43]

Auch vorgestellte neue Kleidermoden werden als schon getragen oder als allgemein angenommen vorgestellt. „Nur was allgemein getragen, gethan wird, ist Mode, sie sey nun klug oder thöricht. Dies ist auch der Maasstab meiner Berichte ..."[44] Aus der Vielfalt der Tagesmoden „à la jour" wird ausgewählt, nämlich „gewisse wirklich herrschende Moden, z. B. in Schnitt und Tracht, und Manier, die nicht in Kleinigkeiten bestehn, auch nicht so ephemer sind."[45] Ziel des *JLM* sei es, so die Herausgeber, die „teutschen [Moden; M. H.] die unser häusliches und sittliches Wohl und Wehe etwas näher angehen, vernünftiger und zweckmäßiger machen helfen."[46] Als Ideal hiefür gilt „das glückliche Mittel zwischen zu Viel und zu Wenig, zwischen zu alt und zu neu, zwischen zu steif und zu frech."[47]

> Ich schicke Ihnen hier, wo nicht das Auffallendste doch das Anständigste und Kleidsamste unserer Moden in zwei Mustertafeln, die Ihre Leserinnen gewiß ohne alle Gefahr, für Modethörinnen gehalten zu werden, nachahmen können.[48]

Durch regelmäßige, verbürgte und selektive Information über ausländischen Luxus die Leser und Leserinnen geschmackssicher und schließlich unabhängig zu machen von (vor allem Pariser) Importen, erklären die Herausgeber als ein zentrales Anliegen ihrer Zeitschrift.[49] Exemplarische Berichterstattung über Leistungen einheimischer Produktion auf dem

Gebiet des Luxus und der Moden soll das Interesse des kapitalkräftigen Zielpublikums wecken und in weiterer Folge als Triebfeder nationaler Ökonomie wirken:

> Es ist wenigstens ein Hauptzweck unsers Journals, teutsche Industrie mehr zu heben, zu empfehlen, und unsern Großen das Vorurtheil zu benehmen, daß nur das, was uns das Ausland liefert, schön sey.[50]

Die Herausgeber bitten daher „alle Teutschen Künstler und Fabrikanten uns von ihren neuen Erfindungen gefällige Nachricht zu geben."[51] Das *JLM* habe „den löblichen Zweck ..., technologische Nachrichten und Kenntnisse zu verbreiten, wodurch unsere vaterländische Industrie immer vollkommener gemacht."[52] Was allerdings auch für einen steten Kontakt mit dem Ausland spreche: „Die Erfahrung lehrt, daß Erfindungsgeist und Geschmack nur durch wechselseitigen Verkehr der Nazionen geweckt und geübt werden, und daß sie schlummern, wenn ein solcher Verkehr entweder gar nicht statt findet, oder nur einseitig ist, ..."[53]

1.3.1. Der „nützliche Luxus".

Gepriesen wird im *JLM* der „nützliche Luxus".[54] Auf die individuelle Lebensgestaltung angewandt, bedeutet „nützlicher Luxus" die ökonomisch vernünftige Abstimmung der Repräsentationsausgaben auf das Zusammenspiel von Form und Funktion.

Im vom *JLM* propagierten Luxus „in seinen Schranken, und so wie ihn der Vernünftige braucht"[55] werden der Statuskonsum adlig-höfischer Prägung mit bürgerlichen Zweckmäßigkeitserwägungen in Einklang gebracht. Prestigewert und Gebrauchswert verbinden sich zum Ideal der Nutzrepräsentation:

Möbel und Gebrauchsgegenstände der Einrichtungsserie beispielsweise werden in wahlweise „kostbarer" oder „wohlfeiler" Ausführung vorgestellt, und stets so detailliert beschrieben und abgebildet, daß ihr Nachbau durch einheimische Handwerker erleichtert wird[56] und modern-geschmackvolle Einrichtung auch für den Mittelstand möglich macht, der sich Möbel nicht aus Paris kommen lassen konnte oder bei Hofschreinern wie David Roentgen bestellte. („Der Riß den wir auf Taf. 37 davon liefern, wird jedem geschickten Schreiner vollkommen verständlich seyn."[57] – „Jeder Schreiner wird sich leicht nach dieser Zeichnung und Erläuterung richten können."[58]) Als größter Wert werden solide Verarbeitung und Funktionalität gepriesen; fast alle vorgestellten Einrichtungsgegenstände sind leicht (transportabel) und platzsparend, auf Rollen gesetzt, höhenverstellbar, ausziehbar oder ausklappbar; Möbel, die mehr als nur einem Zweck dienen können.[59] Auch Gartenhäuser[60] oder Gartenanlagen werden zweckmäßig entworfen: Der „Plan zu einer Englisch= Deutschen Garten-Anlage mit Obstgebüsch und Obstbäumen"[61] kombiniert Repräsentationsbedürfnis mit Hauswirtschaft: Der Landschaftspark im englischen Stil – modisch-‚natürlich', aber letztendlich unzweckmäßig für eine Selbstversorgung mit Obst und Gemüse – wird mit hauswirtschaftlicher Einträglichkeit ausgestattet.

Im allgemeinen Sinn wird unter dem „nützlichen Luxus" der volkswirtschaftlich stimulierende, der „gemeinnützige" Luxus verstanden, den als das „kräftigste Triebwerk einer lebhaften Circulation" nach den Worten der Herausgeber alle Stände gemeinsam befördern sollen.[62] Statt einen verschwenderischen Lebensstil im exklusiven Rahmen zu verfolgen, soll nach Meinung der Herausgeber auch der Adel sein Vermögen in den wirtschaftlichen Kreislauf einbringen und so zum Gemeinwohl des Landes beitragen wie der bürgerliche Leistungsstand.[63] Wenn „das gnädige Fräulein auf ihrem Schlosse"[64] über Diamanten, Nähnadeln und Schminke, Beleuchtung und Tapeten, Porzellan, Taschenuhren und Spitzen, usw. informiert wird[65], wird sie nicht nur über Herkunft und Aussehen der Waren informiert, sondern auch über den ökonomischen Kreislauf von der Produktion bis zum Versand.[66] Als potentielle Abnehmerin und Auftraggeberin ist die Aristokratin in einen Kreislauf eingebunden, der letztendlich das volkswirtschaftliche Wohl einer (berufsbürgerlichen) Nation bedingt.

Luxus und Moden gelten den Herausgebern nicht mehr als Ausdruck geburtsständischer Privilegiertheit: Reglementierungen von Luxus wie Kleiderordnungen und Prachtgesetze, die zur Zurückstufung der mittleren Stände dienen sollen, werden abgelehnt.[67] Mit Blick auf die Mittelstände wird aber auch Luxus als „Ueppigkeit" mißbilligt; Luxus, der ohne ökonomischen Rückhalt zur sozialen Selbstdarstellung dient und den Lebensstil ständisch Privilegierter imitiert: „Im übeln Verstande heißt Luxus … wenn man … den höhern Ständen ungern untergeordnet ist, und es ihnen gleich machen will, ohne ihnen gleich zu seyn" und wenn man beginne, „die Zeit, die zu gemeinnützigen Berufsarbeiten, oder zum Gelderwerb bestimmt war, zu geldfressenden Vergnügungen anzuwenden, oder zu solchen, die nur für höhere Stände bestimmt sind."[68]

Nicht das Ständeprinzip, sondern dessen Auswüchse werden kritisiert[69]; an die Vorbildwirkung der Reichen und Vornehmen wird appelliert, insofern sie willens sind, durch vernünftiges, d. h. maßvolles Handeln der bürgerlichen Gemeinwohlmentalität Vorschub zu leisten. So geben diverse Reform- oder Vereinheitlichungsvorschläge von Lesern und Leserinnen der Hoffnung Ausdruck, über das *JLM* das Interesse der gebildeten und einflußreichen Oberschichten zu wecken. Erst die Annahme durch die oberen Stände garantiere eine effektive Verbreitung von Reformen auch in den Mittelstand – „ohne Gesetz und Landes-Ordnungen, ohne Zwang und ohne Furcht vor Spöttereyen".[70] Die offene oder satirische Mißbilligung von Luxus und Moden als Mittel sozialer Selbstbehauptung konnte – je nach ideologischem Lager – als Ablehnung ständischer Abgrenzung durch Statuskonsum verstanden werden, oder als Tadel der unter den ‚bürgerlichen' Ober- und Mittelschichten grassierenden ‚Nachahmungssucht', in der das Ziel ein nur äußerliches, imaginäres Sozialprestige war. Aus der Perspektive bürgerlicher Aufklärer kam dies einer öffentlichen Abwertung leistungs- und bildungsbezogener Tugenden gleich.

Zusammenfassend läßt sich sagen: In den Vorschlägen und Empfehlungen des *JLM* für eine repräsentative Lebensführung vermittelt sich für die bürgerlichen Oberschichten ein Kompromiß zwischen dem Wunsch auf eine gezielte (kulturelle Identität stabilisierende) Selbstdarstellung und den Erfordernissen, sich aus karrieristischen Überlegungen an die Adelskultur regionaler Residenzen anzupassen.

Zum anderen werden die adeligen Leser und Leserinnen nicht als Funktionselite für fürstliche Machtzentren adressiert, die sich in praktizierter Etikette und exklusiven Statuskonsum als politisch dominant repräsentiert.

Mit dem Kurs zwischen zweckbedingten Konzessionen an den Adel und bürgerlicher Selbstbehauptung konnte sich ein kommerziell orientiertes Unternehmen das Subskriptions- und Kaufinteresse eines Zielpublikums sichern, das sich aus bürgerlichen und adeligen Oberschichten mit regional differierenden Machteliten zusammensetzte.

In praxistauglichen Vor-und Gegenbildern wird im *JLM* das Ideal der „glückseligen Mittelstraße"[71] vorgezeichnet, die es in der Erscheinung nach außen zu beschreiten gilt, um zwischen äußerlicher Anpassung an adelige Formen und bürgerliche Selbstbehauptung durchzubalancieren; ein ‚bürgerliches' Ideal, das aber auch umgekehrt anmahnt, sich nicht durch erbrechtlich privilegierte Genußkultur demonstrativ vom bürgerlichen Leistungstand zu distanzieren.

„Das bürgerliche Ideal der Natürlichkeit meint nicht die amorphe Natur, sondern die Tugend der Mitte." (Horkheimer/Adorno)[72]; oder wie es das Journal als den „goldnen

Spruch“ formuliert: „Medium tenuere beati, d. h. bleibt immer fein in der Mitte, so stoßt ihr nirgend an.“[73]

Im Kompromißcharakter der Anregungen für das „Hochleben“ und „Wolleben“ *(JLM)*[74] sozial heterogener Oberschichten reflektiert sich jene Mischung aus Idealismus und sozialer Praxis, die Ulrike Döcker für die „Konstruktion des ‚bürgerlichen Menschen‘“ in den Umgangslehren des späten 18. Jahrhunderts feststellt.[75]

> „Die Vergesellschaftung der ‚Mittelstände‘ zum ‚Bürgertum‘ baut zwar auf ‚bürgerlichen‘ Verhaltensweisen auf, doch bleiben ‚bürgerliche Verhaltensweisen‘ keineswegs auf das ‚Bürgertum‘ beschränkt. ‚Bürgerliche‘ Verhaltensweisen erweisen sich zwar als sozial formativ, doch sind ‚Bürgerlichkeit‘ und ‚Bürgertum‘ nicht vollständig kongruent.“[76]

‚Bürgerlich‘ meinte im späten 18. Jahrhundert noch keine homogene soziale Formation, sondern im Übergang und in Umwandlung begriffene Geschmacks- und Verhaltensideale, empfohlen für Oberschichtengruppen, die ‚bürgerlich‘ dachten und handelten, sozial aber unterschiedlich waren.

Um bestimmte Werte, Normen und Vorstellungen als ‚bürgerlich‘ zu kennzeichnen, bedurfte es nicht nur vor- und leitbildhafter Darstellungen, sondern auch der Abgrenzung des Begriffs von negativ besetzten Gegenbildern. Damit komme ich auf ein Merkmal des *JLM,* das von seiner Konzeption, was ‚bürgerlich‘ sei, nicht zu trennen ist: Die Identifikation des ‚bürgerlichen‘ als ‚teutsch‘ (und vice versa) durch die Abgrenzung von Frankreich und die Angrenzung an England.

Statt gegen die adlig-höfische Kultur zu polemisieren – ein Merkmal der zeitgenössischen Umgangslehren[77] –, und in dieser Polemik die Notwendigkeit der Anpassung ästhetischer Formen und Lebensauffassungen des Adels an den bürgerlichen Alltag zu begründen, zog es das *JLM* vor, die Begriffe ‚bürgerlich‘ und ‚adlig-höfisch‘ als ‚teutsch‘ und ‚französisch‘ auf die nationale Ebene zu verlagern. Bedingt durch die

Auseinandersetzung des *JLM* mit importiertem Luxus und dem Mangel an einheimischer „Landes-Industrie", figurieren die Begriffe ‚teutsch' und ‚französisch' zum einen im (national)ökonomischen Kontext. Zum anderen werden ihnen bestimmte sittlich-ästhetische Qualitäten stereotypen Charakters zugeeignet, die als Ausdruck einer „National-Charakteristik" sich kontrapunktisch gegenüberstehen.

2. Das „raisonnirende Raffinement" Englands und der „buntschäckige Flitter-Putz" Frankreichs: Modelle für die deutsche „Bürgernation".

Im späten 18. Jahrhundert ging die soziale Antithetik zwischen der „äußeren Höflichkeit" und „Oberflächlichkeit" des Hofadels und der „Aufrichtigkeit" und „Tiefe" des bürgerlichen Mittelstandes[78] allmählich in eine nationale Gegenüberstellung über.

Schichtspezifische Verhaltens- und Geschmacksmuster, die der Mittelstand dem Hofadel zuschrieb, erweiterten sich in den Jahren nach 1760 allmählich zu einer nationalen Identifizierung mit „Frankreich"[79] und wurden zum Ausdruck des Gegensatzes zwischen französischem und deutschem „Nationalcharakter". Doch so wie die Begriffe ‚bürgerlich' und ‚bürgerliche Gesellschaft' noch „Chiffre für eine Utopie" (Kocka)[80] waren, bezeichneten „teutsch" und „Teutschland" um 1800 noch kein organisiertes Staatsgebilde politischer Einigkeit.[81]

„Bürgerlich" als auch „teutsch" definierten sich nicht nur in Abgrenzung gegen Frankreich, sondern orientierten sich auch am englischen Ideal als Vision eines ‚besseren Deutschlands'.[82] Kosmopolitismus und ‚nationale Identität' schlossen zu dieser Zeit einander noch nicht aus.[83] Die „Anglophilie" – die Begeisterung für alles Englische als Ausdruck des ‚Vernünftigen' und ‚Natürlichen' – trug wesentlich dazu bei, adlig-höfische Kulturmuster französischer Prägung aufzuweichen. Den höfischen ‚bon ton' und seine „ephemerischen Moden"[84] kennzeichnete aus dem Blickwinkel der Mittelstände die gleiche Hohlheit wie die aus Frankreich (Paris) importierten „kindischen Erfindungen und Moden" *(JLM)*.[85]

Aufgrund des Inhalts der Zeitschrift konzentriert sich das im *JLM* referierte französisch-englische Oppositionsmodell auf die materielle Kultur der beiden Nationen; die jeweils differente Ausrichtung auf ‚Vernunft' und ‚Natur' soll Zeugnis geben über die ästhetisch/ethischen Qualitäten der jeweiligen Nation.

Statt der überfeinerten, sich in nutzlosen Äußerlichkeiten gefallenden Kultur französischer Provenienz, deren Oberflächenpolitur über die innere Gehaltlosigkeit hinwegtäuscht, preist das *JLM* das „raisonnierende Raffinement" Englands als richtungsweisend für die „teutsche Gutmüthigkeit"[86], die bislang durch den „unheilbaren Egoismus dieser [französischen; M. H.] Nation"[87] ausgenutzt wurde. Die anglophile Vision Englands als Modell eines ‚besseren' Deutschlands (re)präsentiert sich im *JLM* als in die soziale Praxis umgesetztes Plädoyer für den „nützlichen Luxus", einer an den Leitwerten der Vernunft und Natur orientierten Verbindung aus Prestige- und Gebrauchswerten, der eine maßvolle ‚bürgerliche' Lebensführung zugrunde liegt.

In den Annoncen für Patentwaren aus England, in den Berichten aus London über die durchdachte Lebensgestaltung gutsituierter Bürger und Adeliger widerspiegelt sich das von den deutschen Aufklärern bewunderte Ideal einer an Vernunft und Natur, Individualität und ‚public spirit' orientierten Nation, die der produktiven „Industriosität" ihrer Bürger keine zünftischen Fesseln auferlegt.[88] Die „Engländer, die auch über die geringsten Gegenstände des praktischen täglichen Lebens denken"[89] und „immer das Solide und Zweckmäßige mit dem wahren Schönen in Allem zu verbinden wißen"[90], produzierten – wie im *JLM* hervorgehoben wird – einfache, solide Dinge für den täglichen Gebrauch, während

Frankreich „lauter Entbehrlichkeiten" in Form kurzlebiger Moden von minderer Qualität liefere.[91]

Ob es Einrichtungen sind, die dem Gemeinwohl dienen (Straßenbeleuchtung[92], Tavernen[93], Waschmaschinen[94], „Neue Kunst-Maschinen"[95], „Eiserne Brücken"[96] oder Transportmittel[97]), ob es sich um „Patent-Waaren" zur Ausgestaltung persönlicher und häuslicher Bequemlichkeit handelt[98] oder um Förderung der Gesundheit und Hygiene[99], ob es die „edle, ungekünstelte Kleidung"[100] ist – von ihr wird noch näher die Rede sein –, ob es Kutschen sind („simpler, leichter, bequemer und geschmackvoller")[101], oder die Landschaftsgärten[102] ohne die „Fesseln ... der Französischen Putz-Kunst"[103]:

das vielbewunderte Vorbild für die Verquickung des Schönen mit dem Nützlichen ist England. [„Man mag] ... in Tracht und den andern der Modebestimmung unterworfenen Dingen den freyen Britten als den Franzmann nachahmen".[104]

Das „nützliche, zweckmäßige und raisonnirende Raffinement der Engländer in allen Gegenständen für die Bequemlichkeiten des Lebens"[105] setzt den Kontrast zur französischen Nation, die „nur aus Mode zu handeln, und nie zu raisonniren gewohnt war".[106] Materielle Kultur und kollektive Mentalität werden im *JLM* in Wechselbezug gesetzt. Die Sprachmetaphorik in Berichten aus Frankreich bzw. – pars pro toto – Paris bevorzugt Seifenblasen[107], Schmetterlinge[108] oder Tulpen[109] – , kurz: des optisch gefälligen, aber von keiner ‚raison' bewegten Oberflächlichen:

Durch die aus Paris nach Deutschland gesandten Moden (heißt es anderswo) „denkt man sich die Franzosen wie Schmetterlinge, die soviel goldnen, grünen und blauen Puder auf ihre Flügel nehmen, als sie nur können."[110] Die Pariser-Franzosen sind „Kindsköpfe! ... Ein Grundzug der französischen National-Charakteristik"[111]; gelten immer als „so eitel, so oberflächlich, so leichtsinnig und schußig als die Geschichte sie uns immer gezeichnet hat."[112] Festive Unterhaltung gilt ihnen alles.[113] Ihre Mode ist „buntschäckiger ... Flitter-Putz"[114] und verkünstelt („Denn die Pariserin muß immer etwas widernatürliches an sich haben."[115]; es gibt kein Volk, „das seinen moussirenden Witz zu einer so allgemein coursirenden Fabrik-Waare zu brauchen ... weiß"[116], und „... was wagt nicht der Franzmann, um elegante Aussenseiten, um reißende Oberflächen hervorzubringen, zumal wenn Aufforderungen des schönen Geschlechts hinzukommen!"[117]

Gegen die französische Nation, die sich dem Glanz dekorativer Oberflächen und dem ephemeren Genuß ergeben hat, hebt sich England umso vorteilhafter ab.

Der „Vergleich zwischen dem Luxus der Franzosen und Engländer" – ein auszugsweiser Nachdruck des *JLM* von Archenholtz' „England und Italien"[118] – beginnt den Versuch, „das beyden Nationen hierin Eigenthümliche zu charakterisieren"[119] gleich beim augenfälligsten Unterschied: in der Kleidung. Während die Franzosen eine glanzvolle Fassade vorziehen, legt man in England auf Bequemlichkeit und Sauberkeit Wert und verweist auffällige Kleidung an die Damen:

> Die **Franzosen** halten viel auf reiche und prächtige Kleider, die sehr gewöhnlich mit schmutziger und grober Wäsche gepaart sind. Die **Engländer** überlassen es ihren Weibern sich durch kostbare Kleidungen zu schmücken, und ziehen eine simple, zu ihren Bedürfnissen passende Tracht vor, womit aber die feinste und reinste Wäsche verbunden ist. Leute vom niedrigsten Stande in England tragen Wäsche, wie in Teutschland Personen von Range, und bloß der Auswurf des Pöbels wechselt sein Linnen nur einmal die Woche.[120]

England wird im *JLM* idealisiert als Vorbild für deutsche Verhältnisse in Wirtschaft, Politik, Kultur und individueller Lebensgestaltung. Frankreich, als negativ besetztes Gegenmodell zu England, wird in seiner Rolle als ‚Arbiter elegantiarum' Europas diskreditiert.

England und englisch werden im *JLM* als ‚vernünftig' und ‚natürlich', Frankreich und französisch als ‚künstlich' und ‚oberflächlich' nach bürgerlichem Maßstab konnotiert. Der (scheinbar) in kein System gefaßte englische Park, die Bequemlichkeit der Landsitze[121] und der englischen Kleidung konnte England im Vergleich zur französischen Adelskultur als ein Land erscheinen lassen, dessen Oberschichten dem Leitwert der „Natur" und damit der „Vernunft" folgten.[122]

Verwoben mit dem polaren Modell nationaler Eigenheiten war im späten 18. Jahrhundert noch die soziale Antithetik zwischen dem ‚bürgerlichen' und dem adlig-höfischen Lebensmuster; der soziale Gegensatz zwischen höfischer ‚Politesse' und bürgerlicher ‚Sittlichkeit' – aus der Perspektive deutscher Aufklärer war dies der Gegensatz zwischen ‚Oberflächlichkeit' und ‚Tiefe'. Im *englischen* Ideal bestätigte sich die alltagstaugliche Effektivität von ‚Vernunft' und ‚Natur', den Leitwerten *bürgerlicher* Gesinnung. *Französisch* und *höfisch* hingegen waren in den bürgerlichen Vorstellungswelten dem Assoziationsfeld der Oberflächlichkeit und Verkünsteltheit verhaftet.[123]

In der ‚Natürlichkeit' von Tun und Sein bewies sich aus bürgerlicher Sicht die eigene moralische Überlegenheit gegenüber dem ‚affektierten' Adel mit seiner Orientierung am überlieferten Kulturmuster höfisch-französischer Prägung. In Umgangslehren, Almanachen und Romanen wurden die vernunftbegründeten, weil auf ‚Natur' bezogenen kulturellen Formen bürgerlichen Alltagslebens gegen das Regelsystem höfischer Etikette ausgespielt.

Daniel Chodowiecki z. B. verfertigte nach einer Idee Georg Christian Lichtenbergs 1779/80 für den *Göttinger Taschenkalender* eine Stichfolge, in der sich „Natürliche und affectirte Handlungen des Lebens" oppositiv gegenüberstehen.[124] Mit absatzbedachter Überzeichnung[125] der Kleidung und Körpersprache adeliger Paare sollte im Vergleich zwischen bürgerlicher und adlig-höfischer Lebenswelt die ‚Natürlichkeit' der bürgerlich lebenden Individuen sinnfällig vor Augen geführt werden. Das ‚Schöne' und ‚Geschmackvolle' im Habitus der als bürgerlich repräsentierten Paare kann – weil auf ‚Natur' rückbezogen – als „Symbol der Sittlichkeit" (Kant)[126] gegen den etiketteorientierten Geschmack des Adels ins Treffen geführt werden.

Die eher praktische als dekorative Kleidung, die beherrschte Körperhaltung der bürgerlichen Paare repräsentieren als „natürlich" Zweckbezogenheit und Zurückhaltung. Die übertrieben verzierte Kleidung der Adeligen hingegen betont in ihrer überdimensionalen Üppigkeit die Exaltiertheit der Gestik und Mimik, mit denen Chodowiecki die „Affectation" kritisiert. Das höfisch tradierte Erscheinungsbild diskreditiert sich als für den bürgerlichen Alltag unnütz und unnatürlich.

Das auf Vernunft gegründete Ideal der Natürlichkeit als stets passende Erscheinungsform zu exemplifizieren, war Anliegen auch des *JLM* gerade für das augenfälligste Signal sozialer Selbstdarstellung, die öffentliche Kleidung; bildete diese doch in der Berichterstattung der Zeitschrift einen der thematischen Schwerpunkte. Welche ästhetisch-sittlichen Richtlinien ‚bürgerlichen' – und doch ständeübergreifenden – Charakters für die Repräsentation in der Öffentlichkeit empfohlen werden, mit der die Balance zwischen Anpassung und Abgrenzung gewahrt werden konnte, soll im nun folgenden Abschnitt über den Bekleidungssektor im Themenangebot des *JLM* skizziert werden.

Die Aufgabe, in den Vorschlägen für eine bürgerliche Selbstrepräsentation zwischen den Ansprüchen sozial heterogener Oberschichten zu vermitteln, wurde auch im Fall des Bekleidungssektors durch Rekurse auf das Leitbild der ‚Natur' bzw. auf das englisch-französische Oppositionsmodell, aber auch durch den ‚sozialgeographischen' Umstand erleichtert, daß die in der geselligen Öffentlichkeit städtischer Promenaden oder Assembleen getragene Kleidung nicht den Erfordernissen höfischer Etikette unterworfen war. Sie war offen für modische Strömungen, nicht ständisch exklusiv (dem höfischen Adel vorbehalten), und erlaubte je nach gesellschaftlichem Anlaß, ‚persönlichen Geschmack' geltend zu machen.[127]

Als „geschmackvoll" gilt im *JLM* jene Kleidung, in der man sich nicht nur ständisch definiert, sondern auch als individuelle ‚Persönlichkeit' zum Ausdruck bringt. Das entspricht der eingangs skizzierten Forderung nach mehr ‚Natürlichkeit' im geselligen Umgang, die in zeitgenössischen Umgangslehren erhoben, und in Beiträgen des *JLM* reflektiert wird: Soziales Kalkül und zwischenmenschliches Gefühl sollen situationsangepaßt so aufeinander abgestimmt werden, daß sich eine ‚natürliche' (vernünftige) Verbindung von ständisch orientierter Konvenienz und „psychologischem" Verhalten ergibt.[128]

Dem sozialen Wert der ‚Offenheit' als Korrektiv gegen prestigefixiertes Vorteilsdenken entspricht im Bereich der Kleidung der ‚persönliche' Geschmack:

Der bürgerliche Subjektivitätsanspruch machte sich gegen Ende des 18. Jahrhunderts auch in der Kleidung bemerkbar; das kollektive Moment der Standeszugehörigkeit, wie es in den Kleiderordnungen zum Ausdruck kam, verlor an Bedeutung zugunsten der Idee der ‚Persönlichkeit'. Statt die gesellschaftliche Wahrnehmung emblematisch auf Rang und Stand auszurichten und die Träger und Trägerinnen nur über ihre Standeszugehörigkeit zu definieren, sollte öffentliche Kleidung mit dem sozialen Prestige auch persönliche Individualität ins Blickfeld rücken.

3. Öffentliche Kleidung

3.1.

Bis ins späte 18. Jahrhundert war Kleidung, die den Körper als expressiven Organismus berücksichtigte, in der repräsentativ-geselligen Öffentlichkeit nicht üblich.

Die Kleidung, mit der man sich in der Öffentlichkeit zeigte, wurde von einer Versachlichung des Körpers bestimmt. Das heißt, sie war im Schnitt, Material und Besatz dem Zweck untergeordnet, eine emblematische Aussage über den Platz in der Gesellschaft zu liefern. Diese Aussage mußte nicht exakt die soziale Position wiedergeben, aber eine problemlose Orientierung und Kommunikation in der standesreglementierten Öffentlichkeit gewähren. Die tatsächliche soziale Identität war auf der Straße (aber nur dort) zweitrangig, von der persönlichen, individuellen Identität ganz zu schweigen.

> Zu Hause paßten sich die Kleider dem Körper und seinen Bedürfnissen an; ging man auf die Straße, so hüllte man sich in eine Kleidung, die es anderen ermöglichen sollte, sich so zu verhalten, als wäre man ihnen bekannt. Man wurde zur Figur in einer Kunstlandschaft. Die Kleidung brauchte nicht sicher anzuzeigen, mit wem man es zu tun hatte, sie sollte aber erlauben, so zu tun, als ob man sich dessen sicher wäre.[129]

Der Körper wurde in allen Schichten wie ein „Vehikel zur Demonstration festgefügter Konventionen“[130] bekleidet. In den Oberschichten, die dieses Prinzip nun auf die Spitze trieben, benutzten Männer wie Frauen weiße und rote Schminke und Schönheitspflästerchen, trugen weiß gepuderte und geflochtene Perücken, Federhüte und bunte Seidenstoffe, nicht um die Aufmerksamkeit auf das Gesicht oder die Figur zu lenken, sondern um in erster Linie die gesellschaftliche Position zu dokumentieren. Für eine Dame von Stand waren mehrere Lagen Rouge („à tranchant“) auf den Wangen unverzichtbar.[131] Der individuelle Charakter des Gesichts blieb unter dem Bleiweiß und Karminrot der Schminke verborgen. Schneeweiße Haut, akzentuiert durch weiße Schminke und Schönheitspflästerchen, die enggeschnürte „Trichter-Taille" *(JLM)*[132] und „Wespen Figur" *(JLM)*[133] oder zierliche (d. h., in hochhackige Schuhe gezwängte und zum Trippelgang verurteilte) Füße waren nicht nur ästhetisches Ideal, sondern taten als Zeichen des demonstrativen Müßiggangs die gesellschaftlich hohe Position kund.

Die modische Umsetzung des Prinzips, den Körper als Spielzeug des sozialen Prestiges zu versachlichen, wurde vom späten 17. bis zum späten 18. Jahrhundert von der französischen Mode bestimmt. Kennzeichen des von Pariser Hofkreisen inspirierten und in europäischen Residenzen nachgeahmten Stils war die Tendenz zur statusemblematischen Extravaganz.

Die Bevorzugung kostbarer changierender Seidenstoffe (aus Lyon), zusätzliche Materialübersteigerung durch Besatz, die Verlängerung des Körpers durch Kopfputz, Federhüte und hohe Absätze und die Verformung der Silhouette durch allerlei Kunstgriffe (Reifrock, Korsett, „cul de Paris", „Trompeusen")[134] zitierten Richtlinien der Repräsentationskleidung höfischer Adelskreise. Die Versachlichung des Körpers zum „hunderteckigen Ungeheuer" *(JLM)*[135] als Ausdruck von Rang und Stand entsprach der Machtstrategie des Ancien Regime, in den „Theatralisierungen des gesellschaftlichen Lebens ... die Identität des Seins vollkommen im Schein der Repräsentation aufgehen, die Sache einzig im darbietenden Zeichen dasein zu lassen."[136] Kleidung demonstrierte soziales Prestige, das ‚Distanz' zu signalisieren hatte – Distanz auch zwischen dem äußeren Erscheinungsbild und dem Selbst.

Forsche der Wahrheit von anderer Leute äußerer Erscheinung nicht allzu gründlich nach, riet Chesterfield seinem Sohn; das

Leben ist geselliger, wenn man die Leute nimmt, wie sie sich geben, und nicht, wie sie sind. In diese Sinne kam den Kleidern unabhängig von ihrem Träger und dessen Körper eine eigenständige Bedeutung zu. Anders als im Hause war der Körper auf der Straße bloß ein Werkzeug, das es zu drapieren galt.[137]

3.2.

Ende des 18. Jahrhunderts, als die ersten Jahrgänge des *JLM* erschienen, machten sich unter dem Einfluß Rousseau'scher Ideale von Natur und Vernunft in der Kleidung neue Tendenzen bemerkbar, die der flamboyanten Eleganz der französischen Mode entgegengesetzt waren.

Einst durch Kleiderordnungen dem bürgerlichen Mittelstand als Zeichen sozialer Zurücksetzung vorgeschrieben, wurden ab den 1770er Jahren einfärbige Wollstoffe in gedämpften Farben und ein schlichterer Schnitt der Kleidung in die informelle Kleidung der adelig-bürgerlichen Oberschichten übernommen. Im Zuge der Begeisterung für alles Englische als Ausdruck des Natürlichen und Vernünftigen wurden die Vereinfachungstendenzen in der Kleidung als „mode à l'anglais" um 1780 von Paris (!) modisch abgesegnet. Die nach außen demonstrierte Schlichtheit in der Öffentlichkeit galt als spezifisch englisch. Aus London berichtet ein Korrespondent des *JLM:*

> Vom Kleide kann man hier gar nicht auf den Mann schließen, und es ist wohl nirgends schwerer zu errathen, wes Standes die Unbekannten sind, die man an öffentlichen Orten sieht. Der Reiche und Vornehme erscheint oft so simpel und mäßig gekleidet, als einer der nur eben sein nothdürftiges Auskommen hat; da hingegen einer von letzterer Classe oft den Vorbeygehenden durch seine äussere Schaale glauben machen will, daß er sehr begütert sei.[138]

Das übliche Repräsentationsmuster öffentlicher Kleidung erscheint in London umgekehrt: Auffällige Kleidung spielt nur imaginäres Sozialprestige aus, Schlichtheit zeigt wahre

Vornehmheit und wirklichen Reichtum. Auch Archenholtz bekräftigt in seinem Englandbild: Kleiderluxus in England fände man nur bei den Damen. Die englischen Männer „... überlassen es ihren Weibern sich durch kostbare Kleidungen zu schmücken, und ziehen eine simple, zu ihren Bedürfnissen passende Tracht vor."[139]

3.2.1. Männliche Kleidung: „der solidere Mann"

Im Vergleich zur höfisch beeinflußten Mode aus Paris schlichter, zweckmäßiger und bequemer, bewertete die „englische Mode" den Körper nicht mehr als bloßen Träger statusemblematischer Hinweise auf Rang und Stand. Von Anfang an wird im *JLM* die „edle Simplicität und innere Reichheit"[140], die „Englische sehr vernünftige und zweckmäßige Simplicität"[141] in der Kleidung als Korrektiv gegen die von Pariser Höflingen protegierten und von deutschen Städten und Höfen adaptierten Extravaganzen der französischen Mode empfohlen. So ist laut *JLM* für den Herrn der (Pariser) Höfling:

> gewöhnlich die Mustercharte, auf der [die Modeneuheiten, M. H.] **alle** und **zuerst,** bunt=kraus durcheinander, erscheinen, und aus welchen nun der solidere Mann die für ihn passenden, anständigen und bequemen wählt. Es giebt für das Auge des Kenners eine Physiognomik des männlichen Anzuges, die vielleicht sicherere Schlüsse auf Charakter, Sitte, Denk= und Handlungsart erlaubt, als die Formen der Stirn, Nase, Mund, Kinn u.s.w. die häufig durch Zufall gelitten haben, und also ein falsches Schild von dem Bewohner am Hause aushängen. Oft ist der Huth ... die Form, die Art wie der Mann ihn setzt, trägt und hält, ein ziemlich treuer Spiegel des Gehirns, das er deckt. Kurz die Charakteristik der Trachten und Kleidungsarten ist ein Artikel über den wir in der Folge noch sehr Vieles zu sagen haben werden,...[142]

Der aus Paris importierte, höfisch konnotierte Geschmack wird als nicht mehr absolut verbindlich erklärt. Statt Nachahmung wird die selektive Anpassung an persönliche Bedürfnisse empfohlen.

In kritischer Anspielung auf Lavaters „Physiognomie"[143] werden Kleidung und Auftreten als eigentlicher Ausdruck des persönlichen „Charakters" im Sinne der moralischen Identität interpretiert. Konzentriert sich die „Physiognomik" nur auf im Knochenbau vorgeprägte Merkmale des Körpers und behauptet: ‚Je moralisch besser, desto schöner; je moralisch schlimmer, desto häßlicher'[144], können (so impliziert der Kommentar) Manieren und Kleidungsverhalten Aufschluß darüber geben, wie der einzelne seine natürlichen Anlagen und Eigenschaften in die soziale Praxis umsetzt. Der manipulative Effekt von Kleidung und Körpersprache, auf den der Kommentar anspielt, soll zur gesellschaftlich vorteilhaften Repräsentation durch ein einnehmendes Äußeres durchaus genutzt werden.

Zentral bleibt der bürgerliche Anspruch auf Wahrhaftigkeit der Person auch im Äußeren. Wie jemand seinen Hut hält oder trägt, welche Farben und welchen Schnitt der Kleidung er bevorzugt, interessiert in Hinblick auf seine sittlichen und intellektuellen Qualitäten. Wie man sich in der Öffentlichkeit kleidet, interessiert in Bezug auf die individuelle Persönlichkeit, die sich nicht standesspezifisch, sondern über ihre Eigenschaften und Verdienste definiert.

Der Hinweis auf die Bedeutung öffentlicher Kleidung nicht nur als soziales, sondern auch als individuelles Identitätsdokument impliziert ein Repräsentationsideal, das Kleidung nicht mehr als ständisches Ordnungsprinzip sieht, sondern als eine der Möglichkeiten, den „Umgang mit Menschen" zu regulieren.

Die zart- bis grellfarbige Materialpracht der Pariser Hof- und Stutzermoden konnte in diesem Zusammenhang nur als vordergründige Ablenkung vom ‚Charakter' der Träger verstanden werden; ihre latente Festivität als unvereinbar mit dem bürgerlichen Arbeitsethos. Weit mehr konvenierte die englische Art, sich zu kleiden: Tuchstoffe in dunklen oder kräftigen, aber gedeckten Farben und ein bequemer Schnitt zeichneten den im „männlichen Alltags-Leben, Geschäften und Reisen“[145] notwendigen Frack aus.

Die Revolution in Frankreich beschleunigte die Vereinfachungstendenzen nach englischem Muster. 1796 schließt ein Bericht über eine musterhafte Männergaderobe im deutschen „D * * “ mit den Worten:

> Dieß ganze Costume giebt ihm ein fein solides Ansehen; und es ist nicht zu läugnen, daß die englische Simplicität in der Männerkleidung weit besser zu dem ernsthafteren (wenigstens seyn sollenden) Charakter des Teutschen paßt, als die luftige Schmetterlingstracht der weyland Franzosen.[146]

3.2.2. Weibliche Kleidung: die „edle Einfalt“.

Ins Treffen geführt wird der englische Geschmack auch in der weiblichen Kleidung. So plädiert eine „teutsche Frau an alle teutschen Weiber und Mädchen“, sich zur geschmackvoll-einfachen Kleidung als Mittel gegen französische Modeimporte und Pariser Hofgeschmack zu bekehren[147], und illustriert ihr Plädoyer mit einem jungen Briten als ‚Arbiter elegantiarum‘:

> Es giebt eine gewiße edle Einfalt in der weiblichen Kleidung, die man sich mit Hülfe des guten Geschmacks und der Reinlichkeit bald eigen machen kann, die nicht theuer ist, und ihre Wirkung aufs männliche Herz selten verfehlt. ... Wenn man uns mit glänzenden buntschäckigen Collifichets [Flitterkram; M. H.] und Gewändern behangen, angestaunt, höchstens Minuten lang bewundert, so werden wir in sauberer einfacher Kleidung wovon Farbe und Form unserm Teint und Wuchs anpaßt, immer gefallen. Ein junger Engländer sah ohnlängst zwey gleich schöne Damen, wovon die eine ganz als *Petite-Maitresse,* die andere aber mit bescheidenem Anstande gekleidet war; man fragte ihn, für welche er sich erkläre. O, rief er aus, hier ist die Wahl nicht schwer; jene blendet, diese rührt.[148]

Die repräsentative Funktion der Kleidung wird in Bezug zum Körper gesetzt. Den Leserinnen wird geraten, ihre Kleidung zu vereinfachen und auf Wuchs und Teint abzustimmen. Wirtschaftliche argumentierende Vernunft gegen „entbehrlichen vergänglichen französischen und andern ausländischen theuern Putz“[149] verbindet sich mit ästhetisch-sittlichen Werten für „alle teutschen Weiber und Mädchen“: die mit „bescheidenem Anstande“ gekleidete Dame löst beim Manne Zuneigung aus, die wie eine Pariser Hofdame gekleidete Frau erregt nur kurzlebige Bewunderung. In einer Fußnote zum Brief der Leserin bekräftigen die Herausgeber:

> Nichts ... erweckt mehr Achtung, Wohlgefallen und Liebe gegen ein weibliches Geschöpf, als eine **geschmackvolle** Simplicität des Anzugs.[150]

Das Aussehen, bzw. den Körper nicht mehr durch äußere Zwänge einer Künstlichkeit zu unterwerfen, entsprach dem auf Vernunft gegründeten Ideal der Natürlichkeit. Bislang nur dem intim-häuslichen Bereich vorbehalten, werden Bequemlichkeit und die damit einhergehenden Vereinfachungstendenzen auch in der öffentlichen Kleidung als ‚bon-ton‘ gebilligt. Als in diesem Bezug vorbildhaft preist das *JLM* die Engländerinnen, die „schon seit langer Zeit im Besitz waren, den Putz mit der zierlichsten Nettigkeit und der reinsten Einfachheit zu verbinden.“[151]

Durch die englische Mode – auch wenn sie aus Paris importiert wurde – milderte sich ab 1780 die quantitative Ausdehnung der Damenkleidung; die Reifröcke und Hüftpolster („Bouffanten“) werden durch „dünne Steifröcke von Pferdehaaren“[152] ersetzt. Zu Seide, Brokat und Damast, die ihre optische Wirksamkeit erst durch Materialabsteifung entfalten, gesellten sich feine Baumwollwebstoffe wie Baumwoll-Batist, „Linon“[153] und vor allem der aus England importierte „Mousseline“[154]. Ein Modekorrespondent kommentiert 1787 aus dem deutschen „N**“: „Statt aller *Culs* und Bouffanten leidet man jezt gar nichts Bauschendes mehr, und kleidet sich so mager und schmal, daß man beynahe aussieht wie ein Spargel-

Stängel. Man wickelt sich vom Kopfe bis zu Füssen in Mousseline und Linon; ..."[155]

Ostindischer Musselin (1786 viermal so teuer wie Lyoner Seide)[156] wurde der bevorzugte Stoff für die weißen, sogenannten „Chemisenkleider".[157] „Weiß ist jezt die allgemeine Tracht; ein edler, guter Geschmack den wir von den Engländern angenommen haben.", heißt es aus Paris.[158] Die Dessins der Stoffe beschränkten sich auf kleine Streublumen- und Streifenmuster in blassen und kühlen Farben.

Die schlanken Musselin-, Batist-, oder Leinenkleider „à la Grecque" oder die „enge anpassende Angloise"[159] näherten sich dem Körper an und spielten sowohl gesellschaftlichen Rang als auch naturgegebene Qualitäten der Trägerin aus: „weil nicht der geringste körperliche Fehler darunter verborgen werden kann; und das Frauenzimmer, welche sie vortheilhaft kleiden soll, schlank und wohlgebaut seyn muß..."[160] Statt der Schnürbrust empfahlen sich nun locker-elastische „Corsets" (*JLM* 1791) aus England[161]: „Immer wird die allein und freystehende junge Tanne besser gefallen, als ein mit vielen Bändern an einen Pfahl geheftteter Baum,..."[162] Englische Vorbilder werden empfohlen auch für Haartracht (lose fallend, und kaum oder gar nicht gepudert)[163], für Hüte (kleiner)[164] oder Schuhe (niedere Absätze)[165].

Der blühende Teint und die reine Haut der Engländerinnen werden sehr bewundert. Im Beitrag über „Einige Schönheitsmittel, nicht aus Paris"[166] warnt ein Arzt die Leserinnen: Schöner Teint, schöne (weil gesunde) Haut lasse sich nicht durch „äußerliches Anstreichen"[167] erreichen, sondern durch individuelle Diät, viel Bewegung an frischer Luft und – vor allem – durch regelmäßiges Waschen.

> Wir bewundern die Schönheit der englischen Damen, und glauben am Ende wohl gar ihren Grund im Genuß des Thees zu finden; aber nur die äußerste Reinlichkeit ists, die ihre Haut ge-

gen den nachtheiligen Einfluß des Steinkohlendampfs, der Seeluft u.s.w. sichert ...[168]

Ärztliche Warnungen im *JLM* vor Wunderpulvern und Modearzneien[169] vor übermäßigem Tee- und Likörkonsum[170], vor arsen-, blei- und quecksilberhaltigen Schminken[171], vor Parfüms[172] oder Haarpuder fragwürdiger Provenienz[173] stehen unter dem Zeichen des gesunden und dadurch ‚natürlich' schönen weiblichen Körpers.[174]

Statt (französische) „Arzneyen des Grafen Cagliostro"[175] sollen die geneigten Leserinnen die Blatternimpfung (wie in England üblich) zur Mode erheben[176] und den „Gesundheits-Catechismus"[177] lesen; in Kleidung, Schuhwerk und Schminke dem Beispiel der englischen Damen folgen („Die Engländerinnen, denen die Natur ... rothe Wangen giebt, schämen sich gewönlich [sic] auch nicht, einen ungezwungen ausgewachsenen Körper und brauchbare Füße unter selbigem zu haben."[178]) Statt ihre Kinder in Korsetts zu pressen, sollen junge Mütter sie in einer körpergerechten Kleidung heranwachsen lassen (nach englischem Muster)[179] und statt „die uns leider zu Theil gewordene zärtliche und schwächende Erziehung"[180] sollen sie schon die Kleinsten an regelmäßige Wannen- und Luftbäder gewöhnen, um aus ihnen „gesunde und brauchbare Menschen zu bilden."[181]

Von Schnürleib[182], Schleppen[183] oder anderen entstellenden Kunstgriffen modischer Gaderobe befreit, in durchscheinende Stoffe gehüllt und nicht mehr durch Schminke und Puder verdeckt werden soll die ‚natürliche' Schönheit des weiblichen Körpers, der als expressiver Organismus gedeutet wird.

Das *JLM* tadelt an Modedamen die „gewaltig bauschenden Trompeusen, diese aus Flor und Gaze gewebten Lügen auf ihrem Busen, ... den schönen Formen und Umrissen völlig zuwider, ... die kleinen zusammenpressenden Schuhe und dergleichen modische Verhäßlichungsmittel"[184]. Die Herausgeber mahnen an: „... kein ätzendes Quecksilber- oder Bleywasser, keine Schönheitsesenz, [sic], die man mit Pinseln anmahlt oder mit Baumwolle anreibt"[185], „keine jener verunstaltenden, den Leib insectenartig zertheilenden, einklemmenden und beängstigenden Kleidungen"[186]. Gepriesen sei stattdessen die „Anwendung des wirksamsten und unschuldigsten aller Schönheitsmittel, ... Nettigkeit und Reinlichkeit".[187] Die „frische Farbe, die Ausbildung der ganzen Körper-Form, das freye und leichte Spiel der Muskeln, die Fülle der Adern, die klare, sanft gespannte halbdurchsichtige Haut, der lebhafte seelenvolle Blick des Auges"[188] werden durch die Einfachheit und „Wohlanständigkeit" englisch beeinflußter Kleidung am besten zum Ausdruck gebracht. Der Wunsch nach einer repräsentativen Kleidung, die den Körper in seinen Bewegungsabläufen und Gestik als ‚ausdrucksvoll' erscheinen läßt, entsprach der schon erwähnten, von Lavater und Engel[189] beeinflußten Deutung des menschlichen Körpers als Repräsentant der Seele und des persönlichen Charakters.[190]

In ihrer Untersuchung deutscher Frauenromane des 18. Jahrhunderts beschreibt Helga Meise[191] die Veränderungen im literarischen Diskurs über weibliche „Schönheit" und führt am Beispiel weiblicher Romanfiguren aus, wie sich mit der Schönheit des Körpers zunehmend die „Schönheit der Seele" verbindet, die – hinter der äußerlichen Schönheit ‚versteckt' – vom Mann ‚entdeckt', von der Frau entsprechend signalisiert werden muß. Weibliche „Schönheit" hat nun auch ‚innere Werte' zu repräsentieren, muß auf moralisch integre Charaktereigenschaften verweisen. Diesem Ideal gemäß modifizierte ‚Zeichen am Körper' – Kleidung, Schminke, Schmuck – sollen in den Dienst der „Schönheit der Seele" treten. Die „weiß seidene, ganz englische Kleidung" einer Romanheldin[192] dokumentiert durch ihre Einfachheit, die den Körper unverkünstelt läßt, gleichzeitig das tugendhafte Wesen der Trägerin. Die nicht minder schöne, aber verderbte Ge-

genspielerin paradiert hingegen mit tiefem Dekolleté, dick aufgelegter Schminke und enormen Kopfputz fraglos französischer Manier.[193]

Im letzten Drittel des 18. Jahrhunderts modifizieren neue kulturelle Wahrnehmungs- und Wertungsmuster einer bürgerlichen Vorstellungswelt die an der feudalen Etikette orientierte Selbstdarstellung in der geselligen Öffentlichkeit. Statusemblematischer Luxus verliert seinen ostentativen Charakter als gesellschaftliches Orientierungmittel; Vereinfachungstendenzen in der öffentlichen Kleidung sollen nun auch die „Persönlichkeit" der ständisch definierten Menschen zum Ausdruck bringen. Sich ‚englisch' zu tragen, bedeutet, sich der Deformierung der individuellen ‚Natur' durch jene Verkünsteltheit zu enthalten, die mit der französischen Affektiertheit identifiziert wird und in der höfischen Galakleidung ihren sichtbarsten Ausdruck erhält, aber auch als „National-Charakteristikum" ihren Stempel der Pariser Mode aufdrückt.

Die Vorstellung der „Persönlichkeit" entspricht dem bürgerlichen Subjektivitätsanspruch, und doch gilt es – die durch Lavater zur Wissenschaft erhobene und als Kult betriebene „Physiognomik" beweist es hinlänglich – das (scheinbar) autonome Subjekt zwecks Verhaltenssicherheit im öffentlichen Umgang zu ‚durchschauen': Näher besehen, ist der auf ‚Natur' rückbezogene Individualismus in der öffentlichen Kleidung nach bestimmten sozialen Kriterien reglementiert, die konstitutiv für ‚bürgerliche' Lebenswelten waren. Die für Frauen- und Männerkleidung empfohlene ‚vernünftige' Zweckbegründetheit und Zurückhaltung als Ausdruck von ‚Natur' im bürgerlichen Selbstverständnis werden für Mann und Frau nicht gleichermaßen veranschlagt, sondern geschlechtsspezifisch differenziert.

3.3. *„Gut gewachsene Blondinen" und „Männer von Geschäften"*[194]*: ‚Bürgerliche' Kleidung und ‚bürgerliche' Geschlechtertrennung.*

Der Wunsch nach einer repräsentativen, vom höfischen Prunk französischer Manier unterschiedlichen Kleidung, die jenem Geschmack entgegenkommt, der sich unter ‚bürgerlich' denkenden und handelnden Oberschichten entwickelt, äußert sich Ende des 18. Jahrhunderts in der öffentlichen Kleidung bei Herren wie Damen ähnlich: Die nach außen demonstrierte Schlichtheit wird von der sogenannten „englischen Mode" übernommen.

Legitimiert wird diese körpernähere Schlichtheit jedoch für Mann und Frau jeweils anders: Soll eine bequem-praktische Kleidung beim Mann die berufliche Leistung unterstützen oder in seiner ‚Freizeit' nicht hinderlich sein, erklärt sie sich für die Frau nicht als zweckbedingt, sondern als Möglichkeit, den Körper „ausdrucksvoll" erscheinen zu lassen:

Plädiert beispielsweise im *JLM* eine „teutsche National-Versammlung von Gräfinnen und andern Damen vom ersten Range" für eine bequemere „Bad-Uniforme", so ist bei allen Praktikabilitätserwägungen eines unabdingbar: „muß sie den Körper zieren, allgemein gut kleiden, und dessen Reize erhöhen."[195] Umgekehrt ist ein detailverliebter, bodenlanger und darob unpraktischer Reitanzug aus Paris für den deutschen Mann im Sattel untragbar, denn: er „giebt der Figur ein weibermäßiges Aussehn" „ein nachtheiliges Air von weibischer Affectation".[196] Und nur mehr den Damen steht es als Privileg ihrer körperlichen Reize zu, diese durch Parfüms zu untermalen. Das *JLM* mahnt die Herren:

> Der unmännliche Wohlgeruch, womit nicht selten sogar die Männer oder männlichen Figuren ihre Handschuhe parfumiren, gehört nicht zum Zwecke der Mannes=Handschuhe. Schon die alten Dichter kannten nichts unleidlichers, als einen süßriechenden Herrn.[197]

In der männlichen Kleidung nach ‚bürgerlichem' Geschmack steht der ökonomische Nützlichkeitseffekt im Vordergrund. Für die Frau gilt jene Kleidung als geschmackvoll und opportun, die ihre individuellen körperlichen Eigenheiten in Wuchs, Teint oder Haarfarbe, aber auch ihr Alter vorteilhaft berücksichtigt.

Im *JLM* reflektiert sich diese Einstellung – die sich ab 1792/93 mit dem Ausfall des französischen Hofs als modischer Impulsgeber zunehmend festigt[198] – in Empfehlungen an Leserinnen wie etwa:

> Diese Art Kleidung ist besonders für schmale und schön gewachsene Taillen, und formt die Brust sehr vortheilhaft.[199]

> Gelb ist seit kurzen die herrschende Mode=Farbe. Am meisten trägt man es mit **schwarz** zusammen; weil gelb und schwarz sich beynahe für alle Teints schickt, und das Schwarz den Blondinen, das Gelb aber den Brünetten gut steht.[200]

> Gut gewachsene Blondinen kleidet dieser Anzug überaus schön.[201]

Ohne farbige Stickereien oder Applikationen sollen die neuen weissen Musselinkleider sein, heißt es aus Paris.

> Die Streifen oder Blumen geben dem Zeuche eine gewiße Steifigkeit, die sich mit der ersten Wäsche vermehrt, und auch die Unannehmlichkeit für die Augen der Männer hat, ... daß sie das Spiel einer schönen weiblichen Figur plump machen, und vielleicht gar versteckt halten.[202]

„Für Frauen von einem gewissen Alter"[203] offeriert das *JLM* eigene Ratschläge. Uniformierungstendenzen ohne Rücksicht auf das Alter, eine unter weißgepuderten Perücken und rougierten Wangen zur Schau gestellte Indifferenz gegenüber dem Alter, wie es in Paris der Fall ist, werden als unnatürlich und auf deutsche Verhältnisse nicht übertragbar abgelehnt.[204]

3.4. *Geschlechterphilosophie*

Die im deutschsprachigen Raum in einer Flut populärwissenschaftlicher und belletristischer Werke Ende des 18. Jahrhunderts als „menschliche Natur“ deklarierte „Geschlechtercharakteristik“ räumte dem Mann eine aktive und rationale Rolle ein, mit der er sich im Erwerbsleben zu bewähren hatte und die auf bestimmte idealtypische Qualitäten zurückgeführt wurde, die denen der Frau entgegengesetzt waren.

Die Komplementarität des Mannes zur Frau definierte ihre Überlegenheit nicht mehr wie noch zu Anfang des Jahrhunderts aus sozialen Positionen und ihren Tugenden, sondern aus der „Natur“ oder dem „Wesen“ des Mannes heraus.[205] Das Bemühen, die Geschlechterdifferenz durch die Verlagerung aus der Gesellschaft in die ‚Natur' zu ‚objektivieren', trieb im späten 18. Jahrhundert und frühen 19. Jahrhundert die seltsamsten Blüten in ‚kulturanthropologischen' oder anatomischen Werken, wie Claudia Honegger exemplarisch veranschaulicht[206] und verstieg sich gar zur arithmetischen Berechnung ‚weiblicher' und ‚männlicher' Klima- und Kulturverhältnisse.[207]

Legitimiert mit der Geschlechterdifferenz als Phänomen der Natur wurden zweckrationale Überlegungen bürgerlicher Provenienz, die dem Mann und der Frau bestimmte Sozialfunktionen zuwiesen und diese Sozialfunktionen als „natürlich“ prädestiniert erklärten. Gemäß dem polaren Modell der Geschlechterdifferenz galt der Mann aufgrund seiner physisch-intellektuellen und ‚rationalen' Natur als eher befähigt, als die Frau sich dem nüchternen Kalkül einer berufsbürgerlichen Öffentlichkeit zu stellen. Die Frau hingegen galt als am besten geeignet, im häuslich-privaten Bereich als Gattin, Mutter und Hausfrau tätig zu sein. Ihr wurden in den Geschlechterphilosphien um 1800 die Zentralkategorien der Passivität und Emotionalität überantwortet, mit Merkmalen wie Schwäche und Hingabe, Wankelmut oder Empfindsamkeit, aber auch Tugenden der Schamhaftigkeit, Anmut und Verschönerungsgabe.

3.5. Vestimentäre Geschlechterphilosophie

Die modischen Empfehlungen des *JLM* an seine Leserinnen werden mit „Körperlichkeit" bzw. physischen Merkmalen kontextualisiert; für den „solideren Mann" hingegen referiert sich ein repräsentatives Erscheinungsbild stets mit dem rationalen Bezugsfeld berufsbürgerlicher Öffentlichkeit.

3.5.1. „Männer von Geschäften ...": Männer und Kleidung.

In den Modeberichten des *JLM* über neue und passende Herrenkleidung deklariert sich die Abstimmung der Kleidung auf den Körper beim Mann in bezug auf Zweckmäßigkeitserfordernisse im Rahmen eines berufsbürgerlichen Alltags. Der Frack nach englischem Muster ist bequem, weil er im Berufsalltag nicht hinderlich ist:

> Er ist vermöge seiner Simplicität, knappen Aermel, Kragen, vielen Taschen, bequemen Zuknöpfens und Anschließens an den Leib, der schicklichste und bequemste Rock zum männlichen Alltags=Leben, Geschäften und Reisen.[208]

Die Garderobe wird abgestimmt auf das ‚Tun', auf Arbeit: Für die (Tuch)Stoffe der Fracks werden dunklere Farben empfohlen („weil diese für den Staub und andere Spuren der Alltags-Geschäfte eines Mannes weniger delikat sind")[209]; Farbenpracht und Luxus ziehen sich allmählich zurück auf immer kleinere Einzelteile der männlichen Kleidung – auf Westen („Gilets"), Knöpfe[210], Musseline- oder Batistmanschetten- und schleifen statt Spitzen[211], Weißstickerei auf dem Hemd und auf die Feinheit wie Dauerhaftigkeit der Stoffqualität.[212]

In den Jahrgängen des *JLM* zwischen 1786 und 1811 gibt es bei insgesamt rund 600 Modekupfern nur 30 mit Abbildungen von Herrengarderoben. Einzelne Jahrgänge – 1804, 1805, 1806 – weisen überhaupt keine Modekupfer für Herren auf. Die einzige Abbildung einer höfischen Galakleidung für Herren findet sich im ersten Jahrgang; die roten Absätze seiner Schuhe weisen ihn als (französischen) Höfling aus[213]: Nicht ständisch exklusive Galakleidung, sondern das für Promenaden oder andere Formen städtischer Geselligkeit getragene, das zum „männlichen Alltags-Leben" der Geschäfte adaptible Frackkleid englischer Herkunft dominiert die Empfehlungen des *JLM* für den Herrn.

Mit den 1790er Jahren beginnt in der Herrenkleidung die – wie es der englische Psychologe J.C. Flügel formulierte (1930)[214] – „große männliche Entsagung": die Adaptierung der Männerkleidung an arbeitsbezogene Zweckmäßigkeit im Zeichen der sozialen Nützlichkeit. Gegen die optische Einfügung in eine Ständegesellschaft setzen sich allmählich dunkle Farben, feste Stoffe und strenge Formen als Zeichen der optischen Einfügung in eine Leistungsgesellschaft durch, in der nicht äußere Pracht, sondern innere Werte den sozialen Aufstieg bewerkstelligen sollen. Dominierend wird und bleibt für die Herrenkleidung das Prinzip der sachlichen Korrektheit, das im neunzehnten Jahrhundert maßgeblich wurde, seinen Einfluß bis in die zweite Hälfte des zwanzigsten Jahrhunderts ausübt und auch heute noch das repräsentative Auftreten des Mannes in Politik und Wirtschaft bestimmt.

Die mit dem Verweis auf die Arbeitswelt zweckbegründeten Farben und Stoffe männlicher Kleidung werden auch für die repräsentative Promenaden- oder Besuchskleidung übernommen – für jene Kleidung also, die der berufsbürgerliche Mann in seiner ‚Frei-zeit' anlegt – und dokumentieren außerhalb des Berufs die bürgerliche Leistungsorientiertheit und Solidität im Bild des Mannes.[215]

Dunkle Farben, feste und mehr oder minder glanzlose Stoffe und strenge Formen verbinden sich assoziativ aber nicht nur mit den sozialen Tugenden des Mannes, sondern auch mit seinem „Geschlechtscharakter", aus dessen Merkmalen der Rationalität, Aktivität und Würde die Tugenden zum Nutzen und Frommen der Gesellschaft als nunmehr ‚naturgegebene', spezifisch ‚männliche' Tugenden resultieren sollen.

Mag sich also der französische Elegant kleiden „so bunt wie ein ostindischer Schmetterling"[216] – „Herren, die sich geschmackvoll und solid kleiden", versichert das *JLM,* zeigten sich (auch in Paris) das Jahr über in dunklen Farben und würden statt Spitzen kleine Batistmanschetten bevorzugen.[217] „Man vermeidet also nur das zu sehr Auffallende, und trägt sich ganz nach [englischer, M. H.] Mode."[218]

Es ist die aus praktischen Bedürfnissen entstandene Kleidung des Londoner Geschäftsmann (der „gewiß täglich 1-2 Teutsche Meilen zu gehen hat")[219], die im *JLM* von Beginn an als Maßstab für „geschmackvolle" Herrenkleidung gilt.

Gepriesen werden Bequemlichkeit in Schnitt und Ausführung, und Dauerhaftigkeit der Tuchstoffe, deren solides Material in stets dunklen Farben (u. a. „fumée de Londres"[220], „Suie de Londres"[221] oder „Suye de cheminée de Londres"[222]; zu deutsch etwa „Londoner Kaminruß") dem ökonomischen Zweckargument der Sparsamkeit entgegenkommt.

> Der Engländer, oder richtiger der Einwohner von London, der vom Morgen bis in die Nacht angekleidet ist, in seinem Rocke alle seine Geschäfte und Arbeit treibt, und dabey den größten Theil des Jahres in dem Steinkohlen=Dampfe von London lebt, der ihn täglich ein weißes Hemd, Gillet und Strümpfe zu nehmen nöthiget, muß zum Fracke dunkle Farben, die nicht leicht

> schmuzen, und zu den Unterkleidern Stücke wählen die er leicht wechseln kann. Unsre Tracht von drey Farben ist also wesentlich ökonomisch, weil wir, wenn eins von den drey Stükken, Rock, Veste oder Beinkleider Schaden leidet, und unbrauchbar wird, uns dann nur dies einzige Stück neu zu schaffen brauchen; …[223]

Die vorbildhaft praktikable Alltagskleidung unermüdlicher Geschäftsmänner in London wird in Zusammenhang gesetzt mit der englischen „Industriosität", einem von deutschen Englandreisenden im 18. Jahrhundert gerühmten Bestandteil des englischen „Nationalcharakters", der sowohl dem Ideal des berufsbürgerlichen Mannes in deutschen Landen als auch der bürgerlichen Konzeption von ‚Mann' schlechthin entgegenkam (willensstark, zielorientiert, erwerbend, rational, u. a.;[224] so beschreibt sich einmal etwa der junge Herder nach einem persönlichen Reifungsprozeß als „männlicher, reifer entwickelter, Welterfahrener, Brittischer"[225]. Unter dieser „Industriosität" wurde verstanden:

> … ein gewisses Weltverhalten, das Arbeit als Essenz des Lebens, Zeiteinteilung als Voraussetzung, rationelle Kosten-Nutzen-Kalkulation in allen Lebenslagen als Kennzeichen hat. Damit zusammenhängend ist eine Wahrnehmung der Außenwelt als Objekt und der Anspruch auf Wahrheit durch empirische Untersuchung. Dem entspricht eine Tendenz zur Ablehnung der Metaphysik.[226]

3.5.2. „Zephyretten" und „Priesterinnen": Frauen und Mode.

Befürwortet sich passende Eleganz beim Mann durch das ‚ökonomische' Argument der Zweckmäßigkeit, oder allenfalls durch deren maßvolle Kombination mit dem ‚psychologischen' Argument, sich zu schmücken[227], wird Modenvielfalt und rascher Wechsel als Ausdruck ihrer Eitelkeit der Frau zugeschlagen. Eitelkeit, an sich eine menschliche Eigenschaft[228], nimmt aufgrund des passiven und emotionalen – rezeptiven – ‚Geschlechtscharakters' der Frau allzuleicht extreme Formen an, da ihr die Frau ‚naturbedingt' nicht das Korrektiv der Willenskraft und Vernunft entgegensetzen kann.

> Zur Vermehrung des Luxus und überhaupt des unnöthigen Aufwandes, hat das weibliche Geschlecht, der Erfahrung zu Folge, unstreitig die stärksten Beiträge geliefert, und die Vorwürfe, die ihm deshalb vom männlichen gemacht worden, sind nur allzu gerecht. ... Bei diesem Bestreben, durch den äußeren Anstand zu gefallen, nimmt das schöne Geschlecht vorzüglich auf die ihm von der Natur verliehenen Reize Rücksicht, die mit seinem Körper in Verbindung stehen. ... Dies geht oft so weit, daß die Darstellung der körperlichen Schönheit mit der innern moralischen Würde in Kollision kömmt, und daß jene auf Kosten dieser erhoben wird. (JLM)[229]

Luxus und Moden werden zur weiblichen, vom Alltag mannhafter Bürger getrennten Domäne erklärt.[230] Im Reich der „eigensinnigen Göttin, der Mode"[231], der „schnell Wechselnden"[232], findet sich nur weibliche Intuition zurecht. Nicht der verständige Rat weiser Männer macht den gesundheitsschädlichen Schnürleibern ein (vorläufiges) Ende, sondern die zur „Göttin Mode" subsumierten Launen ihrer „Priesterinnen"[233]. Eine Leserin räumt ein:

> Umsonst schrieben sich und predigten sich die Söhne des Hipocrates müde; umsonst demonstrirten sie in Büchern und Zeichnungen sonnenklar, wie lächerlich und der Gesundheit höchst schädlich diese Undinger seyen, in die unser Geschlecht, gerade darum weil es das **schöne Geschlecht seyn** wollte, sich einpreßte, – das half alles nichts. – Ein einziger Wink der allmächtigen Göttin Mode wirkte Alles.[234]

„In Moden kommts überhaupt nicht gern zu einem Systeme – und das Frauenzimmer liebt überhaupt Systeme sehr selten", erklärt sich ein Korrespondent die Vielzahl modischer Hutformen.[235] „... bald Matronenhaft fest und standhaft in ihrem Aeußeren, bald gauckelnd wie ein Schmetterling und veränderlicher als Zeitungsnachrichten"[236] dem bedächtigen Wandel männlicher Mode entgegengesetzt, figuriert die Sprunghaftigkeit der weiblichen Mode in Übereinstimmung mit der Systemlosigkeit der weiblichen Welt überhaupt, die

> ... wie die Atmosphäre, worinnen Nebel, Klarheit, Wolken, Regen, Schnee und Sonnenschein, Stürme und lieblich spielende Weste unaufhörlich wechseln, in ewiger Unruhe, Gährung und Geschäftigkeit ist; eine Modepuppe heute anputzt und auf den Altar stellt, und morgen wieder in den Winkel wirft, und eine neue hervorsucht.[237]

Die Mode des „leichten Flor- und Flitterputze"[238], der durchscheinenden Stoffe und des immer knapperen „Chemisen"-Schnitts gibt Korrespondenten Gelegenheit, mittels der schon für Pariser Modeberichte gern benutzten Schmetterlingsmetapher „Frau" und „Mode" durch die Vorstellung ‚wesensgleicher' Unbeständigkeit und Leichtigkeit assoziativ zu verklammern.[239] Frauen erscheinen im *JLM* als „Zephyretten, die hier und da schon hervor zu gaukeln wagten"[240]; „flattern mit ihrem Geschmack wie ein Schmetterling von Blume zu Blume"[241] und lassen männliche Beobachter hilflos zurück: „Wer zählt alle die bunten Schmetterlinge, die im Reiche der Moden aufflattern?"[242]

Durch den als quasi-natürlich hergestellten Zusammenhang zwischen sprunghaft wechselnder Modenvielfalt und dem weiblichen Geschlechtscharakter erscheint von Beginn an optische Auffälligkeit und Gefälligkeit als geschlechtsspezifisches Merkmal ins Frauenbild eingeschrieben. Ausgelagert aus dem gesellschaftspolitischen Bezugsfeld feudaler, mit dem Statuskonsum reicher Bürgerstände konkurrierender Machtstrategien, erscheint Moden*luxus* im *JLM* zunehmend reduziert und bagatellisiert auf die Funktion einer Projektionsfläche für „Weiblichkeit". Die Idee des sozialen Prestigegewinns durch Kleider*pracht* geht nicht verloren, präsentiert sich aber in den ineinander verwobenen Mode- und Gesellschaftsberichten als vorzugsweise amalgiert mit den Machinationen weiblicher Gefallsucht und Verführungskunst.

Bei Hoftrauer in deutschen Residenzen war es für die Frauen der Hofbediensteten Pflicht, sich in Schwarz (oder in Weiß-Rosa für Halbtrauer) zu zeigen. Binnen kurzem werde dann, wie das *JLM* kolportiert, Schwarz zur Modefarbe:

> Die Kaufmannsfrau, die Gattinn des Privatmannes, der von dem Publikum oder von seinen Renten lebt, und die, den Titel abgerechnet, sonst in aller Hinsicht wohl nicht einen Tausch mit der Geheimsekretairs- oder Kriegsraths=Frau eingehen möchten, wollen jetzt das seyn, was sie sonst nicht seyn mögen, und gehen schwarz, um – wenigstens auf Promenaden und an öffentlichen Orten das große Publikum zu täuschen. ‚Ich gehe jetzt nicht anders als schwarz oder weiß', hörte ich neulich im Vorbeystreifen eine Dame zur andern sagen, ‚denn man fällt sonst so auf, man ist so ausgezeichnet.' ‚Ja', erwiederte die andere, ‚man brauchts ja auch nicht jedem auf die Nase zu binden, daß man nicht die Frau eines Königl. Bedienten sey.'[243]

Das Treiben auf dem städtischen Parkett der „großen Welt", der „galanten Welt" wird im *JLM* kaum anders illustriert, als es die antifeudale Polemik bürgerlicher Aufklärer für die Scheinwelt des Hofadels zu tun pflegt; nur eben ‚verkleinert' auf die ‚städtisch-bürgerlichen' Dimensionen[244] der Promenaden mit den Pavillions der „Refraichisseurs"[245], der öffentlichen Lustgärten[246], der bürgerlichen „Wohnzimmer", wo Frau X zum „Grand Café" lädt[247], der öffentlichen Bälle und Konzerte.

Statt auf Äußerlichkeiten fixierte, sozial nutzlose Höflinge figurieren als urbane Warnfiguren von mehr oder minder ausgeprägtem Unterhaltungswert die Stutzer beiderlei Geschlechts: die „männlichen und weiblichen Modesüchtler"[248], die „Mode-Weiber" und „unsere feinen Herrchen"[249]. Die nur selten rang- oder standesspezifische Einordnung der männlichen und weiblichen „Elegants“ sicherte den Herausgebern das Gleichgewicht im Balanceakt zwischen einem sozial heterogenen Zielpublikum aus adeligen und bürgerlichen Oberschichten, und potentiellen Leserkreisen nachfolgender ‚bürgerlicher‘ Schichten. Die Ridikülisierungsstrategien rekurrieren primär auf eine der ‚Naturbestimmung‘ von Frau und Mann zuwiderlaufende Existenz: die „... Stutzer und süßen Herren, ... Cicisbeen und Empfindeley-Krämer“[250] sind in ihrem der Genußkultur verpflichteten Habitus nicht nur ein Affront bürgerlicher Leistungstugenden, sondern diskreditieren sich auch geschlechtsspezifisch als „Männer“.

Dokumentiert der „thätige Geschäftsmann“ Respektabilität in einer Kleidung, die sich zunehmend auch außerhalb der beruflichen Sphäre von den Farben und Stoffen der Damenmode unterscheidet und nicht nur soziale Nützlichkeit, sondern auch deren geschlechtsspezifischen Grundlagen konnotiert (Vernunft, Würde, etc.), gefällt sich die „männliche Puppe“[251], kleidet sich der „... Elegant, oder wie sie (sic) das Ding sonst nennen wollen“[252] in bunter oder detailaufwendiger Aufmachung und scheut weder den Griff zum Parfüm noch zum Schminktopf.[253]Aus Paris kommen die Übertreibungen an sich vernünftiger Moden aus England[254]; aus dem von Damen beherrschten Paris werden Paradebeispiele für die der „Entnervung“ preisgegebenen Männer kolportiert: „Männerchen... die, nicht ohne Schändung ihrer Natur, zu Weibern oder zu Puppen für Weiber geworden“.[255]

3.6. „Moderne Amazoninnen“: Die Pariserin als Warnfigur

Die Fährnisse großstädtischer Sozialisation für die Frau malen sich in grellen Farben vorzugsweise an Pariser Beispielen. Ohne die Kanalisierung ihrer ‚natureigenen‘ Emotionalität durch Familie und Haus, ohne die Ergänzung männlicher Vernunft, Klugheit und Willensstärke kann die Frau in der vermeintlichen Freiheit geselliger Öffentlichkeit das ,Selbstdenken' nicht erlernen und wird zum Opfer einer Oberflächlichkeit, die Interesse nur für das Sensationelle und Bunte aufbringt und selbst vor unstatthaften Themen wie Politik oder Physik nicht halt macht.

Als Prototyp des von zeitgenössischen „Geschlechterphilosophen" wie Ernst Brandes[256] im Schulterschluß mit Rousseau[257] beklagten Damenunwesens in der geselligen Öffentlichkeit fungiert im *JLM* vor, während und nach der Revolution die Pariserin. Ihr Wunsch, eine gewichtige Rolle im öffentlichen Leben zu spielen, veranschaulicht sich als völlige Verfehlung universal weiblicher Naturbestimmung und damit als ein Symptom der ,Künstlichkeit' und ,Oberflächlichkeit' französischer Zivilisation.[258] Das Patronat der großen Damen und der Zwang der Männer, ihnen, um voranzukommen, zu gefallen, muß in Paris letztendlich zum Schreckenstableau der geschlechterverkehrten Welt führen, in dem Frauen Physik betreiben, Akademien besuchen[259] und Theaterstücken applaudieren, in denen „Frauenzimmer von männlichen Geiste", „moderne Amazoninnen in Krieg- und Civil-Verhältnissen zugleich"[260] die Hauptrolle spielen. Ursache und Wirkung stehen in Wechselwirkung, wenn die Damen in Paris sich für Physik und Chemie interessieren:

> Wollten doch unsere Damen hell sehen, und bemercken, daß nur deßwegen sich jezt die Männer auf diese Wissenschaften legen, weil sie sich von so vielen Damen getrieben sehen. Sie sind es ja, die immer den Ton angeben, und im Geiste der Franzosen jede Revolution, die sie nur wollen, bewircken. Gefällt ihnen ein Schriftsteller, von welcher Gattung er auch sey, so bringen sie ihn in Schwung; sein Talent wird Mode; viele Damen cultiviren es, viele Männer hinterdrein; und die Revolution ist da.[261]

Welch beunruhigendes Novum aus deutscher Sicht für die französischen Damen eine „Revolution" darstellt, die einmal nicht in ihren Salons stattfindet, veranschaulicht eine Satire

– die sich als solche nicht ausgibt – im Dezemberheft des *JLM* von 1789 mit dem Titel „Klagen und Bitten des schönen Geschlechts an den jetzigen französischen Reichstag."[262] In Kontrast zu den hehren und tiefgehenden Reformbemühungen der wenige Monate jungen Revolution werden die Forderungen der Frauen nach sozialer Gleichberechtigung und Sitz im Reichstag eingerahmt von Verweisen auf eine zwischen Putztisch und Herd gezüchtete Kleinmütigkeit, der der Sinn fürs große Ganze abgeht.

> ... wir hören nichts als von **gesetzgebender und vollziehender Macht, von Vereinigung** und von **Trennung der Stände,** von **Sanctionen** und von **Legislaturen,** von **Feudal-** und von **Zehndenrecht;** überall kein gefälliges Wort mehr, keine Fleuretten und Tändeleyen. ... Unsere Spiegeltische sind verlaßne Altäre; unsere Gottheit wird verläugnet; Freyheit und Vaterland sind die furchtbaren Nebenbuhlerinnen, die uns das Herz jedes Jünglings entreissen.[263]

Die fiktive Petition macht die Forderungen der Frauen auf Sitz und Stimme im Reichstag, auf Regelung ehelicher Eigentumsverhältnisse, nach weiblichen Predigern u. ä. lächerlich, indem sie ihre Ansprüche auf Gleichberechtigung im öffentlich-politischen Bereich begründet mit ihrer Gleichwertigkeit im diametralen Bereich der häuslichen Sphäre oder der öffentlichen Geselligkeitskultur.[264]

Die gesellschaftliche ‚Mündigkeit' von Frauen in der französischen Gesellschaft, die um 1789 nicht mehr auf den literarischen Diskurs adeliger Damen beschränkt war, sondern, wie die Revolution zeigte, auch im Dritten Stand prominente Beispiele hatte – Madame de Stäel, Madame Roland, Olympe de Gouges u. a.[265]–, wird in dieser fiktiven Petition als Tändelsucht diskreditiert, zur Gardinenpredigt herabgewürdigt oder auf die Ornamentfunktion von Frauen in der Geselligkeitskultur reduziert; die drei althergebrachten Stützen der ‚Weibermacht'. Der Wille der Frauen, aus dem Schatten der informellen Einflußnahme auf Ehemänner und Kavaliere hervorzutreten, wird als zwar ehrlich gemeint, aber als unlogisch (weiblich) gedacht präsentiert, liegt die größte Macht der Frauen doch gerade in der ‚unsichtbaren' Handlungspraxis: „Ihr macht uns zu verborgenen Triebfedern der öffentlichen Bühne, zu geheimen Werkzeugen der Götter, zu Gottheiten, die um so viel kräftiger wirken, je unsichtbarer ihr Spiel ist."[266] Den Lesern und Leserinnen des *JLM* präsentiert sich die ständeübergreifende Fähigkeit französischer Frauen, ihren Unmut über ihre rechtliche Stellung zu formulieren und publik zu machen, als mehr oder minder spaßhaftes Randphänomen der Revolution in Paris.

Schlicht aus der Gewohnheit heraus, stets im Mittelpunkt männlichen Interesses zu stehen (gibt die Satire zu verstehen), wollen sich die französischen Damen als Nutznießerinnen an der Revolution beteiligen.

Die Vorstellung von einer zu lange dem Zeitvertreib verwöhnter Damen gewidmeten Zivilisation, die sich mit der „Staatsreformation" auch auf die naturbedingte Ordnung der Geschlechter besinnt und die Männer statt zum Lever der Damen ins Parlament schickt, entspricht der Vorstellung eines höfischen Frankreich, dessen Überhang an äußerlich glänzender, innerlich leerer Zivilisiertheit durch die soziale Dominanz der Damen mitbewirkt wurde. Die Salons der großen Damen in Paris, ihr Bildungswille und kulturelles Engagement erscheinen jedoch bagatellisiert und ridikülisiert als Auswüchse weiblicher Pflichtvergessenheit in einer der festiv-hohlen Unterhaltung ergebenen Gesellschaftsschicht, ja, „Nation".

Die in der antifeudalen Polemik beliebte Vorstellung der Aristokratin, der die ‚Weiblichkeit' ihrer Seele abgesprochen wird, weil sie ihre Ehe- und Mutterpflichten zugunsten der Kultivierung von Geist und Körper zurückstellt, erfuhr ihre revolutionäre Spielart im Bild der „Amazone". Gleichfalls erweitert zum Pariser bzw. französischen „National-Charakteristium", gab die „Amazone" die Negativfolie ab für ‚bürgerliche' Verhältnisse, wie sie in deutschen Landen politisch und gesellschaftlich sein sollten – zumal, wie das *JLM* versichert, „der Teutsche sein Weib nie als seine Beherrscherin ansahe".[266a]

Ein Pariser Korrespondent über die aktive Teilnahme Pariser Frauen am politischen Leben:

> Bey den Moden die uns die Revolution und der Krieg giebt, darf ich auch unsre **neuen Amazonen** nicht vergessen. Es ist eine auffallende aber wahre Bemerkung, daß die Natur den Französinnen so wenig Weiblichkeit, und hingegen so vielen Hang zu männlichen Beschäftigungen, Uebungen, Vergnügungen und Trieben, sonderlich aber Lust zum Kriege und seinen wildesten und grausamsten Scenen gegeben hat. Immer fand man Weiber als Soldaten unter den Französischen Herren (sic)...[267]

In Zusammenhang mit der seit Beginn der Revolution auch deutsche Damen erfassenden „Seuche, eine öffentliche politische Rolle zu spielen" – „Ein Weib das sich öffentlich als politische Rednerin unter die Männer mischt, macht sich lächerlich, weil sie gerade von dem, was zum Handeln in der politischen Welt gehört, nichts versteht, ..."[268] – spotten die Herausgeber über die „neuen französischen Amazonen": „Sonderbar daß die Französinnen ihre Freyheit mit Piken erkämpfen wollen, wo doch jedermann weiß daß sie von jeher frey sehr frey waren."[269] Nicht in Spott, sondern in hellste Empörung getränkt ist die „Warnung vor einer abscheulichen Mode", in der gegen die deutschlandweite Apotheose der Charlotte Corday zu Felde gezogen wird[270], deren fatale Einmischung in die Politik als Verrat am Ideal der Frau als Trägerin von Tugend und Anmut beschrieben wird. Mit Besorgnis sieht der Verfasser in den Augen deutscher Schönen „jenes wilde Feuer blitzen", ist von Charlotte Corday die Rede[271], und mahnt die Leserinnen in deutschen Landen, sich kein Beispiel zu nehmen am Engagement französischer Frauen in Krieg und Politik:

Die Draperie einer Teutschen sey immerhin von ihrer sinnreichen und geschmackvollen Nachbarin entlehnt, aber ihre Seele bleibe unbefleckt von der Wuth einer gallischen Furie. Eine griechische Penelope, und die teutsche Rittersfrau der vorigen Jahrhunderte, die an den politischen Begebenheiten der Welt weiter keinen Antheil nahm, als daß sie ihrem aus dem Kampfe zurückkehrenden Gatten den Schweiß von der Stirn trocknete, und mit zärtlicher Sorgfalt seine Wunden verband, diese seyen **Ihre** Muster![272]

3.7. *„Ein in Tuch gekleidetes Weib ist weniger Weib...": Die materielle Wahrnehmung der Geschlechterideologie.*

Nur unter Wahrung und Bekundung ihrer äußerlichen ‚Weiblichkeit' dürfen Damen ein gewisses Maß an (in der Gesundheit, Hygiene, u. ä. zweckbegründeter) Selbständigkeit und Unabhängigkeit vom Manne an den Tag legen.

Reifrock, Schnürbrust und Puderperücken sind abgelegt, durch Deutschland schreitet „die erneuerte Griechin, vom leichten Gewande umflossen"[273], als ein Korrespondent im *JLM* (1802) über das Manko sinniert, daß eine an sich vernünftige Mode durch Attribute wie „griechische" Sandalen ohne Absätze für die Damen mit sich bringe. Daß die deutschen Damen in ihrer Kleidung und ihrem Schuhwerk Wert auf Bewegungsfreiheit vorzögen, sei so zweckmäßig und gesund, wie es gleichzeitig den „Reiz der Weiblichkeit" mindere.

Flache Sohlen geben Sicherheit und Bestimmtheit, der Gang wird selbstständiger, aber – es verliert die Figur etwas von dem Reitz der Weiblichkeit, den wir oft sehr hochschätzen. Es liegt in der Natur des Stärkern, gern das sich schwach ankündigende Wesen zu unterstützen.[274]

Der Symbolcharakter der hohen Absätze – die zur Reifrockmode von vor 1789 gehörten – dient dem Verfasser als Basis für einen Rückblick auf jene Zeit, in der sich männliche ‚Natur' der Korrrumpierung durch zuviel Ausrichtung aufs weibliche Geschlecht auslieferte:

> Mich dünkt, ich sehe in der Abschaffung der hohen Absätze unserer Weiber deutlich den Geist der Zeit und seine tief einätzende Spur. Man könnte interessante Blicke auf die Ursache und die Wirkung dieser Absatz=Umwälzung werfen, und daraus entwickeln, wie die politischen Ereignisse den Geist der Männer umgeschaffen, wie sie von der weichlichsten Galanterie und fast kriechenden Höflichkeit der vorigen Zeit, wo man alles um und für Weibergunst that, immer weiter dieses Ziel aus den Augen verlohren, wo sie bey jedem kleinen oder großen Ereignisse die Beschützer und Vertheidiger des schwächern Theils der Gesellschaft wurden, wo sie selbst durch die anscheinende Unterwürfigkeit und zuvoreilende Hülfsleistungen das schwache Geschlecht noch immer mehr verweichlichten, sich dieses auf dem Wege verpflichteten und eigentlich unterwürfig machten. Je ferner die Männer in neuern Zeiten von ihrem Ziel abweichen, je gedrungener fanden sich die Weiber, selbstständiger zu werden und im Falle der Noth ihre eigne Führer zu seyn; sie spürten allen Hindernissen nach und schafften sie weg.[275]

Im Blick zurück auf die „vorige Zeit" des 18. Jahrhunderts, als man „alles um und für Weibergunst that", markiert die Revolution in Frankreich den impliziten Wendepunkt im Machtverhältnis der Geschlechter. Hatte das Übermaß an Galanterie die Männer schon in die inferioren Positonen „kriechender Höflichkeit" manövriert, beweist sich männliche Tatkraft nun wieder an höheren Zielen und wirkt sich segensreich aus auch für das weibliche Geschlecht. Nicht mehr der verzärtelte Mittelpunkt des männlichen Daseins, entsagen die Frauen der falschen Tändelei und Koketterie und agieren selbständiger als ehedem. Freilich ist ein Übermaß an Unabhängigkeit auf weiblicher Seite zu vermeiden, will man eine neuerliche wechselseitige Korrumpierung naturbedingter Qualitäten zwischen beiden Geschlechtern durch die soziale Dominanz des einen verhüten. Der Verfasser weiter:

> In dem Maaße, wie eine gewisse Art von Sansculotismus, wo wir uns durch die tongebende Mode zur Aufhebung jener

> feinern Attentionen berechtigt glauben, herrschender wird, in dem nemlichen Maaße müssen die Weiber von ihrer Weiblichkeit verlieren, weil wir sie dadurch zwingen, sich selbst mehr und uns weniger zu seyn.[276]

Der glücklich überwundenen Effeminisierung des Mannes (durch zuviel „Kultur“) darf umgekehrt nicht die Maskulinisierung der Frau (durch zuwenig „Kultur“) folgen. Die Komplementarität der Geschlechter darf nicht aus dem wiedergewonnenen Gleichgewicht geraten, das den Männern Gelegenheit gibt, sich an anderen Zielen zu versuchen und ihre Zeit und Energie nicht mit den Bagatellen weiblicher Bedürfnisse zu vergeuden. ‚Andere', feinere Töne als unter seinesgleichen muß deshalb der Mann bei den Damen anschlagen, will er nicht riskieren, daß sie ihre Rolle als Hüterinnen von Anmut und Schönheit vergessen, in der sie ja ihrerseits zur ‚Versittlichung' des männlich-derben Naturells beitragen.[277]

Es liegt an den Damen, den erwünschten Rollencharakter auch äußerlich zu signalisieren, um den Mann an seine ‚Wesensmerkmale' der Vernunft und Würde und an seine letztendlich superiore Rolle als Beschützer und Erhalter zu erinnern.

Daß sich in dieser Hinsicht wieder einmal die Pariser Damen als renitent erweisen, schildert ein Artikel im *JLM* (1806), übernommen aus der Zeitschrift *Encyclopédie de la beauté* in dem die Vorliebe der Pariserinnen für „männliche Kleidung“ thematisiert wird.[278] Seine Fortsetzung erfährt der Artikel in einem Lamento über die flachen Schuhe der Damen[279], die vermissen lassen, was am Gang der Frauen so gefalle: „etwas Weiches, etwas Unbestimmtes, die eine Stütze zu verlangen [scheinen, M. H.].“[280] Skandalisiert durch die symbolische Teilnahme an männlich-gesellschaftlicher Macht durch flache Schuhe, fragt sich der Autor: „Sind unsere Damen liebenswürdiger geworden, seit sie den freien, festen, trotzigen Gang der Männer annahmen?“[281]

Der Verfasser geht vom Grundsatz aus, daß im Putz unter allen Umständen die Verschiedenheit des Geschlechts betont werden müsse – „ man verwechsle ihr Kostüm, und man wird in den Augen der Männer den Zauber zerstören, der so mächtig auf sie wirkt".[282] Den Leserinnen wird mahnend ans Herz gelegt:

> Der Putz der Frauen muß in allen Stücken von dem der Männer verschieden seyn, es betreffe nun den Kopfputz, oder die Fußbekleidung, oder die Bekleidung des Körpers. Diese Verschiedenheit sollte sich sogar bis auf die Wahl der Stoffe erstrekken; ein in Tuch gekleidetes Weib ist weniger Weib, als wenn sie in durchsichtiger Gaze, in leichte Mousseline, oder in sanfte und glänzende Seide gekleidet ist. Welche Frau wird uns nicht besser gefallen, in einer eleganten Robe, als in einem massiven und schwerfälligen Ueberrock aus Tuch, welche den Frauen so übel anstehen, ... Vielleicht haben die Frauen ein wenig dadurch verloren, daß sie eben so flache Schuhe angenommen haben, als die der Männer sind, wodurch sie jenen festen und zuversichtlichen Gang bekommen haben, der sich so wenig für ihr Geschlecht schickt. Ich bin weit entfernt, jene lächerlich hohen Absätze wieder zurück wünschen zu wollen! allein wahr bleibt es doch, daß die Fußbekleidung der Weiber um desto reizender seyn wird, jemehr sie von der unsrigen verschieden seyn, und von ihr abstechen wird.[283]

4. *Resümee*

Ende des 18. Jahrhunderts verschiebt sich der Akzent in der öffentlichen Kleidung von vestimentärer Standesdefinition zur Charakterdefinition. Hatte es bis dahin in der Wahl der Farben, Stoffe und des Besatzes kaum Unterschiede zwischen Mann und Frau gegeben – vor allem im Adel und in jenen sozialen Schichten, die dem Imitationssog durch Hof und Adel am nächsten waren – werden Buntheit, Weichheit, die glänzende Oberfläche der Stoffe und eine bestimmte Schnitt- oder Formgebung etwas spezifisch „weibliches", bzw. „unmännliches“. Auch beginnt Herrenkleidung sich durch einen zur Damenmode vergleichsweise langsamen Wechsel auszuzeichnen, der dem angeblich planvollen Charakter des männlichen Geschlechts besser entsprechen soll als saisonal variierte Eleganz.

Was in den vom höfisch-adligen Geschmack beeinflußten Oberschichten als Signale des sozialen Prestiges von Männern und Frauen an Materialpracht gleichermaßen geschätzt und getragen wurde, wird gegen Ende des 18. Jahrhunderts an die Frau als Zeichen ihrer ‚Weiblichkeit' verwiesen. Während in der Adelskultur die Geschlechtszugehörigkeit als sozial determinativ zumindest nicht äußerlich erscheint, eine arbeitsteilige Trennung in Privatheit und Öffentlichkeit nicht gegeben ist und nicht durch Rückgriffe auf ‚Natur' und ‚Geschlecht' legitimiert werden muß, werden an der Wende zum 19. Jahrhundert in der Bekleidung materielle Eigenschaften, Farben und Dekorativität zunehmend als ‚geschlechtsdifferent' gehandelt; adaptibel gemacht für die ‚bürgerlichen' Frauen- und Männnerbilder, die auf der Trennung von Erwerbs- und Familienleben basieren. Im ästhetischen Credo der öffentlichen Kleidung für Mann und Frau reflektiert sich sozusagen der objektive Blick des Menschenwissenschaftlers, der mit dem Aufschwung der naturalistischen Wissenschaften um 1800 die soziale und sittliche Aufgabenverteilung zwischen beiden Geschlechtern an der Grundstruktur des menschlichen Körpers abzulesen glaubt (Honegger 1991).[284] Idealtypische „weibliche“ und „männliche“ Eigenschaften werden gleichsam „objektiv“ einer materiellen Wahrnehmung zugeordnet.[285]

Die räumliche und emotionale, als ‚naturbedingt' scheinobjektivierte Bindung der ‚bürgerlichen' Frau in eine ‚kleine' schutzbedürftige Welt; ihre periodische Einbindung in die gesellige Öffentlichkeit als schmückendes Ornament des Mannes dokumentiert sich in einer Kleidung, die die Frauen künftig, für lange Zeit „verzierlicht und verniedlicht… Während die Männerkleidung derb, grob, alltäglich wirkt, sollen die Frauen sich zart, hell, duftig und kostbar geben."[286]

Im Stereotypenreserevoir kollektiver Geschichtsbilder werden das späte 17. und das 18. Jahrhundert als effeminierte höfisch-„galante" Zeitalter figurieren („Im Rokoko war die Welt verweiblicht, und der Mann trug Stöckelschuh und Rouge")[287], ganz im Gegensatz zur Epoche des „bürgerlichen" 19. Jahrhunderts, die sich als „männliche" verstand.[288] Bis heute läßt sich die assoziative Besetzung von Farben, Formen und materiellen Eigenschaften als „weiblich" oder „männlich" als funktionables Element der kulturell vertrauten Geschlechterpolarität in den Medien, der Reklame, in der Wohnästhetik und nicht zuletzt der Bekleidungsmode[289] verfolgen.

Anmerkungen:

1 Mozart an die Baronin von Waldstätten, 28.9.1782, in: *Mozart. Briefe und Aufzeichnungen. Gesamtausgabe.* Hrsg. von W. A. Braun und O. E. Deutsch, Bd. III, Kassel 1987, S.232 f.

2 Vgl. Anmerkung 9.

3 Vgl. Silbermann, Alphons: *Metamorphosen des Mozart-Idols.* in: Peter Csobádi (Hrsg.): *Wolfgang Amadeus. Summa summarum,* Wien 1990, S.311-315.

4 Vgl. Braunbehrens, Volkmar: *Mozart in Wien,* München 1986.

5 Der Kleidernachlaß Mozarts enthielt:
„1 weis Tüchener Rock mit manschester Schilleweste [Giletweste aus Baumwolle, M.H.] – 1 blaulichter deto – 1 roth Tüchener deto – 1 deto von Nangim [leinwandartiger Stoff, M.H.] – 1 braun attlassener deto samt Hosen, mit seide gestickt – 1 schwarz Tüchen ganzes Kleid – 1 mausfarbener Kaput [Überrock, M.H.] – 1 zeuchener deto – 1 blau Tüchener Belz Rock – 1 deto Kiria mit Belz ausgeschlagen – 4 versch: Westen, 9 deto Hosen – 2 glatte Hüth, 3 paar Stifl, 3 paar Schuch – 9 paar seidene Strümpf – 9 Hemmeter – 4 weisse Halsbinden, 1 Schlafhauben, 18 Sacktüchl – 8 Gardehosen, 2 Bettleibl, 5 paar Unterstrümpf." (zit. n. Braunbehrens, S.134.)

6 Vgl. auch Mozarts Brief an seinen Vater in Salzburg, 8. 5. 1782 (über die Fransenmode in Wien).

7 Vgl. Braunbehrens, S.135 f bzw. den Brief Mozarts vom 7.10.1791 an seine Frau Constanze (Mozart-Briefe IV, S.157), vgl. a. ibid, S. 73.

8 Vgl. Elias, Norbert: *Die höfische Gesellschaft.* Frankfurt 1983; S.120-178. – Vgl. auch Goethe, Wolfgang, von: *Wilhelm Meisters Lehrjahre.* Fünftes Buch, S.148-152. (Wilhelms Brief über Adel und Bürgertum in Deutschland) Weimar 1899. (Goethes Werke 22.)

9 „Die meisten Menschen, vornehmlich aber der Pöbel, sind von solcher Be-

schaffenheit, daß bei ihnen die sinnliche Empfindung mehr als Witz und Verstand vermögen; deshalb werden sie durch Dinge, welche die Sinne kitzeln und in die Augen fallen, mehr als durch die bündigsten und deutlichsten Motiven commovieret. Wenn man dem gemeinen Volk hundert und aber hundert mal mit auserlesensten Worten und Gründen vorstellte, daß es seinem Regenten gehorchen sollte, weil es dem göttlichen Befehl und der gesunden Vernunft gemäß wäre, dieser König sich aber in Kleidung und sonst in allem so schlicht wie ein gemeiner Bürger aufführte, so würde man wenig ausrichten. Allein man stelle demselben gemeinen Volk einen Fürsten vor, der prächtig gekleidet, mit vielen Hofleuten umgeben, von verschiedenen auswärtigen Prinzen und Gesandschaften verehrt und von einer ansehnlichen Garde bedeckt ist, so wird das Volk anfangen, sich über dessen Hoheit zu verwundern, diese Verwunderung aber bringet Hochachtung und Ehrfurcht zuwege, von welchen Untertänigkeit und Gehorsam herkommen." – Johann Christian Lünig 1719.

10 Vinken, Barbara: *Mode nach der Mode. Kleid und Geist am Ende des 20. Jahrhunderts.* Frankfurt/Main 1993, S. 11.

11 Vgl. Döcker, Ulrike: *Zu Konstruktion des ‚bürgerlichen Menschen'. Verhaltensideale und Lebenspraxis im Prozeß der ‚Verbürgerlichung',* S. 19-23 und S. 43 f, in: *ÖZG* 3/1990.

12 Vgl. Knigge, Adolph, Freiherr von: *Über den Umgang mit Menschen.* Frankfurt/Main 1987, S. 65 (über korrekte Kleidung).

13 Vgl. Barta, Ilsebill: *Der disziplinierte Körper. Bürgerliche Körpersprache und ihre geschlechtsspezifische Differenzierung am Ende des 18. Jahrhunderts,* in: Ilsebill Barta u.a. (Hrsg.): *Frauen. Bilder. Männer. Mythen.* Berlin 1987, S. 84-106.; vgl. auch Dölling, Irene: *Der Mensch und sein Weib. Frauen-und Männerbilder; geschichtliche Ursprünge und Perspektiven.* Berlin 1991, S. 104-115.

14 Über Mozarts Relativierung des Absolutheitsanspruchs bürgerlicher Moral in den Opern „Le Nozze di Figaro", „Don Giovani" und „Cosí fan tutti" s. Puntscher-Riekmann, Sonja: *Mozart. Ein Bürgerlicher Künstler.* Wien 1982. (Junge Wiener Romanistik.4.) – Vgl. auch Kunze, Stephan: *Mozarts Opern.* Stuttgart 1984, S.433 f; sowie Nindler, Peter: Gesellschaftliche und politische Aspekte im Werk von W.A. Mozart. – Dipl.Arbeit Salzburg 1991.

15 Zur Person und zum Wirken F.J. Bertuchs vgl. Hohenstein, Siglinde: *Friedrich Justin Bertuch.* Berlin 1989.

16 Die für meinen Beitrag benutzten Exemplare des „Journal des Luxus und der Moden" (Jahrgänge 1786-1811) sind Bestandteil des Archivs Derra de Moroda, Tanz-und Theaterabteilung des Instituts für Musikwissenschaft, Salzburg. Zur Verfügung gestellt wurden sie von Frau Dr. Sibylle Dahms, der ich dafür herzlich danke.

17 *JLM* Dez.1786, S.454

18 Modezeitschriften tauchten erst relativ spät im 18. Jahrhundert auf; zuerst in England („The Lady's Magazine", 1770-1843 mit Unterbrechungen; erschien monatlich), dann in Frankreich: z.B. „Galerie des Modes", 1778-1787; erschien unregelmäßig, und – das Vorbild für Bertuchs JLM – „Cabinet des Modes", 1785-1786; erschien dreimal monatlich und gilt als eigentlich erstes französisches Modejournal.(Vgl. Loschek, Ingrid: *Reclams Mode- und Kostümlexikon.* – 2.Aufl. Stuttgart 1988; S.533 f).

19 *JLM* Nov. 1786, Intelligenzblatt No.11, XCVIII.: „1) Weibliche Kleidung und Putz. 2) Männliche Kleidung, von jeder Art. 3) Schmuck und Nippes". 4) Ameublement in seinem ganzen Umfange. 5) Alle Arten von Tisch- und Trinck-Geschirre, ... 6) Equipage, sowohl Wagen und Schlitten, als Pferde-Zeug und Livreen. 7) Häußer- und Zimmer-Einrichtung und Verzierung. 8) Gärten und Landhäuser ...". – Sogenannte „reine" Modezeitschriften –

Zweckblätter, die über neueste Kleidermodelle und deren praktische Ausführung berichten (Schnittanleitungen, etc.) – tauchen erst gegen Ende des 19. Jahrhunderts ab. Sie zielten auf Leserinnen aus dem damaligen Mittelstand und den unteren Fraktionen des Bürgertums ab, die sich regelmäßige Besuche beim Schneider nicht leisten konnten (vgl. Buxbaum, Gerda: *Mode aus Wien 1815-1938.* Wien 1986; S. 350.

20 Zu den Kupfertafeln und ihren gezeichneten Vorlagen von Korrespondenten aus Paris, London und deutschen Messestädten vgl. Trüber, Susanne: *Mode zwischen Revolution und Restauration – Zeichnungen für das ‚Journal des Luxus und der Moden' (1786-1827) aus der ‚Sammlung Rückert'.* Ausstellungskatalog 1989. (Schweinfurter Museumsschriften. Heft 29)

21 *JLM* Juni 1788, Intelligenzblatt No.7, LIII-LIV: „4) Musikalische Nachricht."

22 Vgl. *JLM* Jahrgänge 1794, 1795 und 1796. Serie in 30 Briefen.

23 Vgl. *JLM* Jan. 1791, S.39-42: „Neuerfundener Schnecken-Ofen" mit niedrigem Holzverbrauch. – Abbild. Tafel 4.

24 Konkrete Aufschlüsse darüber, wie hoch die Auflagenhöhe des „Journals" in seiner Frühzeit war, könnten vielleicht Geschäftsabrechnungen im Weimarer Goethe-und-Schiller-Archiv geben. Sie einzusehen war mir aber bis zum Abschluß meines Beitrages nicht möglich.

25 Vgl. Wehler, Hans-Ulrich: *Deutsche Gesellschaftsgeschichte. Vom Feudalismus des alten Reiches bis zur defensiven Modernisierung. 1700-1815.* Bd.1. München 1987, S.314.

26 *JLM* Jän.1787, S.27.

27 *JLM* Sept.1787, S.323.

28 *JLM* Dez.1794, S.560.

29 *JLM* Nov.1787, S.379.

30 Beispiele aus dem Journal: *JLM* Sept.1786, Intell.bl. No.9, LXXXVII: Die „Herren Crayen & Compagnie zu Leipzig" annoncieren „neue Englische kattunene Shawls, für Damen, das Stück von 2 bis 7 1/2 Rthlr. – JLM Juli 1787, S.236: ein modisches Pariser Brusttuch für Damen à 5 Reichstaler (vgl. Fußnote der Herausgeber zum Pariser Modebericht vom 12.5., S.232-238). – Oder: Damen-Herren-und Kinderhüte von einer Leipziger Hutmanufaktur, das Dutzend je nach Größe und Ausführung zwischen 4-70 Rthlr.;vgl. *JLM* Okt.1786, Intell.bl. No.10, XCII-XCV. – Aus einer Bayreuther Marmorfabrik u.a. einfache Tabattieren à 1 Rthlr., vergoldet oder in Silber gefaßte à 3-4 Rthlr. - Eine aus England importierte Argandsche Lampe: 30-45 Rthlr.; vgl. *JLM* Juli 1788, S.241 ff. – Versilberte Tafelleuchter aus Dresden: pro Stück 9-18 Rthlr.; vgl. *JLM* Okt. 1789, S.456 f. – Der 7. Teil von „Göthe's sämmtliche Werken" in vier Bänden: rund 3 Rthlr.; vgl *JLM* Mai 1790, Intell.blatt No. 5, LX-LXII. - Ein „Wasch- und Putzapparat für erwachsene Frauenzimmer": 5 Rthlr.; vgl. *JLM* 1792, Intell.bl. CXLIX. - Allgemein: Diverse Periodica und Verlagsbücher je nach Umfang, Ausstattung und Papier pro Stück oder pro Jahrgang 1-6 Rhtlr.; vgl. beliebig die Annoncenlisten für Literatur im „Intelligenzblatt" der JLM-Hefte.

31 Vgl. *JLM* Nov. 1789, S.460.

32 Vgl. *JLM* Juni 1787, S.216.

33 Vgl. *JLM* Nov. 1786, Intelligenzblatt No.11, XCIX, sowie JLM Okt. 1794, Intell.bl. No.1O, CLVII: Jahresabonnementpreis 4 Rthlr.

34 *JLM* Aug.1787, Intell.bl. No.8, LXIV f (Annonce LXIV-LXVI).

35 Vgl. *JLM* Juli 1787, S.236 (Fußnote der Herausgeber). - Abb. Tafel 19.

36 Das *JLM* taucht in der Annonce einer Wiener Lesebibliothek vom Dezember 1789 unter den Periodica auf; vgl. Jäger, Georg: *Die Leihbibliothek der Goethezeit. Exemplarische Kataloge zwischen 1790 und 1830.*; S. 6. Hildesheim 1979. (Texte zum Literarischen Leben um 1800.)
Subskriptionslisten sind nach Auskunft der Archive, die die über ganz

Deutschland verstreuten Teilnachlässe Bertuchs verwalten, nicht vorhanden.

36a Vgl. Prüsener, Marlies: *Lesegesellschaften im achtzehnten Jahrhundert.* Ein Beitrag zur Lesergeschichte. Frankfurt/Main 1972, S. 434.

37 Vgl. *JLM* April 1792, S.189: 1792 kostet ein Gemeinschaftsabonnement von 16 „Häusern" in einer „mittelmäßigen Landstadt" (S.185) den Beteiligten jeweils nur 6 Groschen; („Schreiben der Frau Burgermeisterin B *** in P *** an die Herausgeber des Journals."; S.183-191.)

38 Vgl. *JLM* Dez. 1786, S.460 f; und *JLM* Aug. 1787, S.255-262 („Giebts Mittel den Luxus zu steuern?")

39 *JLM* Dez.1790, S.633.; vgl. dazu *JLM* März 1786, S.138 („Wir sind Geschicht-Schreiber des Luxus, nicht seine Priester, kennen genau die Rechte und Gränzen, welche der Historiker hat, und werden sie gewiß in keinem unserer Werke, auf irgend eine Art überschreiten, ...); vgl. *JLM* Jan.1793, S.32; *JLM* Aug.1794, S.359 f; *JLM* Dez.1796, S.604; *JLM* Juli 1797, S.376.

40 Vgl. *JLM* Nov.1787, S.363 ff („Ueber alte und moderne Sprach-Sitte, und Art, sich in verschiedenen Ständen mit Unterschied anzureden."); Jan.1788; S.14 ff („Teutsche Titulatur-Moden") *JLM* März 1788, S.87-90 („Zwey Briefe, über das teutsche Titulatur-Wesen"); *JLM* Juni 1788, S.201-203 („*Ueber das Du, Er, Ihr und Sie* in der Anrede"); vgl. *JLM* Juli 1788, S.252-267 („Aeuserliche Höflichkeit im südwestlichen Teutschland"); *JLM* Juli 1788, S.269 ff („Vorschlag zu einer allgemeinen Baad=Uniforme für Damen"); *JLM* Aug.1788, S.314-316 („*Vorschlag* zu einer neuen Mode in der teutschen Interpunction."); *JLM* Aug.1789, S.352-357 („*Vorschlag* zu Abschaffung eines Mode gewordnen Barabarismus in der teutschen Sprache"); *JLM* Sept.1789,S.377-390 („Abschaffung des Tauf-Begräbniß- und Trauer-Luxus in Bayreuth"); *JLM* März 1790, S.171 (Rationalisierung des Briefstils für Geschäftsmänner); *JLM* Juli 1790; S.360-376 (Rationalisierung des Briefstils allgemein); *JLM* Okt.1791, S.571-574 (Kinderkleidungsreform); *JLM* Dez.1791, S.645-661 („Praktische Schritte zur Erleichterung des gesellschaftlichen Umgangs in Teutschland")

41 *JLM* Jan.1788, S.14 f (Fußnote der Herausgeber); vgl. auch *JLM* Mai 1787, S.171 (Brief einer Leserin).

42 Vgl. Döcker, *ÖZG* 3/9O, S.18 f; sowie Schmid, Pia: *Hausfrau, Gattin, Mutter. Zur bürgerlichen Definition von Weiblichkeit um 1800 im Spiegel einiger deutschsprachiger Zeitschriften.* – In: Bechtel, Beatrix/ Eva Blimlinger, u.a. (Hrsg.): *Die ungeschriebene Geschichte. Historische Frauenforschung.* (Frauenforschung.3.) – Wien 1985, S.169-186.

43 Für illustrative Beispiele sei verwiesen auf *JLM* Nov.1787, S.374-384; *JLM* Nov.1794, S.546-553; *JLM* Juni 1797, S.315; *JLM* Dez.1790, S.640-646.

44 *JLM* Jan.1788, S.30.

45 *JLM* Aug.1786, S.281.

46 *JLM* Feber 1791, S.98.

47 *JLM* Mai 1797, S.264.

48 *JLM* Okt.1801, S.578 f (Modebericht aus Frankfurt)

49 Vgl. *JLM* Dez.1786, S.462.

50 *JLM* Dez.1786, S.462 f. – Vgl. dazu auch *JLM* Aug.1793, S.409-417 (Teil 1) und *JLM* Sept. 1793, S.449-462 (Teil 2 und Schluß): „Ueber die Wichtigkeit der Landes-Industrie-Institute für Teutschland".

51 *JLM* Okt.1787, S.348.

52 *JLM* Juli 1791, S.387.

53 *JLM* Nov.1802, S.603.

54 Vgl. *JLM* Dez.1786, S.454.

55 *JML* Dez.1786, S.456.

56 Vgl. *JLM* Jan.1787, S.28 f: „Dieß ist unsere Idee eines bürgerlichen

Ammeublements, nach welcher wir die Bedürfniße beyder Claßen zu befriedigen gedenken, und zwar so daß der minder reiche Particulier sich allenthalben, auch sogar auf dem Lande, wenn er nur nicht ganz dumme und unbrauchbare Arbeiter hat, nach unseren Rissen und Beschreibungen einrichten und meubliren kann." („Ueber bürgerliches Ameublement"; S.27-31). – Vgl. dazu *JLM* März 1787, S.106; *JLM* Aug. 1787, S.276.

57 *JLM* Dez.1795, S.602.

58 *JLM* Mai 1788, S.197. – Vgl. auch *JLM* April 1795, S.203; *JLM* Juli 1801, S.395.

59 Als nur einige Beispiele aus den Jahrgängen 1786-1804 seien genannt: *JLM* Feber 1787, S.66-68: „Ein Winkel-Kamin". – Raumsparender Eckkamin mit Dreiecksgrundriß und gebündelter, daher maximierter Wärmeabstrahlung (Abb.Taf. 6); wahlweise „kostbar" (Marmor) oder „wohlfeil" (Gips) zu bauen und zu verzieren); *JLM* März 1787, S.105 f: „3 Stühle der einfachsten und schönsten Englischen, die sowohl zu Tafel- als Gesellschafts- und Wohn-Zimmer-Stühlen zu brauchen sind" (S.105; Abb. Tafel 9); *JLM* Feber 1789, Tafel 6: Kleiner Sekretär für Bibliothek mit herausklappbarer Stufenleiter; Textteil S.93-96 fehlt); *JLM* Dez.1790, S.681-684: Zum Tisch umfunktionierbarer Bettwandschirm (Abb. Tafel 35); *JLM* Nov.1791, S.631: Polstersofa mit integrierten Schubläden für Bücher oder Papiere (Abb. Tafel 34); *JLM* Jan. 1793, S.59: „Englischer Schenk=Tisch mit Eiskästen"; *JLM* Aug.1793, S.442-445: Stickrahmen auf Rollen mit individuell höhenverstellbarer Arbeitsplatte (Abb. Tafel 24); *JLM* Sept.1795, S.441 f: „Ein vollständiger Wasch- und Nacht-Tisch für ein Schlaf-Zimmer". – Kombinationsmöbel, das in sich vereinigt: Waschtisch mit speziellen Vertiefungen für Seifen-, Pomaden-, Zahnpulverbüchsen u. ä., verstellbaren Spiegel, Bidet, sowie eigene Fächer für den Nachttopf, das Rasierzeug, u. ä. (Abb. Tafel 28; ausklappbar); *JLM* Jan.1802, S.48-54: „Schmuhls Bureau-Forte-Piano" (Platzsparend dimensioniertes Klavier für kleine Zimmer. – Abb. Tafel 3); Abbild. Tafel 9; *JLM* Okt.1804, S.517 f: „Ofenschirm, der zugleich als Schreibepult dient." (und auf diese Weise den Geschäftsmännern bei ihrer Arbeit die Füße warm hält); Abb. Tafel 30.

60 Vgl. *JLM* Mai 1789, S.225 f, Abbild. Tafel 15.; vgl. auch *JLM* Juni 1794, S.253-272.

61 Vgl. *JLM* Juni 1795, S. 257-275.

62 *JML* Dez.1786, S.453 f.

63 *JLM* Jan.1786, S.6 („Einleitung" der Herausgeber zum ersten Jahrgang, S.6-16):

„[Der Adel; M.H.] zieht das Geld der Nation zu gewaltsam an sich, als daß die Circulation nicht dabey Noth leiden sollte, wenn sein Aufwand dem Aufwande der übrigen auch wohlhabenden Mitbürger ähnlich wäre. Er muß nicht nur wolleben, er muß hoch leben, damit das ihm so reichlich zufliessende Geld wieder in Umlauf komme."

64 *JLM* Dez.1794, S.560.

65 Vgl. *JLM* Jahrgänge 1794, 1795, 1796: Serie in 30 Briefen „Über die Kunde verschiedener Waaren des Luxus und unserer modischen Bedürfnisse."

66 Vgl. z.B. *JLM* Sept. 1795, S.418-421 (Batist und Leinen), Okt. 1795, S.506-514 (Taschenuhren), Nov. 1795 (Porzellan); oder Mai 1796, S. 225 – 230 (über die in Heimarbeit hergestellten Spitzen aus dem Erzgebirge).

67 Vgl. *JLM* Dez.1787, S.400 („Ueber den Luxus in Berlin"; S.399-413).

68 ibid, S.404. – Vgl. dazu auch *JLM* Aug. 1787, S.255-S.262: „Giebts Mittel den Luxus zu steuern?"; vgl. auch *JLM* Okt.1788, S.397.

69 Vgl. *JLM* Sept.1788, S.358-365 („Feyerlichkeiten bey einem kurfürstlichen Lustjagen in der Pfalz"); *JLM* Aug.1789, S.335-337 („Ueber die Petit-Maitres, Kleinmeister, Stuzer"); auch *JLM* Aug.1794, S.393; *JLM* Aug. 1797, S.419-423; *JLM* Okt.1797, S.502; *JLM* Juli 1800, S.321-324 (Lichtenbergs „Xenie auf die Hof-

leute" betitelte Beschreibung der weder von Arbeit noch Außenwelt gestörten paradiesischen Idylle „dieser ersten Menschen" (S.322).

70 *JLM* Okt. 1791, S.573. – Vgl. zu diversen Reformvorschlägen und der Vorbildwirkung durch Oberschichten auch *JLM* Nov.1789, S.460; *JLM* März 1788, S.89; *JLM* Juni 1788, S.203; *JLM* Juli 1790, S.360 ff (Fußnote); *JLM* Okt.1791, S.571-574; *JLM* Mai 1794, S.239-241; *JLM* Feber 1796, S.70-75 und Tafel 13.

71 *JLM* Juni 1793, S.357.

72 Horkheimer/Adorno 1979; zit.n. Bennent, Heidemarie: *Galanterie und Verachtung. Eine philosophiegeschichtliche Untersuchung zur Stellung der Frau in Gesellschaft und Kultur.* Frankfurt 1985, S.180.

73 *JLM* Juni 1804, S.298.

74 *JLM* Jan.1786, S.5.

75 Döcker, *ÖZG* 3/1990.

76 ibid, S.44.

77 Vgl. Döcker, S.21; dazu Knigge, S.313-S.329: „Über den Umgang mit Hofleuten und ihresgleichen."(bes. S. 313 f).

78 Knigge, S.323 f: „Die feinen Weltleute sind wie ein Rohr, das vom Winde bewegt wird. Da sie selbst so wenig Bewußtsein innerer Würde haben, so beruht ihre ganze Existenz auf ihrem äußeren Ruf." (vgl. auch S. 313-328).

79 Vgl. Elias, Norbert: *Über den Prozeß der Zivilisation. Bd 1.* Frankfurt/Main 1989; S.1-64.

80 Kocka, Jürgen: *Bürgertum und Bürgerlichkeit als Probleme der neueren Geschichte,* S.10. – SFB-Arbeitspapier Nr.1, August 1986 (Sonderforschungsbereich „Sozialgeschichte des neuzeitlichen Bürgertums – Deutschland im internationalen Vergleich". 177.)

81 Vgl. dazu *JLM* Aug.1796, S.413 f.

82 Vgl. Maurer, Michael: *Aufklärung und Anglophilie in Deutschland,* S.409-447. – Göttingen 1987 (Veröffentlichungen des Deutschen Historischen Instituts London.19.); auch James, Harold: *Deutsche Identität 1770-1990,* S.20 f. Frankfurt/Main 1991.

83 Ruppert, Wolfgang: *Der Bürger als Kaufmann,* S.297: „Die Bedeutungszunahme des integralen Sozialgeflechts des ‚deutschen Vaterlands' stand für das aufgeklärte Bürgertum nicht im Widerspruch zur Aufgeschlossenheit gegenüber anderen Nationen und Völkern, sofern die Ausprägung deren Kultur eine Identifizierung zuließen und sich gleichfalls auf dem Niveau bürgerlicher Geschäftigkeit oder aufgeklärten Denkens befanden." In: Ulrich Herrmann (Hrsg): *Die Bildung des Bürgers.* Weinheim, Basel 1982, S. 287-S.305 (Geschichte des Erziehungs-und Bildungswesens in Deutschland.2.Hrsg. von Ulrich Herrmann.) – Vgl. auch James, Harold, S.21 f.

84 Knigge, S.318.

85 *JLM* Dez.1786, S.459.

86 *JLM* Feber 1796, S.75.

87 ibid, S.75.

88 Vgl. Maurer, S.90-95, und S.422 f.

89 *JLM* Okt.1788, S.416.

90 *JLM* Juni 1787, S.198.

91 *JLM* Juni 1788, S.204-213: „Welches Land hat im Handel mehr Gewinn;das, welches vorzügich schöne Modewaaren, wie Frankreich; oder das, welches mehr alltägliche Bedürfnisse schön verfertigt, wie England?" – (Fiktives) Streitgespräch zwischen einem englischen und einem französischen Kaufmann. – Vgl. auch *JLM* Mai 1787, S.171 f; *JLM* April 1789, S.176-182.

92 *JLM* Okt.1791, S.581.

93 *JLM* Juli 1787, S.239 (Über die Gasthöfe Londons).

94 *JLM* Okt.1790, S.560. – *JLM* März 1791, S.169-173 („Neu erfundene Englische

Patent-Waschmaschine eines Herrn „Beetham" [Jeremy Bentham ?, M.H.]. – Abbild. Tafel 10.

95 Vgl. *JLM* Juli 1787, 238 f.

96 Vgl. *JLM* Jan.1797, S.20-22 (Eisenbrücken als neues englisches Patent).

97 *JLM* Juni 1791, S.357: Bericht aus London über ein neues innerstädtisches Verkehrsmittel: „Vor kurzen sind hier in London zwey neue Post=Kutschen von ganz besonderer Art erschienen. Sie haben anstatt 4 Räder, 8 kleinere Räder. Die Gesellschaft steigt von hinten ein, und sitzt an beyden Seiten einander gegenüber. Die Kutsche hält 8 Personen, und sieht aus wie eine Cajüte mit Rädern. Sie fährt alle Tage von London bis Greenwich und Deptford, und von da zurück."

98 Nur einige Beispiele: *JLM* Jan.1786, S.43-55: Englische Jagdstiefel mit rutschsicherem Absatz, englische Damenschuhe mit stoßfester Kappe, u.a.; *JLM* Dez.1787, S.425: Reitsporn mit versenkbarer Spitze; *JLM* Nov. 1788, S.455 f: Englischer „Fuß-Wärmer" für Büros, Kirche oder Reisen; *JLM* Nov.1790, S.630 f: Neue „englische Filtriermaschine" zur Trinkwasserzubereitung (Abb. Tafel 32); *JLM* Jan.1792; S.14-22 : „Ueber die Englischen Patent-Waren"); *JLM* Jan.1793, S.59 : „Englischer Schenk-Tisch mit Eiskästen". – Serviertisch mit integrierten Kühlkammern für 24 Weinflaschen (Abb. Tafel 3); *JLM* Juni 1797, S.322 f: „Ein Englischer Eyersieder, nebst Veränderungen zu anderm Gebrauch" (Abb. Tafel 17); *JLM* Okt.1800, S.551-554: „Neue Englische Patent-Fußtritte für Kutschen und Chaisen". – Abb. Tafel 30.

99 Vgl. *JLM* Okt.1788, S.416: Englische „Chambre-Brooms."; *JLM* Okt.1791, S.558-S.561: „Die Englische Wochenstube"; *JLM* Aug. 1792, S.434, aus London: „Von der mit Recht gepriesenen Englischen **Reinlichkeit,** traf ich auch ein Beyspiel bey einem Zahnarzte an. Ein silbernes, Spiegel blankes schön fasounirtes Bekken, stand auf einer zierlichen Säule von Mahagonyholz. In der Mitte hatte es eine Oeffnung, durch welche beym Ausspülen des Mundes das Wasser in die Säule abfloß. So erblickt man also nicht, wie bey unsern teutschen Zahnärzten, das Becken mit blutigen und schmutzigen Wasser angefüllt, sondern nur die Weiße seiner gereinigten Zähne im Spiegel des Silbers."

100 *JLM* Feb.1795, 84 f.

101 *JLM* Juli 1786, S.260; vgl. dazu *JLM* Juli 1791, S.397 f (Abb. Tafel 22), und *JLM* Aug.1791, S.460 f (Abb.Tafel 15) sowie *JLM* Sept.1791, S. 522 f (Abb. Tafel 28).

102 Vgl. z.B. *JLM* Juni 1790, S.300-S.322 (Ein englischer Park, entworfen für beschränkte Platzverhältnisse. – Abbild. mit Grundriß Tafel 18); *JLM* Aug.1790, S.474-476 (Brücken und Stege im englischen Stil; Abb. Tafel 23); *JLM* Juni 1795, S.257-274 („Plan zu einer „Englisch-Teutschen Garten-Anlage mit Obstgebüsch und Obstbäumen").

103 *JLM* Feber 1793, S.62 („Ueber Ursprung und Alter der Englischen Gartenkunst"; S.61-72; Teil 1.).

104 *JLM* Sept.1787, S.301 f.

105 *JLM* Mai 1788, S.197.

106 *JLM* Jan. 1795, S.41.

107 Vgl. z.B. *JLM* Jan.1791, S.26.

108 Über die Pariser ‚Elegants' heißt es etwa (*JLM* Juni 1789, S.266 f):
„Dieß sind unsere bunten Schmetterlinge vom *Palais Royal,* denen man schon an ihrer äußeren Schaale ansieht, daß sie keine andere Bestimmung haben, als um unsere weiblichen Tulpen herzuflattern, die ihnen gefällig ihre Busen öffnen, edlen Pflanzen ihr Honig auszusaugen und dafür Raupen an sie zu schmeißen, allenthalben zu seyn, nichts zu thun, und wenn der Herbst kommt, kraftlos und verachtet dahin zu sinken."
(vgl. auch *JLM* Aug.1788, S.334; *JLM* Juni 1792, S.330).

109 Vgl. z.B. *JLM* Juni 1787, S.204 (Über die Pariser Höflinge als „wahre wandelnde Tulpenbeete").

110 *JLM* Dez.1789, S.527.

111 *JLM* Nov.1789, S.493; vgl. auch *JLM* Okt.1789, S.453.

112 *JLM* Aug.1792, S.426; vgl. auch *JLM* Aug.1789, S.341.

113 Vgl. *JLM* Aug.1786, S.279; *JLM* Dez.1788, S.488 f; *JLM* Okt.1789, S.453; *JLM* Juni 1792, S.328 f; *JLM* Juli 1792, S.363; *JLM* April 1796, S.211.

114 *JLM* Mai 1788, S.216.

115 *JLM* Jan.1791, S.28 (Abbild. Tafel 3).

116 *JLM* Juni 1787, S.200.

117 *JLM* Jan.1789, S.12.

118 *JLM* April 1787, S.134-139. Mit „A-z" gekennzeichneter Artikel.

119 ibid, S.134.

120 ibid, S.134 f. – Vgl.auch *JLM* Dez.1803, 650 f: „Kleidungs-Kostbarkeit und Oekonomie des Englischen weiblichen Mittelstandes."; sowie *JLM* Nov. 1803, S.586 f.

121 Vgl. Girouard, Mark: *Das feine Leben auf dem Lande,* Kap. 7 und 8., Frankfurt/Main 1989.

122 Vgl. Maurer, S.417 – S.419.

123 Vgl. Elias, *Prozeß.* Bd 1, S.36 f.

124 Vgl. dazu Barta, Ilsebill: *Der disziplinierte Körper,* S.84-106.

125 Vgl. Barta, S.84 und S.101.

126 Vgl. Scheible, Hartmut: *Wahrheit und Subjekt. Ästhetik im bürgerlichen Zeitalter.* Berlin 1984, S.149-159.

127 Im 18. und frühen 19. Jahrhundert unterscheiden wir sowohl für Damen als auch für Herren grundsätzlich folgende Kleidungstypen: Die sogenannte *„Parure" oder der „halbe Putz"* für formell-festive Anlässe - Bälle, Theater, u.ä. – und das sogenannte „Negligé". Der Begriff *„Negligé"* umfaßte die Haus-, Reise-, Promenaden- und Besuchskleidung, sowie die Alltagskleidung des berufsbürgerlichen Mannes." (vgl. *JLM* März 1786, S.125). – Die *„Grand Parure" (der „volle Anzug")* wurde als Galakleidung bei Hofe getragen und brillierte mit Gold- und Silberstickerei. Veränderungen in Farben, Formen und Mustern waren schon wegen der kostbaren Stoffe und Spitzen langsamer als bei Parure und Neglige, ganz abgesehen vom starren Regelsystem der traditionellen Etikettezwänge, denen die Hofkleidung unterworfen war.
Im Negligé verbanden sich hingegen Prestige- und Bequemlichkeitsbedürfnis der Träger und Trägerinnen mehr oder minder nach jeweils eigenem Gutdünken. Im *JLM* dominieren Parure und Negligé; davon bei weitem das Negligé: Bei durchschnittlich 24 Modekupfern pro Jahrgang sind für den Zeitraum zwischen 1786 und 1811 (in den mir verfügbaren 25 Jahrgängen) jährlich rund 14 Negligés und 4 Parure-Trachten für Damen abgebildet; Modekupfer für Herren zählte ich in den 25 Jahrgängen insgesamt nur 30 - einen einzigen „vollen Anzug" (1786) und 29 informelle Gaderoben.
Modekupfer von Damenroben 1786-1811: 109 Parure-Formen
357 Negligé-Formen
Die Zahlen sind niedrige Näherungswerte; Abbildungen von Accessoires und im Anlaßcharakter unspezifizierte (Damen-)Gaderoben wurden nicht miteinberechnet, auch nicht die im Textteil beschriebenen Moden. Das anhand der Modekupfer geschätzte quantitative Verhältnis von informellem Negligé und formeller Parure trifft aber grundsätzlich auch für jene Gaderoben zu, die nicht abgebildet, sondern nur im Textteil beschrieben werden.

128 Vgl. *JLM* Juli 1788, S.252-269: „Aeuserliche Höflichkeit im südwestlichen Teutschland."

129 Sennett, Richard: *Verfall und Ende des öffentlichen Lebens. Die Tyrannei der In-*

timität, S.313 f. – In: Silvia Bovenschen (Hrsg): *Die Listen der Mode,* Frankfurt 1986, S-309-352.

130 Sennett, S.315 f.

131 Vgl. Boehn, Max, von: *Die Mode. Menschen und Moden im achtzehnten Jahrhundert.* München 1919, S.174-177 (über Schminke); vgl. auch Goncourt, Edmond und Jules, de: *Die Frau im 18. Jahrhundert.* München 1986, S.342 f.

132 *JLM* Jan. 1801, S.58 (Vergleich der Moden von 1701 und 1801; S.57 ff; Abbildungen auf dem Vorsatzblatt.)

133 ibid, S.58.

134 „Cul de Paris" („Pariser Steiß"): in der Damenmode ca. 1785-1791 über dem Gesäß getragenes Reifengestell zur Bauschung des Kleides; 1790 zum Gesäßpolster verkleinert. (Vgl. Loschek, S.158) – „Trompeuse" („Betrügerin"): Künstliche Aufbauschung des großen Brusttuches der Frau durch eine Sprungfeder oder ein Busenpolster.

135 *JLM* Aug.1795, S.372.

136 Chartier, Roger: *Die unvollendete Vergangenheit. Geschichte und die Macht der Weltauslegung.* Berlin 1989, S.14.

137 Sennett, S.313 f.

138 *JLM* Sept.1790, S.468.

139 *JLM* April 1787, S.135.

140 *JLM* Jan.1786, S.22.

141 *JLM* März 1786, S.127.

142 *JLM* März 1786, S.124.

143 Vgl. Lavater, Johann Caspar: *Physiognomische Fragmente zur Beförderung der Menschenkenntnis und Menschenliebe.* (1775) Stuttgart 1984, Nachwort des Herausgebers.
Vgl. dazu auch: *JLM* März 1787, S.73-89 („Ueber Ungestaltheit"; Übersetzung von William Hay's „Essay on difformity"); sowie *JLM* Juni 1789, S.229-233 („Vorschlag zu einer Phonognomik").

144 Lavater, *Nachwort* S.53.

145 *JLM* März 1786, S.127.

146 *JLM* April 1796, S.216. – Abbildung Tafel 11); vgl. auch: *JLM* März 1786, S.124 f; *JLM* Sept. 1786, S. 324-326 („Ueber die Zwitter=Trachten.").

147 *JLM* Nov.1789, S.459-462: „Aufforderung einer teutschen Frau an alle teutsche Weiber und Mädchen".

148 ibid, S.461; vgl. dazu auch *JLM* März 1789, S.125-127(Abbild. Tafel 7, Fig.1 und Fig.2).

149 *JLM* Nov.1789, S.460.

150 ibid, S.461. Fußnote.

151 *JLM* Aug.1798, S.451.

152 *JLM* Aug.1786, S.282.

153 „Linon": feinfädiges Baumwollgewebe, leinenähnlich; vgl. Buxbaum, Gerda: *Mode aus Wien 1815-1938.* Salzburg 1986, S.402.

154 „Musselin/Musslin/Mousseline": Dünnes feinfädiges Gewebe; aus Baumwolle oder auch Seide. Vgl. Buxbaum, S.403.

155 *JLM* Okt.1787, S.354 („So fand ich es vor kurzen in Mainz, Cölln, Aachen, Spaa; und so finde ich es jezt hier."; S.354).

156 Vgl. *JLM* Jan.1786, S.23.

157 wörtlich: „Hemdkleider"; die Vorformen der späteren Empirekleider mit der hochgezogenen Taille.

158 *JLM* Juni 1789, S.264. – Vgl. auch *JLM* März 1788, S.78 f; zur „Robe à la grecque" vgl. auch *JLM* Okt.1788, S.401; sowie *JLM* Sept.1789, S.404. - Abb. Tafel 24); *JLM* Okt.1789, S.455. – Abb. Tafel 27, Fig.2).

159 *JLM* Dez.179O, S.645.

160 *JLM* März 1788, S.78.

161 *JLM* Feber 1791, S.47-S.62: „Die Schnürbrust vor einem weiblichen Tribunale: „Die neuen englischen Corsets [sind, M.H.] von weißem feinem Gurte, hinten im Rücken, in den Seiten, und vorn mit etlichen schwachen Stäben Fischbein und Leder besezt, und vorne mit sechs ledernen Schnall und Riemen versehen, die man jezt in den Engl. Waaren=Handlungen führt, für Kinder und Erwachsene sehr zu empfehlen. Doch ist hier sorgfältig darauf zu sehen, daß auch diese nicht zu fest geschnallt werden, denn jede um den Leib zu scharf angezogene Binde, ist schädlich." (S.61 f)

162 ibid, S.61.

163 Vgl. *JLM* Aug.1786, S.277 f; *JLM* Jan.1787, S. 1787, S.18. *JLM* Feber 1787, S.63; *JLM*.

164 Vgl. *JLM* Juni 1793, S.358; dazu *JLM* Jan. 1788, S.31; *JLM* Feber 1792, S.92.

165 Vgl. *JLM* Juni 1793, S.358.

166 Vgl. *JLM* April 1788, S.130-146.

167 ibid, S.133.

168 ibid, S.140.

169 Vgl. *JLM* Okt.1789, S.411-434: „Ueber die neuesten Modearzneyen und Charlatanerien." (Rund 30 aktuelle Arznei- und Schönheitsmittel aus Frankreich.); vgl. auch *JLM* Feber 1790, S.79-89: „Ailhaudsches Pulver" (Wunderarznei).

170 Vgl. *JLM* Aug.1788, S.336-340: „Ueber den modernen Luxus des Thee-Trinkens."; *JLM* Sept.1788, S.: „Neue Thee-Verfälschung in China." *JLM* Okt.1788, S.409-414: „Der reformirte Teutsche Theetisch"; vgl. *JLM* Feber 1789, S.50-58: „Ueber den Luxus des Liqueur-Trinkens."

171 Vgl. *JLM* Okt.1789, S.411-434: „Ueber die neuesten Modearzneyen und Charlatanerien."; S.421, S.427; vgl. auch *JLM* Feber 1796, S.65-69: „Briefe an eine Dame ..."; 23. Brief. (Rote und weisse Schminken – „diese so höchst gefährlichen Feinde der weiblichen Reize, Gesundheit und des Lebens"; S.66.)

172 Vgl. *JLM* Nov.1789, S.462-464: „Anekdote. Ein Beitrag zu den Gefahren der Toilette." (Beitrag eines Arztes)

173 Vgl. *JLM* Mai 1795, S.220-234: „Briefe an eine Dame..."; 14. Brief. (Über Haarpudersorten und ihre Herstellung)

174 Zur Transparenz der körperlichen Individualität unter dem Zeichen der Hygiene vgl. Corbin, Alain: *Pesthauch und Blütenduft. Eine Geschichte des Geruchs.* Frankfurt/Main 1988, S. 95-118.

175 Vgl. *JLM* Okt.1789, S.424 f („Ueber die neuesten Modearzneyen und Charlatanerien.", S.411-434).

176 *JLM* Feber 1789, S.76-78: „Empfehlung eines wichtigen und ganz unfehlbaren Schönheit-Mittels."

177 *JLM* März 1793, S.189 f: „Empfehlung eines Universal-Schönheitsmittels."

178 *JLM* Jan.1791, S.31.

179 Vgl. *JLM* Feber 1787, S.55-64: „Ueber Kinder-Kleidung." (Abbild. Tafel 4) und *JLM* Okt.1791, S.571-574: „Ueber Kinder-Kleidung."; (Als Verfasser zeichnet ein Dr. Faust.; zu England als Vorbild vgl. S.571. – Abbild. Tafel 29). Vgl. auch *JLM* Mai 1792, S.222-237 (1.Teil) und *JLM* Juni 1792, S.269-281 (2.Teil und Schluß): „Erinnerung an einige ... Punkte der physischen Erziehung, in der ersten Periode der Kindheit." (Aufsatz von Dr. Hufeland); vgl. *JLM* Mai 1795, S.205-221: „Erinnerungen an Eltern und Erzieher über das Verwachsen und die Krümmung des Rückgrads, ihre Ursachen, Verhütung und Heilung." (Aufsatz von Dr. Hufeland). – Vgl. *JLM* Mai 1800, S.262 und Tafel 14 (Kleines Mädchen in einem seinem Wuchs angepaßten Berliner „Trikotkleidchen".)

180 *JLM* Mai 1792, S.222 („Erinnerung an einige sehr wesentliche, und dennoch

sehr vernachläßigte, Punkte der physischen Erziehung, in der ersten Periode der Kindheit."; Teil 1, S.221-237. Aufsatz von Dr. Hufeland. – 2. Teil und Schluß im *JLM* Juni 1792, S.269-281.

181 ibid, S.222. – Vgl. dazu auch *JLM* Juli 1793, S. 361-378, „Ueber die Kleider in medicinischer Rücksicht". Mit „Dr. E. W-ch." gekennzeichneter Artikel.

182 Vgl. *JLM* Feber 1791, S.48-62: „Die Schnürbrust vor einem weiblichen Tribunale."

183 Vgl. *JLM* Dez.1795, S.554-564 : „Die Schleppen."

184 *JLM* Juni 1796, S.319 („Moden=Neuigkeiten. – Wie kleiden sich die Damen aus dem edelsten Menschenstamme?"; S.318-322).

185 ibid, S.15.

186 ibid, S.16.

187 *JLM* Jan.1796, S.15.

188 *JLM* März 1793, S.189.

189 Vgl. Lavater, S.382.

190 Vgl. dazu *JLM* März 1789, S.107 f („Etwas von den rothen Haaren.", S.106-109).

191 Meise, Helga: *Die Unschuld und die Schrift. Deutsche Frauenromane im 18. Jahrhundert.* Berlin 1983, vgl. S.139-165.

192 ibid, S.161.

193 Vgl. ibid, S.161.

194 *JLM* April 1795, S.198 und JLM Mai 1791, S.296.

195 *JLM* April 1792, S.206 („Allgemeine Bad-Uniforme für Damen, ..."; S.206-208.

196 *JLM* August 1786, S.292 f. („Der Mann zu Pferde..., S.286-295. – Abbild. Tafel 29.) – Vgl. dazu *JLM* Juli 1797, S.362-368 („Aufforderung und Vorschlag zu einer neuen Reitkleidung für Damen"); der Verfasser moniert die „knappen Beinkleider aus Leder", die die Damen unter „aufgeschnittenen Röcken" tragen und darin wie ein „Mittelding zwischen Mann und Weib" wirken.

197 *JLM* Juli 1788, S.249 („Die Handschuhe"; S.241-251).

198 Der Einfluß vom Pariser Hof hört nicht mit der Erstürmung der Bastille auf. Noch im Mai 1791 präsentiert der Pariser Aprilbericht des *JLM* die französische Königin mit einem neuen extravaganten Kopfputz (vgl. *JLM* Mai 1791, S.294, Tafel 14, Fig.1). – Zwischen September 1791 (nachdem Ludwig XVI die Verfassung unterzeichnet hatte) und September 1792 (dem Monat der Gefängnismassaker) werden im *JLM* immer wieder auch modische Neuheiten aus höfischen Kreisen in Paris vorgestellt (vgl. z.B. *JLM* Nov.1791, S.621 („Demi-Parure à la Reine"); *JLM* Dez.1791, S.680 ff, Tafel 35 (Pariser Dame in Grande Parure) oder *JLM* Aug.1792, S.432 f, Tafel 22 und 23 (Pariser Modebericht vom 10.7., S.424-433)

199 *JLM* Juli 1789, S.315.

200 *JLM* Okt.1792, S.541 f.

201 *JLM* April 1795, S.198.

202 *JLM* Okt.1789, S.447.

203 *JLM* März 1795, S.144 (Berliner Modebericht vom 28.2., S.143-145).

204 Vgl. dazu *JLM* Aug.1786, S.286; *JLM* Mai 1789, S.216 (Abbild. Tafel 13); *JLM* Feber 1787, S.60; *JLM* Dez.1795, S.603 f; *JLM* Jan.1796, S.57 (Abb. Tafel 2).

205 Vgl. Hausen, Karin: *Die Polarisierung der Geschlechtscharaktere – Eine Spiegelung der Dissoziation von Erwerbs-und Familienleben.* Stuttgart 1978. In: Werner Conze (Hrsg): *Sozialgeschichte der Familie in der Neuzeit Europas.* (Industrielle Welt. 21.), S.363-394. – Vgl. auch Bennent, S.171-182.

206 Honegger, Claudia: *Die Ordnung der Geschlechter. Die Wissenschaften vom Menschen und das Weib 1750-1850.* Frankfurt 1991.

207 Butte, Wilhelm: *Grundlinien der Arithmetik des menschlichen Lebens, nebst Winken*

für deren Anwendung auf Geographie, Staats- und Natur-Wissenschaft. Landshut 1811. – Vgl. a. *JLM* Mai 1811, Intelligenzblatt Nr. V, S. 172–176 (Annonce).

208 *JLM* März 1786, S.127.

209 *JLM* März 1786, S.128.

210 Vgl. *JLM* Feber 1787, S.66 f (Pariser Knöpfeluxus).

211 Vgl. *JLM* September 1786, S.401 ; *JLM* März 1796, S.126.

212 *JLM* Juli 1807, S.466.

213 Vgl. *JLM* Feber 1786, S.57-60. – Abbild. Tafel 6.

214 Vgl. Silverman, Kaja: *Fragments of a fashionable discourse, p.141.* In: Gaines, Jane/Charlotte Herzog (ed): *Fabrications. Costume and the female body.,* p.139-152. – University of Wisconsin 1986.
- Zu J.C. Flugel vgl. auch Flugel, J.C.: *Psychologie der Kleidung,* in: Silvia Bovenschen (Hg): *Die Listen der Mode,* S.208-263.

215 Vgl. Dölling, S.117.

216 *JLM* Sept.1787, S.314.

217 ibid, S.314.

218 *JLM* Sept.1787, S.320.

219 *JLM* Mai 1791, S.296.

220 *JLM* Sept.1787, S.314.

221 *JLM* Mai 1787, S.177 (Wiener Modebericht vom 27.3., S.177 f)- Zu deutsch „Londoner Ruß"; ein schwarzgrüner Farbton.

222 *JLM* März 1787, S.100. – Abb. Tafel 8.

223 *JLM* Okt.1787, S.339.

224 Hausen, S.368.

225 Zit. nach Maurer, S.439.

226 Maurer, S.412.

227 Vgl. *JLM* Okt.1787, S.336 f („Drey Farben kleiden den Mann"; S.331-340).

228 Vgl. *JLM* Jan.1786, S.11: „Wunsch zu gefallen, und sich auszuzeichnen, ist der Geist, der mit dem Grundstoffe der menschlichen Natur bey allen Völkern der Erde innigst verwebt ist. Nur Materie und Zeichen sind verschieden." Als Beleg werden die Verschönerungstechniken der „Wilden von Amerika, die in den finstersten Wäldern wohnen" angeführt; vgl. „Einleitung" der Herausgeber,S. 3-16.)

229 *JLM* Juli 1804, S.348 f („Einige Bemerkungen aus der Geschichte über die Sitte des weiblichen Geschlechts, Brust und Arme zu entblößen.", S.348-352.)

230 Vgl. *JLM* Jan.1786, S.83; *JLM* Okt.1786, S.343-362 („Bittschrift an die Mode, überreicht von einer Gesellschaft bedrängter Männer."); auch *JLM* Jan.1791, S.44, oder *JLM* Aug. 1806, S. 534 f (Männer, die sich professionell mit Mode beschäftigen, sollten sich nach Meinung des Autors auch wie Frauen anziehen.)

231 *JLM* Juli 1803, S.373.

232 ibid, S.373.

233 *JLM* Juli 1801, S.394.

234 *JLM* Feber 1795, S.97.

235 *JLM* Mai 1791, S.297 f.

236 *JLM* März 1795, S.144.

237 *JLM* Nov.1788, S.440.

238 *JLM* Juli 1803, S.373.

239 Vgl. z.B. *JLM* Okt.1792, S.541; *JLM* Juli 1801, S.394; *JLM* Juni 1802, S.359; *JLM* Aug. 1802; S.482; *JLM* Juni 1803, S.341; *JLM* Aug.1803, S.462.

240 *JLM* April 1804, S.214.

241 *JLM* Sept.1802, S.530.

242 *JLM* Juni 1790, S.338. – Vgl. auch *JLM* Sept.1797, S.433-448: „Herzenserleichterungen eines alten Mannes über die Moden der jungen Damen, ..."

243 *JLM* März 1797, S. 159 (Bericht aus Berlin, S. 158 ff).
244 Vgl. *JLM* Juli 1791, S.373-376 („Mode-Unterricht einer Dame von Bon-Ton, an ihre Freundin auf dem Lande.")
245 Vgl. Nov. 1800, S.564-568 („Muster-Charten modischer Konversation in H***").
246 Vgl. *JLM* Sept. 1801, S.482-448 („Musterkarten modischer Konversation").
247 Vgl. *JLM* April 1800, S.165-168 („Mustercharten modischer Konversation in H ***").
248 *JLM* Mai 1789, S.218.
249 *JLM* Dez.1790, S.661.
250 *JLM* Okt.1786, S.348.
251 *JLM* Juni 1793, S.357.
252 ibid, S.353.
253 Vgl. *JLM* Sept. 1800, S.460 f ; deutscher „Incroyable" – vom Autor als „Kammerherr" identifiziert.
254 Vgl. *JLM* März 1786, S.127 f.
255 *JLM* Dez.1789, S.513.
256 Zu Ernst Brandes (1757-1810) vgl. Honegger, S.47-54; S.58-62.
257 Zu Rousseaus Geschlechterpolitik vgl. Vinken, S.16-18, S.51-53.
258 Vgl JLM Juni 1787, S.184 („Neueste Mode-Experimental-Physik der Französischen Damen", S.183-192)
259 *JLM* Nov.1788, S.424-435: „Die Pariserinnen." – Auszugsweiser Nachdruck von Restif de la Bretonne's „Les Parisiennes".
260 ibid, S.453.
261 *JLM* Sept.1786, S. 338 f („Ueber den männlichen Mode-Ton der Französischen Damen.", S.336-341; vgl. dazu auch *JLM* Juni 1787, S.183-192 („Neueste Mode-Experimental-Physik der Französischen Damen.") und *JLM* Jan.1789, S.10-26 *(„Ueber die neuesten Versuche, ...")*
262 *JLM* Dez.1789, S.507-515.
263 *JLM* Dez.1789, S.508 f („Klagen und Bitten ..."; S. 507-515).
264 Vgl. ibid, S.510.
265 Vgl. Wunder, Heide: *„Er ist die Sonn', sie ist der Mond."Frauen in der Frühen Neuzeit.* München 1992, S. 251-254.
266 *JLM* Dez. 1789, S. 509 („Klagen und Bitten ..."; S. 507–515).
266a *JLM* Juli 1790, S. 365.
267 *JLM* Nov.1792, S. 588.
268 *JLM* Dez.1792, S.635 f (Modebericht „Vom Rheine", 22.11., S.634-636).
269 ibid, S.635 (Fußnote der Herausgeber).
270 *JLM* Nov.1793, S.551-556.
271 ibid, S.552.
272 ibid, S.555 f.
273 *JLM* Feber 1804, S.87.
274 *JLM* Juni 1802, S.345.
275 ibid, S. 345 f.
276 ibid, S.346.
277 Vgl. *JLM* Feber 1803, S.107.
278 *JLM* Aug.1806, S.530-535: „Von der männlichen Kleidung, welche von manchen Frauen getragen wird."
279 *JLM* Nov.1806, S.731-733: „Ueber die Schuhe der Damen."
280 ibid, S.732.
281 ibid, S.731 f.
282 *JLM* Aug.1806, S.531.
283 ibid, S.531.
284 Honegger, S.IX.

285 „Die männlichen Bekleidungsstücke sind dunkler, die weiblichen hell und pastellfarbig. Der Schnitt der Männerkleidung ist gerade, mit Winkeln und Ecken, die Frauenkleidung unterstreicht das Fließende, Weiche und Gerundete ... Auch die Strukturlinien oder Muster bilden eine ähnliche Klasse bedeutungsvoller Kontraste, wobei Richtung, Form und Rhythmus eine kulturelle Bedeutung in sich tragen. Die gerade Linie suggeriert Strenge und Genauigkeit, Sicherheit, Ehrlichkeit, Strebsamkeit, Hochgefühl; die senkrechte Linie Härte und Unnachgiebigkeit – alles Eigenschaften, die in unserer Geschlechterideologie als männlich eingestuft werden. Die gebogene Linie dagegen suggeriert Eigenschaften, wie passiv, sanft, weich – also vergleichsweise feminine Dimensionen, die als weibliche Idealeigenschaften gelten.
Daß diese Bedeutung nicht einer sinnlich wahrnehmbaren Ähnlichkeit, einem direkten Abbild entspricht, ist einsichtig. Frauen sind häufig weniger rund als Männer, die wiederum nicht gerader sind als Frauen. ... was mit den Eigenschaften und deren geschlechtsspezifischer Zuordnung geschieht, entspricht meistens eher einer ideologischen Geschlechterpolarität, einem Mythos, der allerdings die reale Beziehung zwischen Frauen und Männern eminent beeinflußt.
... So gesehen wird der Unterschied zwischen Männern und Frauen auch ‚objektiv' wahrnehmbar, nach den erlernten Objektkategorien gerade-gebogen, hart-weich, glatt-rauh, biegsam-unbeugsam, stark-schwach usw. Frau und Mann erhalten so Begriffsqualitäten, die einer materiellen Wahrnehmung entsprechen." (Katschnig-Fasch, Elisabeth: *Projektionen und Inszenierungen. Überlegungen zu einer geschlechtsspezifischen Interpretation der Kleidung,* S. 134. In: Klaus Beitl, Olaf Bockhorn (Hrsg): *Kleidung – Mode – Tracht. Referate der Österreichischen Volkskundetagung 1986,* S. 127-140. Wien 1987.

286 Katschnig-Fasch, S.131.

287 o.A.: „Trends der Neunziger: Frauen im Männer-Look", in: *Salzburger Stadt-Info* Jg.9/1992, 23.9.1992, S.19. – Oder: „Mann liebte zarte Spitzen, Parfüms und Schminke und bewegte sich manieriert und höchst graziös." Baukhage, Manon: *Warum hat der Mann die Hosen an?* S.93. in: *P.M. – Peter Moosleitners interessantes Magazin.* Heft 5. München 1993; S.88-93.

288 Vgl. Falke, J.v., in einem Artikel „Zur gegenwärtigen Frauenmode", 1889:
„Es gab Zeiten, da es umgekehrt war, da die Frau mit ihrer Weiblichkeit herrschte, der Mann aber in Galanterie ihr unterthan war. So in der Zeit des ritterlichen Minneliedes im Mittelalter, so in der Zeit der Maitressenherrschaft im XVIII. Jahrhundert. Zu solchen Zeiten nahm auch die männliche Kleidung weiblichen Charakter an. Heute ist, wie wohl nicht geleugnet wird, die Zeit durchaus männlicher Art. Bei den Riesenschritten, mit denen wir vorwärts eilen, um die großartigen Erfindungen und Entdeckungen für die Cultur auszubeuten, bei dem kriegerischen Geiste, der die Welt durchzieht, bei den Rüstungen und militärischen Uebungen und unseren hastigen, drängenden Tagesgeschäften haben wir keine Zeit zur Galanterie; wir haben die Frau derselben entwöhnt, und diese hat dafür an männliche Zeitvertreib Gefallen gefunden."
(in: *Wiener Mode,* 15.11.1889, S.117)
Anlaß für den Artikel ist die angebliche „maskuline" Tendenz in der modernen Frauenmode („Die Frau von heute treibt jeden Sport des Mannes, sie raucht, sie reitet, schwimmt, rudert, ... macht Entdeckungsreisen im unbekannten Afrika und was noch Alles."; ibid). Die „Männlichkeit" in der Mode gilt wie hundert Jahre zuvor als von England inspiriert: „da ja die Engländerinnen den weiblichen Reisesport begonnen haben und die männlichen Uebungen im Freien, in Spiel und Ernst, vor den Frauen aller anderen Nationen betreiben." (ibid) Die „weibliche" Linie der Mode hingegen orientie-

re sich laut Verfasser an Frankreich, dessen Damen traditionellerweise „im Salon ihre Kräfte, ihre Reize zu entfalten suchen, im Salon, wo so lange die Stätte ihrer Herrschaft war." (ibid)
Zur Tradition der klischierten Assoziation Frankreichs mit Weiblichkeit und Effeminiertheit vgl. auch Stern, Norbert: *Die Geschlechter und ihre Moden*, in: Stern, Norbert: *„Mode und Kultur"*. – o.O., o.J. Heft 4, S.174-192, und Heft 5, S.193); zu beachten in Zusammenhang mit der antifranzösischen „Los von Paris"-Propaganda um 1914.)

289 Vgl. Pammer, Anette: *Vestimentäre Kommunikation. Zur Bedeutung der Kleidung als Medium in der nonverbalen interpersonalen Kommunikation.* Dipl.Arbeit Universität Salzburg Juli 1992. Unveröffentlicht. – In ihrer schriftlichen Befragung von 121 Studenten/innen (S.127-147) stellt Frau Pammer in den geäußerten Vorstellungen über männliche und weibliche Kleidung das traditionelle dichotome Denkmuster der Geschlechterdifferenz fest: „Gefühl(e)"/Schwäche" dominierten das Assoziationsfeld der Frauenkleidung. Antworten über Männerkleidung wurden von Assoziationen der „Stärke" bzw. des „Berufs" bestimmt (d.h. Eigenschaften, die indirekt mit dem Berufsalltag verbunden werden, wie Seriosität oder Sachlichkeit – vgl. S.146).

Tanzendes Paar, St. Johann, Kuenburg-Sammlung.

MONIKA MITTENDORFER

„Ein an sich unschuldiges Vergnügen" – Tanz und Tanzgesetze in Salzburg in der zweiten Hälfte des 18. Jahrhunderts[1]

Tanzen – wohl eine der ursprünglichsten Ausdrucksformen menschlicher Lebenslust und Freude – gehörte auch zur Mozartzeit, in allen Schichten der Salzburger Bevölkerung in Stadt und Land, zu den beliebtesten Unterhaltungen.

Allerdings führte gerade dieses arglose Vergnügen immer wieder zu Konflikten mit den geistlichen Landesfürsten. Die zu diesem Zweck erlassenen Tanz- und Sittenordnungen zeigen, wie sehr die Salzburger Bevölkerung von ihren Landesherrn beobachtet und überwacht wurde.

Die regierenden Erzbischöfe sahen es als ihre Hauptaufgabe an, auf Moral und gute Sitten ihrer Untertanen zu achten – und selbst etwas so Harmloses und eigentlich ganz Persönliches wie der Tanz unterlag einer vielfachen Regelung. Ob allerdings die Ausschreitungen und Mißstände, die zu solchen Verordnungen Anlaß boten, die oft ziemlich kleinlichen Bestimmungen tatsächlich rechtfertigten, ist heute wohl kaum mehr nachvollziehbar.

Uns Menschen des 20. Jahrhunderts mag die strenge und nachdrückliche Regelung des Tanzlebens, wie wir sie bis ins 19. Jahrhundert hinein finden, seltsam und übersteigert erscheinen. Wir dürfen aber nicht vergessen, daß unser gegenwärtiger Tanz nicht mehr *die* Bedeutung enthält, die ihm in der Vergangenheit zukam. In unserer Kultur hat der Tanz seinen einstigen Stellenwert weitgehend verloren. Abgesehen von seiner religiösen und kultischen Kraft hatte der Tanz auch gesellschaftsbildende und sozialisierende Wirkung – es kam ihm also eine enorme gesellschaftliche Bedeutung zu.

Wenn Johann Kaspar Riesbeck in seinen Reisebriefen aus dem Jahre 1783 über Salzburg schreibt: „Alles atmet hier den Geist des Vergnügens und der Lust. Man schmaust, tanzt, macht Musiken, liebt und spielt zum Rasen, und ich habe noch keinen Ort gesehen, wo man mit so wenig Geld so viel Sinnliches genießen kann[2]", so wird die Notwendigkeit für eine gesetzliche Regelung des Tanzes deutlich. Die zuständigen Behörden hatten mehrere Motive, für eine Reglementierung des Tanzgeschehens: Die kirchliche Behörde sah im Tanz eine Gefahr für die Sittlichkeit:

> Obwohl nun zwar jederman auf ein geselliges fröhliches Leben Anspruch zu machen hat, und so mancher dasselbe auch auf dem Tanzsaale findet, so verliert er doch diesen Anspruch hierauf, wenn er das an und für sich unschuldige tanzen zur gelegenheitlichen Befriedigung niedriger Gelüste mißbrauchet, und so sich selbst und andern schadet.[3]

Für die weltlichen Behörden waren in erster Linie zwei Argumente ausschlaggebend: Einerseits kam es bei Tanzfesten, aufgeputscht durch Musik, Bewegung und Alkohol gelegentlich zu gewalttätigen Auseinandersetzungen – was eine Bedrohung der öffentlichen Sicherheit bedeutete und daher unter Kontrolle gehalten werden mußte. Andererseits befürchtete man eine Verringerung der Arbeitsleistungen der Dienstboten, Knechte und Mägde, durch eine regelmäßige Teilnahme an Tanzveranstaltungen. Zugleich waren aber auch die Tanztaxen und Strafgelder eine willkommene Einnahmequelle.

Die wichtigsten Verordnungen und Gesetze zur Administrierung des Tanzes

Zuständig für die Tanzgesetzgebung war der jeweilige Landesfürst. Im Jahre 1736, also in der Regierungszeit Erzbischof Leopold Anton von Firmians, wurde eine „Sittenordnung"[4] erlassen, die sich unter anderem besonders „gegen schamlose Kleidung" und gegen das „Gässelgehen"[5] wendete. Die Röcke der „Weibspersonen" sollten über die halbe Wade reichen, und die „Töchter und Mägde" durften sich zur Nachtzeit, insbesonders nach einem Tanz, nicht ohne Begleitung ihrer Eltern, Hausväter oder „bedachtsamer" Nachbarn auf der Gasse blicken lassen.

Von Erzbischof Sigismund Schrattenbach wurde im Jahre 1756 aufgrund von eingegangenen Berichten, die sein „äußeristes Mißfallen" erregt hatten, ein Mandat mit dem Titel „Verfängliche Abstellung der bey Tänzen und dergleichen Begebenheiten verübten Ungebühren"[6] erlassen. Neben der Bestätigung der Sittenordnung von 1736 enthielt diese Verordnung detailliertere Bestimmungen für den Tanz.

Als jedoch die Beschwerden der Seelsorger einzelner Salzburger Landgemeinden über die sittlichen Ausschreitungen beim Tanzen immer häufiger wurden, verschickte Erzbischof Sigismund Schrattenbach im Jahre 1759 ein „Generale an die samentlichen Decanos im Land"[7]. Er forderte sie auf, Bericht zu erstatten, wie es denn in ihren Landgemeinden mit dem Tanzen gehalten werde. Schrattenbach stellte ihnen auch die Frage, ob Tanzunterhaltungen ganz abzustellen seien. Die Berichte der Seelsorger jener Gemeinden, die auf dieses Schreiben antworteten, geben ein recht anschauliches Bild der Tanzunterhaltungen dieser Zeit – und bildeten die Grundlage für die am 4. Juli 1772, also bereits zur Zeit Erzbischof Hieronymus Colloredos erlassene Tanzordnung[8], die am 8. Februar 1773[9] ergänzt und am 21. Jänner 1774[10] erneuert wurde.

Mit diesen Tanzordnungen war erstmals eindeutig und

umfassend der gesamte Ablauf von Tanzveranstaltungen festgelegt. Sie behielten bis ins beginnende 19. Jahrhundert ihre Gültigkeit; als sich nämlich das Salzburger Kreisamt im Jahre 1820 mittels eines Rundschreibens an sämtliche Salzburger Landgemeinden erneut über die gesetzlichen Grundlagen erkundigte[11], berichteten die Gemeinden, daß sie sich noch immer, wenn auch nicht in aller Strenge, an die alten Tanzgesetze hielten.

Die wichtigsten Bestimmungen der Tanzgesetze

Anlässe:

Tanzen war nicht jederzeit nach Belieben möglich, sondern an bestimmte Anlässe gebunden. Außer den gesellschaftlich bedingten Anlässen der Stadt, gab es am Land spezielle an den Jahreskreis oder Lebenskreis gebundene Tanzanlässe. Bei diesen, an Brauchtum, Glaube und Aberglaube gebundenen Festlichkeiten spielte das Tanzen eine große Rolle, wobei der Tanz oft über seine gesellschaftliche Bedeutung hinausging und einen kultischen Sinn gewann.

Jahreskreis:

Zu den Anlässen im Jahreskreis werden diejenigen gezählt, die in erster Linie im kirchlichen beziehungsweise in den jahreszeitlichen Rhythmus der Natur eingegliedert sind.

Advents- und Weihnachtszeit:

Am 25. November, dem Gedenktag der Märtyrerin Katharina, ist die letzte Möglichkeit zu fröhlichen Tanzunterhaltungen vor dem Advent. „Kathrein stellt den Tanz ein" – „Kathrein stellt Fiedel und Baß ein" gilt noch heute in Stadt und Land. Während der Advents- und Weihnachtszeit wurden verschiedene Volksbräuche ausgeübt, wobei die Bedeutung des Tanzes, als Vertreiber von Unheil und als Fruchtbarkeitsritus, um das unter der gefrorenen Erde liegende Getreide zum Keimen zu wecken, kultische Bedeutung enthält.[12]

Faschingszeit:

In der Faschingszeit fanden damals wie heute eine große Anzahl von Tanzveranstaltungen statt, meist in Maske. In der Stadt Salzburg wurden solche maskierten Bälle „Redoute“ genannt und fanden im Redoutensaal des Rathauses statt – dem heutigen Sitzungssaal des Gemeinderates.

Sommer und Herbst:

Im Hochsommer (1. Juni – 8. Sept.) galt allgemeines Tanzverbot – denn im Volk war der Glaube verhaftet, das Wachsen der Feldfrüchte durch das Tanzen nicht zu stören. Wer sich ausgelassenen Vergnügungen und Tänzen hingab, hatte schwere Unwetter und Verlust der Ernte zu befürchten. Allerdings fanden aber gerade im Hochsommer die Zusammenkünfte auf den Almen statt. Dem geselligen Beisammensein bei Musik und Tanz war in den meisten Almgebieten während der Almzeit mehr Spielraum gegeben, als dies während der übrigen Zeit des Jahres für das Dorfleben zutraf. Und weil ja im Dorf während der Sommerarbeitszeit kein Tanz stattfand, konzentrierten sich alle Tanzvergnügungen auf die Almen. Die heute im Volkstanz überlieferten Almtänze, Hirtatänze etc. erinnern daran.

Zu den beliebtesten Unterhaltungen der ländlichen Bevölkerung gehörten die Erntefeierlichkeiten im Herbst.[13] Oft wurde sogar mehrere Tage lang gegessen und getanzt.

Zu den Anlässen im Lebenskreis gehörten: Verlobungen, Hochzeiten und Dienstbotenwechsel. Nach der neuen Dienstbotenordnung von 1787[14] gab es bestimmte Zahltage und bestimmte Tage, wo die Dienstboten ihren Arbeitsplatz wechselten – „Schlenkertage“ genannt. „Um die Tage zu Lichtmeß, wenn Boten ihren Dienstplatz verlassen, um einen neuen anzutreten, treffen sie sich in gewissen Wirtshäusern; also schlenkern sie einige Tage und arbeiten nicht."[15]

Weitere Tanzanlässe waren: Kirchweihfeste, große Schießen und Kegelscheiben sowie die Handwerkerjahrtage. An bestimmten Tagen im Jahr feierten die Handwerker ihren Jahrtag. Neben geselligem Beisammensein und Tanzunterhaltungen hatten die meisten Zünfte auch eigene Zunfttänze, die an solchen Tagen aufgeführt wurden.[16]

Tanzverbot:

Dem jahreszeitlichen Rhythmus der Natur, aber auch dem Kirchenjahr entsprechend, galt zu bestimmten Zeiten Tanzverbot: Die Adventszeit, bis zum Drei-Königsfest, galt als „Tempus sacratum", in der alle gesellschaftlichen Tanzunterhaltungen streng verboten waren. Wie bereits erwähnt, war der „Kathreintanz" am 25. November die letzte Möglichkeit zu ausgelassenen Unterhaltungen. Weiters galt auch die Fastenzeit als „Tempus sacratum" – sie begann am Aschermittwoch und dauerte bis Ostermontag.

Laut der „Verordnung die Beschränkung der Feiertage betreffend" vom 4. Dez 1772[17] galt zu Pfingsten – Sonntag und Montag – Tanzverbot. Wie bereits erwähnt war auch im Hochsommer (1. Juni – 8. September) allgemeines Tanzverbot. Fernerhin galt auch an Fasttagen, ebenso an Marienfeiertagen, Tanzverbot[18] sowie zu Betstunden und Beichtzeiten und an Sterbetagen hochgestellter Personen (Erzbischöfe, Äbte, österr. Kaiser).[19]

Streng geahndet wurden die unbefugten, heimlichen Tänze, die sogenannten Winkeltänze. Alle Beteiligten, also die Wirte oder Hausväter, die Tanzgäste und die Spielleute hatten mit schweren Strafen zu rechnen. Auch Tänze in privaten Häusern galten als verbotene Winkeltänze und wurden entsprechend geahndet und bestraft. Allerdings ist zu bedenken, daß sich die Tanzordnungen größtenteils auf das Landvolk und die unteren Schichten der Bevölkerung bezogen.

Der Adel und die Beamten waren von Reglementierungen verschont. So beschreibt etwa Hofrat Joachim Ferdinand von Schiedenhofen in seinem Tagebuch den Alltag höhergestellten Personen aus den Jahren 1774–1778.[20] Waren für das allgemeine Volk private Tänze verboten, so nahm die Beliebtheit bürgerlicher Hausbälle gegen Ende des 18. Jahrhunderts für Adel und Bürgertum zu. Man traf sich im kleinen Kreise in den Wohnungen oder Häusern einzelner Familien, in Sommersitzen und Ferienhäusern. Schiedenhofen berichtet häufig darüber. Und auch W. A. Mozart veranstaltete in seiner Wohnung in Wien einen Ball. Am 22. Jänner 1783 schreibt er seinem Vater:

> Vergangene Woche habe ich in meiner Wohnung einen Ball gegeben ... wir haben abends um 6 uhr angefangen und um 7 uhr aufgehört; was nur eine Stunde? – Nein nein – Morgens um 7 Uhr; – sie werden aber nicht begreifen wie ich den Platz dazu gehabt habe? ... Nun da habe ich ein zimmer – 1000 Schritt lang und einen breit – und ein schlafzimmer – dann ein Vorzimmer – und eine schöne grosse küche; dann sind noch 2 schöne grosse zimmer neben unser welche noch leer Stehen – diese benutzte ich also zu diesem hausball.[21]

Dauer der Tanzveranstaltungen

Auch die Dauer von Tanzfesten unterlag behördlichen Anweisungen. Es gab festgesetzte Beginn- und Endigungszeiten. Punkt 7 der Tanzordnung von 1774 lautet: „Muß alles Tanzen auf dem Lande im Winter um 7 Uhr, und im Sommer um 8 Uhr aufhören".[22] In den Landstädten und Märkten allerdings, wurde es dem Ermessen der Oberbeamten überlassen, die Zeit um ein paar Stunden zu verlängern.

Auch hier wird uns der soziale Unterschied klar, wenn wir diese gesetzliche Bestimmung mit einer Eintragung Schiedenhofens in sein Tagebuch am 19. Februar 1776 vergleichen: „Abends gienge ich wieder auf die Redout, wo 310 Masquen waren. Ich gienge anfangs als Tyrollerin. (...). Ich bliebe bis halb 5 Uhr, und bis halb 6 Uhr wurde getanzt."[23]

Wiederum wurden für höhergestellte Personen Ausnahmen gemacht. In Punkt 8 der Tanzordnung von 1773 wird ausdrücklich auf diesen Fall aufmerksam gemacht: „bey Hochzeiten der Beamten, Officianten und ansehnlicherer Bürger, besonders in landstädten wird eine Verlängerung des Tanz-Termins dem bescheidenen Gutbefinden der Beamten anheimgestellt."

Aber nicht nur bezüglich der Sperrstunden genossen sie Ausnahmen, sondern sie durften auch eigene Bälle veranstalten, denn:

> Da es sich nicht schicket, daß die Beamten, Officianten und ansehnlicheren Bürger in den Landstädten sich zugleich mit dem Bauernvolke auf dem Tanzboden einfinden, so wird ihnen während der Fastnachtszeit sechsmal einen Tanz anzustellen erlaubt, und dabey die bestimmung des Tanztermins dem bescheidenen Ermessen der Obrigkeit überlassen.[24]

Falls Tänze an Sonn- und Feiertagen stattfanden, so durften sie nie vor Ende des nachmittägigen Gottesdienstes beginnen. Die Obrigkeit legte auch besonderen Wert darauf, daß während der Dauer der vor- und nachmittägigen Gottesdienste keine Unterhaltungen stattfanden.

In zahlreichen Gesetzen wurden die verschiedenen Tanzanlässe bedacht und dem Anlaß entsprechend Beginn und Ende festgesetzt. Auch nach dem Ende von Bällen, beim Heimweg geschah manches, was der Obrigkeit nicht gefiel. Ein Seelsorger aus Werfen äußerte seine Besorgnis darüber, daß „manche Leichtfertigkeit im Dunkel der Nacht beim nachhausegehen ein Daseyn bekom, ist nicht zu leugnen, und durch das Geständnis so mancher Gesetzeswächter zur juridischen Gewißheit gebracht".[25]

Die Sorge galt vor allem Frauen. Schon in der Sittenordnung von 1736 wurde verordnet:

> Die Töchter und Mägde, welche den Tänzen beywohnen sollen sich entweder so zeitlich wieder davon entfernen, daß sie noch mit dem Tage wieder zu Hause seyn können; oder wenn sie länger dabey verharren, so sollen sie sich bey Strafe in der Nacht ohne Beyseyn ihrer Eltern, Hausväter, oder bedachtsamer Nachbarn auf der Gasse oder Strasse nicht betreten lassen.[26]

Und in der Tanzordnung aus dem Jahre 1773 wurde angeordnet, daß Frauen beim Nachhausegehen von ihren Eltern, Dienstherrn oder verheirateten Nachbaren begleitet werden müssen.[27]

Lizenzvergabe und Tanztaxe

Die Abhaltung von Bällen und Tanzmusiken war nur dann erlaubt, wenn sie vorher angemeldet und die Lizenz erteilt worden war.

Folgende Behörden waren für die Erteilung der Erlaubnis beziehungsweise des Verbotes befugt: die Stadtgerichte für die Städte, die Pfleggerichte, die nach 1810 die Bezeichnung Landgerichte erhielten, für das Land.

Berechtigt zur Abhaltung von Tänzen waren: Wirte, Bräuer, Lebzelter und Branntweinzäpfler.[28] Ein oder zwei Tage vorher hatten sie dies bei der entsprechenden Behörde zu melden. Für den Erwerb der Lizenz waren bestimmte Gebühren zu entrichten, sogenannte Tanztaxen, vergleichbar der heutigen Vergnügungssteuer. In der Tanzordnung 1772[29] wurde festgesetzt, daß diese Tanztaxe der Armenkasse zugute kommen sollte: und zwar: $^1/_3$ der Armenkasse des Pfleggerichtes, $^2/_3$ der allgemeinen Stadtalmosenkasse.

Auch die Tanzgäste hatten für die Teilnahme an Tänzen zu zahlen. Diese Bezahlung erfolgte entweder in Form einer höheren Zeche oder als Eintrittspreis, wobei meist schon eine Konsumation eingeschlossen war.[30]

In der Tanzordnung vom Jahre 1774[31] erhielten die Wirte

außerdem die Berechtigung, pro Jahr vier Freitänze abzuhalten, für die keine Tanztaxen zu zahlen waren. Die Freitänze fanden meist im Fasching oder an Sonn- und Feiertagen statt. Die Ausschöpfung der gesetzlichen Möglichkeiten war aber regional sehr unterschiedlich. In Werfen beispielsweise, wo jeder Wirt das zugebilligte Recht voll nutzte, kam man auf eine große Zahl solcher Bälle. Allerdings wurde im Punkt 2 der Tanzordnung von 1772 betont, daß bei Freitänzen „die Obrigkeit alle ihre Aufmerksamkeit dabei verdopple".[32]

Im Salzburger flachen Land waren die Bewohner des Flachgaues, dem unmittelbar an Oberösterreich und das Innviertel angrenzenden Landteiles, dem Tanzen sehr zugetan. Es gab öffentliche Belustigungen „wie in jeder Bierschenke der Hauptstadt".[33] Ein sehr brauchtumsfreudiges Gebiet war der Salzburger Pongau. Der Tanz wird „als die vorzüglichste Volksbelustigung" hervorgehoben. Eine repräsentative Aussage für den Salzburger Lungau macht ein halbes Jahrhundert später Ignaz von Kürsinger in seiner Beschreibung dieses Gebietes aus dem Jahre 1853: Zu den Volksfreuden „gehört obenan der Tanz, der bei Hochzeiten, am Kirchweihfeste, nach der Erndte, auf der Alm am Tag St. Jakob und Anna, und bei anderen seltenen Gelegenheiten geübt wird".[34] Bei den „Beschreibungen der Pfleggerichte gegen Bayern und der inländischen Gebirgslande gegen Berchtesgaden" finden sich keine Hinweise auf eine Vorliebe für Tanzunterhaltungen.

Die Tanzhalter selbst trugen die Verantwortung für einen ordnungsgemäßen Verlauf der Tanzveranstaltungen. Duldete ein Wirt unangemeldete Tänze in seinem Hause, so hatte er mit einer Geldstrafe zu rechnen. Dies galt auch bei Nichtbeachtung der vorgeschriebenen Sperrstunde. In diesem Falle hatten sowohl die Wirte als auch die Gäste Geldstrafen zu zahlen, den Spielleuten drohte ein Arrest von 3 bis 24 Stunden.[35] Die Strafgelder wurden der Armenkasse zugeteilt.

Gerichtsdiener hatten bei den genehmigten Tänzen auf die Einhaltung der Gesetze zu achten. Die Gerichtsdiener waren von den Stadt- und Pfleggerichten beauftragte Beamte, die unter dem Begriff der „Polizei“ eine Vielzahl von Aufsichts-, Ordnungs- und Verwaltungsaufgaben zu erfüllen hatten. Zum Verantwortungsbereich der „Sittenpolizei“ gehörten: Tanz, Kleidung, Aberglauben, Gotteslästerung, Ehebruch, Gaßlgehen und Nachtschwärmerei etc. Laut Weisung des Pfleggerichtes hatten die Gerichtsdiener nicht nur Vergehen abzustrafen, sondern es war auch die Einhaltung der gesetzlichen Vorschriften zu kontrollieren.[36] Bei Tänzen führten sie stichprobenartige Kontrollen durch, sozusagen als „Tanzpolizei“. Für den Fall, daß die Gerichtsdiener unsittliches Betragen und sonstige Vergehen bei Tänzen entdecken konnten, wurden sowohl die Wirte, als auch die Spielleute und die Tanzgäste mit einer Geldstrafe belegt.

Von dieser Geldstrafe konnten die Gerichtsdiener ein Drittel als Akzidentie für sich behalten – was deren Eifer um so mehr entfachte. Bei der Bevölkerung galten sie als geldgierig und bestechlich und waren natürlich gar nicht beliebt.

Oftmals klagten auch die Seelsorger, daß die Gerichtsdiener ihrer Pflicht nicht nachkämen und daher ihnen die Schuld zuzusprechen sei, daß die bisherigen gesetzlichen Regelungen nicht beachtet würden. So berichtet zum Beispiel ein Seelsorger aus Saalfelden:

> … daß de facto Zuweilen einigen Ungebühren bey dem Tanzen unterlauffen, ist die Nachlässigkeit der schreiber und Ghts [Gerichtsdiener] die meiste Ursach, welche eintweder gar nicht nachsehen, oder mit einer Zech Bir, oder Brandwein verblenden lassen, oder letztens auch selbsten bey dem Tanz mithalten.[37]

In den entlegeneren Orten kamen die Gerichtsdiener ihrer Aufsichtspflicht sehr dürftig nach. So mancher Seelsorger beschwerte sich darüber, daß es den Gerichtsdienern zu beschwerlich sei, an den entlegeneren Orten zu erscheinen. Sie schickten bloß ihre Knechte, die sich um so leichter durch Essen und Trinken bestechen ließen. Die Moral der Kinder und Jugendlichen war größtes Anliegen der Behörden, denn man fürchtete, daß diese

> bey anwachsenden Jahren das selbst im Werk erfüllet, was sie in denen Jungen Jahren bey denen Tänzen gesehen und gehöret hat; dahero erfolget so viel bedauerlich- und Beweinungswürdiges übel, und ist ganz sicher zuglauben, iene Authores, welche den Tanz – ut tolerabilem zulassen, haben niemals einen Bauern-Tanz gesehen, ansonsten würden sie gewiß anders entscheiden, indem hieraus so viel tausend Sünden entspringen.[38]

Der Seelsorger beschuldigt die Gerichtsdiener:

> Die Gerichtsdiener können nicht aller orten seyn, ia seynd oft selbst nichts nuz, werden öfters geflissen mit Brandwein angezechet, und halten mit, wo entzwischen die annoch unschuldige Jugend zusieht, höret, und siehet, was sie Zeit ihres Lebens niemalen solle gesehen, oder gehöret haben.[39]

Es kam jedoch auch vor, daß manche Gerichtsdiener, in allzugroßem Diensteifer, gelegentlich ihre Sache übertrieben und sich zum Gespött der Leute machten.

> Zudeme überschreitten auch manche Curati die schranken der Bescheidenheit, indeme sie um ihren Eifer bekannt zu machen die mindeste, und nicht achtungswirdigste Kleinigkeit, als daß man etwan bey dem Tanz den Rock ausziehet, iedoch aber darbey ehrlich bekleidet ist, denen leuten groß vormachen, und solche Gestalten ihre Correctiones nur verlachen werden.[40]

Spielleute und Spielgrafen

Neben den Gerichtsdienern und Schreibern, die für einen ordentlichen Ablauf der Bälle zuständig waren, gab es noch die sogenannten Spielgrafen, denen die Spielleute unterstanden.

Seit dem 17. Jahrhundert waren die Hof- und Feldtrompeter als eigene Gruppe geführt und unterstanden dem Oberstallmeister. Sie waren zunftmäßig organisiert und berechtigt, die „Ritterliche Kunst der Trompete“ zu lehren. Das Aufdinggeld betrug 50 Taler, ebensoviel war bei der Freisprechung zu zahlen. Dieses Aufdingen und Freisprechen wurde in eigenen Urkunden festgehalten, die von allen Hoftrompetern und Paukern unterschrieben werden mußten. Die Lehrzeit dauerte zwei Jahre.[41]

Aus der Reihe der Hof- und Feldtrompeter wurden nach dem Alter ihrer Dienstjahre jeweils vier ausgewählt, die vom Landesfürsten das Spielgrafenamt verliehen bekamen. Eine Urkunde zur Ernennung zu Spielgrafen aus dem Jahre 1791 hat sich im Zunftarchiv des Salzburger Museum Carolino Augusteum erhalten.[42] Diese Spielgrafen mußten paar- und jahresweise wechseln, so daß immer nur zwei im Jahr das Amt besetzten. Sie hatten die Aufgabe, für die Spielleute im ganzen Land die sogenannten Spielzettel auszuteilen, wofür sie von diesen Gebühren erhielten.

Im Jahre 1804, unter der Regierung von Kurfürst Ferdinand wurde das Spielmannsgewerbe durch eine „Allgemeine Verordnung“[43] neu geregelt und das Spielgrafenamt aufgehoben.

Die soziale Situation der Spielleute war bis zu diesem Zeitpunkt sehr schlecht abgesichert und ihr gesellschaftliches Ansehen sehr gering. Sie galten als liederliche Leute. In der Tanzordnung vom 8. Februar 1773[44] wurden die Beamten beauftragt, keinen Spielmann aufzunehmen oder ihm das Heiraten zu erlauben, wenn er neben der Musik nicht auch noch ein anderes Gewerbe, oder sonstiges Auskommen hatte. Schon im Jahre 1759 beantragte ein Seelsorger

> wann man nur solche, so keiner Handthierung, als des aufspielen allein kündig, oder sonst nichts besizen, nicht so leicht hinführo heurathen, die dermalige aber nach und nach absterben lasset, … auf solche weis würden sich auch hinführo nicht mehr so viel auf das aufmachen verlegen, und Spielleut abge-

> ben, welche a priori dem lüderlichen leben obliegen, und Weib, und Kinder zu hauß an dem Hunger Tuch nagen lassen.[45]

Die neue Verordnung von 1804 konnte also nur eine Besserstellung bedeuten. Das Gewerbe des Spielmanns war nunmehr als eine „Personal-Konzession" zu behandeln. Wegen der Geringfügigkeit des Verdienstes seien sie mit „der geringsten Gewerbssteuern" zu belegen.

Ein besonderer Stein des Anstoßes waren weibliche Spielleute. 1773 war es keiner „ledigen noch verheuratheten Weibsperson erlaubt, in einem Wirths- oder Bräuhause aufzuspielen".[46] In der Tanzordnung von 1774 wurde dieses Verbot entschärft, indem jedoch

> jene ausgenommen werden, welche das 40gste Jahr schon erreicht, sich nebst einer übrigen guten Aufführung bereits eine Zeit mit dieser Beschäftigung den Unterhalt verschaffet haben, und also auf keine andere Weise mehr ihre Nahrung zu suchen im Stande sind.[47]

Die hier vorgelegten Belege sind eine Auswahl von bis ins kleinste Detail durchdachten Vorschriften für einen ordnungsgemäßen Ablauf der Tanzunterhaltungen. Die große Anzahl der diesbezüglichen Gesetze zeigt einerseits die Beliebtheit solcher Vergnügungen und andererseits die große Besorgnis der Behörden. Obwohl, nach Aussagen der Geistlichen, der Tanz selbst als ein „... an sich unschuldiges Vergnügen"[48] galt, so befürchtete man eventuelle Veranlassung zu sittlichen Ausschreitungen, Gefährdung der allgemeinen Sicherheit durch gewalttätige Handlungen und eine Verminderung der Arbeitsleistung. Unter soziologischem Gesichtspunkt betrachtet ist festzustellen, daß in erster Linie die unteren Bevölkerungsgruppen und die Landbevölkerung von diesen Regelungen betroffen waren.

Anmerkungen:

1 Dieses Referat ist ein Auszug meiner Doktorarbeit: *Salzburger Quellen zur Tanzkultur der Mozartzeit.* – Salzburg 1991.
2 Riesbeck, Johann Kaspar: *Briefe eines reisenden Franzosen über Deutschland an seinen Bruder zu Paris.* Hrsg. u. bearb. von Wolfgang Gerlach nach der Originalausgabe Zürich 1783. Stuttgart 1967, S. 80.
3 Salzburger Landesarchiv (= SLA), B XIV 5, 304; Kreisamt Faszikel, Werfen, 7. Feb. 1820. – Wobei allerdings der Tanz selbst von Beschuldigungen verschont blieb.
4 Sittenordnung vom 28. Jänner 1736, veröffentlicht bei Zauner, Judas Thaddäus: *Auszug der wichtigsten hochfürstl. Salzburgischen Landesgesetze,* Bd. 3. Salzburg 1790, S. 131–137.
5 „Gässelgehen heißt in Salzburg, bey der Nacht ledige Weibsbilder an der Fenster rufen, um mit ihnen zu sprechen und zu kosen, oder wohl gar Unzucht treiben." – zitiert nach: Pichler, Georg Abdon: *Salzburger Landesgeschichte. Bd.* 2. Salzburg 1865, S. 270. Weiterführende Literatur bei: Hochradner, Thomas: *Bibliographie zur Volksmusik in Salzburg.* Salzburg 1990.
6 SLA, Geheimes Archiv, Hofrats Generale 29 1/2, 26. März 1756.
7 Konsistorialarchiv Salzburg (= KAS), Generalien 22/92, „Generale an die samentliche Decanos, im Land, und Comissarie Archidiaconalem zu Tämbsweg", 23. November 1759.
8 Tanzordnung vom 4. Juli 1772, veröffentlicht bei Zauner, *Landesgesetze, Bd. 2,* S. 171–174.
9 Ergänzungen zur Tanzordnung, 8. Februar 1773, ebda. S. 174–176.
10 Tanzordnung vom 21. Jänner 1774, ders. Bd. 3, S. 145–149.
11 SLA, B XIV 5, 304.
12 Wie beispielsweise das „Anglöckeln", „S' wilde Gjoad", die stampfenden Schritte und getanzten Achter, Spiralen, Kreise und Schleifen oder „Glöckler" sowie der „Tresterer"-Tanz der Perchten. Vgl. dazu: Zinnburg, Karl: *Salzburger Volksbräuche.* Salzburg 1972.
13 Wie beispielsweise „Jakobi-Gasslgeh", das „Almgehn" am 24. August, den Bartholomäustag, den „Hiatatanz" am 24. September, Brechelbräuche nach der Flachsernte und die Abdreschtänze nach dem Getreidedreschen. Vgl. dazu: Adrian, Karl: *Von Salzburger Sitt' und Brauch.* Wien 1924.
14 SLA, Hofratsakten: „Hofratsschrift vom 28. 4. 1787 wegen Errichtung einer neuen Dienstboten Ordnung." 28. April 1787, Mittersill.
15 Zillner, Franz: *Geschichte der Stadt Salzburg, 3 Bde.* Salzburg 1885–1890, S. 156.
16 So führten die Dürrnberger Knappen an ihrem Jahrtag um den 24. September einen „Schwerttanz" auf, die Halleiner Bergknappenschaft durfte „alle 7 Jahre ihren Schwerttanz, ... in der Hauptstadt" machen, ebenso die „Küfner und Kletzler ..." ihren Reiftanz. Die St. Jakobi-Schützen hatten einen eigenen „Schützentanz". Sehr fröhlich ging es beim Jahrtag der Laufner Schiffer zu. Dieser fand am Montag nach heiligen drei Könige statt und dauerte drei Tage. Vgl. dazu: Zinnburg, *Salzburger Volksbräuche,* S. 353 und S. 357; Hübner, Lorenz: *Beschreibung des Erzstiftes und Reichsfürstenthums Salzburg in Hinsicht auf Topographie und Statistik, Bd. 1.* Salzburg 1798, S. 319; Adrian, *Salzburger Sitt' und Brauch,* S. 349 und Vierthaler, Franz Michael: *Meine Wanderungen durch Salzburg, Berchtesgaden und Österreich,* Teil 1. Wien 1816, S. 74.
17 SLA, Geheimes Archiv, Hofratsakten 32, „Verordnung die Beschränkung der Feiertage betreffend", 4. Dezember 1772.
18 Ebenda.
19 So war zum Zeichen der Trauer über den Todesfall Kaiser Leopolds I., vom

2. Mai 1705 bis Anfang des Jahres 1706 Tanzverbot. Vgl. dazu: Zauner, Judas Thaddäus: *Chronik von Salzburg, Bd. 9.* Salzburg 1826, S. 484 f.

20 SLA, Schiedenhofen, Joachim Ferdinand von: *Diarium über die eigenen Verrichtungen,* 10. Oktober 1774 bis 18. April 1778 und Nachträge vom Mai 1778 und aus den Jahren 1779, 1780 und 1782.

21 *Mozart. Briefe und Aufzeichnungen,* hrsg. v. W. A. Braun und O. E. Deutsch, Kassel, Basel, London, New York 1962–1975, Bd. 3, S. 252.

22 Tanzordnung 1774, in: Zauner, *Landesgesetze Bd. 3,* S. 145–149.

23 SLA, Schiedenhofen, *Diarium,* 19. Februar 1776.

24 Ergänzungen zur Tanzordnung 1773. In: Zauner, *Landesgesetze Bd. 2,* S. 174–176, Punkt 11.

25 SLA, B XIV 5, 304, 7. Februar 1820, Werfen.

26 Sittenordnung 1736. In: Zauner, *Landesgesetze Bd. 3,* S. 131–137.

27 Ergänzung zur Tanzordnung 1773, Ders., Bd. 2, S. 174–176, Punkt 10.

28 Tanzordnung 1774. In: Zauner, *Landesgesetze Bd. 3,* S. 145–149, Punkt 3.

29 Ebenda, Punkt 4.

30 Der bürgerl. Weingastgeber Nikolaus Ant. Poschacher aus Hallein kündigte im „Salzburger Intelligenzblatt" am 19. Jänner 1786 eine Ballveranstaltung an, die am 6. und 13. Feb. in seinem Gasthause stattfinden sollte, wo das Eintrittsgeld 48 Kr. betrug, Speisen und Getränke eingeschlossen.

31 Tanzordnung 1774. In: Zauner, *Landesgesetze Bd. 3,* S. 145–149, Punkt 3.

32 Tanzordnung 1772. In: Zauner, *Landesgesetze Bd. 2,* S. 171–174, Punkt 2.

33 Hübner, Lorenz: *Beschreibung des Erzstiftes und Reichsfürstenthums Salzburg in Hinsicht auf Topographie und Statistik, Bd. 2.* Salzburg 1798, S. 451.

34 Kürsinger, Ignaz von: *Oberpinzgau. – Salzburg 1841,* S. 773.

35 SLA, B XIV 5, 304, „Die Bewilligung zu Tanzmusiken und Bestrafung der dießfälligen Uebertretungen betreffend", 8. Juni 1827.

36 Ammerer, Gerhard: *Funktionen, Finanzen und Fortschritt. Zur Regionalverwaltung im Spätabsolutismus am Beispiel des geistlichen Fürstentums Salzburg.* In: *Mitteilungen der Gesellschaft für Salzburger Landeskunde, Bd. 126,* S. 341–518 und *Bd. 127,* S. 152–418.

37 SLA, *Generale 22/92,* 21. April 1759, Saalfelden.

38 SLA, *Generale 22/92,* 21. April 1760, Altenmarkt.

39 Ebenda.

40 Ebenda., Saalfelden.

41 Hintermaier, Ernst: *Die Salzburger Hofkapelle von 1700 bis 1806. Organisation und Personal,* Diss. Phil. Salzburg 1972.

42 Für diese Zunft sind lediglich drei Dokumente erhalten. Diese sind:
Salzburger Museum Carolino Augusteum (= SCA), Zunftarchiv Akten Nr. 562, „Ernennung zu Spielgrafen des: Leonhard Ignatz Seywald, Andree Schachtner und Donat May", 7. Oktober 1791.
„Aufdingbrief des Franz Block als Lehrjunge der Ritterlichen Kunst der Trompete." 17. März 1760.
„Lehr-Brief des Franciscum Xaverum Plockh als Trompeter." 18. März 1762.

43 „Verordnung bezüglich der Aufhebung des Spielgrafenamtes", 3. Mai 1804, veröffentlicht im *Salzburger Intelligenzblatt,* XIX. Stück, 12. Mai 1804, S. 292 f.

44 Ergänzungen zur Tanzordnung 1773. In: Zauner, *Landesgesetze Bd. 2,* S. 174–176, Punkt 12.

45 KAS, Generale 22/92, 1760, Dekanat Tittmoning.

46 Ergänzungen zur Tanzordnung 1773. In: Zauner, *Landesgesetze Bd. 2,* S. 174–176, Punkt 12.

47 Tanzordnung 1774. *Ders. Bd. 3,* S. 145–146, Punkt 12.

48 SLA, B XIV 5, 304, 7. Februar 1820, Werfen.

ANTON NEUMAYR

Wolfgang Amadeus Mozart – Krankheit, Tod und Begräbnis

Mozarts Gestalt wurde fast zwei Jahrhunderte lang mit einem Glorienschein umgeben, der sogar seinen so traumhaft entschwebenden Erdenwandel mit all seinen Geheimnissen überstrahlte. Von den vielen Legenden, die seinen Tod umranken, hat die „Vergiftungslegende" wohl am stärksten die Gemüter der Nachwelt erregt und es gibt sogar heute noch Ärzte, die Mozarts Tod nach wie vor als Folge einer Vergiftung zu erklären versuchen.

Ausgangspunkt der skurrilen Vergiftungslegenden war ein Postskriptum im Berliner „Musikalischen Wochenblatt" vom 12. Dezember 1791 folgenden Wortlauts: „Mozart ist tot. Weil sein Körper nach dem Tode schwoll, glaubt man gar, daß er vergiftet worden sei." Obwohl der Korrespondent – nach seinen Worten zu schließen – selbst nicht an dieses Gerücht glaubte, schwelte es hartnäckig weiter – wohl deshalb, weil im romantischen Zeitalter des ausgehenden achtzehnten Jahrhunderts jedes unvermutete Ableben einer prominenten Persönlichkeit sofort mit einer unnatürlichen Todesursache in Verbindung zu bringen versucht wurde. Es dauerte allerdings fast dreißig Jahre, bis durch einen Artikel in der Leipziger *Allgemeinen Musikalischen Zeitung* das Interesse der Wiener Bevölkerung an diesem sensationellen Thema geweckt wurde. Der erste Name, der mit dem Gerücht eines Giftmordes in Zusammenhang gebracht wurde, war der des Wiener Hofkapellmeisters Antonio Salieri, der sich kurz vor seinem Tode in geistiger Verwirrung zuweilen als mitschuldig an Mozarts frühem Tode anklagte. Dieser Irrwahn Salieris bezog sich allerdings zu keiner Zeit auf einen eventuellen Giftmord, was unter anderem von seinen Schülern Ignaz Moscheles und

„Convoi du Pouvre", Stich von Pierre Roch Vigneron.

Wolfgang Mozart junior nachdrücklich betont wurde. Da ungeachtet dessen die ehrenrührigen Verleumdungen Salieris 1824 einem Höhepunkt zustrebten, sah sich sein Freund Giuseppe Carpani veranlaßt, eine umfangreiche Verteidigungsschrift zu veröffentlichen, die sich auf ein medizinisches Gutachten des damaligen Protomedicus von Wien, Dr. Guldener von Lobes, stützte. Dieser prominente Arzt, dessen Reputation unanfechtbar war und der Mozart als Leichenbeschauer selbst noch am Totenbett gesehen hatte, beseitigte nicht nur jeden Zweifel an einem Giftmord, sondern beschrieb darüber hinaus die beiden behandelnden Ärzte – Dr. Thomas Closset und Dr. Mathias von Sallaba – als besonders erfahrene Kollegen, denen es sicher nicht entgangen wäre, wenn auch nur die geringste Spur einer Vergiftung zu entdecken gewesen wäre. In der Tat waren den damaligen Ärzten ganz allgemein die klinischen Erscheinungsformen einer Quecksilbervergiftung – und eine solche wird ja von den heutigen Repräsentanten der Giftmordthese angenommen – viel besser bekannt, als dies heute der Fall ist. Seit der Einführung der Syphilisbehandlung mit Quecksilberchlorid durch Gerard van Swieten, den Leibarzt Maria Theresias, kam es nämlich durch gelegentliche Überdosierungen immer wieder zu mehr oder weniger ausgeprägten Symptomen einer Quecksilbervergiftung, die vor allem durch verstärkten Speichelfluß, geschwürige Veränderungen am Zahnfleisch und den besonders charakteristischen beidseitigen Fingertremor gekennzeichnet waren. Keines dieser Symptome wurde bei Mozart von einem Augenzeugen beobachtet und das Schriftbild sowie der Duktus seiner letzten eigenhändig eingetragenen Noten im Requiem ermöglichen es selbst heute noch mit Sicherheit, auch nur den geringsten Fingertremor ausschließen zu können.

Obwohl inzwischen die wissenschaftliche Analyse der Krankengeschichte Mozarts, wie ich im ersten Band meiner dreiteiligen Reihe *Musik und Medizin* ausführlich darstellen konnte, endgültig alle Vergiftungsthesen ad absurdum führen konnte, versuchen ihre von dieser Idee geradezu besessenen Vertreter nach wie vor, durch stereotype Wiederholung ihrer mystischen und fachlich widersinnigen Argumente ihre Hypothese glaubhaft zu machen. Sie scheuen sich dabei auch nicht, die Liste der mutmaßlichen Mörder nach Bedarf zu erweitern – angefangen von Salieri über die Freimaurer und die Juden bis hin zum unglücklichen Hofrat Hofdemel. Ihre mit beneidenswerter Phantasie ausgeschmückten Einzelheiten sind zwar wissenschaftlich völlig wertlos, bieten aber immerhin offenbar einen derart sensationellen Stoff, daß sie bereitwilligst in jüngster Zeit auch von Laien aus der ehrenwerten Zunft der Theater- und Filmemacher aufgegriffen und, unbekümmert um die wahren historischen Fakten, vergnüglich und nicht zuletzt mit lukrativem Erfolg ausgeschmückt wurden.

Findet die Vergiftungslegende unter Fachleuten und ernst zu nehmenden Lesern gottlob heute keine Abnehmer mehr, so wird eigenartigerweise eine andere Hypothese, nach der Mozart als Folge einer chronischen Nierenentzündung im urämischen Koma, also unter den Zeichen eines Nierenversagens, gestorben wäre, bis ins „Mozart-Jahr" 1991 selbst von namhaften Biographen und Musikwissenschaftlern kritiklos in ihre Neuerscheinungen übernommen. Und dies, obwohl inzwischen auch diese These einwandfrei als unrichtig und medizinisch in allen Punkten unhaltbar überführt werden konnte. Da gerade in den letzten Jahren durch sensationelle Hypothesen Mozarts angebliches Nierenleiden neuerlich in den Vordergrund des Interesses gerückt wurde, erscheint eine kurze Darstellung auch dieser Legende, angezeigt. Dies umso mehr, als an diesen Beispielen gezeigt werden kann, wie zum Teil namhafte Ärzte durch eine vorgefaßte Meinung veranlaßt werden können, logisches Denken einer spekulativen Betrachtungsweise zu opfern und alle biographischen und medizinischen Fakten so zu interpretieren, daß sie mehr oder weniger in ihr vorfabriziertes Konzept hineingepreßt werden können.

Als erster vertrat der französische Kliniker Dr. Barraud 1905 die Ansicht, Mozart sei schon 1762 im Anschluß an einen Scharlach an einer Nierenentzündung erkrankt, die in ein chronisches Stadium überging und zum Tod im urämischen Koma führte. Durch die spätere Erkenntnis, daß es sich damals nicht um einen Scharlach, sondern um eine rheumatische Knotenrose, also ein Erythema nodosum handelte, brach zwar die Hypothese einer Scharlach-Nephritis in sich zusammen, das Nierenleiden selbst jedoch geisterte seither weiter und fand schließlich in Prof. Greither seinen prominentesten Vertreter. Dieser Dermatologe legte aus unerfindlichen Gründen den Beginn einer ominösen Nierenerkrankung in die Zeit der ersten Italienreise Mozarts, obwohl sich quellenmäßig nicht der leiseste Hinweis dafür ausfindig machen läßt. Offenbar stützte sich Greither dabei nur auf eine briefliche Mitteilung Nannerls vom Juli 1819, in der sie das Aussehen ihres Bruders auf einem Porträt mit den Worten erklärte: „Das Bild wurde gemalt, wie er von der italienischen Reise zurückkam ... da war er erst 16 Jahre alt, aber da er von einer sehr schweren Krankheit aufstand, so sieht das Bild kränklich und sehr gelb aus." Bei dieser schweren Krankheit konnte es sich aber auf keinen Fall um eine in Italien erworbene Nierenentzündung handeln. Abgesehen davon, daß die Haut eines Patienten mit Nierenentzündung nicht gelb, sondern auffallend blaß zu sein pflegt, erfreute sich Wolfgang bei seiner Ankunft in Salzburg Mitte Dezember 1771 nämlich noch bester Gesundheit. Erst zu Beginn des Jahres 1772 wird uns von einer schweren, mehrere Wochen dauernden Erkrankung berichtet, während der er so gelb ausgesehen haben soll, daß er „fast unkenntlich war". Dieses Krankheitsbild kann nur mit einer Virushepatitis, also einer infektiösen Leberentzündung erklärt werden, die er sich wahrscheinlich auf der Rückreise von Italien eingewirtschaftet hatte. Angesichts der damaligen hygienischen Zustände in den Herbergen der südlichen Länder Europas waren ja die Infektionsmöglichkeiten sehr groß und da bei der Virushepatitis die Inkubationszeit bis zum Manifestwerden der Erkrankung viele Wochen betragen kann, ist der Beginn der Gelbsucht in den ersten Monaten des Jahres 1772 genau in dieses Konzept passend.

In ähnlicher Weise fiel Greither bei einer Erkrankung Mozarts vom September 1784 einem Interpretationsfehler zum Opfer. Bei dieser von Leopold Mozart beschriebenen akuten fieberhaften Erkrankung seines Sohnes, die damals in Wien grassierte und vier Tage lang mit Koliken und Erbrechen anhielt, konnte es sich nämlich auf keinen Fall um eine von Greither vermutete Nierenbeckenentzündung mit beginnender Urosepsis handeln, da diese Erkrankung bekanntlich niemals gleichzeitig bei vielen Personen aufzutreten pflegt. Vielmehr handelte es sich hier ohne Zweifel um einen jener fieberhaften und mit Krämpfen einhergehenden Darminfekte, die mit Vorliebe im Spätsommer beobachtet werden und wegen ihres epidemischen Auftretens auch heute noch gerne als „Darmgrippe“ bezeichnet werden.

Wenn schließlich Greither die Ansicht vertrat, Mozart sei während seiner letzten Lebensmonate „nachweislich schwer krank gewesen“, so steht diese Darstellung in krassem Widerspruch zu der gerade in dieser Phase vorhandenen geradezu unfaßbaren künstlerischen Produktivität und zum Inhalt seiner letzten Briefe an Konstanze vom Oktober 1791, in denen neben einer hektischen Aktivität sprühende Heiterkeit und optimistische Zuversicht zum Ausdruck gebracht werden – Symptome, die ebenso wie sein bemerkenswerter, um nicht zu sagen erstaunlicher Appetit mit dem Endstadium einer Schrumpfniere absolut unvereinbar sind.

In den letzten Jahren kamen nun noch zwei weitere Versionen zur Nierenthese hinzu. So vertrat der australische Kliniker Peter Davies 1983 die Meinung, daß es sich bei der Erkrankung Mozarts vom Spätsommer 1784 um eine sogenannte „Schönlein-Henloch" Purpura gehandelt habe, also eine immunologische Gefäßerkrankung, die schließlich zu einer chronischen Nierenentzündung führte. In letzterer erblickt Davies jedoch nur indirekt die Todesursache; er glaubt nämlich, daß die Schönlein-Henoch Purpura zu einer Verschlimmerung von Mozarts Bluthochdruck führte, der hier aus unerfindlichen Gründen vorausgesetzt wird, und dieser durch eine massive Hirnblutung zum Tode führte. Eine Bestätigung dafür glaubte Davies in einer Beschreibung der Innenseite des sogenannten „Mozartschädels" durch Gottfried Tichy gefunden zu haben.

Eine ähnliche Todesursache vermutet der bekannte amerikanische Pathologe Prof. Arthur Rappoport, wenngleich seiner Ansicht nach der tödlichen Blutung ein anderer Prozeß zugrunde lag. Rappaport bezieht sich primär auf eine angebliche Mißbildung von Mozarts äußerem Ohr und stellt auf dieser Grundlage eine breit ausgelegte Hypothese auf, wobei er von anatomischen Beobachtungen ausgeht, denen zufolge eine kongenitale Mißbildung des äußeren Ohres nicht selten mit anderen Abnormitäten und hier wieder vor allem mit einer sogenannten Zystenniere vergesellschaftet sein kann. Letztere kann einen Bluthochdruck mit sich bringen und schließlich ein Nierenversagen zur Folge haben. Rappoport begnügt sich aber damit noch lange nicht. Er nimmt nämlich noch eine dritte Fehlbildung an, und zwar ein sackförmiges Aneurysma einer Arterie an der Hirnbasis, das häufig mit dem Vorhandensein von Zystennieren korreliert und seiner Meinung nach durch Platzen dieser Gefäßausbuchtung zur tödlichen Hirnblutung bei Mozart führte. Es würde zu weit führen, hier alle medizinischen Gegenargumente zu diesen beiden mit Sicherheit falschen Hypothesen darzulegen. Im wesentlichen beruhen die Irrtümer darauf, daß beide Autoren offenbar mit dem Wissensstand und den klinischen Gepflogenheiten der damaligen Wiener Medizinischen Schule sich zu wenig vertraut gemacht haben und überdies wichtige biographische oder medizinische Angaben in den Primärquellen entweder unberücksichtigt oder fehlinterpretiert in ihr Konzept eingebaut haben.

Andernfalls müßte es aufgefallen sein, daß von niemandem, nicht einmal vom pedantisch genauen und medizinisch vorgebildeten Vater Leopold jemals eine Beschreibung von Mozarts Ohren überliefert wurde und deshalb allein aus der vom 19. Jahrhundert stammenden Zeichnung des Ohres durch seinen Sohn Xaver Wolfgang niemals ein so verzweigtes hypothetisches Gebäude errichtet werden dürfte. Eine profunde Kenntnis der klinischen Medizin müßte überdies allen Vertretern der Nierenthese klar gemacht haben, daß die recht genaue Beschreibung von Mozarts Todeskrankheit überhaupt nicht mit dem klinischen Bild einer Schrumpfniere oder eines urämischen Komas übereinstimmt. Schließlich zeigt die Vermutung der beiden Autoren aus Übersee, Mozart hätte eine Gehirnblutung erlitten und wäre während seiner letzten zwei Lebenswochen infolge einer Halbseitenlähmung weitgehend unbeweglich gewesen, daß sie bestimmte Passagen aus den Primärquellen entweder nicht kannten oder unberücksichtigt ließen. Allein zwei Mitteilungen Sophie Haibels an ihren Schwager Nissen vom April 1825 genügen nämlich schon, um die ganze Konstruktion der hypothetischen Hirnblutung zum Einsturz zu bringen. Sophie berichtete nämlich: „Weil wir nicht wußten, wie schwer krank er sei, machten wir ihm auch einen wattierten Schlafrock, damit, wenn er aufstehete, er gut versorgt sein möchte." Und an einer anderen Stelle lesen wir: „Mozart sagte zu mir: ‚sagen Sie der Mama, daß es mir recht gut gehet und daß ich in einer Woche zu ihrem Namensfeste kommen werde, ihr zu gratulieren.'" Für einen gelähmten Patienten wären dies wohl absurde Pläne gewesen!

Aber um welche geheimnisvolle Krankheit, die in so unglaublich kurzer Zeit von nur etwas mehr als zwei Wochen zum Tod führte, hat es sich nun wirklich bei Mozart gehandelt? Wie wir der Biographie Nikolaus Nissens aus dem Jahre 1828 entnehmen können, begann Mozarts Erkrankung am 20. November 1791 aus vollem Wohlbefinden heraus „mit Geschwulst an Händen und Füßen und einer beinahe gänzlichen Unbeweglichkeit derselben, der später plötzliches Erbrechen folgte, welche Krankheit man ein hitziges Frieselfieber nannte“. Nach einem Bericht der ihn pflegenden Schwägerin Sophie Haibel wurde von Beginn an jede Bewegung seiner geschwollenen Hände und Füße wegen der damit verbundenen Schmerzen streng gemieden, weshalb man ihm eiligst Nachtleibchen anfertigen mußte, die von vorne anzuziehen waren, da er sich „infolge Geschwulst nicht drehen konnte“. Diese Schmerzhaftigkeit seiner geschwollenen Gelenke wurde auch von seinem Freund Eybler bestätigt, der von „Mozarts schmerzvoller Todeskrankheit“ sprach. Schließlich boten diese Schwellungen auch deutliche Zeichen von Entzündung, da Sophie wörtlich sagte, daß „Mozarts Arme und Beine sehr entzündet und geschwollen waren“.

Derart schmerzhafte Schwellungen an Armen und Beinen können natürlich überhaupt nicht mit den völlig schmerzlosen blassen Ödemen in Zusammenhang gebracht werden, wie sie bei Kranken mit Nierenentzündung angetroffen werden, abgesehen davon, daß ein chronisches Nierenleiden im Stadium der Urämie kaum jemals mit Schwellungen einhergeht. Aber auch sonst kann zusammen mit dem dokumentarisch recht gut überlieferten klinischen Bild von Mozarts letzter Krankheit aus medizinischer Sicht heute das Vorliegen eines chronischen, zum Tode führenden Nierenleidens mit Sicherheit ausgeschlossen werden, weshalb die Diskussionen um die Legende vom angeblich nierenkranken Mozart endlich ebenso verstummen sollten wie jene um seine angeblichen Giftmörder.

Bei Mozarts fieberhafter Erkrankung mit geschwollenen Extremitäten und Bewegungsunmöglichkeit derselben infolge heftiger Schmerzen handelte es sich vielmehr, wie eine genaue medizinische Analyse seiner Krankengeschichte einwandfrei erkennen läßt, mit Sicherheit um einen akuten Schub einer rheumatischen Gelenksentzündung, deren klinischer Verlauf damals mangels jedweder wirksamer Behandlungsmöglichkeiten weitaus dramatischer war als heute. Erhärtet wird diese Diagnose noch durch die in Mozarts Jugend vorausgegangenen Attacken eines akuten fieberhaften Gelenkrheumatismus in den Jahren 1763 und 1765 sowie durch mehrere schwere Anginen. Diese Diagnose eines rheumatisch-entzündlichen Fiebers wurde übrigens bereits von Mozarts behandelnden Ärzten gestellt, wie man dem bereits erwähnten medizinischen Gutachten Dr. Guldener von Lobes entnehmen kann. Der häufig vorgebrachte Einwand, daß zu jener Zeit der Ausdruck „rheumatisch" für ganz verschiedenartige Krankheitszustände verwendet wurde und ihm deshalb keine diagnostische Bedeutung beigemessen werden könne, trifft nicht für den bei Mozart genannten Begriff des „rheumatisch-inflammatorischen Fiebers" zu, für das sich Dr. Sallaba im übrigen besonders interessierte. In seinem 1792 erschienenen Buch *Historia naturalis morborum* heißt es hiezu: „Das rheumatische Fieber tritt selten als einfaches Fieber auf, sondern befällt meistens einen bestimmten Teil des Körpers, sei es innen, sei es außen. Es bevorzugt ... besonders die Knie- und Handgelenke, wobei außerordentlich starke Schmerzen entstehen, die sich weit ausbreiten, menschliche Tragbarkeit fast überschreiten und von der geringsten Körperbewegung oder Berührung des erkrankten Teiles grausam verschärft werden. Die Krankheit ist mit Schwellungen verbunden, die meist einen größeren Umfang, Überwärmung und stärkere Rötung aufweisen. Die Entzündung wandert sehr häufig zu inneren Teilen, vor allem zum Kopf oder zur Brust und schneidet so den Lebensfaden ab, welches die gewöhnlichste Todesursache ist, die aus dieser Krankheit entsteht."

Daß die damaligen Ärzte der Wiener Medizinischen Schule

entgegen der Meinung von Vertretern der Nierenthese solche Gelenksschwellungen bereits recht genau von Schwellungen unterscheiden konnten, wie sie im Rahmen einer Nierenerkrankung auftreten, beweist Dr. Sallabas Beschreibung der renalen, also nierenbedingten Ödeme in seinem bereits erwähnten Buche: „Der Körper schwillt weich an, am meisten an den herunterhängenden Teilen, an den Unterschenkeln und an den Füßen. Wenn man die Schwellung mit dem Finger eindrückt, bleibt eine Grube zurück."

Es besteht somit kein Zweifel, daß Dr. Closset und Dr. Sallaba mit der ihrem befreundeten Kollegen Dr. Lobes mitgeteilten Krankheitsbezeichnung „rheumatisches Entzündungsfieber" die richtige Diagnose gestellt hatten. Wenn im Totenschauprotokoll trotzdem die Bezeichnung „Hitziges Frieselfieber" gewählt wurde, dann deshalb, weil die Ärzte damals gesetzlich verpflichtet waren, als Todesursache eine in deutscher Sprache verfaßte, jedermann verständliche Diagnose anzugeben. In medizinischen Fachkreisen hingegen war mit dem Ausdruck „Frieselfieber" keine Krankheitsbezeichnung gemeint. „Frieselausschläge" wurden schon damals ausschließlich für ein unspezifisches Symptom gehalten, das bei verschiedenen fieberhaften Erkrankungen mit starker Schweißbildung unter den damaligen unzulänglichen hygienischen Bedingungen häufig zu beobachten war. Noch Ende des 19. Jahrhunderts wurde in medizinischen Lehrbüchern darauf hingewiesen, daß „die starke Neigung des Gelenkrheumatismus zum Schwitzen ein häufiges Auftreten von Schweißbläschen und Frieselausschlägen mit sich bringt, die bei schlechter Hygiene entzündlich gerötet erscheinen können".

Für den weiteren Verlauf von Mozarts Krankheit, die schon nach zwei Wochen tödlich endete, ist zum Verständnis die Kenntnis zweier wichtiger Faktoren Voraussetzung: nämlich jene der Pathomorphose, also der Wandlung dieses Krankheitsbildes während der letzten zwei Jahrhunderte einerseits und die dem damaligen Wissensstand der Medizin entsprechenden Behandlungsmethoden andererseits.

Wir wissen heute, daß unter den sozialen und hygienischen Verhältnissen des 18. Jahrhunderts das akute rheumatische Fieber nicht nur rund dreißigmal häufiger auftrat, sondern auch wesentlich schwerer verlaufen ist als heute. Ähnliche Verhältnisse findet man auch heute noch in vielen Entwicklungsländern, weshalb dort heute von der World Health Organization (WHO) eine möglichst frühzeitig einsetzende antibiotische Behandlung von Streptokokkeninfektionen des Rachens bei Jugendlichen mit besonderem Nachdruck gefordert wird. Gerade hier unterscheidet sich aber die Situation von heute grundlegend von den Verhältnissen im 18. Jahrhundert, wo es in Ermangelung jedweder wirksamen Therapie nicht selten zu perakuten Verlaufsformen kam, bei denen mitunter innerhalb weniger Stunden plötzlich extremer Fieberanstieg mit Lähmung von Hirnzentren einsetzte, der innerhalb weniger Tage zum Tode führen konnte. Noch im 19. Jahrhundert, vor der 1875 erfolgten Einführung der Salizylbehandlung, beobachtete man solche gefährliche Verlaufsformen, die man als „Zerebralrheumatismus“ bezeichnete und die völlig der im 18. Jahrhundert üblichen Umschreibung einer „Absetzung im Kopf“ entsprach – eine Bezeichnung, die für den wenige Tage vor Mozarts Tod erkennbaren bedrohlich gewordenen Verlauf seines rheumatischen Fiebers von den behandelnden Ärzten Dr. Closset und Dr. Sallaba gewählt wurde und die überhaupt nichts mit einer eventuellen Blutung im Gehirn zu tun hatte, wie dies die beiden Autoren aus Übersee vermuten.

Es ist denkbar, daß bei Mozart die Entwicklung eines „Zerebralrheumatismus“ im Rahmen seines rheumatischen Fiebers den unerwartet raschen tödlichen Ausgang mitverschuldet hatte. Viel wahrscheinlicher hat aber ein anderer Umstand die entscheidendere Rolle gespielt: nämlich der deletäre Einfluß der damals von der Wiener Medizinischen

Schule so propagierten Behandlung solcher Patienten mit ausgiebigen Aderlässen. Da man beim rheumatischen Fieber diese Maßnahme besonders notwendig erachtete, wurden solche Patienten nicht selten sogar zweimal täglich zur Ader gelassen mit jeweils etwa 8 Unzen Blut, was einem wöchentlichen Blutverlust von bis zu drei Litern entsprechen konnte. Wir kennen heute eine Reihe historischer Persönlichkeiten, bei denen auf diese Weise der Tod durch Entblutungsschock herbeigeführt wurde und auch bei Mozart hat wohl die Aderlaßtherapie den Ausschlag gegeben. Wenn wir auch keine detaillierten Angaben darüber besitzen, dürfen wir allein aus der Tatsache, daß ein so repräsentativer Vertreter der damaligen Wiener Medizinischen Fakultät wie Dr. Sallaba die Behandlung leitete, annehmen, daß Mozart in den Genuß dieser von ihm so propagierten Aderlaßtherapie gekommen ist. Diese Annahme findet eine Bestätigung durch die Notiz eines zeitgenössischen Arztes, Dr. Karl Bursy, die besagt, daß „der berühmteste Arzt der Stadt Mozarts Krankheit für entzündlich hielt und die Adern öffnen ließ". Bei dem kleinen, durch Fieber und häufige Schweißausbrüche sowie durch Verabreichung von Brechmitteln und purgierenden Substanzen extrem flüssigkeitsverarmten Körper Mozarts müssen sich derartige Blutverluste katastrophal ausgewirkt haben. Daß dem tatsächlich so war, können wir einem Hinweis in der Biographie Nissens entnehmen, der folgenden Wortlaut hat: „Demgemäß nahm der noch am letzten Lebensabend eingetroffene Hausarzt Dr. Closset einen Aderlaß vor, worauf die Kräfte zusehends geschwunden und er in Bewußtlosigkeit gefallen sei, aus der er nicht wieder zu sich kam."

Zusammenfassend handelte es sich somit aus heutiger medizinischer Sicht bei Mozarts letzter Krankheit um einen akuten Schub eines rheumatischen Fiebers mit Polyarthritis, also starker Gelenksbeteiligung, an dem er bereits in seiner Jugend zweimal krank darniederlag. Die Erkrankung traf ihn aus vollem Wohlbefinden heraus und nahm nach vorübergehender kurzer Besserung plötzlich einen dramatischen Verlauf mit Entwicklung offenbar sehr hoher Fiebertemperatur, verbunden mit einer Art Fieberdelir – ein Zustand, der damals mit einer Absetzung der krankheitsverursachenden Materie im Gehirn zu erklären versucht wurde und der noch im ausgehenden 19. Jahrhundert deshalb mit Zerebralrheumatismus bezeichnet wurde. Heute kommen derartige Bilder nur mehr in Gegenden der Dritten Welt zur Beobachtung, während hierzulande durch sofortigen Einsatz antirheumatischer und antibiotischer Pharmaka, unter Umständen unterstützt durch Kortison, die Krankheit meistens schon im Keim erstickt wird. Zur Zeit Mozarts hielt man neben der Verabreichung von Brechmitteln und purgierenden Substanzen hingegen ausgiebige Aderlässe für die wirksamsten Behandlungsmöglichkeiten und es steht heute außer Zweifel, daß damit bei vielen Patienten der Tod herbeigeführt wurde. Dies ist wohl auch bei Mozart die Erklärung dafür, daß die Erkrankung schon in der unglaublich kurzen Zeit von nur 15 Tagen zum Tode führte. Mit dem letzten Aderlaß hatte man ihm den Todesstoß versetzt.

Die dunklen Geheimnisse, die lange Zeit über den Ereignissen der zwischen seinem Tod und seinem Begräbnis liegenden Tage und über dem Bestattungsort im St. Marxer Friedhof schwebten, konnten inzwischen weitgehend aufgeklärt werden. Durch den Vergleich der zeitgenössischen Schilderungen mit den damals bereits genau verzeichneten meteorologischen Angaben der Hohen Warte in Wien wurde zunächst offenkundig, daß Mozarts Leichnam nicht an dem im Sterberegister zu St. Stephan eingetragenen sechsten, sondern erst am siebten Dezember bestattet wurde. Die Begräbnisfeierlichkeiten selbst einschließlich der Überführung des Leichnams auf den St. Marxer Friedhof erfolgten streng nach der geltenden Stolordnung Kaiser Leopolds II., nach der die eigentlichen Feierlichkeiten mit der Einsegnung im Dom zu St. Stephan beendet waren und eine Begleitung des nur in der Nachtzeit gestatteten Transportes des Sarges auf den Friedhof durch die Angehörigen und Freunde nicht vorgesehen war. Schließlich entsprach auch die Bestattung selbst den Vorschriften der Stolordnung für ein Begräbnis dritter Klasse, wie es für die Bürger Wiens damals allgemein üblich war. Das dafür vorgesehene fünffach belegte Schachtgrab hat somit überhaupt nichts mit einem nur in Epidemiezeiten verwendeten Massengrab zu tun, von dem Frau Dr. Ludendorf in ihrem tendenziösen Buch auf Grund ihrer Unkenntnis historischer Fakten wiederholt sprach. Glücklicherweise ist es anläßlich der hundertsten Wiederkehr von Mozarts Geburtstag gelungen, die als unwiederbringlich verloren geglaubte Lage seiner Grabstätte doch noch rekonstruieren zu können. Zu verdanken ist dies dem Enkel des mit Mozart befreundet gewesenen Musiker und Komponisten Albrechtsberger, der sich erinnern konnte, daß er seinerzeit von seiner Mutter nicht nur regelmäßig zum Grabe seines Großvaters, sondern bei dieser Gelegenheit häufig auch zu jenem Mozarts geführt wurde. Auf diese Weise konnte er selbst nach so langer Zeit noch recht genau die Stelle des ehemaligen Mozartgrabes angeben, die durch einen Weidenstrauch besonders gekennzeichnet war. Um nicht nach der Überführung des von Gasser angefertigten Grabmonumentes 1891 auf dem Zentralfriedhof neuerlich die mühsam wiederaufgefundene Grabstätte in Vergessenheit geraten zu lassen – errichtete an dieser Stelle der Friedhofswärter Kugler liebevoll aus Überresten alter Gräber ein stimmungsvolles kleines Grabdenkmal.

Diese letzte Ruhestätte Mozarts inmitten alter, verwitterter Steinkreuze und Grabplatten, die der Besucher heute in der vergessenen Stille des Gottesackers zu St. Marx vorfindet, hat eine eigenartig milde, versöhnliche Ausstrahlung, welche unsere Trauer um den Verlust dieses wahrscheinlich größten musikalischen Genies, das je gelebt hat, zu einer sanften Wehmut lindert und uns wie von ferne den Hauch dieses unbegreiflichen Geistes spüren läßt.

Titelkupfer aus einem Buch mit Spielanleitungen, 1757.

GÜNTHER G. BAUER

Spielen in Salzburg im 18. Jahrhundert

„Alles Geschehen in unserer Welt gleicht einem großen Spiel, in dem von vornherein nichts als die Regeln festliegen.“[1]

Dieses kurze Zitat des bekannten deutschen Physikers und physikalischen Spieltheoretikers Manfred Eigen soll einleitend ein wenig verändert werden: „Die ganze Geschichte unserer Welt gleicht einem großen Spiel, in dem manchmal nicht einmal die Regeln festzustehen scheinen“. Geschichte und Spiel haben jedenfalls seit Urzeiten nicht wenig miteinander zu tun, Kaiser, Könige und Heerführer, Päpste und Kirchenfürsten, waren oft große Spieler, haben Reiche und Herrschaften verspielt und wiedergewonnen und mancher verdankte sein Leben – oder sein Todesurteil – dem scheinbar blinden Zufall des Würfelglückes – oder Unglückes. Spiel und Geschichte hatten jedenfalls durch alle Zeiten hin zahllose Berührungspunkte.

Als ich begann, mich systematisch mit der Geschichte des Fürsterzbistum Salzburg im 18. Jahrhundert zu befassen, war ich überrascht, wie wenig auf diesem Feld bisher gearbeitet und geforscht worden ist. Das Spiel als gesellschaftliche Erscheinungsform, die Spiele und Spielmittel, die Spieler und Spielerinnen, die Spielmoden, -torheiten und -auswüchse, waren offenbar bis heute kein Thema der Forschung. Dabei war das Spiel, waren alle drei seiner Erscheinungsformen, nämlich das *erlaubte*, das *tolerierte* und das *verbotene* Spiel, ein integraler Bestandteil des damaligen täglichen Lebens. In vielen Häusern Salzburgs, in der Residenz, in den Adelssitzen und in den Bürgerhäusern und natürlich in den Kaffeehäusern und Wirtshäusern, ist trotz aller fürsterzbischöflichen

Verbote, täglich gespielt worden, um viel Geld, manchmal um ein Vermögen.

Ein Grund, warum sich die historische Spielforschung als besonders zeitraubend herausstellt, ist die äußerst mangelhafte oder eigentlich gar nicht vorhandene Quellenlage. Eben weil das Spiel zu den Selbstverständlichkeiten des Lebens zählte, wie Essen, Trinken und Schlafen, hat man es meist als nicht ausdrücklich erwähnenswert befunden. Nur in einigen wenigen Tagebüchern ausländischer Besucher wurde es da und dort ad notam genommen.

Da aber die gerade noch tolerierten und vor allem die verbotenen Spiele sowieso ein Tabuthema waren – ähnlich der Sexualität – suchen wir ihre Erwähnung in Reiseberichten und Briefen meist umsonst. Vielfach müssen wir uns auf die ständig erneuerten Verbote, also die Generalien, Edikte und Mandate stützen und auf die wenigen Spielanleitungsbücher der Zeit, die erst mit der fortschreitenden Aufklärung beginnen, einen bisher unerlaubten und unbekannten Markt zu erobern. Und schließlich können wir auch noch auf die wenigen auf uns gekommenen Spiele selbst zurückgreifen. Denn alle Spiele, Karten- und Würfelspiele, Kugel- und Kegelspiele, alle Papierspiele und die handgeschriebenen Spielanleitungen, waren reine Verbrauchsgüter. Sobald sie abgespielt waren, oder unkomplett, oder aus der Mode gekommen, wurden sie weggeworfen oder den Kindern zum Spielen weitergegeben, und landeten schließlich mit anderen wertlos gewordenen Papiersachen im Feuer.

Wenn in den folgenden Ausführungen von „Spielen" die Rede ist, so werden damit ausdrücklich Spiele im eigentlichen Sinn des Wortes gemeint, also Spiele, die man mit Hilfe von Spielmittel, z. B. bunten Stäbchen oder Dominosteinen, nach genauen und vorher vereinbarten Spielregeln miteinander spielt. Es geht also um alle Karten- und Würfelspiele, alle Brett- und Legespiele, alle Ball-, Kugel- oder Kegelspiele bis hin zum Eisstockschießen, alle Geschicklichkeits- und Fingerspiele, alle Scherz-, Rätsel- und Pfänderspiele, alle Gesellschaftsspiele wie Blinde Kuh oder Böhmisch Beichten und z. B. alle Zimmerschützenspiele wie das berühmte und in Salzburg vielgeübte und -vorgespielte Bölzelschießen.

Ausdrücklich nicht gemeint sind die Theater- und Komödienspiele, die Auf- und Umzugs- und Brauchtumsspiele, die Tanzspiele und Jahreszeitenspiele, die Kinder- und Schulspiele. Es geht ausschließlich um Spiele, bei denen man gewinnen und verlieren, auf die man Wetten abschließen konnte und die in ihren damals strengstens verbotenen Erscheinungsformen als Glücksspiele und Hasardspiele manchen leidenschaftlichen, süchtigen und krankhaften Spieler um Haus und Hof gebracht haben. Das mag übrigens einer der Gründe dafür sein, daß wir so wenig über die stadtbekannten *Spieler* wissen. Denn ihre Spielsucht war zwar einerseits ein beliebtes Klatschthema, aber gleichzeitig ein Makel, eine „schwere Sünde" und vielleicht sogar verbunden mit strafbaren Tatbeständen. All das hat man seit eh und je zu vertuschen gesucht. Die Familien haben eifrigst alles getan, um die kleinsten Spuren zu verwischen. Nicht zuletzt daraus ergibt sich die obengenannte Quellenlage.

Ein Blick auf die Spiellandschaft des Habsburgerreiches: Am 24. Jänner 1721 erneuert Kaiser Karl VI. in Wien das Generale über das strenge Verbot von Glücksspielen vom 4. Februar 1714.[2] Er erneuert es, weil er

> mit großem Mißfallen hat vernehmen müssen, daß nicht allein die bereits früher ausdrücklich verbotenen Spiele, als Bassetta, Landsknecht, Trenta Quaranta, Pharao, Rauschen, Färbeln, Würfeln, Banco, Bassa-dieci, Treschac-Sincer und alle dergleichen hohen Spiele, wie auch das dabei geschehende hohe Wetten wiederum gänzlich im Schwange sind [gehen] und ohne Scheu sowohl bei öffentlichen Spielhaltern, in Caffee- und Spielhäusern, alss auch an teils privaten Orten und Zusammenkünften mit großem Verlust gespielt, sondern sogar auch neue verderbliche Spiele in fraudem [also zum Nacheil des Gesetzes] der früher ergangenen Verbote hervorgezogen und erfunden werden,

> also, daß dadurch viel Unheil entsteht, in dem hierdurch ganze Familien ruiniert, ins Verderben und Armut gesetzet, Raufereien und Schlägereien, auch wohl öfters Mord- und Todschläge verübet, Gott der Allmächtige durch erschreckliches Fluchen und Lästern zu gerechtem Zorn bewogen, denen Herren, Dienst- und Gewissenlosen, vazierenden Leuten zu Ausübung ihrer Betrügereien und Hinterführung der Jugend Gelegenheit gegeben, die Verspieler zu unzuläßigen Praktiken, wo nicht gar verzweifelten Gedanken und Unternehmungen verleitet und in Summe zu allerhand Lastern, Unheil und Unordnung die Tür geöffnet wird: Dahero wir aus Landesfürstlicher väterlicher Obsorge und allerhöchster kaiserlicher Gewalt und Macht ... beschlossen haben, daß primo ...

Und nun folgen die neuerlich bestätigten, verschärften und tatsächlich unnachsichtigen Gesetzesbestimmungen: Daß der Verlierer seinen Verlust einfach dem Fiskus, was er noch nicht abgeführt hat, doppelt zu zahlen hat! Daß der Gewinner, was er angenommen hat, dreifach, wenn er es noch nicht angenommen hat, doppelt zu zahlen hat! Außerdem wird er noch mit Geld „oder auf andere Weise empfindlich gestraft". Der Bankhalter zahlt 1.000 Dukaten Strafe, der Mitspieler oder Mitwetter 1.000 Reichstaler und der Spielhalter, um dessen Wissen derlei hohes Spiel geschieht, 1.000 Dukaten. Im Wiederholungsfalle werden Gesetzesübertreter vom Hofe verwiesen oder außer Landes geschafft. Drittens bekommt der Denunziant ein Drittel von den obigen Strafen und, was auf Borg gespielt worden ist, muß vom Verlierer dem Gewinner nicht bezahlt werden. Der Verdikt schließt mit den Worten:

> Da wir nun diesen unseren höchsten Willen und Befehl ohne Ansehen der Personen mit aller Schärfe, Ernst und Nachdruck halten zu lassen in allweg gesinnet seynd, wird sich ein jeder gehorsamst zu richten und sich vor Schaden zu hüten wissen.

Auf dieses Patent bezieht sich Kaiserin Maria Theresia in ihrem Generale vom 27. April 1743[3], nachdem sie bereits 1744 und 1745 die Spielverbote erneuert und verschärft hatte.

Giacomo Casanova z. B. bekam dieses Gesetz mit voller Härte zu spüren, als er am 20. Jänner 1767 in Wien beim Glücksspiel ertappt wurde.[4] Trotz höchster Protektion mußte er innerhalb von ein paar Tagen Wien verlassen und entfloh schließlich fluchend und schimpfend über Linz nach München. Auf die Idee, nach Salzburg zu gehen und dort sein Glück zu versuchen, kam er erst gar nicht, denn dort herrschten noch strengere Gesetze als in der Kaiserstadt. Salzburg war kein Pflaster für einen Mann wie Casanova!

Das gesamte Spielgeschehen, also die Spielwirklichkeit in Stadt und Land Salzburg, wurde im 18. Jahrhundert hauptsächlich durch zwei erzbischöfliche Verordnungen geregelt: Erstens dem Generale vom Ernest Thun vom 2. März 1686 und zweitens von dem – dieses Generale verstärkenden – Generale vom 6. Oktober 1695. Daß diese beiden Spielgesetze, oder sollte man besser sagen Spielverbote das ganze Jahrhundert über ihre Gültigkeit besessen haben, beweist nicht zuletzt der entsprechende Abschnitt in Thaddäus Zauners dreibändiger Ausgabe der hochfürstlichen Salzburger Landesgesetze.[5] Im ersten Band von 1785 – also knapp zwei Jahre vor Leopold Mozarts Tod – finden sich die beiden angeführten Spieleinschränkungen. Sie lauten:

> Ein Unterthan soll auf einen Tag mit Spielen oder Kugeln über 20 Kreuzer nicht verlieren, auch soll keinem auf Spiel geliehen noch auf Borg gespielet, noch solches von der Obrigkeit wiederzugeben, oder was auf Borg gespielet worden zu bezahlen verschaffen noch dessen einige Obligation oder Versprechen, wie es immer geschehen vermag, in Acht genommen werden.

Verordnung vom 2. März 1686. Und am 6. Oktober 1695 heißt es dann:

> Demnach laut eingeholter Erfahrung das Spiel zwischen Bauernburschen und anderem liederlichen Gesindel zeithero wiederum stark in Schwung gehet, also haben ihre hochfürstliche Gnaden und Herr gnädigst resolvirt und anbefohlen, daß fürderhin dergleichen Leut auf der Kugelstatt oder sonsten nach Ausweisung

des bereits am 2. März 1686 ergangenen Generalbefehls sich auf einen Tag nicht höher als 20 Kreuzer einlassen sollten, dahero werdet ihr solche genädigste Resolution der Gemeinde nachrichtlich zu publiziren, und nicht allein von Obrigkeit wegen darob zu halten noch auch die Übertreter mit gebührender Straf anzusehen und den Vollzug hierwider zu berichten, im übrigen aber die Brandley völlig abzustellen wissen.

Beginnen wir also die Betrachtung der Salzburger Spielszene zu Beginn des 18. Jhdts. mit diesen beiden Spielverboten. Offenbar hat übrigens das erste Verbot, höher als um 20 Kreuzer zu spielen, nicht viel Erfolg gehabt bzw. ist es auf dem Lande kaum befolgt worden und so mußte der Erzbischof das Generale von 1686 schon neun Jahre später seinen spielbegeisterten Untertanen neuerlich ins Gedächtnis rufen.[6] Vor allem den unverdrossenen Kegelschiebenden und dabei natürlich wettenden bzw. um Geld spielenden „Bauernburschen und anderem liederlichen Gesindel". Es wird sich zeigen, daß genau 100 Jahre später Erzbischof Colloredo mit denselben Aufsässigkeiten zu kämpfen hatte, mehr noch, daß es offenbar im ganzen Lande geradezu zu einer Spielepidemie gekommen ist. Ernest Thun hat natürlich selbst, wie damals an jedem europäischen Fürstenhofe Sitte, gespielt. Und sicher um mehr als um 20 Kreuzer. Es gibt darüber keine Nachrichten, man kann aber von den Spielgewohnheiten seiner Nachfolger im hohen Amt leicht auf das Spielgeschehen am Salzburger Hof um die Jahrhundertwende schließen. Bleibt man bei den Fakten und betrachtet man die höfische Spielwelt seines Nachfolgers Erzbischof Franz Anton Harrach, so findet sich folgendes: Beim Residenzinventarium von 1717 heißt es zu Nr. 32:

Das Pilliard-Zimmer: Ein ganz neuer Pilliard, welchen Sr. hochfürstl. Gnaden Franz Anton jetzt regierender Landesfürst verfertigen lassen, mit feinem holländischen Tuch überzogen, auch ein braun lederner Überlag hinzu gehörig. Dazu 18 elfenbeinerne Kugeln zum Spielen.[7]

Weiters sind angeführt „28 unterschiedliche Sorten Höbl, also Queue's, ein Tacko und zwei Schreibtafeln zum Markieren". Für das Lustschloß Mirabell erfahren wir in der Harrachzeit, daß es dort auf Nr. 23 ein Billiardzimmer gegeben hat mit einem grün-tuchenen Billiard und allen dazugehörigen Utensilien. Ein weiteres „großes Billiard, ebenfalls mit grünem Tuch überzogen, samt allem Zubehör von elfenbeinernen Kugeln, Hebel und Tacko" taucht bei den Mobilien von Schloß Kleßheim auf und sogar in Tittmoning finden wir unter Nr. 31 einen „Billiardsaal".[8] Allein aus diesen Quellen von Anfang des 18. Jhdts., sie sind von 1717, 1727 und 1733, geht hervor, daß am Salzburger Hof unter anderem leidenschaftlich Billiard gespielt worden ist. Dazu heißt es in dem berühmten Spielbuch eines Anonymus von 1756:[9]

> DAS BILLIARDSPIEL. Niemand wird diesem Spiel, was die Anständigkeit für Personen von dem vornehmsten Stande, die gemäßigte Leibesbewegung, und die für das Gemüt und Auge am besten dienende Ergötzlichkeit anbetrifft, den Vorzug vor vielen anderen strittig machen. Könige und große Prinzen haben ihm in ihren Palästen Platz gegeben, und die Beschäftigung damit ist so edel und reizend, daß sie den Geist bei demselben erquicken, und ihre Gesundheit zu befördern suchen. zu der Hoheit, dem Ernst, der Ehre und der Zierde des stillstehenden, wie es schon grauen Alters bei allen Ständen, ist es so bequem und schicklich, als die größten Geister darin ihre Belustigung finden. Es hat dermalen in Europa den stärksten durchgehenden Gebrauch unter allen anderen etwas edleren Spielen und der Billiardeur ist ein ebenso zum Wohlstand der Welt dienender Exercitien-Meister, als der Ballmeister sein kann. Sie gehen in gleichem Rang und ihre Kunst ist für den größten Hof unentbehrlich, wie sie an Academien und Universitäten besonders, als ein Teil derselben guter Verfassung und zierlichen Einrichtungen gehalten wird.

Mit fünf Billiardzimmern konnte der Salzburger Hof da sicher den Vergleich mit anderen kleineren europäischen Residenzen aushalten. Dazu kamen noch eine ganze Reihe adeliger und bürgerlicher Billiardtische, wie z. B. im Mölkerhof und im Café Steiger, dem heutigen Café Tomaselli. Dort bekam der Cafetier Steiger am 2. März 1772 folgende Genehmigung: „... von dem sede vacante regierenden Domkapitel wurde dem hofbefreiten Kaffeeschenker Anton Steiger auf seine Bitte die Bewilligung erteilt, ein *Billiard* zur öffentlichen Unterhaltung und Benützung aufzustellen".[10] Demgemäß heißt es im Tagebuch des Baron Schidenhofen vom 25. Jänner 1775: „... und Nachmittags spielte ich beim Steiger Billiard"[11] und am 25. Mai 1780 schreibt Wolfgang Amadé Mozart in Nannerls Tagebuch, daß er am Nachmittag „Tarock geschieben" hätte.[12] Damit kann nur gemeint sein, daß er im Café Steiger mit elfenbeinernen Tarockkugeln Billiard gespielt hat. Daß Mozart überhaupt ein leidenschaftlicher Billiardspieler gewesen ist, in seiner großen Wohnung im Figarohaus in der Schulerstraße und in der letzten Wohnung in der Wiener Rauhensteingasse 8, ein eigenes Billiardzimmer mit eigenem Tisch besessen hat und möglicherweise einiges Geld beim Spielen und beim dazugehörigen Wetten verloren hat, ist bekannt.[13]

In den erhaltenen Salzburger Hofinventarien gibt es aber noch weitere wichtige Hinweise auf die Spielgewohnheiten der Salzburger Erzbischöfe und ihrer Gäste: In dem Verzeichnis von 1717 erfahren wir nämlich unter Nr. 84 alles über die „Vorhandenen Spüllsachen in dem Spiel-Cämerl zu denen Gesellschaften gehörig".[14] Daß die beiden danebenliegenden Zimmer, also Nr. 82 und Nr. 83 die prächtigen Zimmer des Salzburger Hofzwerges Franz von Meichelböck gewesen sind – und dessen Famuli Zimmer – läßt den Schluß zu, daß sich Meichelböck wohl um dieses Spiel-Kammerl zu kümmern hatte, bzw. daß er eben ein bevorzugter Spielpartner des Erzbischofs gewesen sein dürfte.

Noch dazu, wo es ja den weitverbreiteten Aberglauben gegeben hat – und heute noch gibt – daß Zwerge „Glück im Spiel" bringen und deshalb dürften sie auch als Callot-Zwerge auf vielen Spielbögen und Spielbrettern der Barockzeit abgebildet sein. Im Inventar des „Spiel-Cämerls" finden sich insgesamt 9 verschieden große Spieltische, einer davon ausdrücklich als „Passettisch mit Leder überzogen" ausgewiesen. Dann zwei „gemalene Tischplatten auf einem Gänsespiel, auf dem anderen zu dem Höllenfahren". Wir kennen eine solche prächtig gemalte Tischplatte im Städtischen Museum Carolino Augusteum[15] und können uns daher gut vorstellen, wie die beiden vorgenannten Platten in der Residenz ausgesehen haben. Weiter heißt es im Verzeichnis der Spiele; „1 aus Tänzlerarbeit verfertigter Peutl worinnen 36 Marken aus florentinischen Steinen und 3 elfenbeinerne Schachteln mit den dazugehörigen Marken". Daraus ist zu schließen, daß am Salzburger Hof vornehmlich mit Spielmarken gespielt worden ist, sicher wurde schon in der Harrachzeit um Geld gespielt, wie es dann für die Schrattenbachzeit genau zu belegen ist. Im „Spiel-Cämerl" gab es dann noch „2 gemaine Schachspiel", ein „Nußbaumenes Brettspiel samt denen Steinen", also das auch damals noch ungeheuer in Mode gewesene Trick-Track-Spiel, das heutige Backgammon. In Salzburger adeligem Besitz gibt es einen seltenen barocken Spieltisch, auf welchem in hervorragender Intarsienarbeit Schachspiel und Trick-Track vereinigt sind und man wird nicht fehlgehen anzunehmen, daß es solche Spielmehrzwecktische auch in der Residenz gegeben haben muß. Im Spiel-Kammerl der Residenz gab es dann u. a. noch „12 indianische gefürniste Spielteller" für die Spielmarken. Im Lustschloß Mirabell waren die Spielsachen im Zimmer Nr. 41 untergebracht und bestanden aus einer ähnlichen Ansammlung von Spielen und Spieltischen. In Schloß Kleßheim fallen „Vier Brettspiele aus hartem Holz" in die Augen.[16] Leider sind die Karten- und Papierspiele nicht angeführt, ebensowenig wie die Spielpläne bzw. Spielanleitungen für die zahllosen Gesellschaftsspiele, welche damals in Mode gewesen sind. Trotzdem kann man sich mit den wenigen erhalten geblieben Dokumenten und späteren Tagebuchnotizen Schrattenbachs ein gutes Bild machen, wann und wo nun mit diesen Spielen gespielt wurde und auch *wer* die Spieler gewesen sind. Wobei natürlich im Auge zu behalten ist, daß es sich hierbei um erlaubte (und am Hof tolerierte?) Spiele gehandelt hat. Wann und wo und von wem am Salzburger Hof verbotene Spiele gespielt worden sind, das ist aufgrund einer nicht vorhandenen oder verdunkelten Quellenlage wohl nie zu erfahren…

Exkurs: Das höfische Ballspiel in Salzburg:

Am südlichen Rande des Mirabellgartens ließ Erzbischof Paris Lodron bereits 1631 ein Ballhaus errichten, um dort – vom Wetter unabhängig – die in Mode gekommenen Ballspiele durchführen zu können. Das Ballhaus war also ursprünglich keineswegs ein Gebäude für Bälle und Tanzveranstaltungen oder ein Aufführungsort für durchziehende Komödianten, Marionettenspieler oder andere Truppen und Schausteller, sondern, wie schon der Name sagt, schlicht und einfach ein Ball-spiel-haus, wo man – hauptsächlich in warmen Jahreszeiten – Ball spielte. Und das tat man auch noch im ganzen 18. Jhdt. Erst 1775 wurde dieses Ballspielhaus von Erzbischof Hiernonymus Colloredo zu einem stehenden Theater umgebaut und am 16. November 1775 mit dem Tauerspiel „Die Gunst des Fürsten" feierlich eröffnet.[17] Bis dahin war also in dem Ballhaus auf dem Hanniplatz vornehmlich *Ball* gespielt worden. Die urkundlich belegbaren Nachrichten über diese Ballspiele, Wettspiele und Turniere, sind leider äußerst dürftig und so muß auch für Salzburg die allgemeine barocke Ballspielliteratur und -praxis herangezogen werden, wenn man wissen will, welche Spiele von welchen Spielern, wann und wo gespielt wurden. Daß in Salzburg im 17. und 18. Jahrhundert das aus Italien kommende „Pallone-Spiel" üblich gewesen ist, welches vor allem vom Adel und den Edelknaben geübt wurde, ist vielfach belegt, nicht zuletzt durch die beiden grotesken Zwergenfiguren des Fischer von Erlach, mit welchen er auf den ehemaligen Pallonespielplatz am Fuße der Basteimauern des Mirabellgartens hinweisen wollte, an dessen Stelle er um 1690 den Zwerglgarten oder besser das „Zwergentheater" hatte errichten lassen. Weiters wurde im Salzburger Ballhaus sicher das modische Jeu de paume, also das spätere Tennis, gespielt, eventuell auch das Jeu de courte paume, wobei die Bälle gegen Wände (Frontons oder Fretons) geprellt wurden. Aber auch andere Ball-, Kugel-, Kegel- und Wurfspiele konnten, je nach der augenblicklichen Mode, in diesem großen Ballhaus gespielt werden. Zu diesen Ballhäusern, welche zu jeder gut geführten Hofhaltung gehörten, schreibt Florinus in seinem „Adeligen Hausvater" u. a.:[18]

> Das Ballhaus, welches nicht minder als das Tanzen und Fechten in gewisse Kunst-regeln verfasset, gibt eine so nützliche als angenehme Übung für Standes-personen und Cavaliers, weil dadurch die Stärke und Fertigkeiten des Leibes sehr befördert wird. Es gehört aber dazu, wie bekannt, ein eigenes Ballhaus und dieses muß mit mehrerer accuratesse als irgendein anderes Gebäude geführet werden, wo es seine Dienste recht tun und den Spielern die Arbeit nicht verdoppeln, oder die Kunst verderben soll, welches letztere geschiehet, wo das Ballhaus zu klein oder zu groß in der Länge und Breite nicht recht proportionieret, unschicklich abgeteilet und mit keinem beständig gleichen Licht versehen ist, wiewohl jedoch die Erfahrung zeiget, daß in der Tat die hier und da befindlichen Ballhäusern, wie sie nach Gelegenheit des Platzes oder des Baumeisters Caprice angelegt worden in ihren Maßen und Größe wenig zusammentreffen.

Zusammenfassend kann festgestellt werden, daß in Salzburg in der ersten Hälfte des 18. Jahrhunderts vor allem vom Adel das Ballspielhaus sicher ausführlich genützt worden ist und daß die verschiedensten Ballspiele ebenso geübt worden sind wie die entsprechenden Kugelspiele, also etwa das aus Italien kommende Boccia, Kegel- oder Wurfspiel.[19] Hierher gehört auch das Mail-spiel, ein Vorläufer des französischen La crosse und des englischen Cricket-spiels. Zweifellos waren diese Holzkugelspiele kurzfristig in Salzburg in Mode und wurden im Freien und im Ballhaus geübt und gespielt.

Bevor nun das Spielvergnügen am Salzburger Hof geschildert wird, ist kurz darauf hinzuweisen, auf welchem gesellschaftlichen Konsens alle diese erlaubten und tolerierten Spiele aufgebaut waren. Zusammenfassend steht darüber bei Florinus im Paragraph 17 zu lesen:[20]

> Das Spielen ist wohl auch eine erlaubte Ergötzlichkeit, wenn es Recreationshalber, oder um seine Geschicklichkeit dadurch zu erweisen und nicht des schändlichen Gewinnstes wegen, beschiehet, auch nicht zu viel Zeit darauf verwendet wird: als in welchen Fällen es billig bedenklich fällt, sich in selbiges einzulassen oder sich daran immoderate und allzu übermäßig zu gewöhnen; und das zwar wegen seiner vielen inconvenientien und gefährlichen suiten [also Folgen] so aus dergleichen Spielen entstehen. Welches dann von dem Karten- oder Würfelspiel umso mehr zu verstehen, weil bei demselben gemeiniglich viel Betrug, Fluchen, Gotteslästerung, Lügen, Meineid, Hader und Zank, woraus bisweilen sogar Mord und Totschlag entspringen und andere Sünden mehr vorbeigehen. [Hier scheint der wackere Florinuns auch dem kaiserlichen Patent die Stichworte geliefert zu haben!] Nach vielfältigen Bedenken ist aber Florinuns schließlich bereit, das Spiel unter folgenden „Praecautionen" doch gutzuheißen:
>
> 1. Daß derjenige, so spielet, freie Macht habe mit dem Seinigen zu schalten und zu walten, mithin weder unter väterlicher Gewalt, noch unter einiger Vormundschaft oder Curatel stehe.
> 2. Daß keiner den anderen zum Spielen reitze oder verführe.
> 3. Daß kein Betrug oder Falschheit gebrauchet, sondern ehrlich und redlich gespielet, zumalen aber des Spiels Gerechtigkeit allweg oberservieret werde, und dann
> 4. Daß beide spielenden Personen von egaler und gleicher Condition seien, anerwogen es sich gar nicht geziemet, wann ein Fürst und Herr mit seinen Unterthanen, ein Vater mit dem Sohne, ein Herr mit seinem Knecht spielen sollte.

An einer anderen Stelle[21] werden die Lebensregeln König Jacobs I. an seinen Sohn Heinrich abgedruckt und darin warnt der englische König seinen Erben folgendermaßen vor dem Spiel:

> Bei dem Spiel beobachte folgende drei Regeln: zum ersten fange nicht eher an zu spielen, als bloss zum Zeitvertreib: nach diesem so vertue darinnen nicht mehr und setze nicht mehr aufs Spiel als was du deinem Pagen wegzuschenken pflegest; zum dritten spiele allzeit aufrichtig und ohne Täuschung. Bist du aber nicht vermögend diese drei Regeln zu beachten, so rate ich dir, bleibe ganz und gar von dem Spiele: denn die Ungeduld im Verlieren und der Eifer im Gewinnen verdienen den Namen eines Spiels durchaus nicht. Kurz vorher aber meint der weise Vater: Wenn dir die Zeit sollte zu lang werden ... wenn Regen oder übles Wetter dich in deinen Gemachen zurückhielten oder du müde vom Lesen oder vom Nachsinnen wärest ... so will ich dir nicht verbieten, eine Stunde mit der Karten oder anderen Spielen zuzubringen. Doch was die Würfel anbelanget, so sind sie einem liederlichen Soldaten viel anständiger: denn es ist nichts anderes, als lauter Wagen, viel Betrug und kein Verstand darinnen.

Die folgenden Ausführungen über die Spielgewohnheiten an den deutschen Fürstenhöfen lassen sich – mit ganz geringen Vorbehalten – zur Gänze auf den Salzburger Hof anwenden. Es heißt da in dem bereits angeführten Paragraph 17:[22]

> Die Assemblées sind nicht eine der geringsten Vergnügungen des Hofes. Es sind aber diese nichts anderes als Zusammenkünfte von Dames und Cavaliers so nach Mittag gehalten werden, wobei man sich durch Spielen und durch ein vertrautes Gespräch die Zeit vertreibet, die aufgesetzten Erfrischungen bestehen nur aus einem Trunck, welchen ein jeder zu fordern hat. Hierbei muß ich der dabei *gewöhnlichen Spiele* gedenken, das gewöhnlichste ist jetzt und das L'Hombre Spiel, welches auch wegen des Verstandes, welcher dabei gebrauchet wird, alle anderen Karten-Spiele übertrifft.
> Die BASSETTE [also das Bassette-spiel!] bestehet darinnen, daß einer die Bank hält, ein anderer setzt auf eine Karte so viel er will, welches der erste halten muß und gehet der andere wieder davon wann er will. Dieses Vergnügen ist eines der *gefährlichsten* des Hofes und gehöret unter die Verderbnis unserer Zeiten. Viele Cavaliers haben sich öfters arm gespielet, ja viele Prinzen runiniert, wobei ich doch nie beobachtet, daß ein großer Monarch dem Spielen sehr ergeben gewest; denn es ist meines Erachtens sehr unverantwortlich, gegen die joueurs de gros jeu

oder die großen Spieler, deren ich einige gekannt und niemals ohne Verdacht ihrer Kunst von Hof zu Hof ziehen, seiner armen Untertanen Schweiß und Blut verspielen. Es ist mit diesen Spielern so weit gekommen, daß ihrer drei und viere, welche sich in der Kunst für erfahren halten, eine Cassa [also eine Bank] von hunderttausend Taler legen und hernach allzeit Gewinn und Verlust miteinander teilen, wovon ich andere will urteilen lassen, wie weit es zu billigen ist, denn solcher Vereinigten [Spieler] Absicht ist ja, allzeit andere zu *runinieren.*

Daß am Salzburger Hof das berüchtigte Glücksspiel Bassette gespielt worden ist, geht aus der Tatsache hervor, daß im Schloßinventar der Residenz ein „Pasettetisch" ausdrücklich angeführt worden ist. Dieses Bassette-spiel war übrigens nichts anderes als das etwas später in ganz Europa gespielte und genauso verpönte Pharao-spiel, worüber uns Casanova in seinen Memoiren ausführlich berichtet. So ist genau zu erfahren, wie ein paar Berufsspieler und offensichtliche Gauner zusammenspielten und mit einer ausgeklügelten Technik bzw. den entsprechenden Falschspielertricks unter allen Umständen gewinnen konnten. Alle diese hohen Glücksspiele wurden natürlich in ganz Europa strengstens verboten und mit martialischen Strafen belegt, aber sie wurden nichts desto weniger in ganz Europa weitergespielt, tauchten unter anderen Namen gleich nach dem entsprechenden kaiserlichen oder fürstlichen Verdikt wieder auf und waren bzw. sind bis auf den heutigen Tag nicht auszurotten. Über die Höhe der Gewinne und Verluste aus dem Salzburger hochfürstlichen Bassette-spiel war allerdings in den Archiven nichts zu erfahren. Die Erzbischöfe dürften die entsprechenden Summen aus ihrer Privatschatulle bezahlt haben. Und die *darüber* geführten Bücher sind – bis auf eine Ausnahme[23] – leider alle verloren gegangen.

Von wem bzw. mit wem, wurde nun am Salzburger Hof gespielt, wann wurde gespielt und wo wurde gespielt? Die Hauptperson des Spielgeschehens war zweifellos der Erzbischof selbst. Aufgrund seiner adeligen Erziehung und seiner

Kavaliersreisen war er in den gebräuchlichsten Spielen bestens geübt und hatte meist darüber hinaus ein Lieblingsspiel, an welches sich auch der jeweilige Hof gewöhnen mußte. Umgekehrt mußte aber der Erzbischof bei offiziellen oder Staatsbesuchen in incognito sich nach den Spielvorlieben seiner hohen Gäste richten. Im Tagebuch Schrattenbachs kann man dazu z. B. lesen:[24]

> ... nachdem sich selber [also der hohe Staatsbesuch, der incognito in Salzburg war] retiriert haben, sind selber bald wieder hinaus gekommen, da ihre hochfürstliche Gnaden gnädigst schon wieder in die Retirade zurück mit allen anwesenden Cavalieren heraussen waren, es machten sodann beide fürstlichen Personen mit einigen Cavalieren ein Spiel bis gegen 6 Uhr und nachdem das Spiel vollendet war und beide sich auf das zärtlichste beurlaubten wurde Seine fürstliche Gnaden mit dem nämlichen Zerimonial und Tractament bis zum Wagen wieder wie bei der Ankunft bedient.

Das heißt, man hatte sich pro forma nach Tisch und der Gesellschaft zurückgezogen, hatte aber offenbar große Lust auf weitere (?) Spiele und der Erzbischof hat seinen hohen Gast bis zu dessen Abfahrt mit einem bzw. mehreren Spielen unterhalten und dieser ist dann vom Spieltisch weg in die wartende Kutsche gestiegen. – Gespielt haben also der Erzbischof und sein Hofstaat, dann die immer wieder erwähnten Kavaliere und Damen und schließlich die Gäste und Gesandten, durchreisende hohe Adelige, Geistliche, Kaufleute, Künstler und – dann und wann – wohl auch Berufsspieler, oder Spielkünstler, oder Taschenspieler, die ihre Künste zeigen mußten, denn man wollte ja auch auf diesem Gebiet immer wieder etwas dazulernen bzw. sich der jeweiligen Spielmode anpassen.

Gespielt wurde prinzipiell immer während der sogenannten „Gesellschaft" oder der „Assemblée", also nach der aufgehobenen Tafel bzw. im anderen Fall nach der Litanei oder dem Rosenkranz. Aus den Tagebüchern Schrattenbachs geht

z. B. hervor, daß er jeden Tag nach der Vesper gespielt hat, meist zwei bis drei Stunden lang, bis er sich in seine Privatgemächer zurückgezogen hat.[25] Am Montag, den 9. August 1762 heißt es da z. B.:

> ... war allda die Tafel von 13 Personen, gegen 5 Uhr der gewöhnliche Rosenkranz, nach welchem Sr. hochfürstliche Gnaden entweder wie heunt mit denen anwesenden Cavalieren und Damen ein Spiel zu machen oder aber Spazieren zu gehen pflegen.

Erzbischof Colloredo hingegen bevorzugte das Schachspiel und scheint, was das Spiel und die Gesellschaften angeht, nicht besonders gesellig gewesen zu sein.[26] Gespielt wurde in den Gesellschaftszimmern, wo je nach höchstem Befehl die jeweils benötigten Spieltische aufgebaut wurden. Waren es beispielsweise 13 Personen, so genügten drei Tische, waren es mehr, standen in der Residenz, im Schloß Mirabell und in Kleßheim jederzeit ein Dutzend Spieltische zur Verfügung. Wie wir wissen, wurde gewöhnlich um Spielmarken gespielt, bei auswärtigen Besuchen aber sicher auch um Geld. Über die Höhe der Gewinne und Verluste wurde leider nirgends Buch geführt und so kann darüber – zumindest für Salzburg – nichts ausgesagt werden. Normalerweise betrugen die Spielgewinne und -verluste Tausende, ja Hunderttausende.

In diesem Zusammenhang ein weiterer kurzer Exkurs über die im 18. Jahrhundert immer wichtiger werdenden Spielbücher:

Kurz nach der Mitte des Jahrhunderts, 1756, also im Geburtsjahr Mozarts, erschien in Wien das zweibändige Spielanleitungsbuch: „Die Kunst die Welt mitzunehmen in den verschiedenen Arten der Spiele, so in Gesellschaft höheren Standes, besonders in der kaiserlich-königlichen Residenzstadt Wien üblich sind“ im Verlag des Buchhändlers Georg Bauer.[27] Die Autoren der zwei Bücher blieben anonym, bemühten sich aber in den umfangreichen Vorworten darauf hinzuweisen, daß es sich bei den besprochenen Spielen um anständige und erlaubte Vergnügungen handeln würde, daß die Spiele ausdrücklich dem Zeitvertreib und der Gesellschaft dienten und daß es dabei nicht um Gewinn und Verlust und schon gar nicht um Tips und Tricks für Falsch- und Berufsspieler gehen würde. Im Gegenteil: Die verschiedenen Glücksspiele und ihre verderblichen und gefährlichen Folgen wurden wortreich angeprangert und zum Beweis der guten Absicht wurden auch sämtliche damals gültige kaiserlichen Edikte und Glücksspielverbote abgedruckt. Gleichzeitig wurde allerdings das soeben in Mode gekommene Lotto di Genova vorgestellt, welches in Wien und im ganzen Kaiserreich rasche Verbreitung gefunden hatte.

Auf dem Titelkupfer des ersten Bandes, welchem eine ausführliche gedruckte Erklärung folgt, sieht man zwei Spielgesellschaften in einem Spielsaal. An dem einen Spieltisch wird von drei Personen L'Hombre gespielt, an dem anderen Spieltisch vergnügt sich ein Kavalier mit einer Dame beim bekannten Damespiel. Kommentar: „Beide Spiele erfordern, wie bekannt, viel Urteilskraft und der Witz hat bei dem L'Hombre das Meiste zu tun". Das Register der verschiedenen Spielunterhaltungen führt nun folgende gebräuchliche Spiele auf: Das Ballspiel, das Billiardspiel, das Brettspiel (also Trick-Track, das heutige Back-Gammon), das Cometespiel, das Damespiel, das Lotto di Genova, das L'Hombrespiel, das La-Mouche-Spiel, das Spiel Papillon, das Piquetspiel, das du Reversis-Spiel, das Schachspiel, das Tarockspiel und das Whistspiel. Im zweiten Band werden diese 14 Spiele noch ergänzt durch die Spielanleitungen zum Ambigüspiel, zum Bolzschießen (also zu dem uns aus der Mozartliteratur vertrauten „Bölzlschießen"), weiter zum Cucuspiel, zum Kaiserspiel, zum Kegelspiel, zum Kugelspiel (also zum uns auch heute noch vertrauten Bocciaspiel), zum Mailspiel, zum Mariagespiel, zum Quadrillespiel, zum Tarockspiel, zum – wieder aus der Familie Mozart bekannten – Tresettespiel und zum „Triumpfspiel, wie man es in Venedig spielet". Alle damals gebräuchlichen Hasardspiele sind natürlich nicht ausführlich beschrieben, aber in vielen Nebensätzen und wohlgemeinten Warnungen sind sie immer wieder erwähnt.

In einem gesonderten Verzeichnis „Aller derjenigen Spiele welche sich bishero in Europa bekannt gmacht haben" werden genau 84 verschiedene Spiele angeführt, darunter ein Dutzend reiner Glücksspiele, wie Banco, Biribi, Pharao, Passo Dieci, Tredici, Landsknecht, Rauschen und Färbeln.

In auffallender Weise schließt der 2. Band mit einem umfangreichen Tractat „Abhandlung vom Werth der Spiele und der Redlichkeit im Spielen" (erschienen in Nürnberg 1751).

> Es ist gewiß ein Spiel mit Freunden und ehrlichen Leuten nach geschehener schwerer Arbeit, oder bei einer anderen müßigen Stunde, ist im Stande, unser Gemüth dergestalt zu ermuntern und unsere Seele so aufzuheitern, daß wir zu allen Verrichtungen geschickt werden; wir ruhen mit unserer ganzen Menschheit aus, und die Verschiedenheit der Blätter, wenn man in der Karte spielet, setzet die Menschen in eine so angenehme Unordnung, welche die spielenden Freunde um so viel mehr ergötzet, je mehr sich das Spiel drehet und abwechselt. So erlaubt und nützlich es ist, an einem reizenden Frühlings- oder Sommertag in angenehme Gegenden und Felder zu spazieren und sich durch den Spaziergang zu ermuntern und zu bewegen; so erlaubt ist es auch, bei einem trüben unfreundlichen und stürmischen Wetter in der Stube und an dem Spieltische zu sitzen, und die Freunde, die man schon lange genug mit Gesprächen unterhalten und fast ermüdet hat, mit einer praktischen Betrachtung von der wunderlichen Veränderung und dem unbegründeten Abwechsel des wankelmütigen Glücks auf einige Zeit durch das Spiel zu ergötzen: denn von vernünftigen Leuten kann man ohnedem fordern, daß sie bei ihren guten und nicht gewinnsüchtigen Absichten dem Spielen auch nicht nachhängen, Geschäfte dadurch versäumen, etwas Gutes hintansetzen, oder ihrer Gesundheit durch langes Sitzen, Schlafbrechen, Ärger und dergleichen schaden würden. Das Spielen wird nur, wie mehrere andere Sachen, durch einen groben Mißbrauch böse: gesetzt, daß ein kluger und sonst großer Geist öfters alle Tage eine halbe, eine ganze Stunde dem Spiele widmete, sollte diese Handlung unerlaubt sein?[28]

In diesem Zusammenhang sei daran erinnert, daß am Salzburger Hof und vom Salzburger Adel alle Tage mindestens zwei (!) Stunden bei den Assemblées gespielt wurde! Das zweibändige Spielbuch scheint einen ganz außerordentlichen Erfolg gehabt zu haben. Beide Bände wurden bereits 1769 in Nürnberg bei Johann Eberhard Zeh neu aufgelegt und 1795 erschien in Wien eine kaum veränderte große einbändige Ausgabe bei dem Buchhändler und Verleger Joseph Gerold mit dem Titel: „Der beliebte Weltmensch, welcher lehret die üblichsten Arten der Spiele in kurzer Zeit nach den Regeln und der Kunst von sich selber zu begreiffen, und in allen Gesellschaften als Meister aufzutreten. Nebst sechs Abhandlungen von dem Werth der Spiele."[29]

Natürlich sind in diesem Zeitraum auch eine ganze Reihe wichtiger Schachanleitungsbücher erschienen, in diesem Zusammenhang sollen jedoch zwei andere, seltenere Publikationen erwähnt werden. 1766 erscheint nämlich in Nürnberg bei Wolfgang Schwarzkopf auch ein „Natürliches Zauber-Buch oder neu-eröffneter Spielplatz rarer Künste, in welchem nicht allein alle Taschenspieler und andere curiöse mathematische und physikalische Künste, sondern auch die gebräuchlichen Karten-, Würfe-, Billiard-, Damen- und andere Spiele aufs genaueste beschrieben und mit vielen Figuren erläutert werden".[30] Daß der Verfasser ein Exemplar dieses Werkes in der Salzburger Klosterbibliothek zu St. Peter entdeckte, mag die weite Verbreitung dieser Spielbücher dokumentieren.

Zuletzt noch ein Hinweis auf eine weitere Form beliebter Gesellschaftsspiele: Die Rätsel- und Pfänderspiele, von denen wir u. a. ja auch aus den Mozartbriefen Kenntnis haben und die an Beliebtheit – vor allem bei den jungen Leuten – die früher genannten Spiele sicher noch übertroffen haben!

Diese Rätsel-, Scherz- und Pfänderspiele wurden in den meisten Fällen in den Familien mündlich überliefert oder höchstens handschriftlich von einer Generation an die nächste weitergegeben. Für das 18. Jahrhundert sind daher gedruckte Sammlungen und Spielanweisungen höchst selten, im 19. Jahrhundert erschienen einige in verschiedenen Unterhaltungsbüchern, aber leider fast immer ohne Quellenangaben und genauere Spielanleitungen. Für unsere Überlegungen ist ein unscheinbares Werkchen wichtig: „Alle Arten von Scherz- und Pfänderspielen in lustigen Compagnien von Bruder Lustigen" Frankfurt und Leipzig vor 1780.[31] Darin sind 82 solcher unterhaltsamer Spiele gesammelt und den Spielern angepriesen. Da heißt es dann am Schluß eines Spieltextes jeweils: „Dieses Spiel ist gar oft von adeligen Frauenzimmern und Cabaliers mit Vergnügen gespielt worden" oder: „Dieses Spiel (nämlich das Achzehner Drehespiel) wird von Vornehmen und Geringen, als ein stets veränderlicher Zeitvertreib Sommers- und Winterszeit in Compagnien gespielt und ist mit vielen Personen deso lustiger".

Alle diese Spiele, wie die ganz gewöhnlichen Gesellschaftsspiele, wie z. B. Blinde Kuh, Verstecken- und Fangenspielen, Böhmisch Beichten usw. waren nicht zuletzt deshalb so beliebt, weil die Mitspieler beiderlei Geschlechts dabei fast immer die Gelegenheit zu einer – sonst natürlich unmöglichen – körperlichen Berührung und außerdem zu einem oder mehreren hier erlaubten Küssen hatten. Vor allem beim Pfänderauslösen ging es dabei sehr ungezwungen und ausgelassen her und sowohl die Mitspieler als auch die Zuschauer hatten immer etwas zu lachen.

Bei reinen Rätselspielen konnten die Teilnehmer ihre Geistesgegenwart, ihr Wissen, ihre Geschicklichkeit und ihre Kombinationsgabe unter Beweis stellen. Die neuesten Rätsel wurden dabei oft schriftlich ausgetauscht, ähnlich wie man es heute mit den neuesten Witzen oder „Was ist der Unterschied zwischen …" macht.

Leider wissen wir noch nicht, welche Spielbücher im 18. Jahrhundert in Salzburg in Gebrauch und bekannt gewesen sind. Aber zweifellos mußten die Kavaliere und Damen der Gesellschaft alle gerade in Mode stehenden Spiele beherrschen. Auch durfte man sich nicht vor den ausländischen Gästen und Gesandtschaften blamieren bzw. mußte man bei Besuchen in der Reichshaupt- und Residenzstadt Wien oder gar in Paris und London in der Spielmode auf dem laufenden sein.

Viele der hier besprochenen Spiele wurden vom nichthöfischen Publikum, also vom gehobenen Bürgertum praktiziert. Bei den zitierten beiden Wiener Spielbüchern[32] heißt es daher im zweiten Teil ausdrücklich: „Mit einer Nachricht von anderen, mehreren, auch unter Leuten niedern Standes gewöhnlichen Spielarten und einigen der neuesten Künste mit Karten." (Titel 2. Teil)

Die Familie Mozart waren solche „Leute niederen Standes" (auch wenn sie tagaus-tagein in adeligen Häusern und fürstlichen Residenzen verkehrten). Trotzdem dürften Leopold Mozart und seine Frau auf ihren großen Reisen mit den beiden Wunderkindern die meisten der damals in Europa üblichen Spiele kennengelernt und gespielt haben. Und vergessen wir in diesem Zusammenhang auch nicht: So wie Wolfgang Amadeus von seinem gestrengen Herrn Papa (und sicher auch von der Schwester Nannerl) das Klavierspiel und das Orgelspiel, das Geigenspiel und das „Kompositions-Spiel" gelernt hat, genauso hat er vom Vater Leopold und der älteren Schwester die verschiedenen Kartenspiele, die Brettspiele und das Schachspiel, die verschiedenen Kegel- und Kugelspiele, das Bölzlschießen und das Billiardspielen gelernt. Daß also Mozart zu seiner Salzburger Zeit und besonders in der Wiener Zeit mindestens ein Dutzend verschiedener Spiele beherrschte – und teilweise leidenschaftlich spielte – war damals fast eine Selbstverständlichkeit, war ein gesellschaftliches „Muß". Die Mozarts sind am 9. Juni 1763 aus einer kleinen, bescheidenen und sicher irgendwie provinziellen Spielwelt hinausgefahren in die internationalen Spiellandschaften von Frankfurt, Brüssel, Paris, London, Amsterdam, Genf und Zürich. Dort mußten sie nicht nur am Klavier, an der Geige und mit dem Dirigentenstab Eindruck machen, sondern im Anschluß an die Konzerte und Empfänge wurden sie sicher zu den Assemblées gebeten. Und dort wurde dann eines der fast 100 (!) Spiele[33], die damals an den europäischen Höfen in Gebrauch standen, „in der Gesellschaft" exekutiert und da konnte man unmöglich als „Nichtspieler", also als Spielverderber, in Erscheinung treten.

Die Einladung eines Fürsten oder einer hochgestellten weltlichen oder geistlichen Persönlichkeit zu einem Spiel war eine große Auszeichnung und konnte unter keinen Umständen abgelehnt werden. Das Spiel war ein absolut integraler Bestandteil des gesellschaftlichen Lebens. Und außerdem, wenn man gar ein wenig „Glück" hatte, so konnte man sogar am Spieltisch die Konzerteinnahmen verdoppeln! (Nicht zufällig heißen die Spieler in der Kursächsischen Polizeiordnung „Spieler oder Doppler"!)

Man sollte also nicht übersehen, daß von den großen und erfolgreichen Reisen, und vor allem von den drei Italienreisen nicht nur ein immer besser ausgebildetes musikalisches Genie in die kleine Fürstenstadt an der Salzach zurückgekommen ist, sondern auch ein junger Mann, der die „große Welt" des europäischen Spiels kennengelernt hatte. Diese „große Welt" wird in den 12 Bänden der „Geschichte meines Lebens" von Giacomo Casanova sehr genau und ausführlich beschrieben, und zwar genau für diesen Zeitraum, also 1763 bis 1774, und es ist leicht vorstellbar, daß Mozart sich nach seiner Rückkehr nach Salzburg 1773 – wo Erzbischof Colloredo nun sein Amt angetreten und auch schon sehr bald die entsprechenden Spielverbote erlassen hatte (!) – dort nicht gerade wohlfühlen konnte. Für den Komponisten Mozart sind die Salzburger Jahre unendlich fruchtbar gewesen, das beweisen die Werke KV 180 bis KV 287, für den „Spieler Mozart" sind diese Jahre im diesbezüglich provinziellen Colloredo-Salzburg sicher langweilig und uninteressant gewesen.

Allein die Tatsache, daß man z. B. nur zu bestimmten Tageszeiten spielen durfte (Generale vom 7. Dezember 1772)[34], mußte auf Wolfgang frustrierend wirken. Ebenso das erneuerte Verbot, nicht höher als um 20 Kreuzer zu spielen und weitere Edikte, welche mit den Schrattenbachzeiten Schluß machten. Diese – für das Spielgeschehen Salzburgs nicht unwichtigen – Schrattenbachjahre sollten wir uns an dieser Stelle vielleicht nochmals in Erinnerung rufen: 1753 war Siegmund Graf Schrattenbach zum Erzbischof gewählt worden. Er sollte – im Gegensatz zu seinen Vorgängern – fast zwei Jahrzehnte an der Regierung bleiben.

Für das Frühjahr 1764 gibt es z. B. einige wichtige Dokumente zu den Spielgewohnheiten am Salzburger Hof.[35] Der junge Graf Karl von Zinzendorf, der in seinen umfangreichen Tagebüchern ausführlich von seinem Besuch in Salzburg vom 1. April 1764 bis zum 6. April 1764 berichtet, schreibt wörtlich über den ersten Abend:

> ... Von da mit dem Bischof von Lavant zur Assemblée beim Fürsten von Chiemsee, der ein ungeheures Haus mit großartigen Gemächern bewohnt. (Gemeint ist der heutige Chiemseehof.) Zwölf Spieltische waren aufgestellt. Ich sah Frau von Arco, die Fräulein von Lodron, Frau von Firmian, die Fräulein von Auer und von Negri, einen jungen Grafen Firmian und eine große Zahl von Leuten, deren Namen ich mir nicht merken konnte.

Diese erste Assemblée dauerte mit dem exzellenten Souper bis 10 Uhr nachts – um Mitternacht gab es dann vor der Stadttrinkstube, wo Zinzendorf wohnte, noch eine „hübsche Musik" und der adelige Gast aus Wien schließt seine Aufzeichnungen über den ersten Tag in Salzburg mit den Worten: „Sehr schöner Tag". Am zweiten Besuchstag war die Assemblée beim Fürsten Lobkowitz, also beim Bischof von Gurk. Am 3. April war die Assemblée beim Bischof von Lavant, dem Grafen Auersperg. Leider hat Zinzendorf nichts über die Spieltische und Kartenspiele in den beiden Häusern angemerkt. Am 4. April heißt es dann dafür wörtlich: „Die Assembléen beginnen um 6 Uhr und enden um acht Uhr.

Alle Tage gibt es welche. Meistens spielt man Piquet. Immer sind zehn oder zwölf Spieltische aufgestellt."

Diese Assemblée war bei der Frau von Haldern, das Souper aber beim „Fürsten von Lavant". Den 5. April verbrachte Zinzendorf am Hofe Schrattenbachs, also in der fürsterzbischöflichen Residenz. Es war ein Feiertag des Salzburger Hofes, nämlich der Wahltag des Erzbischofs. Die fürsterzbischöfliche Assemblée war daher entsprechend festlich ausgerichtet. Dazu heißt es:

> ... Um sechs Uhr kam der Erzbischof wieder, die ganze Stadt versammelte sich in einem recht hübschen Saal, der wenigstens Parketten hat. Der, in dem wir die vergangenen Tage gespeist haben, war damit nicht versehen. Es gab sechzehn (!) Spieltische. Eine Menge von Fräulein von Kuenburg, von Lodron, von Arco, von Auer, von Jäbornig, eine Schwester der Viktoria.

Und bei diesem, von so vielen Personen besuchten Spiel, ereignete sich etwas, das Zinzendorf offenbar sehr verwunderte und beeindruckte:

> Um sieben Uhr, als man den Angelus läutete, warf sich der Erzbischof, mitten in seinem Kometenspiel begriffen, auf die Knie und die ganze Gesellschaft mit ihm. Das habe ich recht würdig gefunden.

Aus diesen letzten Aufzeichnungen können wir entnehmen, daß in der Persönlichkeit Schrattenbachs, der nicht zu Unrecht manchmal mit Franz Anton von Harrach verglichen worden ist, beides Platz hatte: Eine große Frömmigkeit und Sittenstrenge, verbunden mit einer Treue zu den geistlichen Sitten und Gebräuchen und gleichzeitig eine weltmännische Toleranz gegenüber den in ganz Europa geübten Spiel- und Gesellschaftsnormen. – Auffällig bei Zinzendorfs Eintragungen ist auch die große Anzahl adeliger Damen bei diesen Spielabenden. Für die bürgerlichen Kreise finden wir ein ähnliches Verhältnis in den Tagebüchern Schiedenhofens und

Nannerl Mozarts.[36] Die Salzburger Spiellandschaft war also nicht unwesentlich von Frauen geprägt!

Fürsterzbischof Sigismund von Schrattenbach war aber nicht nur ein begeisterter Kartenspieler, sondern er schaute gleichzeitig auf seinen Vorteil, also die notwendigen Staatsfinanzen und ließ daher z. B. am 8. Jänner 1760 in einem sehr scharf gehaltenen Generalmandat das Einfuhrverbot ausländischer Spielkarten erneuern und verschärfte gleichzeitig die angedrohten Strafen.[37] Salzburg besaß nämlich nicht nur das berühmte Salzmonopol, sondern auch ein interessantes Spielkartenmonopol. Und so mußten alle Spielkarten ausnahmslos bei dem Hof- und bürgerlichen Kartenmaler Josef Traunwieser gekauft werden und kosteten immerhin – das Dutzend natürlich – von 6 Gulden (!) – das waren die französischen Tarockkarten in Kupferstich – bis 24 Kreuzer. Soviel mußte man für die deutschen Kinder- oder Viererkarten von Holzstich bezahlen. Wieviel dieses seltsame Monopol dem Erzstift einbrachte, war leider noch nicht herauszufinden. Erzbischof Hieronymus Colloredo erneuerte übrigens dieses offenbar wichtige Generale seinerseits am 9. Jänner 1784, wobei er die angedrohten Strafen noch einmal verschärfte. Es ist übrigens auffällig, daß fast alle diese Edikte und Mandate immer kurz vor der Eröffnung der Ballsaison erschienen sind. Sicher deswegen, weil aus Anlaß dieser Bälle und Redouten unmäßig viel und hoch gespielt wurde.

An dieser Stelle ist ein wenig bekanntes Gesetz Colloredos zu erwähnen, welches die Salzburger Spiellandschaft völlig verstört und verändert hat. Am 4. Dezember 1772 erließ Colloredo, der nun gerade ein halbes Jahr das Pallium trug, folgendes Generale zur Sicherung der sonntäglichen und feiertäglichen Messen- und Kirchenbesuche.[38] Erstens heißt es da gleich: „... daß alle Schauspiele, unter was Namen, um was für eine Zeit, und wo selbe immer aufgeführt werden mögen, durchaus abzuschaffen und einzustellen sind“. Zweitens sollen: „... an eben erwähnten Sonn- und Feiertagen ab sofort … alle Tänze und sonstige Saitenspiele, bei was immer für einer Gelegenheit, in Schank- und Gasthäusern, wie auch in den *Privatwohnungen* hiemiet abgestellet sein". Beim dritten Paragraphen geht es dann um Verbote der Pferderennen, Wettläufe, die Kegelspiele und das Eisschießen betreffend. Lediglich das „Normale Schießen" auf den Schießstätten wird ab 12 Uhr – allerdings ohne Zuschauer – genehmigt. Viertens wird in den Wirtshäusern „alles Zechen und Spielen" vor vier Uhr nachmittags mit den strengsten Strafen belegt. Fünftens wird für das Land verordnet, daß alle Wirts- und Bräuhäuser solange gesperrt zu bleiben haben „und das Zechen und Spielen in denselben unterlassen werden müsse" – „als der pfarrliche Gottesdienst Vor- und Nachmittag andauert".

Der Punkt sieben verfügt dann ausdrücklich u. a.:

> … daß wir ferners sowohl in den Caffeehäusern, als in unserem Ballhaus nicht allein alles Karten=, Würfel=, Schach= und andere Spiele, sondern auch vorzüglich das Billiard= und Ballspiel nicht allein den ganzen Vormittag, sondern auch nachmittags bis 4 Uhr gänzlich an den oft erwähnten Tagen gemessenst abbieten und abstellen.

Das ist somit die Erklärung, warum im Tanzmeisterhaus immer bis vier Uhr Bölzl geschossen wurde und warum immer erst nach vier Uhr mit den Kartenspielen begonnen werden durfte. Daß in den Privatwohnungen „alle Tänze und Saitenspiele" verboten waren, muß allerdings für Mozart einfach unerträglich gewesen sein. Denn das würde heißen, daß er an Sonn- und Feiertagen – außer in der Kirche natürlich – nur auf dem Klavier und dem Cembalo spielen durfte. Eine wirklich groteske Vorstellung!

Eine andere Form des Spiels, genauer gesagt das Glücksspiel im 18. Jahrhundert war natürlich die Zahlenlotterie. Das ursprüngliche Lotto di Genova wurde ab der Mitte des Jahrhunderts immer wieder verändert und entsprechend verbessert, mit Genehmigung des Kaisers überall in der Habsburgischen Monarchie gespielt, die entsprechenden Patente wurden immer wieder erweitert und erneuert.[39] Selbstverständlich wurde in Salzburg Lotterie gespielt. In einer Tagebucheintragung des Mozartfreundes Joachim Ferdinand von Schidenhofen vom 9. Dezember 1774 heißt es z. B.: „Nachhinein ging ich nach Hause und spielte Schmieren = ein damals in Salzburg gebräuchliches Kartenspiel, wurde aber abgelöst, und ging im Berchtesgadenerhof, wo ich Lotterie spielte."[40]

Das Spielen bzw. Mitspielen in „auswärtigen Lotterien" war aber im Fürsterzbistum Salzburg durch eine Generalverordnung vom 1. August 1771 (also noch in der Regierungszeit Sigismund von Schrattenbach) strengstens verboten worden. Dieses Edikt wurde von Erzbischof Hieronymus Colloredo am 22. Jänner 1787 erneuert und verschärft.[41] Darin heißt es u. a.:

> ...Um so mißfälliger mußten Höchstdieselben vernehmen, daß es noch immer viele ihrer Untertanen gäbe, welche der vorerwähnten Landesherrlichen Verordnung von 1771 zuwider, ihr Geld in die Lotterien außer Landes verschleppen, ja sogar einige davon es wagen dürfen, sich als Kollekteurs zu dergleichen Einkassier= und Versendungen gebrauchen zu lassen. Damit nun diesem Unfug in die Zukunft mit nachdrucksamstem Ernste vorgebogen werde, so verordnen Se. Hochfürstl. Gnaden in Folge des bereits unter 1. August 1771 vorausgegangenen Verbotes hiemit nochmals gemessen:
> Erstens: Daß künftigthin niemandem im hiesigen Lande, ohne geringste Ausnahme, gestattet sein solle, in auswärtige Zahlen= oder Klassenlotterien, von welcher Gattung und Namen sie immer sein mögen, eine Einlage zu machen und das Geld hievon entweder im hiesigen Lande auszuzahlen oder an andere Kollekteurs außer Landes zu versenden.
> Derjenige, welcher auf dergleichen Einlage oder Einsatz betreten, oder dessen überwiesen wird, wenn er in Hochfürstl. Diensten stehet, derlei Sold oder Pension bezieht, das erste Mal mit dem Entgange oder Abzug dreier Monatssolde oder Pension zu büßen: im zweiten Falle aber des Dienstes, Gehaltes und Pension durch die Tat selbst unmittelbar verlustig. Wenn hingegen

> eine andere unbesoldete und unpensionierte Privatperson, wes immer Standes oder Kondition, dergleichen Einlage fürderhin unternimmt, ist solche das erstemal mit 40 Gulden, oder bei dessen Zahlungsunvermögenheit mit einer dem angemessenen Leibsbuße zu bestrafen; in dem Wiederholungsfalle aber hat selbe die Landesverweisung unnachsichtlich zu gewärtigen.

Auf dieses Edikt bezieht sich also Leopold Mozarts Briefstelle, wenn er am 26. Jänner 1787 schreibt[42]: „... und gestern sind die Lotterien Einsätzungen auf das grimmigste verboten worden, – beides ist heilsam un vernünftig und freuet mich." Ob das heimische Lotteriespiel in der Karnevalszeit geduldet wurde, ist noch unklar. Hier müßten weitere Dokumente aufgefunden werden, welche die Aussagen Leopold Mozarts ergänzen könnten. Jedenfalls scheint es keine nennenswerte „inländische Lotterie" gegeben zu haben und die Teilnahme an einer „ausländischen" Lotterie war – siehe oben – mit martialischen Strafen belegt. Es stellt sich somit die Frage: Hat der Hofrat und Landschaftskanzler Schidenhofen bei einer inländischen – oder trotz des Verbotes – bei einer ausländischen Lotterie mitgespielt? Salzburg war jedenfalls absolut kein Pflaster für Glücksritter und Spielnaturen.

Nun soll noch ein Dokument vorgestellt werden, welches die Salzburger Spiellandschaft unter Erzbischof Colloredo von einer ganz anderen Seite her beleuchtet. Im Salzburger Landesarchiv findet sich der „Auszug der durch Cirkularbefehl, vom 21. November 1783 von allen Pfleg-Stadt- und Landgerichten anbefohlenen und eingeloffenen Berichte das hohe Spielen der Bauersleute betreffend" erhalten.[43] Colloredo hat also im ganzen Fürsterzbistum ausforschen lassen, welche Spiele, wo, wann und wie lange, und vor allen Dingen um welche Einsätze auf dem Land gespielt worden sind.

Die Absicht dieses Cirkularbefehls kann dabei nur gewesen sein, aufgrund der gesammelten Berichte in einem neuen Generalmandat die grassierende „Spielseuche" wieder in den Griff zu bekommen und auf ein verträgliches Maß zu reduzieren. Werfen wir also einen Blick auf den Bericht: Aus Abtenau wird berichtet „2.) ... in entfernteren Gegenden vom Markt spielen einige Bauern und Burschen ganze Nächte und um hohen Preis. Letztere Gattung wäre im Betretungsfalle mit schärfster Ahndung und unausbleiblicher Strafe zu (belegen). Die Burschen mit Soldaten-Leben oder mit Schanzbusse! Den Auftreibern aber die Hälfte der Strafe anzugönnen". Aus Teisendorf hört man daß: „1.) wären die Glücksspiele als Trondeln und Würfeln ganz abzuschaffen, 2.) den jungen Burschen bis 18 Jahren jedes Spiel um Geld zu verbieten und 5.) jedes Spiel so einzurichten, daß hiermit nie mehr als 30 höchstens 45 Kreuzer des Tages verloren werden können". Gastein erinnert nur getreuest an die Generalien von 1686 und 1695, Glanegg regt für ertappte Spieler 3 Monate Schanzarbeit an, Golling meint, daß: „... vor allem den jungen Buben auch um das kleinste Geld zu spielen bei Rutenstrafe zu verbieten sei". In Hallein schlägt man umgekehrt hohe Geldstrafen vor, also z. B. 3 Gulden beim ersten Betretungsfall oder 3 Monate Wegmacherarbeit. Schließlich kommt der dortige Pfleger zu dem Schluß: „... auf dem Lande sei das Würfel- und Kartenspiel gänzlich abzustellen". St. Johann wiederum möchte an allen Freimärkten, Kirchweih- und Viehmärkten alles Spielen ohne Ausnahme verboten wissen, „als an welchen Tagen dasselbe am meisten übertrieben würde". Laufen und Lofer reklamieren ein neues strenges Generalmandat gegen hohes Spielen. Neuhaus meint unter Punkt 3.) „... die Würfel und Trondlspiele und das Lebzelterhacken wird sich leicht selbst aufheben, wenn denen Gerichtsdienern erlaubt würde, die Würfel und Trondl, dann die Hackl zum Lebzeltenhacken, wegzunehmen". Man sieht dabei, wie man nur aufgrund dieses Zirkularbefehls auf Spiele kommt, welche heute nicht einmal mehr dem Namen nach bekannt sind! Hier warten auch auf die Volkskundler noch völlig unbearbeitete Gesetze von 1686. Saalfelden „... würde alle Spiele, die während dem Spiel steigen oder während welchen gewettet wird ... vorzüglich verbieten"; in Tittmoning ist man dafür „sämtliche Hazard als Aufkarten, Strichbrandeln etc. zu verbieten und ebenselbes Wetten beim Kegelschieben und Eisschießen abzustellen", welcher Meinung sich dann Waging anschließt. Wartenfels ist für drakonische Strafen bis hin zum Zuchthaus und Werfen schlägt vor, radikal *alle* Glücksspiele zu verbieten! Für das Stadtgericht Salzburg war der Bericht noch ausständig, ist aber am 1. März 1791 (sic!) abgehoben worden.

Überblickt man zusammenfassend die zehn engbeschriebenen Seiten dieses Dokuments, so kommt man zum Schluß, daß die Landbehörden ihre liebe Not mit den spielenden Bauern und Bauernburschen gehabt haben müssen. Es ist also nicht nur in der Residenzstadt fleißig und manchmal hoch gespielt worden, sondern genauso draußen auf dem Lande. Die ständig neuerlassenen Generalmandate und die angedrohten hohen Strafen konnten an diesem Tatbestand nicht viel ändern, die spielfreudigen und teilweise spielsüchtigen Untertanen ließen sich ihren liebsten Zeitvertreib und ihr größtes Vergnügen nicht verbieten.

Wie schon zu Beginn dieser Ausführungen dargelegt wurde, waren alle Glücksspiele und Hazardspiele, waren die hohen Spiele und alles hohe Wetten im ganzen Kaiserreich und ganz besonders im Erzbistum Salzburg bei strengsten Leib- und Geldstrafen verboten. Es gab aber eine entscheidende Ausnahmeregelung: In der Faschingszeit war es Einzelpersonen, Vereinigungen (z. B. dem Offizierskorps) oder auch der Stadt selbst erlaubt, Bank zu halten, d. h. im Rahmen der genehmigten Redouten und Bälle Glücksspiele und dabei natürlich das beliebte und berüchtigte Pharao spielen zu lassen. Wesentliche Hinweise für die Salzburger Spielszene haben wir interessanterweise von Leopold Mozart.[44] Schon am 28. Jänner 1786 schreibt er an seine Tochter Nannerl in St. Gilgen:[45]

Der Magistrat gibt die Bälle: Madame Schlaucher und Saurwein schaffen die Freß- und Saufbedingungen. Und den Pharao gibt – wer? – erstaunet! und lachet! das Chor der H. H. Offiziere, die 500 Gulden den Kaufleuten schuldig sind, mancher keinen Bissen Brot zu Hause hat, – und jetzt die, welche groß genug tun wollen und mit tun (hat) jeder 50 Gulden aufgenommen um mit in die Banco Kassa zu treten.

Nun folgen die Namen der einzelnen beteiligten Offiziere. Vater Mozart schließt mit der bissigen Bemerkung: „... müssen auch noch die anderen ... ihre Nase mit 50 Gulden jeder hinein stecken...“. Es scheinen sich aber nicht nur die Salzburger Offiziere, sondern auch noch andere Gruppierungen für solche Pharao-Banken interessiert zu haben, denn in dem Ratsprotokoll vom 18. Jänner 1786 heißt es u. a.:[46]

... Sr. hochfürstl. Gnaden seheten also solche Nebenunternehmungen (= ... andere Entrepreneurs, die dem Magistrat zu Schaden Compagnien zusammensuchen und Billets ausschreiben) als überflüssig an und verbitten solche für die Zukunft umsomehr, als ohnehin für die Unterhaltung gut gesorgt wäre und wollten Sie nur den Fall eine Ausnahme geben, wenn nämlich eine geschlossenen Compagnie einen Ball geben wolle. Allen übrigen Billetsausteilern und Entrepreneurs solle aber solches untersagt werden, außer selbe könnten sich mit dem Magistrat und der Armenkasse des Entgangs wegen abfinden.

Der Fasching 1786 scheint (im Gegensatz zum Vorjahr) einen ganz außerordentlichen Erfolg gehabt zu haben, sodaß sich Erzbischof Colloredo entschloß, ein Abonnement für fünf Fastenkonzerte mit genehmigtem Glücksspiel (!) auflegen zu lassen. Leopold Mozart berichtet seiner Tochter darüber im Brief vom 9. März 1786:[47]

Da dem Erzbischof, weil die Redouten so herrlich ausfielen, der Einfall kam, auch in den Fasten etwas zu haben, so dachte er auf die Casino=Versammlung, die anno 1781 bey seiner Abwesenheit gegeben wurde, und schickte an den Magistrat, daß durch 5 Mittwoche der Fasten solche möchten veranstaltet werden: Gestern war also die Erste Versammlung ... es war erstaunlich voll, weil auch viele fremde Kaufleute da waren. Im Saal waren Spieltische für Noblesse und Ratsleute und im langen Zimmer spielten die Kaufleute, und im ersten Zimmer dran war Pharao, – wo sonst Pharao war, da spielten wieder die Cavaliere. Man konnte alle Erfrischungen haben, und Confitturen. Kurz! Es war schön!

Es gab also ein vielbeachtetes Violinkonzert und im Anschluß daran wurde (wie 1781?) Karten gespielt und in einem Zimmer wurde eine Pharao-Bank aufgelegt und in dem Zimmer in welchem „... sonst Pharao gespielt wurde" spielten die Kavaliere. Leider wissen wir (noch) nicht, welche Spiele an all den Tischen gespielt wurden bzw. wie hoch die Gewinne oder Verluste gewesen sind.

Aber ein Vergleich mit der Ballsaison 1787 ist in diesem Zusammenhang sicher zielführend. Schon am 5. Jänner 1787 heißt es dazu im Stadtratsprotokoll:[48]

Titl. Ihr Gn. H. St. Synd. communiciert den an das hochfürstl. Stadtgericht erlassene Hofratsbefehl die gn. Bewilligung betreffend, vermöge welcher 7 Bälle in der nämlichen Art und Ordnung gegeben werden dürfen wie vor einem Jahre. Anbei ist den Herrn Offizieren des hiesigen Regiments die Gebung eines Banco aufzutragen und betreffende stanti fremente zu besorgen.

Wie es dieser gnädigst bewilligten Pharao-Bank ergangen ist, erfahren wir in dem Brief von Vater Mozart an seine Tochter in St. Gilgen vom 26. Jänner 1787:[49]

... Der Erzbischof hat die Sponsalia aufgehoben. Und gestern sind die Lotterie-Einsätze auf das grimmigste verboten worden. Beides ist heilsam und vernünftig und freuet mich. Ich wünschte, daß auch das Pharaospiel aufgehoben würde. Am Dienstag hat die Bank über 1000 Gulden verloren, der neue Vice-Jägermeister und Major Dücker, und wer immer dabei etwa interessiert ist, machten abscheuliche Gesichter ... Es waren 130 Personen. Bischof Schrattenbach gewann 100 Dukaten (= 400 Gulden!).

Eine Woche später begann das Blatt sich wieder zu wenden. Leopold Mozart berichtet am 2. Feber 1787 nach St. Gilgen:[50] „Beim letzten Ball waren über 200 Personen. Und der Banco gewann wieder 300 Gulden zurück." Schlußendlich aber war die Bank, welche von den Offizieren und Hofbeamten gehalten wurde, glücklos und scheint das meiste oder gar das ganze Geld verloren zu haben. Leopold Mozart am 1. März 1787:[51]

> Am Mittwoch vor dem Faschingssonntag war hier die Redoute am vollesten, da über 400 und etliche und siebenzig Menschen da waren. Am Faschingssonntag waren 300 etlich und zwanzig, und am Montage auch 300 und einige 15 ect. / Die Pharaobank hat so sehr verloren, daß Ihnen die Lust vergangen ist im Casino, wie im vorigen Jahre, Pharaobank zu geben. Ich hoffe zu Gott diese Lumperei wird von selbst aufhören, wo junge Leute zum Spielen gereizt werden. / Vorgestern am Dienstag Abends sind Seine Hochfürstliche Gnaden um 50 Dukaten (= 200 Gulden) leichter geworden.

Hier also erfahren wir aus verläßlicher Quelle, daß auch Hieronymus Colloredo sich an dem eigentlich strengstens verbotenen Glücksspiel Pharao beteiligt hatte. Warum Leopold Mozart, dem im Jahre zuvor das Casino und das dort veranstaltete Glücksspiel sehr gefallen hatte, jetzt das ganze als „Lumperei" brandmarkt, wissen wir nicht. Es wäre aber möglich, daß diese Haltung mit Spielgewohnheiten und Spielverlusten seines Sohnes in Wien zu tun haben könnte.

In seinem Brief vom 9. März 1787 wird das Glücksspielthema noch einmal aufgegriffen und wir lernen eine höchst interessante und bisher völlig unbekannte Persönlichkeit kennen. Vater Mozart ereifert sich über – Jakob Laudon:[52]

> Schon oft hat man dem Juden Laudon geraten, daß er sich von hier weg begeben möchte; – allein weil er wußte, daß er große Protektion hatte, ging er nicht. – Nun wurde ihm durch ein Decretum proprium des Erzbischofs vom Stadt Syndico angekündigt, daß er gestern Salzburg verlassen solle. Vor 6 Uhr

> Abends, wo die bestimmte Stunde kam, erschien ein Schreiber vom Rathause in dessen Wohnung beim Hofwirt. 2 Amtsdiener waren auf der Straße in einiger Entfernung. Um 6 Uhr mußte er fortfahren, sonst wäre er mit den 2 Schergen hinausgeführt worden. Deo sint Laudess! wenigstens trägt er 6000 Gulden Gewinn, den er nach und nach verschickte, von Salzburg weg. Wollt ihr alle Stücken wissen? Vieles wisst ihr!

Wer war nun dieser „Jude Laudon", der am Abend des 8. März 1787 Salzburg so schmählich verlassen mußte und der – ganz offenbar beim Glücksspiel – immerhin 6000 Gulden verdient hatte? In Leopold Mozarts Briefen begegnen wir ihm bereits am 15. September 1786, wo es heißt:[53]

> Man sagte hier öffent., der Portugese Laudon, der beym Hofwirth wohnt, wäre durchgegangen, und versigelte so gar beym Hofwirth seine Sachen. Er war in die Gastein gereist, das Gebürg zu sehen, besucht den Fürst Salm. Fürst Schrattenbach in Steyermark und Karnthen, kam, riess die Sigill selbst weg, gieng mit 1000 Dukaten zum Statt Syndicus, und es zeigte sich, daß der ganze Lärm wegen einem Ring entstanden, den ihm der Truchsess Mayr zu verkauffen in Commission gegeben und zwar um 19 Dukaten, da doch überdass seine Effetti im Wirthaus über 2000 Dukaten betragen.

Jakob Laudon war also 1785 mit einem Vermögen von 3000 (!) Dukaten (= 12.000 Gulden) nach Salzburg gekommen. Mehr erfahren wir in den Mozartbriefen über Jakob Laudon leider nicht. Dafür taucht sein Name in den Stadtratsakten desselben Jahres wieder auf.[54] Es heißt dort u. a. am 30. Dezember 1785:

> ... Primo anstatt der gebetenen 6 markierten Bälle wegen der Länge der Faßnachtzeit 8 gegeben werden und 2 hiervon im Monat Jänner abgehalten werden mögen / Secundo bewilligen Ihro hochfürstl. Gnaden auch eine Bank in der Weise, daß hierfür jede Nacht mindestens 1 Dukaten (= 4 Gulden) an die Armenkassa entrichtet werde, da aber übrigens der Stadtmagistrat für die Ordnung sowohl bei dem Spiele wie dem Tanze zu haften hätte, so kommt es lediglich darauf an, ob dersel-

be den Banco dem Laudon oder jemand anderem überlassen wolle, nur wäre im erstenen Falle zu wissen erforderlich, von welchem Herkommen und Stand Laudon seie, worüber der Stadtmagistrat die nötige Kenntnis zu erholen von selbst bedacht sein wird …

Jakob Laudon war also für den langen (und wie wir erfahren haben erfolgreichen) Karneval 1786 als Bankhalter im Gespräch, scheint aber gegenüber den Offizieren den kürzeren gezogen zu haben.

Konnte er etwa über sein „Herkommen und Stand" nicht ausreichend Auskunft geben? Möglicherweise hat er aber dann bei den fünf Fastenakademien Bank gehalten, da er ja über „große Protektion" (bei Hofe?) verfügte. Wie wäre er sonst zu den insgesamt 6000 Gulden Spielgewinn gekommen, welche er – wie Leopold Mozart zu berichten weiß – nach und nach außer Landes geschafft hat? Am 12. Jänner 1787 berichtete Leopold Mozart verärgert nach St. Gilgen:[55] „Den Vicarius Prex habe mit keinem Auge gesehen. er hat also priesterlich gelogen. Der Laudon ist nicht mit dem Gr: Lodron nach Gmünd: also abermal eine Lüge! – der Hofmarschal ist nicht versehen worden: – also abermal eine Lüge! etc. etc:". Für die Geschichte des Salzburger Glückspiels wird es jedenfalls wichtig und interessant sein, die Spur seiner schillernden Persönlichkeit weiterzuverfolgen. Möglicherweise taucht sein Name auch in Münchener oder Wiener Polizeiprotokollen[56] über das Glücksspiel der Mozartzeit auf.

Das Thema dieses Beitrags lautete „Spielen in Salzburg im 18. Jhdt.". Ein unglaublich komplexes Thema, ein Forschungsgebiet, das trotz der trostlosen Quellenlage sicher wert ist, in Zukunft mehr beachtet zu werden.[57] Für die Menschen des 18. Jahrhunderts – gehörte ein Fünftel bis zu einem Drittel des Tages dem Spielvergnügen. Dieses war, ähnlich dem täglichen Kirchgang, ein Teil ihres Lebens, bei den Mühen und Nöten des damaligen Lebens sogar ein sehr wichtiger Teil, aus dem man Kraft und Hoffnung schöpfen konnte. Und so sollten wir beginnen, auch diesen Teil der Alltagskultur genauer zu betrachten und vielleicht sogar daraus zu lernen. Für den „Haushalt" der Seele und des Geistes ist das „rechte Spielvergnügen" vielleicht nicht weniger wichtig als etwa Glaube und Frömmigkeit.

Abkürzungserklärungen:

SLA = Salzburger Landes Archiv
SMCA = Salzburger Museum Carolino Augusteum
MB = *Mozart. Briefe und Aufzeichnungen, Gesamtausgabe.* Hrsg. v. W. A. Braun und O. E. Deutsch, Kassel, Basel, London, New York 1962–1975.

Anmerkungen:

1 Eigen, Manfred und Ruthild Winkler: *Das Spiel.* München 1983.
2 Dazu Zollinger, Manfred: *Banquiers und Ponteurs. Geschichte des Glückspiels.* Diss. Wien 1990.
3 Anonymus: *Die Kunst die Welt erlaubt mitzunehmen in den verschiedenen Arten der Spiele.* Wien und Nürnberg 1756.
4 Casanova, Giacomo: *Geschichte meines Lebens.* Bd. X. Berlin 1985.
5 Zauner, Judas Thaddäus: *Hochfürstliche Salzburger Landesgesetze.* Salzburg 1785–1790.
6 Archiv des SMCA, Generalien 195.
7 SLA, Geh. Archiv XXIII/70.
8 SLA, Geh. Archiv XXIII/106.
9 Anonymus: *Die Kunst die Welt…,* S. 124.
10 Mitteilungen des Ges. für Salzburger Landeskunde 1886, S. 362.
11 Die Tagebücher Joachim Ferdinand Schidenhofens. Vorabdruck mit frdl. Genehmigung von Frau Hannelore Angermüller.
12 *Nannerl Mozarts Tagebuchblätter.* Hrsg. v. W. Hummel. Salzburg 1958.
13 Braunbehrens, Volkmar: *Mozart in Wien.* München 1986.
14 SLA, Geh. Archiv XXIII/70.
15 *Salzburg zur Zeit der Mozart.* Ausstellungskatalog des Salzburger Museums Carolino Augusteum und des Dommuseums zu Salzburg. Salzburg 1991, S. 244, Nr. I/810.
16 SLA, Geh. Archiv XXIII/106.
17 *200 Jahre Landestheater Salzburg 1775–1975.* Festschrift im Eigenverlag.
18 Florinus, Franz Philipp: *Allgemeiner, kluger und rechtsverständiger Hausvater,* Bd. 4. Nürnberg, Frankfurt, Leipzig 1719, S. 894.
19 Mathys, F. K.: *Die Ballspiele. Eine Kulturgeschichte in Bildern.* Dortmund 1983.
20 Florinuns, *Hausvater,* Bd. 3, S. 152, 153.
21 Ders.; ebda., S. 281.
22 Ders.; ebda., S. 136.
23 Franz Anton Harrach. *Privatausgaben 1709–1715.* Harrachsches Familienarchiv, Wien.

24 SLA, Geh. Archiv XVII/2–3.
25 SLA, Geh. Archiv XVII/2–3.
26 Martin, Franz: *Salzburgs Fürsten in der Barockzeit.* Salzburg 1947.
27 Anonymus, *Die Kunst die Welt* ..., ohne Seitenangabe.
28 Ebda., S. 399.
29 *Der beliebte Weltmensch, welcher lehret die üblichsten Arten der Spiele* ... Wien 1795.
30 *Natürliches Zauberbuch* ... Nürnberg 1766.
31 *Alle Arten von Scherzen und Pfänderspielen* ... Frankfurt und Leipzig o. J. (vor 1780). Zitate S. 9 und 22.
32 Anonymus, *Die Kunst die Welt* ..., Bd. 2, ohne Seitenangabe.
33 Ebda., Bd. 2: Verzeichnis der in Europa gebräuchlichen Spiele.
34 Archiv des SMC, Generalien 195.
35 *Das Salzburger Reisetagebuch des Grafen Karl von Zinzendorf vom 31. März bis 6. April 1764,* Hrsg. von Hans Wagner, in: *Mitteilungen der Gesellschaft für Sbg. Landeskunde, Bd. 102,* 1962, S. 173–190.
36 *Nannerl Mozarts Tagebücherblätter,* ohne Seitenangabe.
37 SLA, Hofrat Generale Nr. 39.
38 Archiv des SMCA, Generalien 195.
39 SLA, Hofrat Generale Nr. 39 und Archiv des SMCA, Generalien 195.
40 Bauer, Günther G.: *Bölzlschießen, Brandeln und Tresette.* In: *Mitteilungen der Internationalen Stiftung Mozarteum, 39. Jg.* 1991, S. 21–40.
41 Archiv des SMCA, Generalien 195.
42 MB, Bd. 4, S. 16.
43 SLA, Hofrat Generale Nr. 39.
44 Valentin, Erich: *Leopold Mozart, Portrait einer Persönlichkeit.* München 1987.
45 MB, Bd. 3, S. 496.
46 Archiv des SMCA, Ratsprotokolle Jg. 1786.
47 MB, Bd. 3, S. 513.
48 Archiv des SMCA, Ratsprotokolle Jg. 1787.
49 MB, Bd. 4, S. 16.
50 MB, Bd. 4, S. 19.
51 MB, Bd. 4, S. 27.
52 MB, Bd. 4, S. 32.
53 MB, Bd. 3, S. 413.
54 Archiv des SMCA, Ratsprotokolle Jg. 1785.
55 MB, Bd. 4, S. 7.
56 Österr. Staatsarchiv, Allgemeines Verwaltungsarchiv, Polizeihofstelle, Wien.
57 Dafür wurde das Institut für Spielforschung und Spielpädagogik der Hochschule „Mozarteum" in Salzburg 1991 eingerichtet, Schwarzstraße 24, A-5020 Salzburg.

Ein Kaufmann, Kuenburg-Sammlung.

GUNDA BARTH-SCALMANI

Vater und Sohn Mozart und das (Salzburger) Bürgertum

oder

„Sobald ich den Credit verliere, ist auch meine Ehre hin“[1]

Es ist in der Bürgertumsforschung ein allgemein anerkanntes Modell, daß das, was man mit einem vielfach abgenützten Begriff die „bürgerliche Gesellschaft“ nennt, das Ergebnis der Integration der altständisch bürgerlichen Gesellschaft mit der neuen, weil immer zahlreicher werdenden Beamtenschaft und den freien Berufen, ist. Dieses Zusammenwachsen wird sehr viel seltener dargestellt und mit konkreten Beispielen verdeutlicht.[2]

Im folgenden soll versucht werden, dieses Nebeneinanderleben und partielle Miteinanderleben, das über weniger als drei Generationen zur Entstehung einer neuen sozialen Schicht führte, anhand einiger Personen aus dem Salzburger Mikrokosmos darzustellen.

Um es gleich vorweg zu nehmen: Die Angehörigen der Familie Mozart interessieren hier nur und ausschließlich als Angehörige einer oder mehrerer sozialer Schichten, ihre reichen schriftlichen Überlieferungen dienen als Entrebillet in die Salzburger Gesellschaft(en) jener Zeit und werden als Quelle privater Wahrnehmungen benützt und mit anderen Ergebnissen konfrontiert.

Vorweg einige Bemerkungen zu Salzburg am Ende des 18. Jahrhunderts, um gleichsam den Rahmen für diesen gesellschaftlichen Interaktionsvorgang aufzustellen.

Im letzten Drittel des 18. Jahrhunderts hatte die Haupt-

und Residenzstadt Salzburg ca. 16.000 Einwohner.[3] Mit dieser Bevölkerungszahl gehörte Salzburg um 1800 zu den ca. 65 existierenden Großstädten mit einer Einwohnerzahl von über 10.000 Einwohnern, die es im Reich und in den deutsch-österreichischen Erblanden gab. Innerhalb dieser Gruppe überwogen Städte von der Größe Salzburgs (35 mit einer Größe von 10.000 bis 20.000 Bewohnern).[4] Städte wie Dresden, Prag (50 bis 100.000 Einwohner), Berlin (173.000) oder Wien (207.000) stellten die Ausnahme dar. Der Großteil der städtischen Bevölkerung des Ancien Régime lebte in mittelgroßen Städten (2.000 bis 10.000) und Kleinstädten.

Der weitaus größte Teil der Salzburger Einwohnerschaft gehörte, streng genommen, nach den Begriffen der altständischen Gesellschaft nicht zur Bürgerschaft. 1795 schätzte ein Zeitgenosse der Familie Mozart, Lorenz Hübner, die Stadt auf „beyläufig 500 Bürger".[5] Dies würde bedeuten, daß nur rund 3% der städtischen Bevölkerung als Bürger anzusprechen sind, wobei bei diesen Zahlenangaben aber immer mitzudenken ist, daß sie sich nur auf die männlichen Haushaltungsvorstände beziehen, während de facto die gesamte Familie eines Bürgers denselben Sozialstatus genoß und repräsentierte. Gegenüber einer Seelenbeschreibung vom Ende des 17. Jahrhunderts läßt sich eine Verringerung des Anteils der Bürger an der Gesamtbevölkerung feststellen. 1692 hatten 16% aller Haushaltungsvorstände den Rang eines Bürgers.[6]

Generell ist in Mitteleuropa ein Anwachsen der Städte im 18. Jahrhundert festzustellen. Gleichzeitig kommt es in Salzburg zu einer tendenziellen Verringerung der Bürger an der gesamtstädtischen Bevölkerung infolge eines Bevölkerungswachtums aufgrund von Zuwanderungsgewinnen.[7] Die Zahl der Bürger aber wuchs nicht im selben Ausmaß wie die Bevölkerung, weil der Status des Bürgers vom Magistrat verliehen wurde.

> Unter die Bürger werden alle diejenigen gezählet, welche an den bürgerlichen Freyheiten Antheil nehmen, bürgerliche Gewerbe

treiben, und hiezu das Bürgerrecht erhalten haben; und unter die Einwohner alle übrigen, denen hier der Aufenthalt gestattet wird, sie mögen unter dem Hofschutze, dem geistlichen oder militärischen Forum stehen, oder dem Stadtgericht unterworfen seyn.[8]

Bürger konnte nur derjenige werden, der eine Konzession oder – wie es zeitgenössisch hieß – eine „Gerechtsame" besaß, diese ererbt oder erkauft hatte, von ehelicher Geburt war[9] und sich verpflichtete, innerhalb eines Jahres zu heiraten.

Analysiert man nun die Berufsstruktur der Salzburger Bürgerschaft, so ist ein sehr hoher Prozentsatz (zwischen 9–10%) an Handelsgerechtigkeiten festzustellen. Als hoch muß diese Quote insofern bezeichnet werden, als sie beispielsweise in der bezüglich Einwohnerschaft nur etwas größeren Residenzstadt München (Einwohner 1781: 19.356)[10] wesentlich geringer war. Von den Münchner Bürgern führten nur 5,6% eine Handlung.[11]

Diese hohe Anzahl von Handelsgeschäften resultierte weniger aus einer lokalen Nachfrage, sondern aus der Rolle, die Salzburg im überregionalen Handel spielte. Es ist für den sozialen Gesichtspunkt in diesem Zusammenhang unwesentlich, daß innerhalb des mitteleuropäischen Wirtschaftsgefüges die Rolle des Salzburger Handelsplatzes gegen Ende des 18. Jahrhunderts immer mehr abnahm, weil diese Veränderungen im Wirtschaftssystem fast keine Auswirkungen auf das Sozialsystem des altständischen Salzburgs hatten.

Sämtliche Bürgermeister Salzburgs, wenn man von der Mitte des 17. Jahrhunderts bis zum Verlust der Selbständigkeit des Erzstiftes geht, waren Handelsleute.[12] Dasselbe gilt für die Generalsteuereinnehmer des Dritten Standes, die die Städte und Märkte des Erzstiftes in der Landschaft vertraten, auch sie waren alle Handelssleute und im kommunalen Bereich Stadträte im Salzburger Magistrat. De jure waren alle Salzburger Bürger für das Amt eines Stadtrates wählbar, de facto läßt sich für das gesamte 18. Jahrhundert feststellen, daß der Salzburger Handelsstand im Magistrat dominierte. Unter den zwölf Ratsherren gab es neben den Handelsleuten meist zusätzlich noch einen Gastwirt oder Brauer und in der zweiten Jahrhunderthälfte einen Arzt.[13] Die de facto Ratsfähigkeit der Handelsleute war auch durch die kleinbetriebliche Struktur der übrigen Handwerke und Gewerbe in Salzburg bestimmt, ein Handelsmann konnte die magistralen Aufgaben (Sitzungen, Fondsverwaltung) leichter wahrhaben, weil er genügend Personal in seinem Handlungsgeschäft hatte und außerdem lesen konnte und vor allem die Buchführung beherrschte.

> Jetzt wirklich muß ich ihnen sagen, daß alles sehr Stille unter der Handlschaft ist, auch gar wenig, ja fast gar nichts getan wird, wegen dem erstaunlichen Banquerot der in Amsterdam ausgebrochen, und millionen, auch bereits 30. Häuser alda betrift. Nun trauet keiner dem anderen, bis man besser weiß, wie tief ein und ander stecket[14],

schrieb Leopold Mozart seinem Hausherrn Lorenz Hagenauer 1763 aus Frankfurt, eingeschoben in eine Schilderung des Frankfurter Römers, der zahlreichen jüdischen Kaufleute und vor Berichten über das Wetter und einer Anfrage an die Gräfin Arco wegen eines Quartiers in Paris.

Für Kaufmann Hagenauer war diese Information insofern wichtig, da er einige seiner Waren aus Rotterdam und Frankfurt bezog.[15] Wie kam nun ein Hofmusikus dazu, diese und ähnliche Informationen über Umrechnungskurse, Beobachtungen zum Geldwert und zur Kaufkraft mit der Genauigkeit eines Reiseschriftstellers der Aufklärungszeit zu berichten? Leopold Mozart stand zum Handelsstand in einer besonderen Beziehung.

Lorenz Hagenauer (1712–1792) ist als Hausherr der Familie Mozart bis zu ihrer Übersiedlung ins Tanzmeisterhaus 1773 bekannt. Hier soll besonders herausgestrichen werden, daß Lorenz Hagenauer aufgrund einer von seinem Großvater ererbten Spezereiwarenhandlung (diese entsprach in etwa dem späteren Typus der Kolonial- und Drogeriewarenhandlung) und einer vergrößerten Kapitalbasis durch die Mitgift seiner Frau, infolge günstiger Konjunktur und mit Geschick in der zweiten Hälfte des 18. Jahrhunderts zum drittgrößten Spezereiwarenhändler Salzburgs (von insgesamt zwölf) aufgestiegen war.[16]

Leopold Mozart und seine Familie hatten aber nicht nur durch das jahrzehntelange Zusammenwohnen in der Getreidegasse Nr. 9 einen lebenslang dauernden Kontakt zu allen Mitgliedern der Familie Hagenauer. Es war dies keine Zufallsbekanntschaft, man hat im vielschichtigen gesellschaftlichen Umgang des Leopold Mozart mit verschiedenen Angehörigen des Salzburger Handelsstandes vielmehr ein Lebensmuster zu sehen, das sowohl für die soziale Aufstiegstendenz des Hofmusikers als auch für die neu entstehende bürgerliche Gesellschaft in kleinen Residenzstädten charakteristisch war.

Leopold Mozart hatte bereits 1741 in Salzburg Ignaz Anton Weiser kennengelernt. Dieser war nach seinem Stiefvater Martin Schuster[17] Erbe der Tuch- und Seidenwarenhandlung[18] am Alten Markt (Nr. 3). Gemeinsamer Berührungspunkt mit Leopold war des Handelsmannes poetische Ader, er verfaßte mehrere Texte zu Kantaten, die Leopold vertonte.[19] Weiser verschaffte dem jungen Ehepaar Mozart die Wohnung bei der Handelsfamilie Hagenauer, weil die Frau des Lorenz Hagenauer seine jüngere Stiefschwester war.

Man könnte bei diesen Personenkonstellationen noch von Zufällen reden, aber die gesellschaftliche Orientierung Leopold Mozarts auf die sozial und wirtschaftlich dominierende Gruppe unter den Bürgern wird bei der Betrachtung der Taufpaten für die Kinder des Ehepaares Mozart greifbar.

Die Auswahl der Tauf- und Firmpaten hatte in altständischer Zeit mehr soziale als emotionale Bedeutung. Die Paten oder Göden, wie sie im süddeutschen Sprachraum genannt wurden, kamen in sozial höherstehenden Schichten meist aus derselben sozialen Schicht oder sogar Berufsgruppe wie die Eltern, umgekehrt aber war die Patenfunktion eines sozial Höherstehenden nach unten hin offen und Teil seines gesellschaftlich akzeptierten sozialen Status. Durch solche schichtenübergreifende Beziehungslinien könnte man sogar an klientelähnliche Bindungen[20] denken.

Dies soll konkret anhand einer Person aus Familie Mozarts weiterem Bekanntenkreis gezeigt werden.

Elisabeth Haffner (1753–1781)[21], zu deren Hochzeit mit dem Handelsmann Franz Xaver Späth sen. Wolfgang Amadeus Mozart die sog. Haffner Serenade komponierte[22], wurde zwischen 1775 und 1781 bei 27 Kindern Firmpatin, von denen nur drei Kinder Handelsfamilien entstammten. Die Berufe der Väter und Mütter der übrigen Kinder lassen alle einen Rückschluß auf ärmere bürgerliche (z. B. Schneider) oder unterbürgerliche (z. B. Dienstpersonal, Torsteher, Waisenkinder) Herkunft zu. Dasselbe gilt für die Übernahme von neun Taufpatenschaften zwischen 1778 und 1781.[23]

Bei allen sechs Kindern der Familie Mozart waren der Handelsmann Johann Gottlieb Bergmayr oder dessen Frau Taufpatin. Bergmayr (1709–1787)[24] war – geradezu modellhaft für nachgeborene Söhne oder solche aus unvermögendem Hause – durch die Heirat mit der Witwe seines früheren Chefs vom Buchhalter zum Mitbesitzer der Tuch- und Seidenwarenhandlung Dominikus Kaufmann aufgestiegen. Diese gehörte ebenso wie jene Weisers zu den führenden und größten und lag an der Ecke von Kranzlmarkt und Sigmund Haffnergasse.[25] Leopold mokierte sich im Mai 1766 von Paris aus ironisch bei Lorenz Hagenauer über des Taufpaten Zahlungs- und Saumseligkeit, weil dieser die versprochenen sechs silbernen Eßbestecke noch immer nicht ausgehändigt hatte:

> à propos! hat Herr Gevatter P: das halbe dutzet silberne Messer, Löffel und gabl nicht auch unterdessen schon eingeschiket. Nein! Nein! allein er wird es nun wohl in der Bereitschaft ha-

> ben, bey unserer Ankunft damit zu komplimentiren: Er kann nicht anders, als sehr gerührt seyn, solche Kinder zur heiligen Tauf gehalten zu haben, die so viel aufsehen in der Welt machen. Ich habe verschiedene Sachen für unseren gebrauch eingekauft, allein wegen des obbemelten, habe ich mich auf das versprechen des Herrn Gevatter verlassen. Machen sie ihm unser Compliment! Sie sind ganz verwundert über diesen meinem Caracter sonst ganz und gar nicht ähnlichen Vortrag! nicht wahr? Allein, dencken sie doch: ich komme Schnurgerad aus Holland! Man nimmt von jedem land etwas mit: und in Holland lernt man nichts besseres, als eigennützig zu seyn.[26]

Offensichtlich dürfte Bergmayr seine Bringschuld später gezahlt haben und lag Leopold Mozart weiterhin etwas an dem Kontakt zu diesem Handelsmann. Denn im November 1777, als der Vater gerade einen Brief an seinen Sohn und seine Frau nach Paris schrieb, kam Bergmayr zu Besuch ins Tanzmeisterhaus.[27]

In der Wahl eines Handelsmannes bzw. seiner ersten und zweiten Frau zu Taufpaten der Kinder, ist kein Zufall zu sehen, sondern eine bewußt getroffene soziale Orientierung. Für einen Hofmusiker wäre die Wahl eines höheren Beamten oder eines Adeligen in Hoffunktion als Taufpate theoretisch ebenso denkbar gewesen, hätte sogar innerhalb seines Berufs- und Hierarchieumfeldes gelegen. Daß Leopold Mozart dies nicht tat, korrespondierte mit dem neuen Selbstwertgefühl eines bürgerlichen Menschen.

Fragt man nach den sozialen Wurzeln dieser Orientierung, so ist die Herkunft des Leopold Mozart als Sohn eines Buchdruckers aus der Handelsstadt Augsburg zu bedenken. In Augsburg existierte ein Patriziat von alten Handelsfamilien, die ein feudalisiertes Leben führten und daneben eine Schicht von protestantischen, bürgerlich lebenden Kaufleuten. Der Jesuitenzögling wird für diese sozialen Differenzierungen ein scharfes Auge gehabt haben.

Dies läßt sich von den Erläuterungen, die der alte Mozart seinem Sohn auf dessen große Reise von 1777/78 mitgab, erschließen. Wolfgang hatte in Augsburg mit dem Sohn eines Patriziers und dessen Freunden gespeist, ihnen etwas Musik gemacht, war mit ihnen ins Theater gegangen („wir waren sehr lustig") und war dann, je später der Abend wurde, wegen seines päpstlichen Ordens und Rittertitels Zielscheibe einer Verspottung geworden, die deutlich die sozialen Grenzen markierte. Darüber war der eigentliche Zweck des Abends, ein Konzert zu arrangieren, von Mozart vollkommen aus den Augen verloren worden, während die jungen Herren sich aus dem Beisammensein einen für sie spaßhaften Abend gemacht hatten. Dies berichtete er dem Vater daraufhin verärgert und strich deutlich heraus, wie er die soziale Deklassierung nicht akzeptierte, sondern den jungen Herren mit dem Hinweis auf seine genuinen persönlichen Fähigkeiten und die Stellung, die ihm daraus in der an Musik interessierten Welt zukam, Kontra zu geben versucht hatte.[28]

Leopold mußte ihm darauf brieflich einen Nachhilfeunterricht zur Sozialstruktur Augsburgs aus der nüchternen Sicht seines bürgerlichen Bewußtseins geben:

> Die Betteley des Augsp: Patriziats ist aller Welt bekannt, und ieder ehrliche Weltmann in Augsp: lacht darüber; deswegen sind sie auch im Sold der reichen Kaufmanschaft, die fürs Geld von der hungerigen Obrigkeit alles erhalten können.[29]

Leopold Mozart hatte also bereits in der Zeit seiner Sozialisation[30] in Augsburg erfahren, daß die zum bloßen Schein geronnene patriziale Lebensführung nicht viel bedeutete, weil das Kapital in zunehmenden Maße zum entscheidenden Faktor in Politik und Gesellschaft wurde.

Dies war ein weiterer Grund, wieso er in der kleinen katholischen Residenzstadt soziale Kontakte auch zu jenen suchte, die nicht in der Welt des Hofes als Adelige, Beamte oder zum Hofstaat gehörendes Personal in einem finanziell erkennbaren Abhängigkeitsverhältnis lebten.

Der Salzburger Handelsstand wurde für Leopold allerdings

nicht zu einem idealisierten Stand. Er lebte zu eng mit ihm zusammen, um nicht auch zu erkennen, daß außerhalb der wirtschaftlichen Sphäre, dort wo der Handelsherren soziales Subsystem auf ein höherrangiges stieß, sublime symbolische Grenzen gesetzt waren.

Sohn Mozart hatte sich über die Behandlung seines Onkels, eines Buchdruckermeisters, durch den Augsburger Stadtpfleger[31] aufgeregt:

> Mein hr: Vetter, der ein rechter, brafer, lieber Mann, und ein ehrlicher burger ist, hat mich hin begleitet, und hatte die Ehre oben im vorhause wie ein laquais zu warten, bis ich von dem Erz-stadtpfleger herauskommen würde.[32]

Da mußte der Vater dem Sohne wieder sozialen Nachhilfeunterricht geben und nahm als Bezugssystem nicht einen kleinen Handwerker wie z. B. einen Buchdrucker, sondern einen Handelsmann, als das Referenzobjekt aus dem Salzburger Biotop:

> daß mein Bruder im Vorhaus hat warten müssen, wird nur dir, ihm aber gar nicht seltsamm vorkommen seyn. Alle Bürger in Salzb: und wenn es der erste Kaufmann ist, müssen beym StattSyndicus[33] im Mantl erscheinen: und da läßt er, was sonderheit die gemeinen Bürger sind, solche manchmahl im vorhause stundenweis warten; und der Syndicus ist doch nichts als Syndicus und nicht der Regierende Fürst.[34]

Es gab im sozialen Mikrokosmos Salzburgs – der eigentlich aus mehreren sich teilweise überlappenden Kreisen bestand, eines höfischen und eines städtisch-bürgerlichen inklusive der jeweiligen Hausangehörigen, – einen weiteren Punkt, der Leopold Mozart mit den Kaufleuten verband. Im städtischen Bereich waren sie die einzigen, die über eine gewisse Weltkenntnis aus eigener Erfahrung verfügten.

Es gehörte zum Ausbildungsweg eines zukünftigen Handelsmannes, einige Jahre in Kontoren und Ladengewölben außerhalb der Heimatstadt verbracht zu haben, ehe er in Salzburg in das väterliche Geschäft eintrat. Daraus resultierten, abgesehen von den berufsspezifischen handelswissenschaftlichen Kenntnissen, eine gewisse Fremdsprachenfähigkeit, wie sie sonst nur Mitglieder des Adels hatten, eine Weltläufigkeit im Verhaltenskodex der nichtadeligen Welt, Kenntnisse des Transport- und Postwesens und ein Netz für Kontakte und Informationen. Durch die Berichte der Mozarts von ihren Reisen wissen wir von den Auslandspraktika einiger Söhne von Salzburger Handelsleuten.

Johannes Hagenauer (1741–1799)[35] beispielsweise, der älteste Sohn von Mozarts Hausherrn, befand sich als 27jähriger 1768 in Venedig[36] bei dem vorher in Salzburg tätigen Giovanni Wider.[37] Ignaz Hagenauer (1749–1824)[38] war mit 28 Jahren 1777 in Marseille[39], Weihnachten 1778 kam er für zwei Wochen aus Triest, wo er sich später für ständig als Großhändler niederließ, zu seinen Eltern.[40] Franz Gschwendtner (1740–1800)[41], Sohn des Eisenhändlers aus der Getreidegasse[42], war 1765 mit 25 Jahren in Italien, ebenso wie Joseph Hagenauer (1743–1780)[43] als 22jähriger, von dessen Bruder Johannes die Mozarts diese Nachricht nach Den Haag[44] erhalten hatten. Joseph muß dabei ebenso wie sein älterer Bruder Johannes in Venedig gewesen sein, da sich Leopold im Oktober brieflich aus Mailand bei beiden nach einem passenden Privatquartier in Venedig erkundigt.[45]

Vital Gschwendtner (1751–1818), der jüngste Bruder des oben erwähnten Franz befand sich 1778 mit 26 Jahren in Paris „bey Messieurs Korman etc: Banquiers Rue St. Martin“[46], mit ihm kehrte Mozart junior die allerletzte Strecke von München nach Salzburg im Jänner 1779 zurück:

> …daß ich will, daß du mit H: Gschwendner abzureisen dich bemühen sollst, da ich ihn im Schreiben darum ersuche, und du keine bequemmere und auch für den geldbeutel keine vortreflichere Gelegenheit finden könntest; da seine chaise sehr bequemm, und wenn ich auch den halben Theil bezahlen müsste, du mit der Post gehen kannst, ich aber doch nicht viel

> bezahlen darf. – vermutlich nimmt er gar nichts. – allein du mußt es ihm antragen: und auch die zöhrung allzeit mit bezahlen.[47]

(Übrigens ist dies zugleich ein interessanter Beleg für die Kenntnisse Leopold Mozarts von Verhaltensmustern und Einladungsritualen sozial nuanciert unterschiedlicher Menschen: Er ging eigentlich von einer Einladung aus, die aber zuerst rituell abgelehnt werden mußte.[48])

Den 28jährigen Franz Xaver Kerschbaumer (1743–1802), Sohn des Stadtrates, Generalsteuereinnehmers und Handelsmannes in Weißwaren vom Marktplatz[49], trafen Vater und Sohn Mozart im März 1771 in Verona. Dieser wollte anschließend in Venedig arbeiten, weshalb Vater Mozart es für angebracht hielt, über seine Frau den Eltern gegenüber eine warnende Vorsichtsmaßnahme anzubringen:

> Er wird nach Venedig gehen und wenn ich dem H: Kerschbaumer nebst meiner Empf: rathen kann, so soll er ihn dem H: Johann Wider übergeben, ich rathe als ein ehrlicher Mann, und kenne was jungen Leuten nutzen oder schaden kann, sonderheit: in Venedig dem gefährlichsten Ort von ganz Italien.[50]

Offensichtlich entschied Vater Kerschbaumer anders, denn im Oktober desselben Jahres traf der junge Kerschbaumer mit den Mozarts in Mailand zusammen.[51]

Die Handelsleute waren aber nicht nur in ihrer Jugend im Ausland, sondern unternahmen auch nach Eintritt oder Übernahme des väterlichen Geschäftes oft mehrmals im Jahr Geschäftsreisen.

Andrä Wallner reiste im Sommer 1765 nach Frankfurt und wurde bei dieser Gelegenheit gebeten, säumige Gelder aus dem Verkauf der Violinschule von Leopold Mozart einzutreiben.[52]

Im Dezember 1777 begab sich Faktor (= Großhändler) Anton Triendl[53] nach Bozen und nahm Wolfgangs Bild als Ritter vom Goldenen Sporn[54] persönlich bis dorthin mit, um es dann weiter nach Bologna zu senden.[55]

Im November 1781 traf Wolfgang Amadeus Mozart in Wien innerhalb kurzer Zeit vier Handelsleute und berichtet ironisch an den Vater:

> Den H: Gschwendtner[56] habe ich 1 mal in dem theater und einmal auf der Redoute gesehen; sobald ich ihn wieder sehe, werde ihn fragen, wann er weg-reiset. – der Mohrenkönig Kerschbaumer[57] ist auch hier. – Und als ich bei der Mad.me Contarini /: die in nemlichem hauß und auch im 3:t Stock wohnt wie ich :/ war, um einen Domino zu entlehnen, so tratt eben H: Freysauf[58] und Atzwanger[59] ein. Potz Salzburger und kein End.[60]

Zweck dieser Geschäftsreisen war neben einem persönlichen Kontakt mit den Handelspartnern[61] und dem Besuch von Messen sicher auch die Einlösung von Wechseln und die Abwicklung von gegenseitigen Geldforderungen. Für den Salzburger Handel waren die wichtigsten Bankplätze[62] Bozen, Augsburg, offensichtlich auch Frankfurt und sicher Wien.

Unter beruflichem Aspekt bedeuteten das Zusammenleben mit einer bestimmten Handelsfamilie und die sich daraus ergebenden lebenslangen Verbindungen sowie die gesellschaftlichen Kontakte mit anderen Salzburger Handelsleuten rein pragmatisch auch nüchterne Geschäftskontakte. Leopold Mozart als Impresario und Manager seiner Wunderkinder quer durch Europa, als Begleiter seines halbwüchsigen Genies nach Italien, als Ratgeber und Fernsteuerungszentrale der Mannheimer-Pariser Reise hätte alle dabei nötigen Vor- und Nachbereitungen in finanzieller Hinsicht und die sozialen Kontaktanbahnungen nicht ohne eine so intime Kenntnis des Geschäftslebens durchführen können.

Bei allen größeren Reisen, an denen Leopold selbst teilnahm oder die er aus Salzburg lenkte, finden sich fast in jedem dritten Brief Berichte und Anfragen über Postverbindungen, Fahrpreise, Umrechnungskurse. Wesentlich war, daß der finanzielle Ertrag einer Reise nicht in Form von Bargeld mitgenommen wurde, sondern bargeldlos überwiesen wurde.

„Die 100 Stück Kaisl: Dukaten habe, nebst noch 20. Stück an H: Peiser auf ihre Rechnung bezahlet,..."[63], schreibt Leopold an Lorenz Hagenauer aus Wien im Oktober 1762.

Umgekehrt brauchte man unterwegs für Reisekosten und sonstige Ausgaben Bargeld, das auf der Reise mitzunehmen lieber unterlassen wurde. Für diese Überweisungsoperationen bediente sich Leopold Mozart, der in Salzburg ortsansässigen Handelsleute. Unter diesen war es besonders die Gruppe der Faktoren, die das En-gros Geschäft mit Speditions- und Bankaufgaben verbanden. Sie verfügten über die weitreichendsten Geschäftsverbindungen. Die Faktorei Haffner hatte 1763 beispielsweise in Paris als Geschäftspartner einen deutschen Bankier namens Hummel, von dem die Mozarts einmal am Abend eingeladen wurden.[64]

Im September 1778 schlug der Vater aus Gründen der leichteren Zahlungsanweisungen dem Sohn vor, die Rückreise von Paris über Straßburg zu nehmen und schrieb ihm diesbezüglich am 17. September:

> H: B. v. Grimm hat sich angetragen dich nach Straßburg zu versorgen, wenn die Sache hier zu Stande kommen sollte, nur daß ich dir eine Anweisung in Staßburg verschaffe. ... ich schlüsse dir demnach ein kleines Billet ein, dich bey H: Johann Georg Scherz in Straßburg zu melden, welcher mit der Post den aviso bekommt, dich nach Augspurg mit dem Postwagen, oder anderer nicht kostbarer sicherer Gelegenheit zu befördern, dich mit Geld bis nach Augsp: allenfalls zu versehen, und dir in allem zur Hand zu gehen. ... diesen kleinen hier beigeschlossenen aviso zettl must du wol verwahren, daß er nicht verloren geht, ès Könnte sonst ein anderer, der ihn findet gebrauch davon machen und uns in Unglück bringen. Den Namen Scherz etc. must du dir besonders herausschreiben, oder merken, und solltest du das Unglück haben, den zettl zu verlieren, so müsstest du diesem H: Joh: Georg Scherz schreiben, daß der zettl verloren und folglich /: wenn er presentirt würde :/ ohngiltig seye...[65]

Am 24. September 1778 hatte Leopold diese Idee bereits quasi banktechnisch durchgeführt und erklärte:

> ... daß ich ganz getrost durch H: Hafner die Anstalt machte, und dir ein Billet an H: Johann Scherz in Strasburg beyschloß, der dir das nötige Geld bis Augspurg geben und in allem mit Rat und That an die Hand gehen soll. warum aber nur bis Augspurg? - weil man den Kaufleuten (aggio) zahlen muß, und ich dir in Augsp ohne den aggio zu bezahlen Geld verschaffen kann: ...[66]

Leopold zahlte im Handelshaus Haffner eine bestimmte Summe bar ein, die der Haffnersche Handelspartner Scherz[67] in Straßburg in der dortigen Währung nach Abzug eines Agio an Mozart in bar auszahlte.

Soweit sich die Geschäftsbeziehungen der Spezereiwarenhandlung Hagenauer erstreckten, wurden sie für Geldüberweisungen benützt. Hatte man bei einem Handelsmann Kreditwürdigkeit und quasi die Bonität eines pünktlichen Zahlers, öffnete so ein „Kreditbrief" durch die Möglichkeit der Aufteilung in Teilsummen die Inanspruchnahme von Bargeld überall dort, wo das Netz von Geschäftspartnern des ersten Ausstellers des Kreditbriefes vorhanden war. Die Funktion eines solchen Kreditbriefes könnte man als übertragbare Zahlungsanweisung beschreiben. Wichtig war, daß die erste Kette im Glied, der Erstaussteller eines Kreditbriefs immer die Gewißheit hatte, sein Geld sicher zurück zu bekommen, sowie daß alle weiteren Aussteller Handelsleute mit gutem Leumund waren, daß gewissermaßen die Kettenglieder fest waren. Wie das funktionierte, soll mit einem Beispiel von der ersten Westeuropareise veranschaulicht werden. Diese Briefstelle war ausdrücklich für Lorenz Hagenauer allein bestimmt, während ansonsten die Briefe im weiten Bekanntenkreis vorgelesen wurden. Leopold teilte aus Brüssel, Anfang November 1763 mit:

> Sie hatten die gütte und das unverdiente vertrauen für mich, mir einen Creditbrief an Mr: Calligari mitzugeben, und zwar auf

500 fl:. Dieser zertheilte mir den Credit Brief, und gab mir einen creditbrief nach Stassburg mit 300 fl: und einen anderen nach Frankfurt zu 200 fl: in Frankfurt empfieng ich 100 fl: ... weil man sich aber alzeit sicher stellen muß, so bitte die gütte für mich zuhaben, und durch H: Hafner, dem mich höflichst empfehle, oder jemand andern die Sache so zu veranstalten, daß ich nach paris einen Credit Brief erhalte, um wenn ich zur höchsten Noth hier mehr geld nötig hätte und ein schuld machen müßte, solche gleich bey meiner ankunft in paris nach Brüssel übermachen könnte. Ich habe zwar noch einen Credit Brief von H: Bürgermeister Paul Kahr et fils aus Aachen an Madame veuve Matt Nettiné in Brüssel für 100 fl:, allein hiermit ist es auch alles, und ich kann nicht wissen, was uns vorfallen könnte. ... Ich hatte noch einen Credit und recommendations Brief von H: provino, er ist aber in aachen ausgeloschen; denn H: Eschweiler, an den ich ihn in Colln hatte, gab mir ihn an H: Pastor und Sohn in Aachen. Dieser H: pastor ist ein Tuch fabricant, und hat folglich weder nach Frankreich noch Brüssel einige Correspondenz.[68]

Daraus wird klar, daß die Ausbezahlung von Teilbeträgen durch die Ausstellung eines neuen Kreditbriefes möglich war. Zugleich zeigt es aber auch die Grenzen des Systems auf. Denn es funktionierte nur dort und solange als die mitspielenden Handelsleute Geschäftspartner hatten, mit denen sie die Forderungen im Rahmen des gegenseitigen Clearing abrechnen konnten. Wichtig war auch, daß sich alle Beteiligten an schriftliche Urkunden hielten.

Am Beginn der Mannheimer-Pariser Reise hatte Hagenauer nach Einzahlung durch Leopold Mozart oder im amikalen Vertrauen den Sohn mit einer bestimmten Summe bei der Augsburger Bank Nocker & Schiedl kreditiert. Wolfgang war sehr erstaunt, daß er am 13. November 1777 in Mannheim, bei einem Kaufmann Schmalz, auf ein Empfehlungsschreiben der Augsburger Bank hin zwar empfangen wurde, aber statt Bargeld nur schöne Gesten erhielt.[69] Er hatte sich zwar in Augsburg ein Empfehlungsschreiben besorgt, aber es fehlte ein Brief, der die Erweiterung des Kredits auf andere Häuser garantierte. Bereits zehn Tage später wußte man im

Hagenauerischen Kontor durch einen Geschäftspartner in München von diesem Vorfall und daß Wolfgang A. Mozart sich daraufhin von einem der Familie von ihrer ersten Westeuropareise bekannten Kaufmann (Herzog) 150 fl ausleihen mußte. Das damals bereits ausgebildete Postsystem ermöglichte die rasche Weitergabe brisanter Nachrichten. Die nicht unbeträchtliche Schuldenaufnahme wird dem Vater „mit der grösten Leichtigkeit" vom Sohne mitgeteilt. Dieser hatte mittlerweise Wolfgangs Brief, datiert 14.–16. November erhalten, in dem ihm der Sohn den erfolglosen Besuch bei dem Mannheimer Handelsmann schilderte. Leopold erklärte dem Sohn und somit auch dem heutigen Leser:

> daß H: Schmalz, [...], sich entschuldigte, daß er keine Anweisung hätte dir Geld zu geben, das glaube ich gerne; er hatte auch recht: dann du hättest den H: Herzog, oder die Noker und Schiedlische Handlung darum ersuchen sollen, dir einen kleinen Credit weiter zu verschaffen, wie ich es zu thun pflegte: dann sie hatten vom Hagenauerischen Hauß keine ordre diesen Credit auf andere Orte zu erweitern, und aus der buchstablichen Ordre geht kein Kaufmann: auf dein Ersuchen würde er es dir aber gethann haben.[70]

Die Benützung der Handelshäuser als Banken setzte somit auf der Seite Leopolds eine Kenntnis der Geschäftsusancen voraus, in die er im sozialen Kontakt mit einigen Salzburger Handelsleuten Einblick erhalten hatte. Die bankmäßigen Transaktionen über einige Salzburger Häuser können daher als reine Geschäftsbeziehungen charakterisiert werden. Zugleich aber sind sie mehr, da sie nicht nur durch kapitalmäßige Sicherstellungen eines Kredits abgedeckt waren. Mit der Ausstellung eines einfachen Empfehlungsschreibens, noch mehr aber mit der Ausstellung eines Kreditbriefes verband der Aussteller eine persönliche Kenntnis der Lebens- und Vermögensumstände des Begünstigten, bzw. konnte er diese als in Ordnung befindlich voraussetzen, wenn ihm der Betreffende von einem bekannten Geschäftspartner empfohlen worden war. In diesem Fall stand der unbekannte Begünstigte unter der Reputation des bekannten Geschäftspartners. Grundannahme war, daß alle Beteiligten unter Einschluß akzeptierter Provisionen am Ende zu ihrem Geld kommen würden. Sanktionen im Sinne eines die zahlreichen Staatsgrenzen übergreifenden Handelsrechts gab es nicht, daher konnten die Sanktionen nur im System der sozialen Organisation wirksam werden. Konnte jemand nicht zahlen, so wurde er in der Öffentlichkeit der Geschäftswelt stigmatisiert. Bei Zahlungsunfähigkeit zu einem vereinbarten Zeitpunkt sah sich der Säumige mit der Gefahr konfrontiert, seine Ehre zu verlieren. Ein Beispiel dazu aus Wolfgang Amadeus Mozarts Wiener Zeit (1783), als ihn der Rest einiger alter unbezahlter Schulden einholt:

> Nun muß ich sie um was bitten. – sie werden sich erinnern, daß, als sie nach München kammen, als ich die grosse opera schrieb, sie mir die schuld von 12 Louis'd'or so ich an Hr: Scherz in Strasburg gemacht habe, vorhielten – mit den Worten. – mich verdrisset nur dein weniges vertrauen so du zu mir hast – genug – ich habe nun halt die Ehre 12 Louis'd'or zu zahlen. – ich reiste nach Wienn; – sie nach Salzbug. – Nach ihren Worten musste ich glauben, daß ich mich wegen diesem nichts mehr zu besorgen hätte. – ferners, wenn es nicht geschehen wäre, so würden sie mirs schreiben – und nun, da ich bey ihnen war mündlich sagen. – stellen sie sich nun meine verlegenheit und erstaunen vor, als vorgestern Jemand aus des H: Banquier Öchsers schreibstube zu mir kamm und mir einen Brief brachte; [...] der brief war von H: Hafner in Salzburg, worin ein Einschluß von H: Scherz war – weil es nun ganze 5 Jahre sind, so sind zwar auch die intereßen verlanget worden, worauf ich aber ganz gerade sagte, daß da nichts daraus wird; ... ich verlange nichts bey ihnen, liebster vater, als daß sie die güte haben nur bis einem Monat bey H: Hafner oder vielmehr Triendl für mich gut zu stehen. ... sie als ein Mann von Erfahrung könen sich leicht vorstellen, daß es mir eben izt sehr ungelegen wäre, mich zu entblössen ... ein beweis, daß ohngefähr, zufall, umstände, misverstand und was weis ich alles, öfters einen Manne unschuldigerweise um seine Ehre bringen können!...[71]

Dieser Ehrverlust infolge unpünktlicher Zahlung oder Zahlungsunfähigkeit funktionierte nur innerhalb bestimmter sozialer Kreise. Ursprünglich im ökonomischen System beheimatet, wurde der Ehrverlust in dem Moment für weitere Personenkreise anwendbar, als sie Mitspieler des ökonomischen Kreislaufes wurden. Der Hofmusikus Leopold Mozart war durch soziale Orientierung und Erfahrung in gewissen Lebensbereichen ein „Mann von Welt", der wußte, daß in der bürgerlichen Welt die Ehre eines Mannes von seiner Kreditwürdigkeit abhing. Dieser letztendlich ökonomisch legitimierte Ehrbegriff aber war ein Begriff aus dem Sozialsystem des Bürgertums. Der adelige Ehrbegriff war vollkommen anders und bezog seine Konstituanten aus einem anderen lebensweltlichen Koordinatensystem (Rang und Alter des Adels, Manieren etc).

Die Begriffe von Ehre und Kredit, die in der altständischen, altbürgerlichen Gesellschaft nur bei jenen Berufsgruppen eine Rolle spielten, die mit hoher Kapitalausstattung ihr Gewerbe betrieben und deren Geschäftsbeziehungen über geographisch weite Strecken gespannt waren, gingen bei der Entstehung der modernen bürgerlichen Gesellschaft einen engen Konnex ein und wurden für weitere nichtadelige Personen entscheidend für deren öffentliches Auftreten. Dies läßt sich wieder am Beispiel Leopolds zeigen, der, streng genommen als Angehöriger eines Hofstaates, in seinem Privatleben diese neuen bürgerlichen Begriffe vollkommen verinnerlichte.

Leopold gab in seinem zweiten Brief nach Paris, April 1778, stets besorgt, wie Frau und Sohn ohne ihn den Alltag in einem fremden Land kostengünstig und für sie doch erträglich gestalteten, den Hinweis, daß der junge Kaufmannssohn Gschwendtner, der sich gerade auch in Paris befand, über Leopolds Intervention bei dessen Bruder in Salzburg angewiesen worden war, ihnen bei größter Geldnot finanziell beizustehen. Dies war gewissermaßen das von Salzburg aus gesponnene finanzielle Sicherheitsnetz. An diese Mitteilung fügte er dann einige allgemeine Überlegungen an, die für das Verständnis seiner Person wichtig sind.

> ... wünsche aber und hoffe, daß ihr geld herauszunehmen nicht gezwungen seyn möchtet, dann ihr wisst erstlich, wie wir stehen, und daß itzt schon genug <schuldig bin>, und nicht <weis, wie ich es bezahlen werde>, und zweytens macht es sehr viel aufsehen hier, und macht dir keine Ehre, mich aber setzet es in verachtung, wenn manns erfährt, daß <ich euch immer geld schicken muß> ... mein lieber Wolfgang! du weißt, daß die Ehre mir mehr als mein leben gilt. – überlege den ganzen hergang der Sache – denke, daß ich bis itzt tiefer in <schulden> gerathen; da ich durch dich mich herauszureissen gedachte. – du weist ich stehe hier bey iederman in Credit –, so bald ich diesen verliere, ist auch meine Ehre hin: – die freundschaft und das Wohlwollen der Kaufleute dauert aber nur so lange, als man mit der Bezahlung richtig zuhält [sic! GBS] – bleibt diese zu lange aus, so ist die freundschaft der Welt [sic! GBS] verloren![72]

Dieser Zusammenhang von Kreditwürdigkeit und bürgerlicher Ehre ist meines Erachtens bei Leopold Mozart eine Übernahme aus der Welt der Handelsleute. Wie wichtig sie dort war, soll mit einem konkreten Beispiel aus der Geschichte der Salzburger Handelsleute belegt werden. Als Kurfürst Ferdinand nach 1803 die Gewerbefreiheit einführte, erhielten auch einige neue Kaufleute erstmalig Konzessionen. Dies führte bei den eingesessenen Handelsleuten zu jahrelangen Protesten, weil die Konzessionen in altständischer Zeit als Instrument der Marktzugangsregelung einen bestimmbaren Kapitalwert hatten, für einzelne Familienmitglieder (Frauen, Kinder) somit gebundenes, gesichertes Kapital darstellten, und daher im Geschäftsverkehr der Handelsleute als Sicherstellung für Kredite verwendet wurden. Durch die neuen Konzessionen kam dieses eingespielte Gleichgewicht ins Wanken, bangten die Handelsleute um ihren „Kredit, die Seele des Handels“[73] und ihre Ehre als Geschäftspartner bei ausländischen Partnern.

Man sollte daher in Leopold Mozart mit den Begriffskategorien von Norbert Elias den Typus eines „höfischen Bürgers“[74] sehen. Immer dann, wenn er seinen Pflichten bei der Musik im Dom oder in der Residenz nachkam, agierte er – oft mit innerlichem Aufbegehren und im Bewußtsein eines Außenseiters – in einem kontrastreichen sozialen Spannungsgeflecht. Die soziale Distanz zwischen Herrscher/Erzbischof und Bedienstetem/Hofmusikus war groß, die körperliche, die räumliche Distanz war gering. Zwei Plätze und eine halbe Gassenlänge weiter, betrat derselbe Mann ein Haus des bürgerlichen Stadtteils. Bis er über die Treppen im dritten Stock angelangt war, und an der Küche vorbei durch das Vorhaus in die Vierzimmerwohnung getreten war, hatte er einen sozialen Raum betreten, in dem die Wertvorstellungen des altständischem Bürgertums aus dem Stockwerk seiner Vermieter allmählich in neue Schichten eindrangen.

Dieser Diffusionsprozeß von Wertvorstellungen und Verhaltensweisen läßt sich mit weiteren Details veranschaulichen. Bezugspunkte sind hier gesellschaftliche Organisationsformen in der sich ausbildenden bürgerlichen Öffentlichkeit und in der Gestaltung des privaten Alltags.

Einer der wesentlichen öffentlichen Orte der entstehenden neuen bürgerlichen Gesellschaft war das Kaffeehaus. Es trafen sich dort Männer in ihrer Funktion als Privatleute, d. h. die an anderen Orten üblichen sozialen Hierarchien galten nicht.[75] Man aß Gefrorenes und Kuchen, trank Kaffee und Tee[76], las die vorhandenen Zeitungen, spielte Karten und Billiard und rauchte. In der Zeit Colloredos kam es auf geistigem und kulturellen Gebiet zu einer spezifischen katholischen Aufklärungssphase, die noch in der Zeit, als Joseph II. schon wieder mit Zensur arbeitete, Zeitschriften und Bücher ins Land hereinließ, die in Österreich nicht mehr gelesen werden konnten.[77]

Leopold Mozart besuchte öfters das Kaffeehaus des Anton Staiger am (Alten) Markt, obwohl ihm dort die dicke, stinkende Luft aus dem Tabakrauche der Billiardspieler und dem rußenden Licht der Kerzen nicht sehr zuträglich war.[78] Die gleiche Gewohnheit hatte der Sohn, der aus der Ferne ironisch der minderen Qualität der Speisen und Getränke gedachte.[79] Das Kaffeehaus war als Ort des informellen Zusammentreffens von überwiegend männlichen Angehörigen des Bürgertums ein Ort, an dem die Zeitungen und der Diskurs über die darin geschriebenen Meldungen öffentliche Meinungen schufen.

Als Leopold Mozart von Herrn Hagenauer am 23. Oktober 1777 das Augsburgische Intelligenz-Blatt und von der höheren Beamtenswitwe, Frau von Gerlich, die Augsburgische Staats- und Gelehrtenzeitung ins Haus geschickt bekam, beide mit der Ankündigung eines Konzertes des Sohnes, teilte er gleich in dem Brief seiner Frau mit: „Es ist gut, daß zwei Einlagplätze sind. Die Ankündigung ist sehr gut gemacht".[80]

Er spürte den Wert dieser Ankündigungen, welche Publizität sie durch die aufliegenden Zeitungen im Kaffeehaus rasch in der Stadt bekommen würden. Diese Publizität in der neuen bürgerlichen Öffentlichkeit schmeichelte nicht nur den väterlichen Gefühlen, sie zeigte dem Leser aus der höfischen Lebenswelt, daß durch solche Auftritte die Chancen des Salzburger Künstlers stiegen, irgendwo ein lukrativeres höfisches Amt zu erhalten. Der altständisch-bürgerliche Leser konnte daraus ersehen, daß die Kreditwürdigkeit der Familie durchaus gegeben war, denn Konzerte bedeuteten meist Einnahmen oder gestiegene Chancen auf Posten mit Besoldung.

Nicht zuletzt war das Kaffeehaus für Leute, die zu Hause an Licht und Heizung sparen mußten, und dies trifft für die Gruppe der niederen Beamten zu, ein warmer Ort mit Geselligkeit. Der Kaffeehausbesitzer Anton Staiger war eine geachtete Persönlichkeit, es gab zu seinem Namenstag von seinen Kunden Laienaufführungen von Komödien[81], wobei die Mitspieler zugleich einen Hinweis auf die soziale Frequentanz seines Etablissements geben. Anläßlich seines Todes gelangte in St. Peter ein Requiem von Michael Haydn zur Aufführung.[82] Mit dieser Einbindung des Kaffeehausbesitzers in die städtische Öffentlichkeit zeigt sich noch einmal beispielhaft die Bedeutung dieser Einrichtung im städtischen Leben.

Teil der privaten Lebensführung war die Abstattung von gegenseitigen Besuchen. In Zeiten ohne technische Kommunikationsmittel von Haus zu Haus erfüllten sie das Mitteilungsbedürfnis, banden sozial gleichartige Haushalte enger aneinander und spannten Verbindungen zwischen Haushalten, die in den sozialen Nuancen leicht differierten. Gegenseitige Besuche mußten keine speziellen Anlässe haben, vollzogen sich meist informell, am Weg zur Kirche etwa. Sie unterlagen keinem streng ritualisierten Ablauf.

Anhand des Musters, wer wen besuchte und mit wem gesellschaftlichen privaten Umgang hatte, ist das soziale Geflecht beispielhaft sichtbar nachzustellen.

„Abends gienge ich nach Loreto, dann zum Linzerthor hinaus spaziren, und nachhinein zu den Mozartischen"[83], notierte der 29jährige Joachim Ferdinand von Schiedenhofen am 1. Juni 1776 in seinem Tagebuch.

Schiedenhofen stammte aus einer alten tirolisch-salzburgischen Beamtenfamilie, die im 17. Jahrhundert geadelt worden war und 1707 standesgemäß einen Landsitz mit Landwirtschaft, Gut Triebenbach bei Laufen, erworben hatte. Er selbst studierte nach dem Besuch von Kremsmünster Jus in Salzburg und trat 1769 in die erzbischöfliche Verwaltung ein.[84] Er ist also vom sozialen Typus her als höfischer Beamter von niederem Adel anzusprechen. Das Stadthaus der Schiedenhofens lag in der Getreidegasse Nr. 1[85], also nicht weit entfernt von Familie Mozarts erster Wohnung. Übrigens muß erwähnt werden, daß der soziale Kontakt zu den Mozarts sich nicht nur auf die Männer beschränkte, Mutter Mozart besuchte die verwitwete Frau von Schiedenhofen zum Kartenspielen[86], die Mutter und Nannerl unternahmen mehrmals lustige Land- und Schlittenpartien[87] zum Gut Triebenbach, während Vater und Sohn (Herbst/Winter 1770/71) durch Italien reisten.

Häufigster Anlaß für Besuche, reihum in der engeren und weiteren Bekanntschaft, waren die Namenstage. „Heut habe noch Teresia Gratulationen zu machen, werde solche auch von euch ablegen, sonderlich bey der Frau Haselbergerin“[88], vermerkt der 64jährige Vater Mozart in seinen ausführlichen Schilderungen über seinen Alltag und die Salzburger Chronik der laufenden Ereignisse an Tochter und Schwiegersohn nach St. Gilgen. Die der Familie Mozart zu diesem Zeitpunkt zunächst stehende Theresia war eine der beiden unverheirateten Hagenauer Töchter (1740–1820), Frau Maria Theresia Haselberger war die Tochter des Spezereiwarenhändlers Reiffenstuhl, deren Mann die schwiegerelterliche Handlung am Rathausplatz Nr. 4[89] seit der Übernahme durch seine Frau 1779[90] betrieb.

Zahllos sind die Belege für Kontakte mit den Mitgliedern der Familie Hagenauer oder die Besuche, die die in Salzburg zurückgebliebenen Mitglieder der Familie Mozart erhielten und ihren Fernreisenden mitteilten. Unter den Besuchten und Besuchenden finden sich Angehörige von Handels-, Beamten- und Ärztefamilien. Einigendes Band dieses sozialen Netzwerkes waren im Falle der Mitglieder der Familie Mozart meist das Interesse für Musik oder deren aktive Ausübung.

Am 11. Juni 1776 ging der junge erzbischöfliche Beamte Schiedenhofen mit dem dreiundreißig Jahre älteren Kollegen Mölk „zum Gusetti zur Musick“[91].

Hofrat von Mölk stammte aus dem Schwäbischen und kam über seine Tätigkeit für die Salzburger Gesandtschaft beim Regensburger Reichstag in den salzburgischen Hofdienst und hatte aufgrund seiner Tätigkeit einen niedrigen bayrischen und salzburgischen Adelstitel. Zu ihm und seiner Familie, unter seinen sechs Kindern befanden sich Jahrgangskollegen von Wolfgang und Nannerl, bestanden enge Beziehungen. Die Familie Mölk hatte seit den späten 1760er Jahren in der Riedenburg einen kleinen Landsitz.[92]

Giovanni Battista Gusetti (1744–1789) war der Sohn eines karnischen Materialwarenhändlers und einer Salzburger Untertanin (soziale Position nicht zu bestimmen), dem es gelungen war, über seinen ambulanten Wanderhandel in die Szene der Stadt-Salzburgischen Materialwarenhändler einzubrechen und sich in der Stadt niederzulassen, obwohl er eindeutig in die Gruppe der „Welschen und Savoyarden" fiel, denen laut Stadtordnung ausdrücklich das Bürgerrecht aus protektionistischen Gründen nicht gewährt werden sollte.

Ob bei dieser geschäftlichen und gesellschaftlichen Etablierung Beziehungen zu Sigmund Haffner geholfen haben, kann nur aus dem Umstand vermutet werden, daß eben jener Giovanni Battista den größten Faktor Salzburgs als Taufpaten hatte.[93] Er selbst heiratete 1770 die Tochter eines Bierbrauers und Salzburger Bürgers. Aus diesem biographischen Umstand kann man für eine Zeit, in der sich die Menschen mehr gemäß den ständischen Rollen verhielten, als sie ihren individuellen Gefühlen folgten, die gesellschaftliche Akzeptanz durch das altständische Bürgertum ablesen. In Gusettis Hause wurde öfters Hausmusik gemacht, darunter auch Werke von Wolfgang A. Mozart gespielt, Aufführende und Publikum entstammten überwiegend der erzbischöflichen Beamtenschaft. Die von Mozart oder Schiedenhofen nicht erwähnten Berufskollegen kamen dazu.

An den Pulten jenes Amateur-Orchesters, dem der 23jährige Neffe des Erzbischofs, Johann Rudolf Graf Czernin, als dilettierender Konzertmeister und Dirigent vorstand, saßen neben einigen Adeligen (Babbius, Althan), jüngeren Domherren (Spaur, Zeil) und Beamten (Antretter, Mölk), Handelsherren und ihre Söhne (Gusetti, Kolb, Ranftl, Robinig), Studenten und Berufsmusiker (darunter Vater Mozart).[94] Die Solopartien der Klavierkonzerte wurden von Nannerl Mozart und einigen adeligen Fräulein übernommen. Die gemeinsame Ausübung einer Tätigkeit, der Zeitvertreib des Musizierens setzte ständische Schranken zeitweise außer Kraft und machte alle Teilnehmer zeitlich begrenzt durch die Aufführung des Musikstückes zu gleichartigen Mitgliedern eines Ensembles. Aktive und passive Musikliebhaberei formte aus den unterschiedlichen ständischen Individuen eine neue kulturelle Wertegemeinschaft und prägte so bereits gegen Ende des 18. Jahrhunderts die Entwicklungslinien des „neuen" Bürgertums des 19. Jahrhunderts.

Im Fasching 1776 berichtet Schiedenhofen:

> Um 5 Uhr zum Barisanischen, wo wir eine Compagnie von 44 Personen machten. Es waren nebst Barisannisch, Agliartisch, und Mozartischen, auch […] Antretter, 2 Weyrotter […] und die Fräulein von Dauwrawick […] dabey: Bis 7 Uhr wurden 5 Münchner Contradanses probiert. Dann wurde bis 4 Uhr frühe fortgetanzt, worunter 4 mal Teutsch getanzt wurde, und 2 Quadrilles und 4 Münchner Contradanses. Um 5 Uhr fuhr alles wieder nach Hause.[95]

Wer mag in dieser Szene wem die Hand zum Tanz gereicht haben? Sylvester Barisani (1719–1810)[96] stammte aus Castelfranco (Veneto), war seit 1749 salzburgischer Landschaftsmedicus und seit 1766 Leibarzt des Erzbischofes. Er war – fast nach zünftischem Muster – mit Maria Anna Theresia (1729–1802), Tochter des erzbischöflichen Leibarztes Anton von Agliardis, verheiratet. Von seinen fünf[97] Kindern standen zwei im Alter der Mozartkinder, der Kontakt untereinander war nicht bloß ein rein gesellschaftlicher, sondern ein freundschaftlicher. Der mit Wolfgang gleichaltrige Josef (1756–1826)[98] studierte in Wien Medizin und wurde zum Hausarzt des alten Leopold Mozart.[99] Der jüngste, Sigmund (1761–1787) studierte ebenfalls in Wien, behandelte Mozart mehrmals so effektiv, daß ihn dieser als seinen Lebensretter ansah, und starb am Beginn einer glänzenden Karriere als Primar einer Abteilung des neuen Allgemeinen Krankenhauses.

Unter den mittanzenden Agliardis wird man Geschwister und Geschwisterkinder der Frau Barisani vermuten können, die meisten ihrer männlichen Verwandten waren zu diesem Zeitpunkt erzbischöfliche Beamte.[100]

Hinter Antretter steckt die Familie des Salzburger Hofkriegsrates und Landschaftskanzlers Johann Ernst von Antretters. Ein Sohn beendete 1772 seine Schulzeit in Kremsmünster und dürfte 1776 Student an der Salzburger Universität gewesen sein.[101]

Hinter den zwei Weyrotters verbergen sich der hochfürstliche Oberbereiter und Gestütsinspektor Gottlieb Edler von Weyrotter (1731–1816) und seine Frau Eleonore. Er mag bei diesem Tanz mehreren Frauen, die in seinem Leben eine Rolle spielten, die Hand gereicht haben: In zweiter Ehe verband er sich im April 1778 mit Maria Anna Konstanze Barisani (1754–1778) und in dritter Ehe, April 1779, heiratete er Schiedenhofens jüngere Schwester Aloisia (1760–1816).[102]

So lassen sich die Beziehungen der Familie Mozart in sozialer Hinsicht als ein Geflecht zu den Familien von erzbischöflichen Beamten, von altständischen Bürgern (Handelsleuten) und von akademischen Berufen (Ärzte, Professoren) darstellen. Dabei zeigt sich, daß es zwischen den Individuen, die aufgrund ihrer Ausbildung, ihres Berufes und ihrer privaten Interessenn im sozialen Alltag jenseits der Standesgrenzen zusammentrafen, zu einem Austausch von Werten, Normen und Mentalitäten kam.

Hier wurde der Versuch unternommen in der Rekonstruktion eines mikrogeschichtlichen Alltages anhand einer von Historikern viel zuwenig genutzten Quelle die Innenperspektive eines „altständischen neuen Bürgers“ idealtypisch aufzuzeigen. Damit soll auf den Typus jener Übergangszeit hingewiesen werden, dessen äußere Hülle noch weithin ständisch bestimmt wird, dessen innere Welt jedoch bereits die Entwicklung zum Prototyp des Bürgers des 19. Jahrhunderts vorwegnimmt.

Anmerkungen:

1 *Mozart. Briefe und Aufzeichnungen, Gesamtausgabe.* Hrsg. v. W. A. Braun und O. E. Deutsch, Kassel, Basel, London, New York 1962–1975, Bd. 2, S. 334 f.: Leopold Mozart an seinen Sohn in Paris, 6. April 1778.

2 Als eine Ausnahme könnte die Untersuchung von Gall, Lothar: *Bürgertum in Deutschland.* Berlin 1989 bezeichnet werden, die die Geschichte der Familie Bassermann vom 17. ins 20. Jahrhundert deskriptiv analysiert.

3 Hübner, Lorenz: *Beschreibung der hochfürstlich-erzbischöflichen Haupt- und Residenzstadt Salzburg. Bd. 1.* Salzburg 1792, S. 82; Klein, Kurt: *Bevölkerung und Siedlung,* in: Dopsch, Heinz und Hans Spatzenegger: *Geschichte Salzburgs. Stadt und Land.* Bd. 2,2: Neuzeit und Zeitgeschichte. Salzburg 1988, S. 1341 f.

4 Wehler, Hans-Ulrich: *Deutsche Gesellschaftsgeschichte.* Bd. 1. München 1987, S. 180.

5 Hübner, *Salzburg.* Bd. 2, S. 368.

6 Mathis, Franz: *Zur Bevölkerungsstruktur österreichischer Städte im 17. Jahrhundert.* (= Sozial- und wirtschaftshistorische Studien. Bd. 11). Wien 1977, S. 237.

7 Die Geburtenrate verringerte sich in Salzburg zwischen 1687/98 und 1770, der Bevölkerungsanstieg resultierte aus Zuwanderungsüberschüssen. Vgl. Klein, *Bevölkerung und Siedlung,* S. 1307.

8 Hübner, *Salzburg.* Bd. 2, S. 368.

9 Pezolt, Ludwig: *Über Bürger und Bürgertum in der Stadt Salzburg,* in: *Mitteilungen der Gesellschaft für Salzburger Landeskunde,* Bd. 45 (1905), S. 31.

10 Mauersperg, Hans: *Wirtschafts- und Sozialgeschichte zentraleuropäischer Städte in neuerer Zeit. Dargestellt am Beispiel von Basel, Frankfurt, Hamburg, Hannover und München.* Göttingen 1960, S. 70.

11 Edlin-Thieme, Margareta: *Studien zur Geschichte des Münchner Handelsstandes im 18. Jahrhunderts.* (= Forschungen zur Sozial- und Wirtschaftsgeschichte. 11.) Stuttgart 1969, S. 68.

12 Nach den Berufsangaben bei ihren Wahlvorschlägen (Archiv im Salzburger Museum Carolino Augusteum im folgenden zitiert als Archiv SMCA, Pezolt Akten Nr.10) und den Angaben bei Zillner, Franz Valentin: *Geschichte der Stadt Salzburg.* Bd. 2. Salzburg 1890, S. 526, 530, 532, 535, 543, 555, 562, 567, 573, 582, 587, 590, 594, 603.

13 Vgl. dazu die genauere Analyse des Magistrates bei Barth-Scalmani, Gunda: *Der Handelsstand in der Stadt Salzburg am Ende des 18. Jahrhunderts: Altständisches Bürgertum in Politik, Wirtschaft und Kultur.* Diss. Universität Salzburg 1992, S. 59-78.

14 MB, Bd.1, S. 86: Leopold Mozart an Lorenz Hagenauer aus Frankfurt, 13. August 1763.

15 Laut dem Schuldenverzeichnis in seinem Inventar von 1792, Salzburger Landesarchiv (im folgenden zitiert als SLA), Verlässe Stadtsyndikat Nr. 346.

16 Barth, Gunda: *Die Hagenauers. Ein Salzburger Bürgergeschlecht aus Ainring,* in: *Ainring Heimatbuch.* Tittmoning 1990, S. 311-313.

17 Martin, Franz: *Hundert Salzburger Familien.* Salzburg 1946, S. 44.

18 SLA, Hieronymus Kataster. Bd. 3: Realgewerbe, S. 1404.

19 MB, Bd. 5., S. 61. Die Angaben zum Erbe des I.A. Weisers sind hier nicht ganz richtig.

20 Weber, Max: *Wirtschaft und Gesellschaft. Grundriß der verstehenden Soziologie.* 5. rev. Aufl. Tübingen, S. 806 f.

21 Lospichl, Franz: *Die Familien Haffner und Triendl. Ein Beitrag zur Salzburger Familien- und Unternehmergeschichte.* Salzburg 1970, S. 24 und 65.

22 Köchel Verzeichnis Nr. 250.

23 SLA, Zinsbüchlein der Elisabeth Haffner, Handschrift M 81.

24 Breitinger, Friedrich: *Mozarts Taufpate, Kaufmann Gottlieb Bergmayr,* in: *Salzburger Volksblatt,* 28. März und 17. April 1964.

25 Zillner, *Salzburg.* Bd. 1, S. 347 (Kranzlmarkt Nr.2, heute Sigmund Haffnerg. Nr. 1).

26 MB, Bd.1, S. 222: Leopold Mozart an Lorenz Hagenauer, Paris 16. Mai 1766.

27 Ebenda, Bd. 2, S. 151: Leopold Mozart an seinen Sohn, Salzburg 27. Nov. 1777.

28 Ebenda, Bd. 2, S. 63-65: Mozart an seinen Vater, Augsburg 16. Oktober 1777.

29 Ebenda, Bd.2, S. 73: Leopold Mozart an seinen Sohn, Salzburg 18. Okt. 1777.

30 Der Vater des jungen Mannes, der sich mit Mozart filius die sozial deklassierenden Späße erlaubte, war übrigens im Augsburger Jesuitengymnasium und an der Universität Salzburg ein Kommilitone Leopolds gewesen. Dieser hatte also sehr genauen Einblick in des Augsburgers soziale und wirtschaftliche Verhältnisse (*MB,* Bd. 5, S. 371).

31 Bei diesem handelt es sich übrigens um den Vater des jungen Mannes, der Mozart den sozial deklassierenden Schabernack bereitet, Herrn von Langenmantel.

32 *MB, Bd. 2,* S. 72: Mozart an seinen Vater, Augsburg 14. Okt. 1777.

33 Zum besseren Verständnis dieser Stelle muß man wissen, daß in Salzburg der Stadtsyndicus der dem bürgerlichen Magistrat vom Erzbischof vorgesetzte, weisungsgebundene höchste Beamte war.

34 *MB, Bd. 2,* S. 72: Leopold Mozart an seinen Sohn, Salzburg, 18. Okt. 1777.

35 Martin, *Familien,* S. 197.

36 *MB, Bd. 1,* S. 267: Leopold Mozart an Lorenz Hagenauer, Wien 4. Juni 1768.

37 Ebenda, Bd. 5, S. 291.

38 Martin, *Familien,* S. 198.

39 *MB Bd. 2,* S. 184: Leopold Mozart an seinen Sohn, Salzburg, 11. Dez. 1777.

40 Ebenda, *Bd. 2,* S. 540: Leopold Mozart an seinen Sohn, Salzburg, 11. Jän. 1779.

41 Martin, *Familien,* S. 264.

42 Zillner, *Geschichte* Bd. 1, S. 370: Nr.16.

43 Martin, *Familien,* S. 196.

44 *MB, Bd. 1,* S. 204: Leopold Mozart an Lorenz Hagenauer, Den Haag, 19. Sept. 1765.

45 Ebenda, *Bd. 1,* S. 398: Leopold Mozart an seine Frau, Mailand, 27. Okt. 1770.

46 Ebenda, *Bd. 2,* S. 413: Leopold Mozart an seinen Sohn, Salzburg, 20. Juli 1778 und S.184 vom 11. Dez. 1777 sowie S. 324: Leopold Mozart an Frau und Sohn, Salzburg, 16. März 1778.

47 Ebenda, *Bd. 2,* S. 539: Leopold Mozart an seinen Sohn, Salzburg, 11. Jän. 1779.

48 Vgl. dazu Bourdieu, Pierre: *Die feinen Unterschiede. Kritik der gesellschaftlichen Urteilskraft.* Frankfurt 1984.

49 Zillner, *Geschichte Bd. 1,* S. 333, 334.

50 *MB, Bd. 1,* S. 426: Leopold Mozart an seine Frau, Vicenza, 14. März 1771.

51 Ebenda, *Bd. 1,* S. 445: Leopold Mozart an seine Frau, Mailand, 26. Okt. 1771.

52 Ebenda, *Bd. 1,* S. 191: Leopold Mozart an Lorenz Hagenauer, London, 9. Juli 1765.

53 Anton Triendl (1721-1796) führte ab 1772 , nach dem Tod seines Schwiegervaters Sigmund Haffner, die größte Salzburger Faktorei. Ausführlicher dazu Lospichl, Franz: *Die Familien Haffner und Triendl. Ein Beitrag zur Salzburger Familien- und Unternehmensgeschichte,* Salzburg 1970, S. 34-41.

54 Siehe Deutsch, Otto Erich: *Mozart und seine Welt in zeitgenössischen Bildern* (Wolfgang Amadeus Mozart: Neue Ausgabe sämtlicher Werke. Serie X, 32), Kassel, Basel, London 1961, Abb.11.

55 *MB, Bd. 2,* S. 151: Leopold Mozart an seinen Sohn, Salzburg, 27. Nov. 1777.

56 Hier meint er den bereits oben erwähnten Franz Gschwendtner, der öfters geschäftlich nach München fuhr.

57 Hier kann es sich nur um den oben erwähnten Franz Xaver Kerschbaumer handeln, da dessen Vater Johann 1775 verstorben war (SLA, Verlaß Stadtsyndicus Nr. 2140).

58 Dabei handelt es sich um einen der beiden Besitzer der Gebr. Freysauffschen Faktorei, Anton (1745-1826) oder Franz (1747-1817), die 1787 nach einem Konkurs versteigert werden mußte. Dazu Leopold an Nannerl am 7. Dez. 1785 *(MB, Bd. 3,* S. 466).

59 Raimund Felix Atzwanger (1742-1804), Spezereiwarenhändler in der Getreidegasse. Vgl. dazu Barth-Scalmani, *Handelsstand,* S. 265-269.

60 *MB, Bd. 3,* S. 176: Mozart an seinen Vater, Wien 24. Nov. 1781.

61 Vgl. dazu genauer: Ruppert, Wolfgang: *Bürgerlicher Wandel. Die Geburt der modernen deutschen Gesellschaft im 18. Jahrhundert.* Frankfurt 1984, S. 105-110.

62 Vgl. dazu die praxisorientierten Angaben in zeitgenössischen Werken wie z.B.: Flügel, Georg Thomas: *Der vornehmsten Handelsplätze in Europa erklärte Courszettel nebst anderen zu den Wechselgeschäften dienlichen Nachrichten.* Frankfurt 1785 und Roth, Johann Franz: *Allgemeiner und besonderer Wiener Kontorist, welcher von den Währungen, Münzen, Wechselarten und Usancen der vornehmsten in und außer Europa gelegenen Städte und Länder in alphabetischer Ordnung eine umständliche Nachricht ertheilet.* Wien 1787.

63 *MB, Bd.1,* S. 53 f.: Leopold Mozart an Lorenz Hagenauer, Wien, 19. Okt. 1762.

64 Ebenda, *Bd. 1,* S. 116: Leopold Mozart an Lorenz Hagenauer, Paris, 8. Dez. 1763.

65 Ebenda, *Bd. 2,* S. 480.

66 Ebenda, *Bd. 2,* Nr. 491, S. 484.

67 Ebenda, *Bd. 5,* 560.

68 Ebenda, *Bd. 1,* S. 108 f.: Leopold Mozart an Lorenz Hagenauer, Brüssel, 4. Nov. 1763.

69 Ebenda, *Bd. 2,* S. 125 f.: Maria Anna Mozart an ihren Mann mit einer Nachschrift Mozarts, 14. Nov. 1777.

70 Ebenda, *Bd. 2,* S. 140: Leopold Mozart an seinen Sohn, Salzburg, 24. Nov. 1777.

71 Ebenda, *Bd. 3,* S. 293: Mozart an seinen Vater, Wien, 6. Dez. 1783.

72 Ebenda, *Bd. 2,* S. 334 f.: Leopold Mozart an seinen Sohn, Salzburg, 6. April 1778.

73 SLA, kurfürstl. u. k.u.k. öster. Reg., R XXXV, A Nr. 16: „Unterthänige Beschwerschrift gegen eine hohe Landes Regierung von dem hiesigen Handelsstand" vom 6. Aug. 1804.

74 Elias, Norbert: *Mozart. Zur Soziologie eines Genies.* Hrsg. v. Michael Schröter. Frankfurt 1991, S. 35.

75 Ruppert, *Bürgerlicher Wandel,* S. 117.

76 Schivelbusch, Wolfgang: *Das Paradies, der Geschmack und die Vernunft. Eine Geschichte der Genußmittel.* Frankfurt, Berlin, Wien 1983, S. 59-80, 108-142.

77 Hammermayer, Ludwig: *Die Aufklärung in Salzburg,* in: Dopsch, Heinz und Hans Spatzenegger (Hrsg.): *Geschichte Salzburgs. Stadt und Land. Neuzeit bis zum Ende des geistlichen Fürstentums.* Bd. 2,2. Salzburg 1988, S. 395-410.

78 *MB, Bd. 2,* S. 73: Leopold Mozart an seinen Sohn, 18. Okt. 1777.

79 Ebenda, *Bd. 2,* S. 124: Mozart in der Nachschrift eines Briefes seiner Mutter an seinen Vater, 14. Nov. 1777.

80 Ebenda, *Bd. 2,* S. 78: Salzburg, 23. Okt. 1777.

81 Ebenda, *Bd. 2,* S. 382: Leopold Mozart an Frau und Sohn, Salzburg, 29. Juni 1778.

82 Ebenda, *Bd. 3,* S. 84: Leopold Mozart an seinen Sohn, Salzburg, 8. Jän. 1781.

83 Deutsch, Otto Erich: *Aus Schiedenhofens Tagebuch*, in: *Mozart Jahrbuch des Zentralinstitutes für Mozartforschung der Internationalen Stiftung Mozarteum 1957*. Salzburg 1958; S. 15-24, hier S. 20. Mozarts wohnten zu dieser Zeit bereits am Hannibalplatz (heute Makartplatz).
84 Martin, *Familien*, S. 117-121.
85 Zillner, *Geschichte* Bd. 1, S. 349.
86 Deutsch, *Tagebuch*, Eintragung vom 18. März 1775.
87 *MB, Bd. 1*, S. 400 und 402.
88 Ebenda, *Bd. 3*, S. 427: Leopold Mozart an seine Tochter, Salzburg, 14. Okt. 1785.
89 Zillner, *Geschichte* Bd. 1, S.363.
90 SLA, Hieronymus Kataster, Bd. 3 und Archiv SMCA, Stadtratsprotokolle, 15. Sept. 1779.
91 Deutsch, *Tagebuch*, S. 20.
92 Hübner, *Salzburg*, S. 506; Zillner, *Geschichte Bd. 1*, S.110, (heute Riedenburgstr. 9).
93 Klein, Herbert: *Un Friulano Amico del Giovane Mozart*, in: *Ce fastu*, 1963, Bd. 39, H. 1-6, S. 3-10; hier S. 3, Anm. 3.
94 *MB, Bd. 2*, S. 338 f.: Leopold Mozart an Frau und Sohn, Salzburg, 12. April 1778.
95 Deutsch, *Tagebuch*, S. 19 und 21.
96 Zur Familie Barisani: Martin, *Familien*, S. 239-240 und Schuler, Heinz: *Nachrichten über Salzburger Ärzte, Bader und Apotheker des 18. Jahrhunderts*, in: *Adler. Jahrbuch der heraldisch-genealogischen Gesellschaft*, Folge 3, Bd. 13 (1986/87), S. 163 f.
97 Bei Martin, *Familien*, S. 239 f. fehlt Sigmund.
98 Es ist vor dem sozialen Geflecht, das hier auseinandergenommen wird, kein Zufall, daß Josef die Tochter des wohlhabenden Neumarkter Handelsherrn Poschinger heiratete.
99 Vgl. die zahlreichen Erwähnungen in Leopold Mozarts Briefen an seine Tochter. *MB, Bd. 3*.
100 Martin, *Familien*, S. 149-151.
101 *MB, Bd. 5*, S. 323.
102 *Bd. 6*, S. 9.

INGRID MITTENZWEI

Zwischen Vergangenheit und Zukunft. Wiener Wirtschaftsbürger am Ende des 18. Jahrhunderts

Die knapp elf Jahre seines kurzen Lebens, die Mozart in Wien weilte, brachten ihn mit vielen Menschen aus unterschiedlichen Schichten zusammen. Einige von ihnen entstammten einer sozialen Gruppe, über deren Bezeichnung sich die Geschichtswissenschaft bis heute nicht einigen kann. Zu den neuen „Bürgerlichen" gehörend[1], jener Aufsteigerschicht, die „außerhalb der altständischen Sozialordnung"[2] hochkam, ist sie zwar dem „Wirtschaftsbürgertum"[3] zuzurechnen, aber nicht mit ihm gleichzusetzen. Sie repräsentierte vielmehr jene Schicht desselben, die in Handel und Gewerbe das kapitalistische Zeitalter vorbereiten half. Hans-Ulrich Wehler verwendet für sie schon den Begriff Bourgeoisie.[4] Die Übergangsverhältnisse, für die sie steht, lassen es allerdings angeraten erscheinen, diesen, im gegenwärtigen Verständnis mit der modernen kapitalistischen Gesellschaft verbundenen Terminus für das 18. Jahrhundert wenigstens durch das Attribut „frühe" zu relativieren.

Mozart kreuzte den Lebensweg von Männern und Frauen, die Teil dieser Aufsteigerschicht waren. Unter seinen Bekannten und Freunden finden sich Großhändler, Bankiers und Manufakturisten. Stellvertretend für andere seien hier nur Nathan Adam Arnsteiner[5], Thomas Ligthowler[6], Franz Wilhelm Natorp[7], Johann Michael Puchberg[8], Johann Baptist Puthon[9], Johann Thomas Trattner[10], Joseph Paul Weinbrenner[11] sowie Karl Abraham und Raimund Wetzlar von Plankenstein[12] genannt. Die Forschung hat sich mit ihnen allen schon beschäftigt, wenngleich sich über die einzelne Person mehr sagen läßt, als bisher geschehen. Mit Mozart kamen sie in Berührung, weil sie wie Arnsteiner mit ihm zeitweilig unter einem Dache wohnten bzw. ihm wie Trattner und Wetzlar von Plankenstein Logis gewährten, weil sie, so jedenfalls Ligthowler, Natorp, Puchberg, Puthon und Weinbrenner, wie der Komponist Freimaurer waren, sich also auch im Denken nahestanden und weil Mozart zu einigen von ihnen im Laufe der Jahre regelrecht freundschaftliche bzw. familiäre Kontakte entwickelte. Das läßt sich jedenfalls von den Wetzlars, Natorps, Trattners und Puchbergs sagen. An den letzteren richtete Mozart 1788–1791 nicht zufällig seine bekannten „Bettelbriefe".[13] Die Beziehungen zu ihm waren so eng, daß er ihn „Freund" und „Bruder"[14] (sprich Logenbruder) nannte. Mozart konnte bei Puchberg jederzeit unangemeldet erscheinen. Er speiste bei ihm, lud ihn zu Konzerten ein und wünschte sich bei seiner Rückkehr aus Berlin nichts sehnlicher, als daß ihm Frau und Freund zur letzten Poststation vor Wien entgegenführen.

Alle Genannten liebten schließlich die Musik. Wir finden sie unter den Subskribenten Mozartscher Konzerte. Die bekannte Liste von 1784 vereinte ihre Namen mit denen anderer Großkaufleute, Bankiers und sonstiger Unternehmer.[15] Außer ihnen finden sich im Verzeichnis Johann Adam Bienenfeld[16], ehemals Benjamin Moses Hönig, ein Jude, der 1775 zum Katholizismus übertrat, sein ebenfalls konvertierter Bruder Adam Albert Henikstein[17] und der aus der Schweiz stammende Calvinist Graf Fries.[18] Fügt man sie den bisher namentlich erwähnten Personen hinzu und erweitert deren Zahl auf zwölf, so erhält man einen brauchbaren Querschnitt durch die in Entstehung begriffene frühe Bourgeoisie.

Ihre Zahl war im Vergleich zur Gesamtbevölkerung Wiens winzig klein. Sie für das Jahrzehnt von 1780 bis 1790 genau zu beziffern, ist nicht möglich. Die erhalten gebliebenen Tabellen erlauben nur die in der Rubrik „förmliche Fabriken" erfaßten Eigentümer von Manufakturen namentlich zu benennen. Im Jahre 1790 waren es in Niederösterreich, also nicht nur in Wien, je nach Berechnungsmodus 109 bzw. 126[19]. Aber schon Herbert Hassinger hat darauf aufmerksam gemacht, daß sich unter den nicht einzeln aufgeführten Betrieben in den Tabellen, geht man vom Durchschnitt der bei ihnen Beschäftigten aus, großgewerbliche Unternehmen befunden haben müssen.[20] Die Zahl der Manufakturen war größer als 109 oder 126. Sie finden sich hauptsächlich im Seidengewerbe Wiens[21]; denn zwischen dem Land Niederösterreich und Wien hatte sich so etwas wie eine regionale Arbeitsteilung herausgebildet. In Niederösterreich produzierte man hauptsächlich Baumwollerzeugnisse[22], in Wien den Luxusartikel Seide. Aber auch andere Branchen in der Residenz besaßen ihre großgewerblichen Unternehmen: die Metallverarbeitung, die sich entwickelnde chemische Industrie und der Buchdruck[23]. Mit Trattner und Ligthowler begegnen uns zwei Repräsentanten des Buchhandels und des Buchdrucks auf der einen und der Metallwarenproduktion auf der anderen Seite.

Die übrigen hier namentlich Erwähnten waren in erster Linie Großkaufleute und Bankiers, von denen es zwischen 1780 und 1790 etwa 80 bis 100 gegeben haben muß. Eine nicht vollständige Liste aus dem Jahre 1797 nennt 77 Namen[24], eine weitere von 1803 einhundertundelf.[25] Aber ihre Summe, addiert mit der der Manufakturunternehmer, ergibt noch nicht die exakte Zahl der in der Residenz lebenden frühen Bourgeois. Es fehlen die Verleger, Teilhaber von Wiener Manufakturen sowie die Kompagnons von großgewerblichen Betrieben in anderen Teilen der Monarchie, die ihren Wohnsitz in der „Hauptstadt" hatten. Sie lassen sich durch die Tabellen meist gar nicht oder nur in ihrem Hauptberuf fassen. Arnsteiner, Puthon und Weinbrenner, allesamt Großkaufleute, gehörten beispielsweise zu den Teilhabern größerer Betriebe im niederösterreichischen Baumwoll- und im mährischen Wollgewerbe[26]. Es ist also eine zusätzliche, umfangreiche Quellenarbeit nötig, um wenigsten annähernde Werte zu erhalten. Diese anderen Quellen eingeschlossen, die neben den

Tabellen die Grundlage für die Erarbeitung einer Kartei der frühen Bourgeoisie in Wien und Niederösterreich bildeten[27], wird man für das Jahrzehnt von 1780 bis 1790 von 271 Personen ausgehen müssen, wohlgemerkt ohne die nicht faßbaren Eigentümer kleinerer Manufakturen. Wien war damit zweifellos die Stadt in der Habsburger Monarchie, in der der Entstehungsprozeß der frühen Bourgeoisie kulminierte.

Diese Tatsache darf jedoch nicht verdecken, daß die entstehende Schicht, zur Gesamtbevölkerung der Residenz ins Verhältnis gesetzt, klein war. Sie bildete eine zum Teil außerhalb der ständischen Ordnung stehende großbürgerliche Elite, die den Zeitverhältnissen entsprechend eine eigenartige Zwischenstellung zwischen dem in Zünften und Gilden gebundenen Bürgertum des Mittelalters und der frühen Neuzeit und der der freien Konkurrenz unterliegenden Bourgeoisie des kapitalistischen Zeitalters einnahm. Teilweise noch gefesselt an das Gestern, stellte sie doch das dynamische Element dar, das zumindest auf Wirtschaftlichem Gebiet Wege in die Zukunft bahnte.

Diese frühe Bourgeoisie in Wien war eine nach ihrer geographischen Herkunft sowie ihrem religiösen Bekenntnis außerordentlich heterogene Schicht. Das bestätigt schon ein Blick auf unsere zwölf Gewährsleute. Acht von ihnen kamen aus der Habsburgischen Monarchie, vier aus Wien, einer aus Niederösterreich, drei aus Böhmen, also den in gewerblicher Hinsicht entwickeltsten Gebieten des Staates. Die übrigen vier entstammten dem Reich (zwei), der Schweiz und England. Sie widerspiegeln die Gesamtverhältnisse damit nur ungefähr, denn das Einzugsgebiet für Großkaufleute, Bankiers und Manufakturisten in der Residenz war breiter.

Geographische Herkunft der Wiener frühen Bourgeoisie von 1780–1790[28]

Geogr. Herkunft	Zahl	Prozent
Wien	56	32,0
Übrige habsburg. Länder	34	19,4
Reich	41	23,4
Schweiz	21	12,0
Italien	11	6,2
Frankreich	6	3,4
England	3	1,7
Griechenland	2	1,1
Holland	1	0,5

Von 96 Personen war die geographische Herkunft nicht zu ermitteln.

Von den etwa 175 Unternehmern, deren geographische Herkunft wir kennen, waren also 56 gebürtige Wiener. Sie dokumentieren eine gewisse Kontinuität der Entwicklung. Wenn auch anfangs nur allmählich, entstanden im Ballungsraum Wien mit der Konzentration von Hof, Hochadel, Bürokratie und Wissenschaft sowie dem Zustrom vieler Menschen aus der näheren oder ferneren Umgebung die Voraussetzungen für einen Aufschwung von Handel und Gewerbe. Die aus der Residenz stammenden Träger dieses Trends mögen Generationen zuvor in die Stadt gezogen sein. In den achtziger Jahren erscheinen sie wie Nathan Adam Arnsteiner fest etabliert. Der jüdische Großkaufmann und Bankier repräsentierte die dritte Generation der Arnsteiners[29], die einst nach Wien gekommen waren, um mit den Habsburgern Geschäfte zu machen. Noch der Vater Nathan Adams, Adam Isaak, verfügte über eine offizielle Ernennung als Hoffaktor.[30] Der Großhändler und Manufakturunternehmer Puthon, schon in Wien geboren, führte das Unternehmen in zweiter Generation.[31] Sein Vater, ein Niederlagsverwandter, stammte wohl aus Frankreich.[32] Von den beiden Wetzlars kam Karl Abraham, auch er Hoffaktor, aus dem süddeutschen Raum[33], während der Sohn und Freund Mozarts, Raimund, in Wien geboren, ausgestattet mit dem enormen Erbe seines Vorfahren, auf gesicherter Grundlage als Immobilienhändler und Immobilienbesitzer in Erscheinung treten konnte. Der vierte schließlich, Joseph Paul Weinbrenner, war das Kind Wiener Bürgersleute, dem die zweite Ehe seiner Mutter mit einem Kürschner, bei dem Weinbrenner das Handwerk erlernte, den Start ins Leben und den rasanten Aufstieg erleichterte.[34] Weinbrenners Beispiel zeigt exemplarisch, wie sich allmählich und gegen Jahrhundertende beschleunigt aus dem mit dem Handwerk verbundenen Wiener Bürgertum Kräfte entwickelten, die den Sprung in ein neues Zeitalter vorbereiten halfen.

Von den 41 Unternehmern aus anderen Teilen der Monarchie kamen viele, so auch Bienenfeld, Henikstein und Trattner, aus Böhmen und Mähren. Ungarn stellte gleichfalls ein bevorzugtes Einzugsgebiet für Wien dar.

Obwohl die wirtschaftlichen und sozialen Voraussetzungen für den Übergang zum Kapitalismus in Österreich selbst wuchsen und im Jahrzehnt von 1780 bis 1790 schon mehr als die Hälfte der Großkaufleute, Bankiers und Manufakturunternehmer Wiens der Monarchie entstammte[35], blieb das Land und blieb Wien auf den Zuzug potenter Bürger aus anderen Staaten angewiesen. Die Zahl der Einwanderer aus der Schweiz, Italien, Frankreich, England und dem Reich mag vergleichsweise gering gewesen sein. Aber hinter ihr verbergen sich Prozesse von weitreichender Bedeutung. Über diese Einwanderer vollzog sich ein Technologietransfer aus weiter fortgeschrittenen Staaten.[36] Die damals wichtige Bandproduktion hätte ohne die Schweizer Immigranten nicht zu solcher Blüte gelangen können[37], ebenso wie das Bankwesen Wiens von Schweizern[38] und Juden beherrscht wurde. Die Metallwarenindustrie erhielt, Ligthowler ist ein lebendiges Zeugnis dafür, entscheidende Impulse aus England[39], während die Franzosen auf die Seidenwarenerzeugung einwirkten. Die frühe Bourgeoisie Wiens, im behandelten Zeitraum schon in der Mehrheit aus Österreichern, Böhmen, Mähren und Ungarn bestehend, erfuhr somit einen Kraftzuwachs aus fortgeschrittenen Ländern Europas und aus dem Reich. Darin widerspiegelt sich die ökonomische Situation des Vielvölkerstaates, der unter Maria Theresia beschleunigt Rückstände aufgeholt hatte, aber immer noch im Vergleich zu England, Frankreich und der Schweiz zu den „Entwicklungsländern" gehörte.[40]

Zur Vielfalt der geographischen Herkunft kam die des religiösen Bekenntnisses. Unter den zwölf Bekannten Mozarts befanden sich sechs Katholiken, fünf Juden, davon vier zum Katholizismus konvertierte, und ein Protestant. Aber auch diesmal hat der Zufall das Bild verschoben. Die Juden, einschließlich der Konvertierten, machten nur 20 Prozent der Wiener frühen Bourgeoisie aus.[41] Wenn sie im Bekanntenkreis Mozarts überdurchschnittlich hoch vertreten waran, dann spricht das, wie schon Braunbehrens bemerkte[42], für die Vorurteilslosigkeit des Musikers. 27,5 Prozent waren Protestanten, Lutheraner und Calvinisten. Von 185 Personen kennen wir das religiöse Bekenntnis allerdings nicht. Die hier genannten Zahlen stellen also immer nur annähernde Werte dar.

Diese Multikonfessionalität widerspricht in gewisser Weise dem Bild, das man sich von dem „erzkatholischen" Österreich und der wenig toleranten Haltung Maria Theresias macht. Sie war der relativen Rückständigkeit der österreichischen Monarchie geschuldet. Ohne Immigranten konnte man sie nicht überwinden. Monarchin wie Bürokratie betrieben daher eine bewußte Einwanderungspolitik, die im Falle von Andersgläubigen Ausnahmeregelungen gewährte. Die Multikonfessionalität der frühen Bourgeoisie in Wien war somit das direkte Resultat der vom Staat praktizierten Politik.

Trotzdem wird man bis zum Toleranzedikt Josephs II. nicht von einer Gleichberechtigung der Protestanten und Ju-

Wien: Kohlmarkt, Stich von Karl Schütz, 1786.

den reden können.[43] Erstere waren in der Ausübung ihres Gottesdienstes eingeschränkt, was einem Manne wie Fries, reich und in persönlichem Kontakt zu Aufklärern, so viel nicht ausmachte, denn er besaß die Möglichkeit und die materiellen Voraussetzungen, private Andachten abzuhalten. Anders die Juden! Sie stellten eine in religiöser wie in wirtschaftlicher Hinsicht durch staatliche Restriktionen eingeschränkte, vom Vorurteil der Herrschenden und des Volkes geknebelte Minderheit dar.[44] Bis zum Toleranzpatent von 1782 hatten sie auch auf wirtschaftlichem Gebiet keine freien Entfaltungsmöglichkeiten. Der Großhandel war ihnen untersagt; es sei denn Juden wie Wetzlar und Arnsteiner betätigten sich als Hoffaktoren. Aus diesem Grunde akzeptierte selbst die Hofkanzlei in ihrer Stellungnahme auf eine Joseph II. zugespielte Eingabe, die sicher zum Erlaß des Patentes beigetragen hat, die Kritik des Verfassers „wegen der den Juden zu sehr versperrten Nahrungsweege".[45] Der hier mehrfach erwähnte Adam Albert Hönig, später von Henikstein, konvertierte 1778 zum Katholizismus, um noch im gleichen Jahr die Großhandelsbefugnis erwerben zu können.[46] Erst das Edikt von 1782 schuf Abhilfe, wenngleich noch viele Einschränkungen blieben. Immobilienbesitz, für eine Wirtschaftstätigkeit im großen oft unerläßlich, war den Juden weiterhin versagt.[47]

Doch die Wiener Jahre Mozarts waren zugleich die der josephinischen Reform, die so manche Beschränkung für die religiösen Minderheiten, auch für Juden, beseitigte. Haben Juden und Protestanten auf die Gesetzgebung eingewirkt? Wenn nicht, wie, wenigstens, nahmen sie sie auf?

Eine direkte Einflußnahme ist nicht nachzuweisen. Im Falle der jüdischen Minderheit hat man auf die bereits erwähnte anonyme Zuschrift verwiesen. Es besteht die Vermutung, daß sie vom Geheimsekretär des Kaisers, Valentin Günther, stammte, mit dem die Schwester Fanny Arnsteiners in freier Liebe zusammenlebte. Aber daß die Denkschrift tatsächlich aus dem Kreis der Arnsteiners kam, läßt sich nicht beweisen. Dafür kennen wir die Reaktion auf das Patent: Freude, ja Überschwang auf der einen, Skepsis und Zurückhaltung auf der anderen Seite prägten die Stimmung, die damals unter den Juden Wiens geherrscht haben muß. Vom Gefühl der Dankbarkeit durchdrungen war der dramatische Versuch des Benedikt David Arnsteiner.[48] Wenngleich als literarisches Erzeugnis ohne Bedeutung, widerspiegelte es doch die Empfindungen derjenigen, die den Erlaß als Befreiung aus der Sklaverei, als Sieg über erniedrigende Vorurteile betrachteten. „... welch glückliche Aussicht für unsere Nachkömmlinge, da ihnen verschiedene Wege offen stehn sich als rechtschaffene brave Männer und Bürger ernähren zu können und nicht mehr wie in vorigen Zeiten des Fanatismus für uns alle Quellen versiegt sind", so lassen sich im Stück zwei alte Juden vernehmen, deren Kinder einander heiraten wollten.[49] Wo nicht Begeisterung die Feder führte, gab es auch Vorbehalte[50] und Kritik an der Unzulänglichkeit des Ediktes. Und so nimmt es nicht Wunder, daß bald ein langwieriger, zäher, auch nach dem Tode Josephs II. andauernder Kampf im Stillen um einzelne Verfügungen einsetzte, unter anderem um den Paragraphen über die Besitzunfähigkeit der Juden.[51] Großhändler und Bankiers haben sich maßgeblich daran beteiligt.

Multireligiösität und breit gefächerte geographische Herkunft waren nur zwei Merkmale innerer Differenziertheit der neu entstehenden Schicht, die sozial die Muttermale ihrer Herkunft aus dem Handwerk, der Kaufmannschaft, dem Beamtentum und vereinzelt auch aus dem Bauernstand trug.[52] Unter anderem damit hing das Zwiespältige ihres Tuns zusammen. Während sie einerseits durch die Anhäufung von Kapital, mit dessen Hilfe sie große Handelsgeschäfte betrieb, als Kreditgeber des Staates auftrat und das sie zum Teil schon in der Produktion anlegte, zur Destabilisierung der bestehenden Sozial- und Wirtschaftsordnung sowie zum Entstehen kapitalistischer Verhältnisse beitrug, drängte es die potenteren Großhändler, Bankiers und Manufakturunternehmer andererseits jedoch, es dem Adel gleich zu tun, sich um eine Nobilitierung zu bewerben und die Lebensweise der Aristokratie nachzuahmen. Als „feudale Sehnsucht" hat Franz Putz dieses Streben bezeichnet.[53] Sicher war nur die Spitze der frühbourgeoisen Schicht von dieser „Sehnsucht" ergriffen. Die große Mehrheit, zum Teil noch selbst in ihren Werkstätten arbeitend, hielt am bürgerlichen Lebensstil fest, für den sich in einer Beschreibung von Ignaz de Luca Vokabeln wie Sparsamkeit, Mäßigkeit und Reichtum, nicht aber Verschwendungssucht finden.[54]

Doch die Bekannten Mozarts gehörten zu den „Großbürgern". Auch ihnen war Rechenschaftigkeit nicht fremd, bedenkt man die gewissenhaften Notierungen Puchbergs über die Mozart geliehenen Gelder.[55] Aber der Aufstieg in den Adel war, auch wenn der deutsche Kameralist Johann Michael Loen den „Kaufmannsadel" gegen den Vorwurf der Verschwendungssucht verteidigte[56], mit dem Zwang zur Repräsentation verbunden. Zu Mozarts Zeiten hatten bereits sieben der hier in nähere Betrachtung gezogenen zwölf Männer den Adelstitel erhalten. Vier folgten später. Sie gehörten zu den insgesamt 95 Geadelten dieser Schicht.[57] Meist war der Verleihung ein persönliches Gesuch vorausgegangen.[58] Die Juden wollten, wie ihre Bittschriften beweisen, auf diese Weise Einschränkungen überwinden. Dem hier noch nicht erwähnten Bruder Adam Albert Henikssteins, Israel[59], ging es beispielsweise wie Karl Abraham Wetzlar[60] um die Grundbesitzfähigkeit. Die Christen unter den Geadelten sahen diesen Akt als Belohnung für ihre Dienste um die Wirtschaft an. Sie versprachen sich von ihm, wie Trattner, mehr Ansehen, „welches aber meinen Werken noch mehrere Aufnahme verschaffen kann."[61] In der Tat drückten die Monarchen auf diese Weise ihre Wertschätzung gegenüber denjenigen aus, die sich um den Staat verdient gemacht hatten. In Einzelfällen verliehen sie, so bei Arnsteiner und Fries, den Adel auch ohne vorhergehendes Gesuch.

Die Nobilitierung war keine bloße Formalität. Sie zeitigte gesellschaftliche Wirkungen. Von der Aristokratie anfangs scheel angesehen, von der hohen Beamtenschaft aber angenommen, begannen die Geadelten allmählich so zu leben wie der erste Stand. Man ließ Stadtpalais errichten oder lebte doch in bequem eingerichteten repräsentativen Häusern. Erinnert sei nur an den Palast des Grafen Fries am Josephsplatz, erbaut durch den Hofarchitekten Johann Ferdinand Hetzendorf von Hohenberg[62], an den Trattnerhof sowie den Erwerb des Hartmann-Liechtensteinschen Freihauses, immerhin für 56.500 Gulden, von dem hier noch nicht erwähnten Großhändler und Bankier Johann Jacob Franck.[63] Puthon war Eigentümer des Althanschen Palastes in der Roßau und des am tiefen Graben gelegenen Hohen Hauses.[64] Adam Albert Hönig kaufte 1783 ein Haus in der Kärntner Straße.[65] Arnsteiner, der als Jude lange um die Grundbesitzfähigkeit kämpfte[66], mietete von der Tochter Natorps ein großes Gebäude am Hohen Markt für 5000 Gulden jährlich.[67] Aber er besaß immerhin ein Sommerschlößchen.

Auch andere zogen sich während der heißen Jahreszeit aufs Land zurück, wo sie Grund und Boden erworben hatten. Viele verbrachten zwei Tage in Baden. Caroline Pichler hat das trefflich geschildert.[68] Daß man über Grundbesitz verfügte, war oft schon eine Notwendigkeit, wenn man außerhalb Wiens Manufakturen betreiben wollte. Aber auch um Güter ging es den Geadelten. Fünf der hier im Mittelpunkt stehenden zwölf Männer erwarben solche. Daß es nicht mehr waren, spricht immerhin dafür, daß noch Handel und Gewerbe die eigentliche Lebenssphäre der frühbourgeoisen Schicht bildeten. Bei den Söhnen und Enkeln aber hatte sich das Schwergewicht zum Teil schon verschoben. Die Wetzlars von Plankensteins, liefern ein treffendes Beispiel dafür.[70]

Allerdings trügt das hier gezeichnete Bild in gewisser Weise. Wieder war es der Zufall der Bekanntschaft mit Mozart, der die Proportionen verschob. Die meisten Großhändler, Bankiers und Manufakturisten, vor allem die vielen kleinen Unternehmer, blieben bei ihrem Metier. Und es läßt sich häufig sogar eine betriebliche oder familiäre Kontinuität bis zur Industriellen Revolution feststellen. Doch Mozart verkehrte mit den „Großen". Es war der Bildungsstand, die Mitgliedschaft in Freimaurerlogen, die Liebe zur Musik und die in ihren Häusern gepflegte Geselligkeit, die den Musiker hauptsächlich mit den Spitzen dieser Schicht in Kontakt brachte. Man musizierte viel und fand sich gemeinsam mit Aristokraten in Konzerten und im Theater ein. Folgt man dem von Hilde Spiel aufgezeichneten Leben Fanny Arnsteiners, so scheint der tägliche Theater- oder Konzertbesuch keine Seltenheit gewesen zu sein. Danach blieb man mit Freunden beisammen. So entstanden Salons, deren Seele die Frauen waren.

Ob man genausoviel las, ist indes fraglich. Merkwürdigerweise liefert die zeitgenössische Reise- und Memoirenliteratur eher den gegenteiligen Befund. Auch in den Verlassenschaftsabhandlungen[71] taucht nur selten der Hinweis auf Bücher auf. Doch dieser Eindruck kann trügen, berücksichtigt man das geistige Klima jener Jahre. Zu bedenken geben sollte auch die Tatsache, daß Kontakte zwischen präkapitalistischer Elite und Aufklärern keine Ausnahmeerscheinung waren. Sonnenfels unerhielt enge Beziehungen zu dem Calviner Fries. Der Aufklärer widmete ihm den zweiten Band seiner Gesammelten Schriften als Dank für einen aus den Betrieben des Grafen stammenden Fußteppich. Die eigenen Bemühungen um die Wissenschaft und die Versuche des Bankiers „zur Belebung der Aemsigkeit" gleich hoch bewertend, bezeichnete er Intellektuelle wie Unternehmer als „nützliche Bürger des Staates".[72] Auch bei den Arnsteiners verkehrte der Aufklärer[73], wie er überhaupt mit denjenigen jüdischen Familien in Verbindung stand, die zum Katholizismus konvertierten.[74] Weinbrenner war nicht nur mit Künstlern und reformfreudigen Beamten auf vertrautem Fuß, wir kennen von ihm auch Bücher, die sich analytisch mit dem Zustand der Wirtschaft befaßten.[75] „Gut macht Muth", äußerte Loen in seiner Verteidigung des „Kaufmannsadels". Die Nobilitierten würden nicht deswegen einen großen Aufwand betreiben, weil sie sich einbildeten, vornehm zu sein, sondern weil sie ihr Glück gemacht hätten und reich geworden seien.[76] In der Tat, es waren die Großunternehmen dieser bürgerlichen Elite, die die materiellen Voraussetzungen für einen solchen Lebensstil und für einen geselligen Umgang boten, der sie mit Mozart in Beziehung brachte.

Anmerkungen:

1 Rudolf Vierhaus sprach 1967 schon von den „Bürgerlichen" im neuen Sinne. Vgl. den 2.Abdruck des Vortrags *Zur politischen und sozialen Wirklichkeit Deutschlands im 18. Jahrhundert,* in: *Aufklärung, Absolutismus und Bürgertum in Deutschland.* Hrsg. v. Franklin Kopitzsch. München 1976, S. 180. Ähnlich der Herausgeber selbst, der den Ausdruck neue „bürgerliche" Kräfte benutzt. Ebda., S. 35. Wehler, Hans-Ulrich: *Deutsche Gesellschaftsgeschichte, Bd. 1: Vom Feudalismus des Alten Reiches bis zur Defensiven Modernisierung der Reformära 1700–1815.* München 1987, scheidet auf S. 203 „scharf" Stadtbürgertum, die neuen „Bürgerlichen und Staatsbürger".

2 Wehler, *Gesellschaftsgeschichte,* S. 204.

3 Gewöhnlich werden Wirtschaftsbürgertum und Bildungsbürgertum als „Kerne" des Bürgertums im 19. Jahrhundert bezeichnet. Vgl. Kocka, Jürgen: *Bürgertum und bürgerliche Gesellschaft im 19. Jahrhundert. Europäische Entwicklungen und deutsche Eigenarten,* in: *Bürgertum im 19. Jahrhundert. Deutschland im europäischenVergleich.* Hrsg. v. Jürgen Kocka unter Mitarbeit von Ute Frevert, Bd. 1. München 1988, S. 12, der allerdings den Begriff Bourgeoisie verwendet. Das genannte dreibändige Werk benutzt als Gliederungsprinzip jedoch die Termini „Wirtschaftsbürger – Bildungsbürger". Vgl. ebda., Bd. 2, S. 5 u. 7. Man wird, wie eine in Arbeit befindliche Monographie von Matthias Hahn über Kursachsen zeigt, das Handwerk jedoch nicht völlig aus der Schicht der neuen „Bürgerlichen" ausschließen können. Wehler, *Gesellschaftsgeschichte,* S. 203–210, tut das faktisch. Das „Wirtschaftsbürgertum", wenn man diesen Begriff schon benutzt, war also breiter als die hier behandelte Gruppe von Großhändlern, Bankiers, Manufakturunternehmern und Verlegern.

4 Wehler, *Gesellschaftsgeschichte,* S. 203.

5 Stadt- und Landesarchiv Wien (= WStLA), Merkantil- und Wechselgericht, Fasz. 3, A 19; Wachstein, Bernhard: *Die Inschriften des alten Judenfriedhofes in Wien. Bd.* 2. Wien, Leipzig 1917, S. 462–466. (Quellen und Forschungen zur Geschichte der Juden in Deutsch-Österreich); Komanovits, Renate: *Der Wirtschaftsadel unter Kaiser Franz II.* (I.) von 1792–1815. Phil. Diss. Wien 1974, S. 259. N.A. Arnsteiner findet in vielen weiteren Werken kurze Erwähnung. Vgl. an neueren Arbeiten: Jäger-Sunstenau, Hanns: *Die geadelten Judenfamilien im vor-*

märzlichen Wien. Phil. Diss. Wien 1950, Bd. I, S. 106–107; Karniel, Joseph: *Die Toleranzpolitik Kaiser Joseph II.* Gerlingen 1985, S. 255–257, 455, 510–512; Dickson, P. G. M.: *Finance and government under Maria Theresia 1740–1780,* Volume I. Oxford 1987, S. 149–150. Von Bedeutung auch für seine Person das Buch von Spiel, Hilde: *Fanny von Arnstein oder die Emanzipation. Ein Frauenleben an der Zeitenwende 1758–1818.* Frankfurt am Main 1962.

6 WStLA, Merkantil- und Wechselgericht, Fasz. 3, L 32; Allgemeines Verwaltungsarchiv (= AVA), Adelsakten Thomas Ligthowler, 5. 5. 1795 (E); Otruba, Gustav: *Englische Fabrikanten und Maschinisten zur Zeit Maria Theresias und Joseph II,* in: *Tradition,* Bd. 12 (1967), S. 365–377; Komanovits, *Der Wirtschaftsadel,* S. 110; Freudenberger, Hermann: *Technologie-Transfer von England nach Deutschland und insbesondere Österreich im 18. Jahrhundert,* in: *Technologischer Wandel im 18. Jahrhundert.* Vorträge gehalten anläßlich des 7. Wolfenbütteler Symposiums vom 9.–12. Oktober 1978 in der Herzog-August-Bibliothek. Hrsg. v. Ulrich Troitsch. Wolfenbüttel 1981, S. 105–124. (Wolfenbütteler Forschungen. 14).

7 Stadt- und Landesarchiv Wien, Merkantil- und Wechselgericht, Fasz. 3, N 3; AVA, Adelsakten Franz Wilhelm von Natorp, 21. 2. 1801 (E); Komanovits, Der Wirtschaftsadel, S. 119, 209.

8 Stadt- und Landesarchiv Wien, Merkantil- und Wechselgericht, Fasz. 3, B 115; AVA, Adelsakten Johann Michael Puchberg, 6. 11. 1793 (E).

9 AVA, Adelsakten Johann Baptist Puthon, 15. 10. 1777 (E), 25. 4. 1811 (E); Beschreibung der Handlung und des Industriefleißes der k. k. Haupt- und Residenzstadt Wien oder merkantilischer Wegweiser durch Wien und das Erzherzogthum Oesterreich. Wien 1803, S. 76; Matis, Herbert: *Die Manufaktur und frühe Fabrik im Viertel unter dem Wiener Wald. Eine Untersuchung der großgewerblichen Anfänge vom Zeitalter des Merkantilismus bis 1848.* Phil. Diss. Wien 1965, S. 132; ders., *Die Ansätze der Industrie im Wiener Becken,* in: *Die Anfänge der Industrie in Niederösterreich.* Hrsg. von Helmuth Feigl und Andreas Kusternig. Wien 1982, S. 211; Komanovits, *Der Wirtschaftsadel,* S. 208; Putz, Franz: *Die österreichische Wirtschaftsaristokratie von 1815–1859.* Phil Diss. Wien 1975, S. 435–437; Dickson, *Finance,* S. 426.

10 AVA, Adelsaken Johann Thomas Trattner, 23. 6.1764 (E); Wurzbach, Constant von: *Biographisches Lexikon des Kaiserthums Oesterreich,* Bd. 46, Wien 1882, S. 285–291; Deutsch, Otto Erich: *Mozart und die Wiener Logen. Zur Geschichte der Freimaurer-Kompositionen.* Wien 1932, S. 28, Anm. 3; Cloeter, Hermine: *Johann Thomas Trattner,* Graz, Köln 1952; Giese, Ursula: *Johann Thomas Edler von Trattner.* Phil. Diss. Köln 1959; Mentschl, Josef: *Österreichische Wirtschaftspioniere.* Wien 1959, S. 10–23; Matis, *Die Manufaktur,* S. 401.

11 AVA, Adelsakten Joseph Paul Weinbrenner, 30. 3. 1795 (E); Wurzbach, *Lexikon,* Bd. 54, Wien 1886, S. 23–26; Deutsch, *Mozart und die Wiener Logen,* S. 6, 28 Anm. 8; Putz, *Wirtschaftsaristokratie,* S. 472–473.

12 AVA, Adelsakten Carl Abraham Wetzlar, 23. 11. 1777 (R); *Abdruck des Adelsgesuches,* in: *Archiv für jüdische Familienforschung,* Jg. 1912, H. 4, 5, 6, S. 10–13; Wurzbach, *Lexikon,* Bd. 55, S. 191–192; Wachstein, Bernhard: *Carl Abraham Freiherr von Wetzlar und seine Nachkommen,* in: *Archiv für jüdische Familienforschung,* Jg. 13, H. 2, 3, S. 2–17; ders., *Das Testament der Baronin Eleonora Wetzlar von Plankenstein,* in: Ebd., Jg. 1912, H. 4, 5, 6, S. 4–9.

13 Vgl. Mozart. *Briefe und Aufzeichnungen.* Gesamtausgabe. Hrsg. W. A. Braun und O. E. Deutsch, Kassel, Basel, Paris, London, New York 1963, Bd. IV, S. 64–69, 92–95, 103–113.

14 Ebenda, S. 65, 69–70, 92, 94–95, 102, 106, 108, 110–111.

15 Schuler, Heinz: *Mozarts Akademien im Trattnersaal 1784. Ein Kommentar zum Mozart-Brief: Wien, 20. März 1784,* in: *Mitteilungen der Internationalen Stiftung Mozarteum,* Jg. 38, S. 1–47.

16 Portheim, Max von: *Nachrichten über Convertiten im 18. Jahrhundert,* in: *Archiv für jüdische Familienforschung,* Jg. 1913, H. 4, 5, 6, S. 8.

17 AVA, Adelsakten Adam Albert Hönig, 19. 1. 1784 (E). Über die Familie Hönig vgl. Jäger-Sunstenau, *Die geadelten Judenfamilien,* Bd. 1, S. 38–39, sowie den Stammbaum derselben, Bd. 2, S. 131–132; dort auch die bis dahin erschienene Literatur. Ferner: Gladstein-Kestenberg, Ruth: *Neuere Geschichte der Juden in den böhmischen Ländern.* Tübingen 1969, S. 109; Komanovits, *Der Wirtschaftsadel,* S. 351–354, Karniel, *Toleranzpolitik,* S. 268, 509; Dickson, *Finance,* S. 151–153.

18 Stadt- und Landesarchiv Wien, Merkantil- und Wechselgericht, Fasz. 3, FVU 5; Hofkammerarchiv (HKA) Wien, Commerz Niederösterreich, rote Nr. 208; Keeß, Stephan Edler von: *Beschreibung der Fabricate, welche in den Fabriken, Manufacturen und Gewerben des österreichischen Kaiserstaates erzeugt werden,* Bd. 1. Wien 1820, S. 204; Matis, Herbert: *Die Grafen von Fries. Aufstieg und Untergang einer Unternehmerfamilie,* in: *Tradition,* Jg. 4 (1967), S. 484–496. Dort auch die wichtigste Literatur.

19 Otruba, Gustav: *Neue Forschungen zur Geschichte von Wirtschaft und Gesellschaft in Niederösterreich unter Maria Theresia, Joseph II. und Leopold II.,* in: *Unsere Heimat,* Jg. 51 (1980), H. 4, S. 278, gibt unter Berücksichtigung von Herbert Hassingers Bedenken die Zahl von 126 „echten Manufakturen" an; Hassinger, Herbert: *Der Stand der Manufakturen in den deutschen Erbländern der Habsburgermonarchie am Ende des 18. Jahrhunderts,* in: *Die wirtschaftliche Situation in Deutschland und Österreich um die Wende vom 18. zum 19. Jahrhundert. Bericht über die Erste Arbeitstagung der Gesellschaft für Sozial- und Wirtschaftsgeschichte in Mainz 4.–6. März 1964.* Hrsg. von Friedrich Lütge. Stuttgart 1964, S. 146, vermerkt 109.

20 Ders., S. 130–131. Im Seidenzeug-, Samt- und Dünntüchelgewerbe hatten 1790 beispielsweise 284 Meister im Durchschnitt 10,6 Webstühle in Betrieb. Vgl. HKA, Commerz Niederösterreich, rote Nr. 122.

21 Die Entwicklung des Seidengewerbes in Wien hat seit dem frühen 19. Jahrhundert das Interesse der Historiker gefunden. Die wichtigsten Arbeiten sind: Demian, Johann Andreas: *Die Seiden-Manufakturen in Österreich unter der Enns,* in: *Archiv für Geographie und Statistik,* Bd. 1 (1804), S. 230–235; Bujatti, Franz: *Die Geschichte der Seiden-Industrie Oesterreichs, deren Ursprung und Entwicklung bis in unsere Zeit.* Wien 1893; Deutsch, Helene: *Die Entwicklung der Seidenindustrie in Österreich 1660–1840.* Wien 1909; Bucek, Margarete: *Geschichte der Seidenfabrikanten Wiens im 18. Jahrhundert 1770–1792. Eine wirtschafts-kulturhistorische als auch soziologische Untersuchung.* Wien 1974.

22 Noch immer unverzichtbar: Hofmann, Victor: *Die Anfänge der österreichischen Baumwollwarenindustrie in den österreichischen Alpenländern im 18. Jahrhundert,* in: *Archiv für österreichische Geschichte,* Bd. 110, 2. Hälfte (1926). Darüber hinaus gab es eine Vielfalt von Branchen, was Matis veranlaßte, in diesem Raum gleichsam einen Querschnitt durch die damalige Industrie zu konstatieren. Vgl. Matis, *Die Ansätze,* S. 85.

23 All das läßt sich anhand der in Anm. 20 erwähnten, im HKA befindlichen Tabellen erschließen.

24 Friess, Edmund: *Die Darlehen der Wiener Großhändler, Juden und Griechen zum Wiener Allgemeinen Aufgebote im Jahre 1797,* in: *Monatsschrift Adler,* Bd. IX (1921), S. 106–108.

25 Beschreibung der Handlung und des Industriefleißes, S. 137–142.

26 Arnsteiner war Teilhaber der Himberger Kattunmanufaktur, vgl. Matis, *Die Ansätze,* S. 127, Puthon erst Teilhaber, dann Eigentümer der Sassiner Baumwollmanufaktur sowie Teilhaber der Tuchfabrik in Namiest in Böhmen. Ebd., S. 211; Putz, *Wirtschaftsaristokratie,* S. 436; AVA, Adelsakten (vgl. Anm. 9), fol. 3. Weinbrenner besaß Anteile an der Wollzeugmanufaktur in Mährisch-Neustadt. Vgl. AVA, Adelsakten Joseph Paul Weinbrenner, 30. 3. 1795 (E).

27 Die Kartei wurde auf der Grundlage von Quellen aus dem HKA, dem AVA, dem Stadt- und Landesarchiv Wien sowie einschlägiger Lexika erarbeitet.

28 Die Werte wurden anhand der in Anm. 27 genannten Datei ermittelt.

29 Wachstein, *Die Inschriften,* S. 459–461; Grunwald, Max: *Zur Familiengeschichte einiger Gründer der Wiener Chewra Kadischa,* in: *Mitteilungen zur jüdischen Volkskunde,* Jg. 13 (1910), Heft 33–36, Nachtrag zu Heft 33, S. 1–7.

30 Ebenda, Schnee, Heinrich: *Die Hoffinanz und der moderne Staat,* Bd. 4. Berlin 1963, S. 306.

31 Putz, *Wirtschaftsaristokratie,* S. 435.

32 Matis, *Die Anfänge,* S. 211, spricht von der französischen Abstammung Johann Baptist Puthons.

33 Wurzbach, *Lexikon,* Bd. 55, S. 191; Wachstein, *Das Testament,* S. 5. Wachstein setzt sich auch mit den widersprüchlichen Angaben bei Wurzbach auseinander.

34 Vgl. Anm. 11.

35 Das Bild kann sich jedoch noch verschieben, wenn es gelingen sollte, Angaben über diejenigen Unternehmer zu ermitteln, deren geographische Herkunft bis jetzt unbekannt ist.

36 Vgl. Anm. 6.

37 Hassinger, *Der Stand der Manufakturen,* S. 122, vermerkt, die Schweizerbandfabriken Wiens hätten mit Recht so geheißen.

38 Mikoletzky, Hanns Leo: *Schweizer Händler und Bankiers in Österreich* (vom 17. bis zur Mitte des 19. Jahrhunderts), in: *Österreich und Europa. Festgabe für Hugo Hantsch.* Graz, Wien, Köln 1965, S. 149–174.

39 Vgl. Anm. 6.

40 Der dem modernen Sprachgebrauch entlehnte Begriff soll die relative wirtschaftliche Rückständigkeit der Habsburgermonarchie auf der einen sowie das Vorhandensein von Fortschrittsregionen auf der anderen Seite kennzeichnen. Zu beiden Problemen vgl. Gerschenkron, Alexander: *Economic Backwardness in Historical Perspective,* 2. Auflage. New York 1965. Dt.: *Wirtschaftliche Rückständigkeit in historischer Perspektive,* in: *Geschichte und Ökonomie.* Hrsg. von Hans-Urlich Wehler. – Köln 1973, 2. Auflage. Königstein 1985, S. 124–139; Baltzarek, Franz: *Zu den regionalen Ansätzen der frühen Industrialisierung in Europa. Mit Überlegungen zum Stellenwert der frühen Industrialisierung im Habsburgerstaat des 18. und 19. Jahrhunderts,* in: *Festschrift für Alfred Hoffmann.* Wien 1979, S. 334–355; ders.: *Zum Stellenwert Niederösterreichs innerhalb der frühen Industrieregionen Europas,* in: *Die Anfänge der Industrialisierung in Niederösterreich. Studien und Forschungen aus dem Niederösterreichischen Institut für Landeskunde,* Bd. 4. Wien 1982, S. 61–81.

41 Grundlage dieser und der folgenden Berechnungen ist die in Anm. 27 genannte Datei.

42 Braunbehrens, Volkmar: *Mozart in Wien.* Zürich 1986, S. 78.

43 Über die Toleranzgesetzgebung Josephs II. informiert am besten Karniel, Toleranzpolitik. Hier auch die wichtigste Literatur zu diesem Thema.

44 Vgl. Wolf, Gerson: *Geschichte der Juden in Wien* (1155–1876). Wien, 1876, S. 97 ff.; *Urkunden und Akten zur Geschichte der Juden in Wien.* Hrsg. von A. Francois Pribram. Wien, Leipzig 1918, Einleitung, S. LIII ff.; Bato, Ludwig: *Die Juden im alten Wien.* Wien 1928, S. 117 ff.

45 *Urkunden und Akten,* S. 453.

46 Stadt- und Landesarchiv Wien, Merkantilgerichtsakten, Fasz. 3, H 33.

47 *Urkunden und Akten,* S. LXXVII.

48 *Einige jüdische Familienszenen bey Erblickung des Patents über die Freyheiten welche die Juden in den kaiserlichen Staaten erhalten haben.* Von einem jüdischen Jünglinge Namens Arenhof. Wien 1782. Hinter dem Pseudonym verbarg sich ein Sprößling der berühmten Familie Arnsteiner, Benedikt David, der zur vierten

Generation gehörte. Über ihn vgl. Wurzbach, *Lexikon*, Bd. 1, S. 68 f.; Karniel, *Toleranzpolitik*, S. 419.

49 Einige jüdische Familienszenen, S. 15.

50 So beispielsweise am Paragraphen 8, der die Gründung einer jüdischen Normalschule vorsah. Vgl. den Abdruck des Patentes in Urkunden und Akten, S. 496 sowie die Einleitung zum Werk, S. LXXXIV.

51 Die Auseinandersetzung um die Grundbesitzfähigkeit der Juden ist dokumentiert in den Akten des AVA, Hofkanzlei, Karton 1535, IV T 2 N.Ö.

52 Darauf einzugehen, ist hier unmöglich. Eine entsprechende Analyse kann nicht nur für das Jahrzehnt von 1780–1790 vorgenommen werden und muß deshalb einer größeren Publikationen vorbehalten bleiben.

53 Putz, *Wirtschaftsaristokratie*, S. 293.

54 De Luca, Ignaz: *Beschreibung der k. k. Residenzstadt Wien. Ein Versuch. Theil 1.* Wien 1785, S. 48–49.

55 Mozart, *Briefe*, S. 65, 67, 95, 102–103, 105–108, 111–112.

56 Loen, Johann Michael: *Der Kaufmannsadel untersucht nach der Gewohnheit der heutigen Welt.* Wien 1765. S. 97–98.

57 Die Untersuchungen beruhen unter Berücksichtigung der Dissertationen von Jäger-Sunstenau, *Die geadelten Judenfamilien*, Komanovits, *Der Wirtschaftsadel*, Putz, *Wirtschaftsaristokratie* sowie der Arbeit von Andel, Brigitte: *Adelsverleihungen für Wirtschaftstreibende während der Regierungszeit Maria Theresias.* Phil. Diss. Wien 1969, auf den im AVA befindlichen Adelsakten.

58 Den „Weg der Adelsverleihung" beschreibt Komanovits, *Der Wirtschaftsadel*, S. 52–54.

59 Vgl. das Gesuch Israel Hönigs im AVA, Adelsakten Israel Hönig von Hönigsberg, 2. 10. 1789 (E), fol. 8.

60 Ebenda, Adelsakten Carl Abraham Wetzlar, 23. 11. 1777 (R).

61 Ebenda, Adelsakten Johann Thomas Trattner, 23. 6. 1764 (E). fol. 6.

62 Mikoletzky, *Schweizer Händler*, S. 171; Matis, *Die Grafen Fries*, S. 492.

63 Stadt- und Landesarchiv Wien, Merkantil- und Wechselgericht, Fasz. 3, FVU 52.

64 Vgl. Kirsch, Wilhelm: *Die alten Straßen und Plätze Wiens.* Wien 1883, S. 20–21; Komanovits, *Der Wirtschaftsadel*, S. 210–211.

65 Kirsch, *Die alten Straßen*, S. 517; Komanovits, *Der Wirtschaftsadel*, S. 210–211.

66 Sie wurde ihm erst 1801 bewilligt. Vgl. AVA, Hofkanzlei, Karton 1535, IV T 2. N.Ö.

67 Spiel, *Fanny von Arnstein*, S. 290.

68 Pichler, Caroline: *Denkwürdigkeiten aus meinem Leben 1769–1843, Bd. 2.* München 1914, S. 159, 254–255.

69 Komanovits, *Der Wirtschaftsadel*, S. 203–207.

70 Vgl. Wachstein, *Carl Abraham Freiherr von Wetzlar*, S. 2–17.

71 Die im Stadt- und Landesarchiv befindlichen, schwer zu erschließenden Verlassenschaftsabhandlungen enthalten über den hier interessierenden Personenkreis keine Akten. Aus der Familie Arnsteiner vgl. die Verlassenschaftsabhandlung von David Isaak A., 1811, F. 2, 3667. Anders verhält es sich hinsichtlich des Buchbesitzes bei den jüdischen Kaufleuten. Vgl. *Nachlässe der Wiener Juden.* Hrsg. v. Israel Taglicht. Wien, Leipzig 1917, S. 41.

72 Sonnenfels, Joseph von: *Gesammelte Schriften, Bd. 2.* Wien 1783, Widmung.

73 Spiel, *Fanny von Arnstein*, S. 143.

74 Hilde Spiel, ebenda, bezeugt das für alle zum Katholizismus konvertierten Angehörigen der Familie Arnsteiner.

75 Vor allem: Weinbrenner, Joseph von: *Patriotisch gemeynter Vorschlag wie dem gehemmten Ausfuhr-Handel aus den Hungarischen und Deutschen Provinzen des Hauses Oestreich aufgeholfen werden könnte.* Wien 1781.

76 Leon, *Der Kaufmannsadel*, S. 97.

WALTRAUD HEINDL

Amt und Salon – Bildung und Kultur der Wiener Beamten zur Zeit Mozarts

Wien war zur Zeit, als Mozart nach Wien kam, eine Beamtenstadt geworden.[1] Die Ministerien, Zentralstellen, wie man damals sagte, wurden von ca. 500 höheren (heute A-)Beamten bevölkert, daneben gab es weit mehr nicht ganz so hohe Bürokraten in den Zentralstellen, und die Ämter der Stadt Wien, des Landes Österreich unter der Enns sowie die Reichsbehörden hatten weitere Beamtenstäbe zur Verfügung. Nach vorsichtigen Schätzungen im Vergleich mit einigen Jahrzehnten später (wir haben keine Zahlen für die josephinische Zeit) können wir annehmen, daß Wien – mit 265.000 Einwohnern und einer Reihe kulturellen Institutionen die damals einzige wirkliche Großstadt im deutschsprachigen Raum – ca. 4000–5000 Beamte zählte, eine doch recht ansehnliche Berufsgruppe[2], die allerdings sozial und kulturell – abgestuft nach den hierarchischen Rängen – höchst verschieden war. Wie zahlreich (und vielleicht auch bedrohlich) diese Gruppe von den Zeitgenossen empfunden wurde, zeigt die Begründung, mit der einige Jahre später (1793) Kaiser Franz II. den Beamten die von ihnen gewünschte Uniform verweigerte. Erst dann würden die Wiener, so meinte er, erfahren, wie viele Beamte es in der Stadt tatsächlich gäbe.[3]

Wie hielt es diese Großgruppe von Beamten mit Kultur im allgemeinen und mit Musik im speziellen? Zumindest jene, die mittlere und höhere Ränge bekleideten und von denen aufgrund eines entsprechenden Gehalts und einer gewissen Bildung auch erwartet werden konnte, daß sie Interesse für Musik und Oper aufbrachten, um *das* Publikum für Mozarts Musik zu bilden. In der Mozartausstellung in Wien 1991 waren eine Reihe von hohen Beamten angeführt, die mit Mozart nachweislich in irgendeiner besonderen Beziehung standen:[4] Anton Georg Graf Apponyi (1751–1817), Gubernialrat zuerst in Galizien, dann in Fiume, Mitglied der „Gesellschaft der assoziierten Cavaliers", bei der Mozart (seit 1787) dirigierte.

Ignaz Edler v. Born (1742–1791), Hofrat in der Hofkammer, dem Münz- und Bergwesen zugeteilt, Reorganisator der kaiserlichen Naturaliensammlung, Freimaurer, Meister vom Stuhl der „Loge zur wahren Eintracht", zu dessen Ehre Mozart die Kantate „Die Maurerfreude" 1785 komponierte.

Franz Graf Esterházy v. Galantha (1715–1782), ungarisch-siebenbürgischer Hofkanzler, Freimaurer („Loge zur gekrönten Hoffnung"), Subskribent der Trattnerhof Konzerte Mozarts. Für die Trauerfeierlichkeiten anläßlich seines Todes und des fast gleichzeitig verstorbenen Herzogs Georg August v. Mecklenburg-Strelitz komponierte Mozart die „Maurerische Trauermusik".

Franz Sales Ritter v. Greiner (1732–1798), Hofrat in der Böhmisch-Österreichischen Hofkanzlei, dessen Wohnung am heutigen Neuen Markt Treffpunkt berühmter Komponisten war, zu denen auch Haydn und Mozart gehörten.

Joseph v. Sonnenfels (1732–1817), niederösterreichischer Regierungsrat, Hofrat der Hofkanzlei, Professor für politische Wissenschaften an der Universität Wien, Freimaurer, Subskribent der Mozartkonzerte.

Gottfried van Swieten (1734–1803), Präfekt der kaiserlichen Hofbibliothek, Präses der Studien-Hofkommission, organisatorischer Leiter der „Gesellschaft der assoziierten Cavaliers", bei der, wie erwähnt, Mozart dirigierte. Mozart besuchte van Swietens sonntägliche Musikmatineen. (Van Swieten war Augenzeuge von Mozarts Tod und war Protektor von Konstanze und Mozarts ältestem Sohn.)

Es ist auffällig, daß die Freimaurer eine wichtige Rolle spielten. Zahlreiche andere hohe Bürokraten Wiens mußten Mozart von den Logen her bekannt sein. Wir kennen das rege Interesse, das im josephinischen Wien in Beamtenkreisen für die Freimaurerlogen geherrscht hatte.[5] In der Zeit der Logenfreiheit, in den achtziger Jahren des 19. Jahrhunderts, waren in den wichtigen Logen Wiens die Staatsbeamten stark vertreten. Die „Loge zur wahren Eintracht", die als geistige Eliteversammlung angesehen wurde, rekrutierte sich fast zu einem Drittel aus dem Beamtenstand. Aber auch in der gesellschaftlich sehr geschätzten „Loge zu den drei Adlern" waren unter dem 142 Mitgliedern 36 Staatsbeamte vertreten; in der „Loge zum Palmbaum" gab es ein Verhältnis von 33:6. Nun wissen wir nicht genau, wie die Beamten die Logen tatsächlich werteten. War der Freimaurerbund einfach ein schicker Club für sie, dem anzugehören einem Intellektuellen zur Ehre und seiner Karriere nicht zum Schaden gereichte? Oder fühlten sie sich den aufklärerischen Ideen der Freimaurerei tatsächlich verpflichtet? Mozart unterhielt, wie wir wissen, neben „seiner" Loge „Zur Wohltätigkeit" gute Beziehungen zur „Beamtenloge", „Zur wahren Eintracht", zu deren Mitgliedern sein Vater Leopold zählte, und der Meister vom Stuhl Ignaz v. Born war ihm, wie bereits erwähnt, bekannt.[6] Er war nicht der einzige Prominente. Sonnenfels, der Hofrat bei der Obersten Justizstelle Georg Adalbert Beeckhen, oder der Bücherzensor und Dichter Aloys Blumauer, der Naturwissenschaftler und Adjunkt am Naturalienkabinett Karl Haidinger, der Hofrat im Hofkriegsrat Rudolf Krauß, Obergespan Leopold Pálffy, die späteren Jakobiner Martinovics und Magistratsrat Joseph Prandstetter, der Hofkonzipist und Dichter Franz Ratschky, der Staatsratskonzipist Johann Theodor v. Thoren, der Vizepräsident des Guberniums in Prag Prokop Graf Lažansky, Johann Georg Schlosser, Badischer Hofrat (bekannter vielleicht als Goethes Schwager) – um nur einige berühmte Beamtennamen zu nennen.[7] Sollte ihnen Mozart nie begegnet sein?

Es waren schon zur damaligen Zeit illustre Namen, deren Träger Aufklärer, Reformer, Wissenschaftler, Dichter im

Staatsdienst waren, der ihnen die Existenzgrundlage sicherte. Darüber hinaus verstanden sie sich – so dürfen wir annehmen – als kritische Intellektuelle, deren wacher Wißbegier alle zeitgenössischen Strömungen und sicher auch die zeitgenössische Musik nicht gleichgültig sein konnten. Doch diese kleine gebildete Eliteschicht der Bürokratie stellte nur die crème de la crème eines im übrigen großen grauen Beamtenheeres dar, das damals Wien bevölkerte. Die eingangs genannten Namen markierten die soziale Spannbreite, aus denen sich die Beamten rekrutierten. Apponyi, Esterházy waren (vermögende) Hocharistokraten, Greiner, Born, Sonnenfels und in gewissem Sinn auch van Swieten eben erst aufgrund ihrer Verdienste zu Ehren gekommene Neugeadelte – ohne Feudalbesitz oder großes Vermögen. Daß sich letztere sozial gesehen mit einem Esterházy oder Apponyi nicht messen konnten, ist selbstverständlich.

Nach der hierarchischen Herkunft, nach dem Stand, waren für gewöhnlich auch die hierarchischen Ränge innerhalb der Bürokratie verteilt. Der bürgerliche, nicht sehr aristokratenfreundliche Ignaz Beidtel, Sohn eines Beamten, der, selbst ein hoher Beamter, ein halbes Jahrhundert später sein Lebenswerk der österreichischen Staatsverwaltung widmete, und zwar sowohl als Beamter als auch als Wissenschaftler (er schrieb ein zweibändiges Werk über die österreichische Verwaltung), meinte über die späte maria-theresianische Zeit bitter:

> Als Regel durfte man bei den Amtsverleihungen annehmen, daß die höchsten Ämter dem hohen [Stand], die mittleren dem mittleren und die niedrigeren den anderen Ständen zufielen. Wenn es anders geschah, so war es nur eine Ausnahme zu der Regel.[8]

Entsprechend der sozialen Rekrutierung sah auch der Lebensstil der Beamten selbst innerhalb der höheren Bürokratie sehr verschieden aus: „Diese Regel aber“, schreibt Beidtel weiter mit leisem Vorwurf, hatte zur Folge, daß die höheren und mittleren Beamtenplätze gewöhnlich in den Besitz wohlhabender oder reicher Männer waren, welche sich darin gefielen, ein verhältnismäßig großes Haus zu führen. Diese Gewohnheit war so allgemein verbreitet, daß (um das Jahr 1770) Maria Theresia bei allen ihren höheren Beamten männliche und weibliche Dienerschaft samt Equipage als zum Anstand gehörig betrachtete und einen ihrer Hofräte tadelte, weil er nicht Equipage hielt.

Doch es kündigte sich bereits eine Aufweichung dieses geschlossenen aristokratischen Bürokratiesystems an. Erstens wurden zwar bürgerliche Aufsteiger in der Beamtenhierarchie nach wie vor geadelt, um sie in die adelige Hochbürokratie zu integrieren, sie bekamen aber – anders als im 17. Jahrhundert – weder Feudalbesitz noch Schloß verliehen, sondern waren auf ihr (seit ca. 1760–70 geregeltes) – nicht gerade üppiges – Beamtensalär und auf die Mitgift ihrer Frauen angewiesen. Der Abstand zwischen einem Grafen Apponyi, dessen „Haus" (Familie) in Wien eine „Verzehrsumme" von 500.000–700.000 fl. jährlich zur Verfügung stand, und seinem Amtskollegen Hofrat v. Greiner, der ca. 4000 fl. verdiente[9], war gewaltig. Zweitens gab es in den hohen Beamtenrängen bereits eine hohe Zahl vom Bürgerlichen und Kleinadeligen. Betrachten wir z. B. im Jahr 1781 die Leiter der Zentralstellen, Präsidenten, Vizepräsidenten, Kanzler, Vizekanzler (im eigentlichen heute Minister bzw. Staatssekretäre), so finden wir freilich in diesen Positionen nur Hocharistokraten, doch bereits eine Schicht darunter, unter den Hofräten, bietet sich uns ein breites soziales Spektrum dar. Unter den 19 Hofräten der Böhmisch-Österreichischen Hofkanzlei beispielsweise finden wir schon zwei Drittel Bürgerliche bzw. Kleinadelige. Neben so klingenden Namen wie Auersperg und Chotek reihen sich die Greiner, Eger, Heinke, Gold, Müller etc.[10] Und in allen neun Zentralstellen in Wien (Staatsrat, Staatskanzlei, Böhmisch-Österreichische Hofkanzlei, Studienhofkommission, Oberste Justizstelle, Allgemeine Hofkammer, Ungarische bzw. Siebenbürgische Hofkanzlei und Hofkriegsrat) zusammen

Karoline Greiner, Pastell von Gabriele Beyer.

stammten 1781 überhaupt nur 16,16% der höheren Beamten aus dem hohen oder alten Adel.[11] Doch die gesellschaftliche und kulturelle Attraktivität dieser Schicht, die diese noch im josephinischen Jahrzehnt für die anderen Beamten besaß, ist nicht zu unterschätzen, was übrigens auch Johann Pezzl, der aufmerksame Chronist des josephinischen Wien – und selbst ein Beamter –, literarisch sehr schön zum Ausdruck bringt. Mit beißender Ironie beschreibt der bürgerliche Pezzl, wie allein die tägliche Routine des Erscheinens im Amt zur Standes- und Prestigefrage innerhalb der Beamtenhierarchie wurde: „Um halb neun Uhr", so Pezzl,

> marschiert eine Armee von ungefähr viereinhalbtausend Mann: es ist die Armee der Dikasterianten. Die Bataillons derselben sind das Bataillon der Sekretäre, Registranten, Adjunkten, Konzipisten, Protokollisten, Ingrossisten, Kanzellisten, Akzessisten. Nach diesen folgen dreihundert Wägen mit Kanzlern, Vizekanzlern, Präsidenten, Vizepräsidenten, Referenten, Archivaren, Räten, Registratoren etc. etc. beladen...

Noch nuancierter waren jedoch die Gewohnheiten, das Mittagessen einzunehmen. Um 12 Uhr, so berichtet Pezzl weiter, sendeten die Dikasterianten ihre „subalternen Arbeiter" wieder zurück. Diese machten einen appetitanregenden halbstündigen Spaziergang oder einen ebenso appetitanregenden Besuch bei ihrem Liebchen. Der „gemeine Mann" speise nämlich um 12 Uhr, der „mittlere Beamte, welcher um 3 Uhr wieder in der Kanzlei sein muß, um 1 Uhr, die Leute von Stand um 2 Uhr, und einige vom höchsten Adel noch später". Nach 1 Uhr sähe man vor den Staatsgebäuden höchstens noch die Wägen, die die Räte aus den Kanzleien abholten und zur Tafel nach Hause brachten. Um 3 Uhr begänne dann das nachmittägliche Rädchen.[12]

Das heißt, daß die Standesunterschiede zwischen Bürgerlichen und Aristokraten, die in der hohen Bürokratie später zumindest pro forma gemildert wurden, durch die fixe Bindung der Beamten an Schreibtisch, starre Dienstzeiten und

Pünktlichkeit, die gleicherweise für alle – so zumindest die Vorschrift – galten[13], im josephinischen Jahrzehnt noch in voller Geltung waren. Der Amtsalltag und die Art, die Dienstpflichten zu erfüllen, wurden noch immer und besonders in den höchsten Rängen vom privaten Alltag bestimmt und dieser wiederum von der Zugehörigkeit zu seinem Stand. Eine Nivellierung „von unten nach oben“ fand trotzdem statt: Ein Aristokrat blieb auch als Beamter in seinem Denken, Fühlen, in seiner Mentalität und, soweit wie möglich, auch in seinen Gewohnheiten ein Aristokrat. Ein Bauernsohn blieb als Beamter aber kein Bauer. In begrenzter Weise förderte also der Beamtenstand die soziale An- und Ausgleichung. Sicher aber nicht in dem Maß, wie sich die Aufklärer, allen voran der Kaiser selbst, das vorstellten, und zwar aus sehr praktischen, einsichtigen Gründen, nämlich um ein ergebenes, verläßliches (weil armes) Instrument zu besitzen, die staats- und gesellschaftspolitischen Reformen durchzuführen. Diese Maßnahmen Kaiser Josephs und der Aufklärer waren dazu angetan, einen einzigen Beamtenstand mit gleichen Pflichten (von Rechten ist besonders beim Kaiser wenig die Rede) zu schaffen: Er führte 1786 das Prinzip der Anciennität ein, nach dem der Rang der Beamten nach Dienstalter und nicht nach Stand geregelt wurde, was bedeutete, daß eventuell der im Dienstalter jüngere Fürst nach einem nichtadeligen Beamten gereiht wurde.[14] Eine Maßregel, die vielleicht noch wichtiger war: Joseph versucht die Aufnahme in den höheren Staatsdienst an die Absolvierung eines Jusstudiums zu binden. Diese Verordnung hatte weitreichende soziale Folgen, weil damit erst bürgerliche Emanzipation durch den Beamtenberuf durchgehend möglich und auch von vielen ergriffen wurde. Diese Maßnahme, die sich immer mehr (endgültig allerdings erst um die Jahrhundertwende) durchsetzte, an der Universität ausgebildete Beamte für die höheren und höchsten Ämter des Staatsdienstes vorzusehen, hatte zur Folge, daß alle höheren Amtsträger die damals höchste institutionelle Ausbildung hatten, die allerdings (nach der Reform von 1774) in erster Linie eine profunde juristische Bildung, wie sie eben im Staatsdienst nötig war, darstellte, sonst aber – außer ein wenig Geschichte und deutsche Sprache – wenig Allgemeinbildung vermittelte.[15] Da den juristischen Fächern das Naturrecht (bereits seit den 50er Jahren) zugrunde gelegt war, und später (seit den 80er Jahren) die Politischen Wissenschaften Sonnenfels', die ebenfalls auf dem Naturrecht fußten, in das universitäre Ausbildungssystem integriert wurden, waren die Jusstudenten, im aufgeklärten-fortschrittlichen Geist erzogen, eine wichtige Basis für die spätere Haltung der Beamten zum Leben, zur Politik, zur Kirche und zum Staatsdienst.[16]

Der Besuch der Universitäten, die gegängelt vom staatlichen System und deren Studienplan auf die ausschließliche Erlernung von prosaischen, für den Staatsdienst erforderlichen Kenntnissen ausgerichtet wurde, war allerdings nicht die Sache der an feine Lebensart gewohnten Adeligen. Die jungen Herren der Aristokratie wurden nach den Maßstäben des weltmännischen Adelsideals und des alteuropäischen Tugendkodex erzogen und erhielten ihre Bildung durch privaten Unterricht vom gebildeten Hofmeister und anschließend auf Kavaliersreisen, die sie quer durch Europa führten. Diejenigen aber, die die feudale Familie für den Staatsdienst bestimmte, wurden auf die Maria-Theresianische Ritterakademie (1745 gegründet) geschickt, an der sie neben den zwei- bzw. dreijährigen juristischen Studien in mehreren Fremdsprachen und auch in den für das Amt so unentbehrlichen Fächern Tanzen, Fechten und Reiten unterrichtet wurden.[17]

Wir haben es also im josephinischen Zeitalter mit zwei verschiedenen Bildungswegen von Beamten und demnach mit zwei verschiedenen Gattungen von Beamten zu tun: Die eine (adelige) war weltmännisch, weit gebildet, in Fremdsprachen bewandert, hatte vielfache Beziehungen mit dem europäischen Adel und der europäischen Wissenschaft. Diese Beamten stellten das dar, was später von Bildungsbürgern unter

„Kulturmenschen“ subsummiert wurde. Die „Fachmenschen“ – das waren die anderen. Diese – anderen – sollten in den praktischen juristischen Fächern penibel bewandert sein – nichts weiter sonst.

Kein Wunder, daß Kaiser Joseph II. und die Aufklärer, die die praktischen Erfordernisse des Staates und die Erziehung im Sinne der Aufklärung und nicht weltmännische Gewandtheit als Ideal für die Beamtenausbildung vor Augen hatten, alles in ihrer Macht stehende taten, um die Ungleichheit in der Bildung der Beamten zu beseitigen. Die privaten Bildungswege der Aristokraten konnten sie nicht aus der Welt schaffen, wohl aber die Theresianische Ritterakademie. Sie wurde in der josephinischen Ära liquidiert.

Die „neue“ Universitätsausbildung der „bürgerlichen Intelligenz“, nüchtern, praktisch und nur auf Vernunft und die Erziehung des Typus des Fachmenschen ausgerichtet, qualifizierte an und für sich, so sollten wir meinen, wenig, an der Entfaltung der zeitgenössischen Künste Anteil zu nehmen. Und die Kanzlei bzw. Büroarbeit war schon damals nicht dazu angetan, musische Anlagen zur Blüte zu bringen.

Schon Pezzl, der, wie wir noch hören werden, dem neuen Mittelstand große Sympathien (er gehörte schließlich selbst dazu) entgegenbrachte, äußerte Bedenken über die in seinen Augen zu häufige routinemäßige, langweilige Arbeit und über die zu geringe Bildung des „Mittelstandes“, trotz des einträglichen Amtes, die manche aus diesem bekleideten. Diese „mittelständischen Gecken“, so meint Pezzl, „bringen ihre pflichtmäßig angesetzten Stunden in ihrem Amt zu und eilen dann sogleich in aller Hast zu den ihnen so nötig erscheinenden Erholungen hin“[18], denen sie alle ihre entbehrliche Zeit aufopfern, und so bleibt ihnen außer dem bißchen Wissen ihrer trockenen Kanzleiarbeit und außer dem Etiketts-Schematismus alles übrige in der Welt „terra incognita“.[19] Und einige Jahrzehnte später berichtet Ignaz Beidtel (1783–1865) indigniert, daß es Beamtenkollegen gebe, die ohne Scheu und

Scham behaupteten, niemals etwas anderes gelesen zu haben, als Gesetze, Verordnungen und Aktenstücke.[20] Der allgemein gängige Beamtentypus der josephinischen Zeit?

Aber diese Zeichnung wäre viel zu kurz gegriffen und betrifft nur die eine Seite der Bürokratie. Neben diesen grauen Existenzen im Beamtenheer gab es die Talentierten, Ehrgeizigen, die Aufsteiger, die sehr schnell begriffen, daß das praktische Wissen und das technische Know-how des Beamtenberufes vielleicht für eine akzeptable Karriere im Staatsdienst ausreichte, nicht aber für eine wirkliche Integration in die damalige gute Gesellschaft.

Johann Georg Obermayer (1738–1801) zum Beispiel[21], der spätere Oberoffizial (ufficiale maggiore, wie er sich stolz bezeichnete) der Staatskanzlei, deren italienisches Departement er leitete, der als entsprungener Priesterstudent bitterarm nach Wien gekommen war, um hier Jus zu studieren, verwendete die wenige Freizeit und seine letzten (Stipendien-) kreuzer darauf, um sofort Französisch zu lernen, dann Italienisch und später Spanisch – selbstverständlich bei in Wien lebenden native-speakers. Seine eigentliche berufliche Karriere bei Kaunitz machte er dann paradoxerweise über das Lateinische, das er als einstiger zum Priester vorgesehener Theologiestudent im Passauer Kloster schon perfektioniert hatte. Den gesellschaftlichen – den Erinnerungen seiner Tochter zufolge – glänzenden Aufstieg dagegen schaffte er nicht zuletzt durch die so emsig und zielstrebig erworbenen Kenntnisse der modernen Fremdsprachen. Daß er sich der Funktion derselben im Aufstiegsweg wohl bewußt war, geht aus der Tatsache hervor, wie sorgfältig er die von ihm als Ehefrau ins Auge gefaßte Dame auf die Beherrschung von Sprachen, Literatur und Allgemeinbildung prüfte. (Es handelte sich bei der 19jährigen Witwe Katharina um die zweite Frau. Die erste, eine Weinhändlerstochter aus Mistelbach, hatte er nach den Kriterien Vermögen und Geld ausgesucht.) Nichts entzückte ihn so sehr – weder die Schönheit noch die gute Familie oder die erotische Anziehungskraft der Witwe Katharina, als daß sie exzellent spanisch sprach – neben dem Italienischen und Französischen (was sich von selbst verstand). Dieser Qualifikation zuliebe, war er auch bereit, über den Mangel an Geld und Gut hinwegzusehen. Dies hatte er nun nicht mehr nötig: Er hatte selbst genug Vermögen von seiner ersten Frau geerbt.

Das zweite Haus des Herrn Obermayer entwickelte sich auch dank seiner eigenen und vor allem der Bildung seiner Frau in der späteren maria-theresianischen und josephinischen Zeit zu einem der gesellschaftlichen Mittelpunkte Wiens. Es geht bei den Obermayers sehr vornehm zu, wenn man den Erzählungen seiner Tochter Emilie Weckbecker-Obermayer trauen darf. Das Ehepaar Obermayer spricht spanisch miteinander. Sie betiteln sich gegenseitig Señor und Señora, bzw. vor der Dienerschaft Don Giorgio und Doña Caterina. Ansonsten wird viel französisch und italienisch und über die Literatur dieser Kultur parliert.

Der Tagesablauf wird von der Tochter folgendermaßen geschildert:

> Herr Obermayer ging um 11 Uhr in die Staatskanzlei und kam vor 15 Uhr zum Mittagessen wieder. Sobald Papa nach Hause gekommen war, ging er in sein Zimmer, und wenn aufgetragen war, kam Antoni [der Diener] und meldete es der Señora, dann dem Señor, ging vor letzterem her und öffnete die Türe in Mamas Sitzzimmer (jetzt Salon genannt). Papa trat ein, Mama stand vom Sofa auf und erwiderte die Reverenz, die ihr Papa gemacht hatte. Er reichte ihr den Arm und führte sie zu Tisch, an dem sie obenan saß. Die Gouvernante und der Hofmeister (als meine Geschwister schon solche hatten) und diese Geschwister selbst, als sie älter geworden waren, warteten bereits im Speisezimmer. Dort wurde das Tischgebet still verrichtet, alles sagte ‚bon appétit', dann wurden die Speisen gereicht, wobei Papa tranchierte und Mama vorlegte. Die Kost war, wenn sie allein speisten, italienisch und spanisch..., was meinem Vater sehr behagte... Nach Tisch wieder Gebet, dann allgemeines ‚bien vous fasse'. Alles entfernte sich, Papa gab Mama wieder

> den Arm und führte sie in ihr Kabinett, wo sie zusammen allein blieben und den schwarzen Kaffee tranken. Wenn Gäste speisten, erlitt das tägliche Zeremoniell einige Abänderungen. Aber selbst wenn hohe Herren eingeladen waren, empfing sie nicht mein Vater, sondern er kam immer erst, wenn aufgetragen war.[22]

Nach dem zeremoniell gestalteten Mittagessen verbrachte das Ehepaar die Nachmittage allein, zusammen lesend – Literatur in spanischer, französischer, italienischer und deutscher Sprache, in der beide sehr bewandert waren – wobei die Dame Gold zupfte. Der Hofsekretär Obermayer pflegte um 19 Uhr wieder in die Kanzlei zu gehen. Wann er nach Hause kam, wird nicht erwähnt, doch spielte er nach dem Theater, wenn man Besuch empfing, den Gastgeber. Doña Caterina pflegte die Abende ohne Gemahl zu verbringen. Sie ging daher, laut den Berichten ihrer Tochter, ohne ihn in Begleitung einer ihrer Freundinnen ins Theater, was sie angeblich oft tat. Der Hausherr lud seine Gäste, meist Diplomaten und Gelehrte, nach dem Theater zu sich. Fast täglich gab es nach den Erinnerungen der Tochter abends Gäste. Es ging allerdings dabei recht bescheiden zu. Die Freundin des Hauses, Fanny Arnstein, lud allabendlich zum Souper. Sie war als Bankiersgattin reich genug dazu. Bei der Familie des Hofsekretärs Obermayer gab es Wasser mit „gestoßenem Zucker" und das damals in Wien seltene Getränk Tee. Aber – musikalische Darbietungen, an denen sich die Dame des Hauses mit Klavierspiel und Gesang beteiligte, lockten viele musikalisch interessierte Gäste ins Haus, auch Berühmtheiten, wie den Fürsten de Ligne, Fürst Sulkowsky oder den portugiesischen Gesandten Sebastian Graf Pombal, den späteren Außenminister Portugals.

Wenn auch die Erinnerungen der Emilie Weckbecker die Vergangenheit etwas verklärt haben mögen, wenn auch Dichtung und Wahrheit hier etwas vermengt erscheinen, so ist doch offensichtlich: Der Lebensstil der Familie Obermayer oder – zumindest die Vorstellung dieser hohen Beamten von dem, was „elegante Welt“ bedeutete, war von der adeligen Kultur geprägt: von dem dem Hof nachgeamten spanischen Zeremoniell, dem gesellschaftlichen Umgang, der Vorliebe der österreichischen Aristokratie für spanische, italienische und französische Literatur sowie für zeitgenössische Musik und allgemeine Belesenheit. Die Familie Obermayer dürfte bei dieser Nachahmung des aristokratischen Ideals keine Ausnahme dargestellt haben. Doch konnte diesem – angesichts des mageren Beamtensalärs auch entsprochen werden?

Gleichzeitig kündigt sich – bei aller Vorliebe für adeligen Lebensstil – eine Verlagerung der Schwergewichte in der allgemeinen Geselligkeit an, die schließlich der Gesellschaftskultur ein anderes als adeliges Gepränge verleihen sollte. Der aufmerksame Beobachter Pezzl unterscheidet schon sehr deutlich. Zu den höchsten Beamten waren damals laut seinen Aussagen Mitglieder der großen Adelshäuser (Auersperg, Batthyány, Clary, Colloredo, Czartoryski, Dietrichstein, Esterházy, Grassalkowicz, Kaunitz, Khevenhüller, Kinsky, Liechtenstein, de Ligne, Lobkowitz, Paar, Palm, Poniatowsky, Schwarzenberg, Sulkowsky) zu zählen – und diese führten selbstverständlich ein hochherrschaftliches Haus. Doch so berichtet uns Pezzl weiter, „ein Ehrenamt (womit ein Amt, das Ehren einbringt, gemeint ist) und die gute Verwaltung desselben adle ebenso den Mann“, was bedeutete, daß ein hoher Beamter niederer Herkunft gesellschaftlich akzeptiert wurde, soweit er sich – das war offensichtlich unumgängliche Voraussetzung – einen entsprechenden gesellschaftlichen Lebensstil leisten konnte. Pezzl hebt gerade die fortschrittliche Rolle der Gesellschaften „dieser Leute“ (er zählte dazu die Räte, Agenten, Doktoren) hervor, die begannen, sich „unter allen Ständen am meisten aufzuhellen, welches eine treffliche Wirkung“ täte.

Da die Gesellschaften derselben für andere ehrliche, aber ungeadelte Erdensöhne nicht sorgfältig verpallisadiert sind wie jene der ersten Noblesse: so verbreitet sich durch sie die lichtere Denkart auf mehrere Köpfe... Hier wirkt besonders das Verdienst einiger Damen aus diesen Häusern, die männliche Denkart mit weiblicher Grazie verbinden... Sie sind Schülerinnen Musarions: Ihr Umgang ist so belehrend und geschmackvoll als reizend; in ihren Häusern vergähnt man die Abende nicht mit elendem Kartengeblätter. Kleine Musiken, vertrauliches Freundschaftsgeplauder, literarische Neuheiten, Räsonnements über Bücher, Reisen, Kunstwerke, Theater ... machen die Unterhaltung aus...

Man lernt die fremden, gelegentlich durch Wien reisenden Gelehrten kennen.[23] Tatsächlich – lesen wir nämlich andere Memoiren, wie etwa die Rückblicke der Karoline Pichler auf den Salon ihres Vaterhauses, des bereits erwähnten Hofrates Greiner, am Neuen Markt (und später im heutigen 9. Bezirk, nachdem die Mieten in der Inneren Stadt so stiegen, daß selbst der Hofrat der Böhmisch-Österreichischen Hofkanzlei in die Vorstadt übersiedeln mußte), wenn wir die Darstellung des Carl Joseph Pratobevera (1769–1853), Vizepräsident des k. k. Niederösterreichischen Appellationsgerichts und Mitglied der Hofkommission in Justizsachen, oder die Tagebücher des Diplomaten und Orientalisten Joseph Hammer-Purgstall (1774–1856) und die des jungen Kübeck (1780–1855), später Präsident der Hofkammer, vergleichen – sie alle waren zwischen 1780 und 1795 in Wien –, so gewinnen wir denselben Eindruck: kosmopolitische Gesellschaften, die mit dem Gepräge eines kulturellen Anspruchs versehen waren, in denen man auch ausländische Kultur, Gelehrte und Globetrotter treffen konnte, waren die bevorzugte Form sozialer Unterhaltung.[24] Die Tatsache, daß man dort aufgrund von Sprachkenntnissen, von Musikalität, durch die Beherrschung eines Instruments, durch Vertrautheit mit zeitgenössischer Musik und mit den literarischen Neuheiten der Zeit und nicht der hohen Geburt und des Geldes wegen aufgenommen werden konnte, kündigte eine neue gesellschaftliche Attitude, nämlich die des Bildungsbürgertums, an. Nicht einmal die äußeren Formen dieser Gesellschaften konnten nach dem adeligen

Vorbild imitiert werden. Typische Eigenschaften dieser „höheren Geselligkeit" waren:

- Bescheidenheit, eben des bescheidenen Geldbeutels wegen, der dem bürgerlichen Beamten im Vergleich mit seinen adeligen Amtskollegen zur Verfügung stand.
- Beschränkung jeglicher Geselligkeit auf die dienstfreien Stunden wegen der fixen Arbeitszeiten, die entweder von 9–12 und 15–18 Uhr festgesetzt waren, oder je höher der Rang und je näher man dem aristokratischen Chef stand, sich nach dessen Tageseinteilung richtete.
- Dafür kosmopolitische Öffnung – ja Öffentlichkeit, in die auch, sofern sie gebildet und entsprechend vermögend sind, die zur bürgerlichen Gesellschaft dazugehörigen Juden miteinbezogen wurde. Die Konvertiten Sonnenfels, die Heniksteins (verwandt mit Obermayer und Hammer-Purgstall), der Salon der nichtkonvertierten Fanny Arnstein sind Beispiele dafür.
- Gelehrsamkeit, Umgang mit moderner Literatur und Musik, die kluge Meinungsäußerung und die freie Diskussion darüber machen die Unterhaltung aus.
- Selbsttätigkeit in den literarisch-musikalischen Darbietungen – schon deshalb, weil man sich keine Vorleser oder kein eigenes Orchester leisten konnte.

Wir dürfen Pezzls Einschätzung der hohen Bildung und wichtigen Rolle der Frauen im Rahmen dieser höheren Geselligkeit wohl ungetrübten Glauben schenken. Die Männer, ausgerichtet auf ihre Beamtenkarriere, auf der Universität in ausschließlich juristischen Fächern ausgebildet und im Leben hauptsächlich mit bürokratischen Inhalten beschäftigt, waren auf die hohe Allgemeinbildung ihrer Frauen und Töchter angewiesen, die ihnen so den Zugang zur guten Gesellschaft erst ermöglichten, die sich zusehends immer mehr durch Amt und Bildung und nicht durch Adel und Vermögen definierte – und letztere kam eben in der „höheren Gesellschaft" zum Ausdruck.

Diesem Phänomen der „höheren Geselligkeit“, die als (bürgerlicher) „Salon“ in die Literatur Eingang fand, lag mehr als nur „Unterhaltung“ zugrunde. Rahel Varnhagens berühmter Salon, um ein berühmtes Beispiel außerhalb der schwarz-gelben Grenzpfähle zu zitieren, um 1790 in Berlin gegründet, war nicht nur galanter bildungsbürgerlicher Zeitvertreib, in ihm kam am deutlichsten Rahels Lebensperspektive und die einer ganzen Generation zum Ausdruck.[25] „Mitteilung ist unser Wesen, daher werden wir Pflicht. Durch sie werden wir urbar“[26], ist ein Ausspruch Rahel Varnhagens, der gleichsam als Motto zu den damaligen „Entwürfen einer höheren Geselligkeit“, wie sie von Rahel entwickelt wurde, gelten könnte. Und ein wenig später hat Schleiermacher in seinem anonym erschienenen „Tagebuchnotizen“ die Funktion des Salons als Gesellschaftsutopie beschrieben:

> Freie, durch keinen äußeren Zweck gebundene und bestimmte Geselligkeit wird von allen gebildeten Menschen als eins ihrer ersten und edelsten Bedürfnisse laut gefordert, wer nur zwischen den Sorgen des Häuslichen und den Geschäften des bürgerlichen Lebens hin und her geworfen wird, nähert sich, je treuer er diesen Weg wiederholt, nur um desto langsamer dem höhren Ziele des menschlichen Daseins.

Denn die Tätigkeit des Geistes werde sowohl durch den Beruf, der sich in einem kleinen Kreis abpsiele, als auch durch das häusliche Wesen, das sich nur auf wenige beschränke, eingeengt. „Es muß also“, erläuterte Schleiermacher,

> einen Zustand geben, der diese beiden ergänzt, der die Sphäre eines Individuums in die Lage bringt, daß sie von den Sphären anderer so manigfaltig als möglich durchschnitten werden und jeder seiner eigenen Grenzpunkte ihm die Aussicht in eine andere und fremde Welt gewähre, so daß alle Erscheinungen der Menschheit ihm nach und nach bekannt und auch die fremdesten Gemüter und Verhältnisse ihm befreundet und gleichsam nachbarlich werden können. Die Aufgabe wird durch den freien Umgang vernünftiger, sich untereinander bildender Menschen gelöst.[27]

Schleiermacher meint nicht nur das Pädagogische der Bildungsvermittlung. Er meint auch, so interpretiert Norbert Altenhofer, „Erweiterung, Öffnung zur Öffentlichkeit", nicht egalitäre Abgrenzung eines Zirkels, ja mehr: Schleiermachers Gedanken, daß „alle gesellschaftlichen Äußerungen … eine doppelte Tendenz, gleichsam einen doppelten Sinn haben" sollten – einen auf den gegenwärtigen Menschen und auf die gegenwärtige Situation bezogen und einen, der in vorsichtigen „Andeutungen" ein „gemeinsames Zukünftiges" ahnen lassen solle, impliziere die Idee einer „subversiven Kommunikation".[28]

In diesem kulturellen Rahmen auch die Musik als Mittel von „subversiver Kommunikation" zu deuten, zumindest als einen Code von bürgerlicher Verständigungsmöglichkeit, erscheint vielleicht weit hergeholt. Angesichts der sozial, national und kulturell so inhomogenen Gesellschaft, deren Schichten besonderer Erkennungs- und Zugehörigkeitssignale bedurften, nahm jede kulturelle Äußerung, die von allen Angehörigen einer Schicht verstanden wurde, besondere Bedeutung an.

Die Entwürfe von höherer Geselligkeit (und wohl auch die Praxis) unterschieden sich mit Deutlichkeit von den früheren Formen aristokratischer Soziabilität, aber auch von den ins „nur noch Private regredierenden Verkehrsformen biedermeierlicher Bürgerlichkeit" und ließen noch etwas von dem ursprünglich revolutionären Anspruch „bürgerlicher Lebensart" erkennen, der einen dynamischen Prozeß der Gesellschaft wollte, der jedesmal wieder entweder als Kunstwerk oder als Interaktion neu geschaffen werden sollte.[29] Ohne Zweifel war dieser Typus des Salons, auch der aristokratische, Motor politisch-bürgerlichen Denkens.

Vor diesem kulturellen, geistigen und mentalen Hintergrund ist die Rezeption von Mozarts Musik in Wien zu sehen. Wir können annehmen: In diesem (privaten) kulturellen Milieu war Mozarts Musik zu Hause und damit sind wir zu der eingangs gestellten Frage zurückgekehrt, wie weit die Beamten das gebildete Publikum für Mozart und seine Musik bildeten. Wir sind leider nach wie vor auf Spekulationen angewiesen, doch lassen alle Indizien darauf schließen, daß die hohen Beamten Wiens, ihre Frauen und Kinder sehr wohl auch einen Gutteil dieses Publikums der öffentlichen Aufführung ausmachte. Das Beamtengehalt, wenn auch bescheiden, ließ es zu, in das Theater zu gehen, der Umgang der Beamten in der „besseren" Gesellschaft, zu deren liebster Unterhaltung das „Räsonieren" über die Kultur gehörte, gebot es und ihr Selbstverständnis – das des Gebildeten der Zeit, des kritischen Intellektuellen – erforderte es geradezu.

Die eingangs genannten Beispiele waren keine Einzelerscheinungen von Musikinteressierten. Der bereits zitierte Carl Joseph Pratobevera gibt uns in seiner „Selbstbiographischen Skizze" ein anderes Exempel aus der josephinischen Ära:

> Die Musik war eine Lieblingssache des alten Adlersburg und auch dessen Sohnes, des Hofraths und Commerzprokurators. Hier sah ich den Schöpfer der Schöpfung den berühmten Dr. der Musik Joseph Haydn, noch mit Perrücke, und altmodischem Kleide das Oratorium von Bergholese: Stabat mater, auf einem kleinen Clavier dirigieren. Sein Zeitgenosse Mozart kündigte schon in seinem Äußeren den Verfasser des Don Juan an. Beide Musik-Heroen dürften sich zu einander vergleichen lassen, wie Schiller zu Göthe.[30]

Einige Jahrzehnte später stehen uns bereits eine Fülle von Tagebüchern und Memoiren, publizierte und unpublizierte, zur Verfügung, durch die wir wissen, daß es eine Reihe von Beamten gab, und zwar auch gar nicht hochrangige, die in recht bescheidenen Verhältnissen lebten, wie Johann Perth und Erasmus Kessler (der Sohn des Dirigenten Kesslers), die allabendliche Theater- und Opernbesuche sorgfältig in ihr Tagebuch eintrugen[31] und – so gewinnen wir den Eindruck – nicht aus dem oberflächlichen „bildungsbürgerlichen Engagement" einer guten Gesellschaft, zu deren Pflichtübungen es gehörte, in abendlichen Konzerten von den Mühen und Plagen eines offiziell sechsstündigen (inoffiziell war es meistens nur ein drei- bis vierstündiger) Amtsalltag Entspannung zu suchen und dem ebenfalls anwesenden, für die Karriere wichtigen „Oberbeamten" zu demonstrieren, daß man nicht nur der tüchtige bürokratische Fachmensch, sondern auch ein eleganter, feinsinniger Kulturmensch war – aus Begeisterung, Lebensfreude und bürgerlicher Überzeugung. Warum sollte es zwei Jahrzehnte vorher, zu Mozarts Zeiten, als der Lebensstandard der Beamten weitaus höher war, anders gewesen sein?

Die Musikbegeisterung der Wiener Beamten sollte Tradition finden. Die Familie Pratobevera behielt ihr Interesse für Musik bei, die Töchter sangen und der junge Adolph Pratobevera schrieb das Libretto für Schuberts „Falken", das im Hause Pratobevera uraufgeführt wurde.[32] Kein Wunder, daß instrumentenkundigen, wenn auch politisch einflußlosen Beamten die Tore einflußreicher aristokratischer und bürgerlicher Salons geöffnet wurden. Der aus verarmtem oberungarischen Adel stammende Sekretär der Ungarischen Hofkanzlei, Nikolaus v. Zmeskáll, fand die Freundschaft Beethovens und den Eingang in die Salons der Wiener Gesellschaft durch sein Cellospiel, als er anfangs des 19. Jahrhunderts nach Wien kam.[33] Musik war und blieb also auch ein Mittel gesellschaftlichen Aufstiegs, und was zunächst vielleicht nur dieses war, gab schließlich einer ganzen Gesellschaft ihr besonderes Gepräge. Noch um 1850 notierte der von Norddeutschland zugereiste Gustav Höfken, später Sektionschef im Finanzministerium, erstaunt die große Liebe, die in Wien und besonders von seiten seiner Beamtenkollegen für Musik und Gesang herrschte. Seine nüchterne Begründung deckt nicht die Spannbreite des Phänomens, aber die politische Dimension ab: Die Musik sei „auch die von der Staatspolizei unerreichbarste und zugleich unverständlichste Kunst".[34]

Anmerkungen:

1 Der folgende Beitrag ist im wesentlichen eine Zusammenfassung einiger Kapitel meines Buches: *Gehorsame Rebellen. Bürokratie und Beamte in Österreich 1780 bis 1848* (= Studien zur Politik und Verwaltung 36). Wien/Köln/Graz 1991, im besonderen die Kapitel II.1: „Beamtenbildung – Bürgerbildung", S 93–133, II.2: „Beamte Bürger oder Bürgerliche Beamte?, S. 134–179, und III.2: „Der Alltag im Privatleben", S 244–295 (im folgenden zitiert als: Heindl); hier auch ausführliche Literatur und Quellenangaben. Über das Buch hinausgehend werden Literatur und Quellen dann angegeben, wenn sie im Kontext erforderlich oder weiterführend sind, wenn es sich um Zitate handelt und selbstverständlich, wenn der Text neu ist.

2 Zu den Zahlen im besonderen: Heindl, S. 153–159.

3 Mayr, Josef K.: *Wien im Zeitalter Napoleons. Staatsfinanzen, Lebensverhältnisse, Beamte und Militär* (= Abhandlung zur Geschichte und Quellenkunde der Stadt Wien 6). Wien 1940, S. 180

4 Krasa, Selma (Hrsg.): *Zaubertöne. Mozart in Wien 1781–1791.* Ausstellung des Historischen Museums der Stadt Wien im Künstlerhaus, 6. Dez. 1990 – 15. Sept. 1991. Wien 1990, im besonderen S 248, 253 f., 329 f. und 334.

5 Heindl, S. 286 f. Von der hier zitierten Literatur siehe v. a. Rosenstrauch-Königsberg, Edith: *Freimaurerei im josephinischen Wien. Aloys Blumauers Weg vom Jesuiten zum Jakobiner* (= Wiener Arbeiten zur deutschen Literatur 6). Wien 1975.

6 *Zaubertöne* (wie Anm. 4), S. 329 ff.

7 Im besondern Heindl, S 286 f. Die Namen wurden den Mitgliederverzeichnissen der Logen entnommen (mit Berufsangaben), die sich im Haus-, Hof- und Staatsarchiv, Vertrauliche Akten, K. 63 (alt: F. 103), befinden. Für den Hinweis auf diese Quelle habe ich Frau Dr. Edith Rosenstrauch zu danken.

8 Beidtel, Ignaz: *Geschichte der österreichischen Staatsverwaltung 1740–1848. Mit einer Biographie desselben aus seinem Nachlasse* hrsg. von Alfons Huber. 1. Bd.: 1740–1792. Innsbruck 1896, S. 21. Heindl. S 99.

9 Heindl, S. 159, 165 und 261.

10 Ebda., S. 146.

11 Ebda., S. 147.

12 Pezzl, Johann: *Skizze von Wien.* 3. Auflage. Wien u. Leipzig 1787, S. 136 f.; Heindl, S. 227.

13 Zum folgenden ebda., S. 21–35 und 142–159.

14 Hofdekret von 13. und 23. März 1786. In: Kropatschek, Joseph (Hrsg.): *Sammlung aller k.k. Verordnungen und Gesetze vom Jahre 1740 bis 1780, die unter der Regierung Kaiser Josephs II. theils noch ganzbestehend, theils zum Theile abgeändert sind, Bd. 11.* Wien 1786, S. 928 f.

15 Näheres ebda., S. 93–115; die Reform von 1774 ebda. S. 128.

16 Die Studenten der juridischen Fakultät erhielten nach dem sechsklassigen Gymnasium und den zwei-, zu manchen Zeiten dreijährigen philosophischen Studien nach der Reform von 1774 Ausbildung in folgenden obligaten Fächern: natürliches Privatrecht, Geschichte des Römischen Rechts, Institutiones (1. Jg.), Pandekten mit „Zusätzen" aus dem Codex Theresianus und Jus Germanicum, Kriminalrecht (2. Jg.), Kirchenrecht und seine Geschichte, geistliches Staatsrecht (3. Jg.), deutsches Staatsrecht mit „Zusätzen" über die Erbländer, allgemeines Staats- und Völkerrecht und Lehensrecht. Nach der Reform von 1788/89 wurden folgende Fächer gelehrt: Naturrecht, allgemeines Staats- und Völkerrecht, Strafrecht, Kirchengeschichte (1. Jg.), bürgerliches österreichisches Recht, deutsche Rechtsgeschichte (2. Jg.), Privatkirchenrecht, Lehensrecht, deutsches Staatsrecht, Geschichte der österreichischen Monarchie (3. Jg.), Lehens- und Völkerreicht, Statistik, Politikwissenschaft und praktische Geschäftskenntnis (4. Jg.).

17 Zur Ritterakademie, vgl. besonders Stimmer, Gernot: *Zur Herkunft der höchsten österreichischen Beamtenschaft. Die Bedeutung des Theresianums und der Konsularakademie,* in: *Student und Hochschule im 19. Jahrhundert* (= Studien zum Wandel von Gesellschaft und Bildung im 19. Jahrhundert 12). Göttingen 1975, S. 303–346.

18 Von diesen Geißelt Pezzl vor allem die Kartenspiele Tarock, Tresette und das Glücksspiel Pharao, die Liebesaffairen und die „lotteriesucht".

19 Pezzl (wie Anm. 12), S. 116; Heindl, S. 235 f.

20 Beidtel (wie Anm. 8), Bd. 2, S. 91.

21 Zum folgenden Weckbecker, Wilhelm (Hrsg.): *Die Weckbeckers. Karriere einer Familie.* Graz, Wien Köln 1966, S. 22–37 und 43–46; Heindl, S. 274 ff.

22 Weckbeckers (wie Anm. 21), S. 45 f.

23 Pezzl (wie Anm. 12), S. 81, 86, 89 f. und 121.

24 Pichler, Caroline: *Denkwürdigkeiten aus meinem Leben, 3 Bd.*, Wien 1844; *Selbstbiographische Skizze geschrieben von unserem geliebten Vater Carl Joseph Freiherr v. Pratobevera-Wiesborn in Baden im Jahr 1841,* Haus-, Hof- und Staatsarchiv, Nachlaß Pratobevera, K. 10; Hammer-Purgstall, Josef Freiherr v.: *Erinnerungen aus meinem Leben 1774–1852,* bearbeitet von R. Bachofen v. Echt (= Fontes Rerum Austriacarum II/70). Wien 1940, besonders Kap. 1 und 2.

25 Siehe Heindl, S. 274–286.

26 Zitiert nach Altenhofer, Norbert: *Geselligkeit als Utopie. Rahel und Schleiermacher,* in: *Berlin zwischen 1789 und 1848. Facetten einer Epoche.* Ausstellung der Akademie der Bildenden Künste vom 30. Aug. bis 1. Nov. 1981, S. 37.

27 Braun, Otto u. J. Bauer (Hrsg.): *Friedrich Daniel Ernst Schleiermacher, Werke.* 2. Aufl. Leipzig 1927, S. 129, zitiert in ebda., S. 38.

28 Ebda., S. 41.

29 Ebda., S. 39.

30 In: *Selbstbiographische Skizze* (wie Anm. 24); für den freundlichen Hinweis auf diese Stelle danke ich Clemens Höslinger, vgl. auch Höslinger Clemens: *Carl Joseph Pratobevera als Student im josephinischen Wien,* in: *Archiv und Forschung. Studien zur österreichischen internationalen Verflechtung in Politik, Wirtschaft, Gesellschaft und Kulture* (= Wiener Beiträge zur Geschichte der Neuzeit 20). Wien 1992.

31 Kessler, Erasmus, *Tagebücher,* Wiener Stadt- und Landesbibliothek, Handschriftensammlung, Nachlaß Kessler; Perth, Mathias, *Tagebücher,* ebda., Nachlaß Perth; zu Perth vgl. Höslinger, Clemens: *Kulturelles Leben des Wiener Kleinadels. Das Tagebuch des Mathias Perth,* in: *Haydn-Jahrbuch 10.* Wien, London 1978, S. 56–71.

32 Höslinger, Clemens: *Aus den Aufzeichnungen des Freiherrn Pratovevera,* in: *Schubert-Studien.* Hrsg. v. Franz Grasberger (= Sitzungsberichte der österreichischen Akademie der Wissenschaften 341). Wien 1978, S. 119–129.

33 Vörös, Karloy: *Beiträge zur Lebensgeschichte von Nikolaus Zmeskáll,* in: *Studia Musicologica IV.* Budapest 1963, S. 381–409, besonders S 396–399.

34 Höfken, Gustav: *Aus meinem Tagebuch* (Eintragung vom 18. Aug. 1851), Haus-, Hof- und Staatsarchiv, Nachlaß Höfken, K. 2.

WERNER RAINER

Zum Sozialstatus des Berufsmusikers im 18. Jahrhundert – am Beispiel der Salzburger Hofmusik

Das erklärte Berufsziel eines professionellen Musikers des 18. Jahrhunderts war eine Anstellung durch eine der großen Hofhaltungen, oder doch wenigstens von einem der zahlreichen kleinen Fürsten zum Zwecke der Repräsentation und/oder deren persönlicher Unterhaltung unter Vertrag genommen zu werden. Daneben erstand machtvoll, vor allem in den freien Reichsstädten, ein bürgerliches Musikleben. Auch dieser Stand wetteiferte in Repräsentationen. Eine neue Musizierform entstand hier im Zusammenschluß von musikübenden Gesellschaften zu sogenannten Collegia musica, mit öffentlichen Konzerten, bei Einhebung von Eintrittsgeld.[1] Ausdruck des Aufstiegs des selbstbewußten neuen Standes war auch die „Demokratisierung" der barocken Zentralperspektive (d. h. das Theater für den Fürsten) zum Rangtheater. Vor allem Universitätsstädte mit ihrer studentischen Jugend wurden zum Träger dieser neuen Formen.[2]

Komponieren galt im 18. Jahrhundert – im Unterschied zum Zeitalter der Romantik – noch vorwiegend als Broterwerb und wurde zum Dienstgeber, wie selbstverständlich, im Dienstvertrag miteingerechnet.[3] So erhielt Mozart, als er 1779 zum zweiten Male in Salzburger Dienste trat, in seinem Anstellungsdekret die Auflage,

> daß derselbe gleich den Adelgasser (d. i. der eben verstorbene Hoforganist, W. R.) seine aufhabende Verichtungen sowohl in dem Dom, als bey Hof, und in dem Kapelhauß mit embsigen Fleis versehe, auch den Hof, und die Kirche nach Möglichkeit mit neuen von Ihme verfertigte Kompositionen bedienne.[4]

Mozart sollte somit vorrangig als ausübender Musiker, nämlich als Organist und Cembalist, tätig sein; erst im Nachsatz werden von ihm Werke „nach Möglichkeit" erwartet. Mozart ist zeitlebens in dieser Doppelfunktion verblieben: der Virtuose und Lehrer subventionierte sozusagen den schaffenden Künstler.[5] Er war in dieser Hinsicht allerdings kein Einzelfall, denn nur wenige erreichten jenen Status der Unabhängigkeit, den der „Tonkünstler" Beethoven dem nächsten Jahrhundert als Idealbild vorlebte.

Mozart beherrschte, wie der überwiegende Teil seiner Zeitgenossen, mehrere Instrumente. Virtuosität erreichte er auf der Violine und dem Flügel. Selbstverständlich spiegeln seine Werke für diese beiden Instrumente den Grad seiner technischen Fertigkeit wider, war er doch – nach der herrschenden Konvention – meist selbst der Interpret der Uraufführungen. Wir wissen von den Klavierkonzerten, daß sie *die* Attraktion in den Wiener Akademien waren.[6] Zuvor gab es eine Periode in Mozarts Leben, in der sein Interesse mehr auf die Violine ausgerichtet war, als er nämlich 1769, erst dreizehnjährig, zum (unbesoldeten) Konzertmeister der Salzburger Hofmusik ernannt wurde. Selbstverständlich hatte der Autor der berühmten Violinschule eine solide Ausbildung garantiert. Die Serenaden aus den 1770er Jahren enthalten mehrfach ausgedehnte Violinsoli und auch alle Violinkonzerte sind Dokumente Mozartscher Selbstdarstellung in der Salzburger Hofkapelle. Der Vater mag geahnt haben, daß der Sohn ein vortrefflicher Geiger sei.

Bearbeitungen fremder und eigener Kompositionen, sowie Mehrfach-Verwendungen ein- und derselben Musik waren nicht nur für das Barock charakteristisch. Die Klassik freilich betonte stärker die Einmaligkeit von Erfindung und künstlerischer Gestaltung; damit verlor die Bearbeitung an Ansehen, wurde nicht mehr als selbständiges Kunstwerk bewertet und erschien (erstmals) als eine minder geachtete Gattung, zu deren Produktion die Verleger eher unbedeutende Musiker heranzogen. Die Beliebtheit der Vorlage spielte bei der Bearbeitung eine besondere Rolle. Ihr Bekanntheitsgrad läßt sich an der Vielfalt, vor allem für häusliche Besetzungen, ablesen. Geschäftstüchtige Verleger brachten oft noch vor der Drucklegung des Originals populäre Werke in solchen Arrangements auf den Markt und unter die Musikliebhaber. Auch Mozarts Werk war mithin durch die Hausmusik mehr verbreitet als im Original, das oft gar nicht im Druck vorlag. Der Mozartkult, der mit Anbruch des 19. Jahrhunderts stürmisch einsetzte, verdankte dieser Art der Verbreitung von „Favoritwerken" viel, wenn nicht alles. Mozart ist, wie es uns scheint, immer zu spät gekommen.

Da es noch keine Urheberrechte gab – unter Maria Theresia zeigen sich erste Schutzansätze für die Belletristik – gingen die Kompositionen in das Eigentum des Auftraggebers über, der sie manchmal sogar als seine eigenen Werke ausgab.[7] Leopold Mozart war deswegen immer darauf bedacht, keine Autographe aus der Hand zu geben.[8]

Mozart, in Wien als freischaffender Künstler lebend, verkörpert den Vorgriff auf einen neuen Typus, der ohne ständige, d. h. abhängige Bindung an Fürsten und Aristokraten auskommen wollte.[9] Erst die Überhöhung des Künstlers bzw. des Komponisten zum Heroen[10], zum „Tonkünstler"[11], im Napoleonischen Zeitalter – die Kaiserkrönung war ja keine Restauration des Ancien Régime, sondern eine Renaissance der römischen Kaiseridee durch einen homo novus – erst dieser grundlegende Wandel in der Einstellung zum Musikschaffenden, ermöglichte Beethoven eine Existenz als freischaffender Künstler. Doch bezog bekanntlich auch er eine aristokratische Rente, allerdings ohne jemals in einen Dienst getreten zu sein; sie wurde in Erwartung mancher Gegenleistung, nämlich der Zueignung seiner „unsterblichen Schöpfungen" gewährt. Erinnert sei hier auch an die Ehrung Haydns anläßlich einer Aufführung der *Schöpfung,* als sich der ganze Saal von den Stühlen erhob, wie bei der Ankunft des Monarchen.

Ein Hornist des löblichen Regiments, Kuenburg-Sammlung.

Die Verhältnisse an den einzelnen Hofhaltungen glichen einander sehr. Die kleineren waren Abklatsch der größeren, diese der großen, und im Grunde alle der Versailler Hofhaltung. An der Spitze der strengen Rangordnung des Absolutismus stand – nicht allein in den Kirchenstaaten –, gleichsam an Gottesstelle, der Landesfürst. Das Fürsterzbistum Salzburg zeigt alle typischen Ausprägungen der vielen selbständigen Territorien Deutschlands. Die Hofmusik bestand aus den Hofmusikern im engeren Sinn, den Trompetern und Paukern, den Dommusikern, den Kapellknaben; die Posaunen für den Dom stellte der Stadt-Thurnermeister.[12] Vorgesetzter der Hofmusik war der Obersthofmeister[13], Vorgesetzter der Hoftrompeter der Oberstallmeister – ein Kompetenzwirrwarr, wie er im heutigen Kulturbetrieb nicht unüblich ist. Von den Trompetern schrieb Leopold Mozart:

> Es wird kein Trompeter noch Pauker in die hochfürstlichen Dienste genommen, der nicht eine gute Violin spielt: wie sie denn bey starken Musiken bey Hof alle erscheinen und die zweite Violin oder Viola mitspielen müssen.[14]

Ähnliches galt auch für das Stift St. Peter. Hier wurde jemand als *Director chori* angestellt, dessen Qualifikationen P. Beda Hübner in seinem Diarium mit folgenden Worten umschrieb:

> ein hervorragender Musiker, besonders auf der Violine, dem Baß und der Pauke; er kennt auch die Orgel, und versteht sich etwas aufs Komponieren …[15]

Geographisch gesehen stammten etwa die Hälfte der Hofmusiker aus der Residenzstadt oder deren näheren Umgebung; nur je 10% aus Italien und Böhmen/Mähren. Der italienische Anteil war perzentuell gering, dafür rangmäßig bedeutend – somit ist Leopolds Aversion gegenüber den hochbezahlten Italienern nicht unverständlich. Daß dabei eine sich auch heute wieder bemerkbar machende Xenophobie eine Rolle gespielt hat, geht aus den Mozart-Briefen hervor.

Der beträchtliche Fundus an einheimischen Musikern ist vor allem auf die Einrichtung des Kapellhauses zurückzuführen.[16] Die Kapellknaben erhielten kostenlos von versierten Mitgliedern der Hofkapelle Unterricht in Gesang, Orgel, Violine und Italienisch. Die meisten Zöglinge besuchten die an die Universität angegliederte Lateinschule, erhielten also einen dem heutigen „Musischen Gymnasium" entsprechenden Unterricht. Aufgabe der Kapellknaben war es, die Soli und Chorpartien (Sopran, Alt – verstärkt durch Posaunen) im Salzburger Dom zu übernehmen, da hier noch die Regel galt: *Mulier tacet in ecclesia*. Im Gegensatz dazu wurden in St. Peter Sopranpartien bekanntlich auch von Frauen gesungen (erinnert sei an die Uraufführung der C-Moll-Messe durch Konstanze Mozart anläßlich ihres Besuches in Salzburg am 26. Oktober 1783).[17] Auf den Kapellknaben ruhten aber auch die zahlreichen Aufführungen der Universitätsbühnen. Das Salzburger System produzierte jedenfalls keine arbeitslosen Musiker, denn

> bey ihrem Austritt aus dem Capellhaus wird jeder von Fuß auf wohl gekleidet: der Austritt geschieht aber nicht gleich, wenn der Knabe die Stimme verlieret; sondern er wird … auch noch wohl 2 und 3 Jahre mit allem versehen: wo er dann Zeit gewinnet, sich in allem vollkommener zu machen und sich in den Stand zu setzen mit der Zeit in die Hofdienste zu treten, welches die meisten erlangen, weil man sie, wenn sie tauglich sind, andern vorziehet.[18]

Dem Rest stand dann auch noch das akademische Studium offen! An der Universität gab es noch im Jahre 1793 eine sogenannte Musikantenstiftung, deren Aufgabe es war, vierzehn musikkundigen Studenten, welche den Chordienst in der Universitätskirche versahen, eine jährliche finanzielle Unterstützung zukommen zu lassen. Ein besoldeter, fest angestellter Universitätschorregent hatte die Leitung der Universitätsmusik inne. Viele der Musiker waren sozusagen „milieubelastet", stammten zumindest aus Lehrer- und Meßnerfamilien, deren

Mitglieder auch immer den Organistendienst an den jeweiligen Landkirchen zu verrichten hatten. Es gab auch ganze Musikerdynastien wie etwa die Biber, die Paris, die Lipp, die Mozart u. a. m.

Der übliche Eintritt in die Hofmusik bestand im unbezahlten und unbefristeten „Akzeß". Eine fünfjährige Wartefrist war nicht unüblich. Colloredo hat diesen traurigen Zustand reformiert und eine – modernen Ideen entsprechendere – einjährige Probezeit eingeführt. Mozart mußte fast drei Jahre in der Stellung eines Konzertmeisters warten, bis ihm Colloredo, etwa ein halbes Jahr nach Amtsantritt, eine Besoldung, die über der einer Hofsängering lag, „auswarf".

Zu Beginn des Jahrhunderts waren die (Hof-)Musiker noch fest in die Hierarchie der Hofbediensteten eingegliedert, die höheren als Ante-Camera-Kammerdiener, die niedrigen als Kammerportier. Später galten diese Ränge nur mehr als (Ehren-)„Titul", bis sie Colloredo ganz abschaffte. Je kleiner eine Hofhaltung war, desto länger verblieben die Musiker in solcher Doppelfunktion. Die Integration der Hofmusiker in den mittleren aber auch höheren Beamtenstand dokumentieren die mehrmalige Verleihung des Truchseß-Titels an den Kapellmeister, die Freundesbeziehungen Leopold Mozarts und Michael Haydns und die Verschwägerungen von Eberlin, Adlgasser und Meissner mit Hofbeamten. Aus dem „Graf Arcoschen Fußtritt"[19] – Mozarts Kündigung erfolgte am 9./10. Mai, der Fußtritt erst am 8. Juni – darf kein falscher Schluß gezogen werden. Auch andere Hofbeamte wären bei Unbotmäßigkeit, noch dazu von Seite eines 25jährigen, ähnlich behandelt worden, trotz der aufgeklärten Gesinnung des Fürsten. Colloredo jedenfalls trug Mozart – entgegen dessen Befürchtungen – nichts nach, wie sich beim Besuch in Salzburg zwei Jahre später zeigen sollte. Es war durchaus üblich, daß Hofmusiker ihre Herrn auf Reisen zu begleiten hatten, sogar fremden Herrschaften zur Verfügung gestellt wurden.[20] Mozart hat beim Wiener Aufenthalt des Salzburger Landesfürsten ganz bewußt gegen diese Verpflichtung verstoßen. Warum er dies tat, gehört zum Kapitel des freischaffenden Künstlers. Bekannt ist der Fall des mit Mozart eng befreundeten Oboisten und Cellisten Joseph Fiala, der zweimal aus dem Dienst entfloh. Weder den bayerischen Kurfürsten noch Colloredo kümmerte es, auf welche Weise er zu einem der begehrten böhmischen Bläser kam. Ein reumütiger Sünder konnte durchaus damit rechnen, straflos wieder aufgenommen zu werden:

> Ich erstatte meine demütigste Abbitte wegen meiner vor 6 Jahren unternommenen Flucht, zu welcher mich umbändige Jugendhitze und unersättliche Begierde, die fremde Welt zu versuchen und auf Reisen, zu meinem nötigen Fortkommen in der Musik etwas Rechtschaffenes zu lernen, anreizte.[21]

Die Verträge waren unbefristet und Kündigungen ganz selten. In dieser Hinsicht kann man von einem Beamtenstatus des Musikers sprechen.

Das Gehalt des Hofmusikers setzte sich, ähnlich wie heute, aus Besoldung und Nebenbezügen zusammen. Die Nebenbezüge, ursprünglich teils in bar, teils in Naturalien entrichtet, später von Colloredo in bar abgelöst, kamen teilweise dem Grundgehalt sehr nahe.[22] Die Belastungen des Alleinverdieners und die Anzahl der Kinder wurden nicht berücksichtigt – auch in dem Kirchenstaat Salzburg nicht. Eine Vorrückungsautomatik gab es nicht, beharrliche Bittsteller konnten aber meist etwas erwirken, vor allem dann, wenn die Kinderzahl mitangeführt wurde. Eigentümlicherweise zeitigte dieser Umstand fast immer Wirkung auf den Landesvater, der selbst kinderlos war. Beiträge zu einem auswärtigen Studium wurden als Unterhaltsbeihilfen erlangt, vor allem nach Übernahme einer „gnädigsten Gevatterschaft". Ein Musikerhaushalt konnte leicht bis zu neun Personen ausmachen, z. B. der Musiker, seine Frau, vier Kinder und drei „notwendige Dienstboten". Gehalts-Antizipationen waren gebräuchlich. Ein wirksames Argument bei Ansuchen um Gehaltserhöhung war der Hinweis darauf, daß „Habseligkeiten zum Teil in das Leihaus" gebracht werden mußten, oder daß „honette Kleidung" für den Auftritt bei Hof nötig sei. Vielen Musikern machte die „große Teuerung" im Gefolge des Siebenjährigen Krieges zu schaffen.

Als Zulagen gab es ein Holzdeputat, ein Lichtdeputat (= Kerzen), Wein- und Biergeld („täglich ein Mäßl [= 1/4 l] Tyroller Wein zur Erhaltung der Stimme"), Brotgeld („täglich 2 paar Semmel oder jährlich 2 Schaff Korn"), und das Hochzeitsgeld in der Höhe eines Monatsgehalts. Die Hoftafel (Mittag- und Abendessen) war eigentlich eine Auszeichnung, die aber Mozart nicht behagte, da er mit den Kammerdienern an einem Tisch sitzen mußte. (Nach dem Bruch mit Salzburg lehnte Mozart die Gleichstellung mit Kammerdienern empört ab und schrieb dem Vater: „Sie müssen sich wegen dem hof also verhalten – doch bitte ich Sie, mein bester vatter, nicht zu viel zu kriechen."[23]) Weiters gab es Freiquartier und Hauszinsbeitrag (Quartiergeld), allerdings nur für Hochgestellte, und zu Weihnachten ein „Salzgeld", ein erster Ansatz zu einem Weihnachtsgeld. Kurfürst Ferdinand inkludierte alle Nebenbezüge in das Gehalt und gewährte unentgeltlich Arztbehandlung und Arzneimittel.

Auf besonderes Ansuchen wurden einmalig Geld-, Kleider- und Begräbnisbeihilfen gewährt. Witwen- und Waisenrenten („Gnadengehalt") waren hingegen üblich, aber es gab keinen rechtlichen Anspruch darauf; auch diese wurden nur auf besonderes Ansuchen hin zuerkannt, die aber immer positiv erledigt wurden. Die Höhe richtete sich nicht nach den sozialen Umständen, sondern nach dem Rang des Verstorbenen. Weibliche Nachkommen konnten, blieben sie unverheiratet, auf alle Fälle mit einer lebenslänglichen Versorgung rechnen, auch wenn sie beim Tod des Vaters schon etwas in die Jahre gekommen waren. Die unverheiratete Maria Anna Josepha Lolli erhielt nach dem Tod des Hofkapellmeisters, obwohl bereits 46 Jahre alt, eine lebenslängliche Pension. Günstig war dabei immer der Verweis auf Schulden. Am originellsten ist wohl die Begründung mit einer „in der innerlichen Leibsbeschaffenheit gegründeten Eßkrankheit des Ehegatten“.[24] Waren für die Zuerkennung einer Witwenrente ärztliche Zeugnisse hinsichtlich der Arbeitsunfähigkeit der Witwe notwendig, war der Hofarzt Dr. Barisani immer mit viel Phantasie zur Ausstellung solcher Atteste bereit. Häufig stoßen wir dabei auf den Verweis auf die „Blödigkeit der Augen“ und das Unvermögen zu einem „Nebenverdienst durch Handarbeit“ – letztere war anscheinend die einzig zumutbare und moralisch vertretbare Beschäftigung für die bürgerliche Jungfer. Mancher sicherte sich doppelt ab: im Krankheitsfalle mit der Abfertigung eines Jahresgehalts und im Todesfalle mit der „seinem Weib mildest zugesicherten Pension“. Eine Pensionsautomatik gab es erst gegen Ende des Jahrhunderts, üblich war aber eine altersbedingte Verminderung der Dienste bei gleichem Gehalt. Wegen der verschlechterten finanziellen Situation des Erzbistums waren die Salzburger Besoldungen im 18. Jahrhundert eher niedrig. Daher konnte es beim Kampf um das höhere Gehalt zum folgenden Ausrutscher (eines Sängers) kommen:

> … wo doch ein …, der nur ein Instrumentist, sohin nicht in den halben Fällen wie ich zu gebrauchen ist, … auch ein jeweiliger Concert Meister, der sich um seine Stelle wenig bekümmert, … Gulden, die Officier Tafl, auch Wein und Brodt Portion gnädigst genüsse(n).[25]

Trotz verschlechterter finanzieller Situation wurden die Anweisungen, im Unterschied zu anderen in Kriegshandlungen verwickelten Ländern, immer pünktlich ausbezahlt.

Weitere übliche Nebenverdienste waren das Spielen in anderen Kirchen („kürchliche Accidentien“)[26], Aufführungen in der Universität, Serenaden, Notenkopieren und Musikalienvertrieb. Die alte Universität sowie die (Stadt-)Klöster, waren den Musikern gegenüber sehr gastfreundlich.[27] Wir finden in den Protokollen immer wieder vermerkt, daß Hofmusiker an den Festtafeln der theologischen Fakultät gern gesehene Gäste waren. Andererseits klagten die Musiker, daß in Salzburg weder auswärtige Kirchendienste noch Konzerte oder Musikakademien wären – oder doch nur solche, die, wenn überhaupt, nur mit einem höflichen „ich bedanke mich" bezahlt wurden. Dazu kam die Konkurrenz der zugereisten Musik, die aus Armut auch in Wirtshäusern aufspielten.

Anstelle der außer Mode gekommenen Kastraten (sie entsprachen anscheinend nicht mehr dem von Rousseau geprägten Ideal der Natürlichkeit) wurden in der Hofmusik „Singerinnen" aufgenommen, deren Ausbildung auf landesfürstliche Kosten (Sigismund) in einer der vier berühmten venezianischen Klosterschulen (Ospedali)[28] erfolgt war. Ihre Besoldung blieb gegenüber jener der männlichen Kollegen bescheiden; allerdings war ihnen eine Mehrfachverwendung nicht möglich und ihr Einsatz auf den Hof beschränkt. Die Haydin z. B. erhielt vorerst, so wie ihre Kolleginnen, 120 Gulden jährlich, ab 1783 erhielt sie 144 Gulden, und das war immer noch weniger als das Gehalt des 16jährigen Mozart![29]

Auch diese Sängerinnen wurden – heutigen Gepflogenheiten entsprechend –, wenn sie „in die Jahre gekommen" waren, „dienstbefreit" bzw. gegen Ende des Jahrhunderts pensioniert.[30] Im Falle des Ehepaars Haydn bezogen beide ein Gehalt, mit dem sie aber trotz Kinderlosigkeit nicht auskamen. Magdalena Haydn wollte nach dem Tod Michaels eine Doppelpension erreichen. Ihr Gesuch wurde mit folgender Begründung abgelehnt:

> Nachdeme die Hoforganistens- und geweste Konzertmeisterswitwe Magdalena Haydn als Hofsängerin selbst noch eine Besoldung ... bezieht, ... wodurch die Supplikantin einschließlich ihrer selbstigen Besoldung doch 336 Gulden jährlich zu beziehen hat und mit selben, obschon sie in Ihrer Bittschrift zu Belohnung der Tonkunstverdienste ihres Manns selig gleichsam

> ganz Europa aufzufordern scheint, um so mehr zufrieden sein kann, als die Witwe eines ohne Vermögen verstorbenen Rates oder anderen Beamtens höherer Klasse, der in seinem Leben die schwersten Geschäfte für den Staat zu bearbeiten und demselben vielen Nutzen verschaffet hatte, nach eben diesem Pensionsnormali mit 300 Gulden sich begnügen muß.[31]

Was hätte dieser „kaiserlich, auch kaiserlich-königlich provisorische General-Einnehmer“ erst protokolliert, hätte er von jener weiteren dritten Pension gewußt, die Haydns Witwe für die Überlassung des musikalischen Nachlasses von Fürst Nikolaus II. Esterházy bezog?

Das moderne Schlagwort des „Bildungsurlaubes“ war auch dem 18. Jahrhundert nicht fremd. Bezahlte Reiseurlaube für gezielte Weiterbildung, vor allem ins gelobte Land der Musik, Italien, wurden angeordnet und durch Vorschüsse aus der Privatschatulle des Landesfürsten finanziert. So schrieb Leopold Mozart einmal aus Paris:

> Es lebe unser allergnädigster Fürst! Gott Lob und Danck! mich kann nichts mehr rühren als wenn ich sehe, daß ein großer Fürst, dem Gott die Mittel und Kräfte dazu in die Hände gegeben hat, denen Talenten forthilft, die Gott aus einer besonderen Gnade in manche ehrliche Seele gepflanzet hat.[32]

Erfolgte eine Reise auf eigenen Wunsch, so wurde das Gehalt eingestellt, der Vertrag aber nicht gekündigt. In diesem Fall verschuldete sich Leopold Mozart bei seinem Hausherrn Hagenauer.[33] Zur Vorbereitung einer solchen Reise gehörte das Sammeln von Empfehlungsschreiben mit Festlegung der Reiseroute, die nicht unwesentlich durch zu erwartende Einladungen bestimmt wurde.[34] Improvisation war dabei durchaus gerechtfertigt, da man durch Einladungen zumindest Logis und Kost einsparen konnte. Dann galt es, „Verwertbares“ einzupacken; dazu gehörten immer eigene Kompositionen, in Kopie oder Druck, zum Vorspielen oder zum Verkauf, oder als Geschenk an einen adeligen Gönner, der sich dann durch ein wertvolles Gegengeschenk („Präsent“) zu revanchieren hatte.[35] Solche Präsente wurden nicht selten in Bargeld umgesetzt. Aber auch die Vermittlung von Musikalien zählte zum Einkommen des Reisenden. Seit Breitkopf 1755 die beweglichen Notentypen anstelle des Notenstichs benutzte, erzielte der Musikalienhandel, da die Herstellung billiger kam, einen regen Auftrieb. Eine weitere Verbilligung erbrachte später der Flach- oder Steindruck, eine Erfindung Sennefelders zu Beginn des 19. Jahrhunderts. Das war ein weiterer Beitrag zur sozialen Absicherung des Komponisten, da jetzt billige Massenauflagen hergestellt werden konnten. Für die Existenzsicherung Mozarts kam aber auch diese Entwicklung zu spät.

Komponisten rechneten auch immer mit Kompositionsaufträgen oder Kurzverträgen (nach Art der „Staggioni"). Konzerte in Eigenregie waren weniger beliebt, da nur zugkräftige Namen, oder die Sensation eines Wunderkindes Einkünfte garantierten. Zwei Formen dienten der Präsentation des reisenden Künstlers. Zum einen das Solokonzert (Paganini reiste mit eigenen Noten, die er am Abend unmittelbar vor dem Konzert ohne Probe auflegen ließ und eifersüchtig nach dem Konzert eigenhändig, sogar vor den Augen des Publikums, wieder einsammelte); zum anderen das „Solo" mit Begleitung durch einen eingespielten Partner (Wolfgang und Nannerl Mozart als Klavierduo) oder durch einen anwesenden „Accompagnisten", aber auch im vertraulichen Spiel mit einem dilettierenden Fürsten.[36]

Zum Abschluß möchte ich einige Worte, die der erfahrene Leopold Mozart anläßlich der Einstudierung des Idomeneo in München über die Mentalität der Orchestermusiker an seinen Sohn schrieb, zitieren:

> Suche nur das Orchester bey guter Laune zu erhalten, ihnen zu schmeicheln ..., denn ich kenne deine Schreibart, es gehört bey allen Instrumenten die unausgesetzte erstaunlichste Aufmerksamkeit dazu, und es ist eben kein Spaaß, wenn das Orchester wenigstens drey Stunden mit solchem Fleiß und Aufmerksamkeit angespannt seyn muß. Jeder, auch der schlechteste Brat-

schist, ist auf's Empfindlichste gerührt, wenn (man) ihn tête à tête lobt, und wird dadurch eifriger und aufmerksamer, und so eine Höflichkeit kostet dich nichts, als ein paar Worte.[37]

Vielleicht sollte man diese Worte einigen heutigen Dirigenten ins Stammbuch schreiben.

Anmerkungen:

1 So funktioniert im Grunde auch heute noch ein großer Teil unseres hochsubventionierten Konzertlebens, das von Anfang an ein Zuschußbetrieb war.

2 Studenten wurden nicht erst im 19. Jahrhundert Vorreiter neuer Ideen. In Salzburg war diese Vorkämpferrolle allerdings immer sehr gering ausgeprägt.

3 Von Fürsterzbischof Sigismund v. Schrattenbach wurden Bühnenwerke noch regelmäßig mit 6 Dukaten (= 30 Gulden), einem überdurchschnittlichen Monatsgehalt eines Musikers, honoriert. Vgl. dazu Klein, Herbert: *Nachrichten zum Musikleben Salzburgs in den Jahren 1764 bis 1766,* in: *Festschrift Alfred Orel.* Hrsg. v. H. Federhofer. Wien 1960, S. 101.

4 Mozarts Anstellungsdekret, Salzburg, 17. Jan. 1779, zitiert nach Deutsch, Otto E. (Hrsg.): *Mozart. Die Dokumente seines Lebens.* Kassel, Basel 1961, S. 163.

5 Vgl. Biba, Otto in: *Mozart. Bilder und Klänge* – 6. Salzburger Landesausstellung. Salzburg 1991, S. 342: „Eine wesentliche Einnahmequelle für den zwischen Mai 1781 und Dezember 1787 ausschließlich freischaffend als Komponist, Pianist und Musiklehrer in Wien wirkenden Wolfgang Amadeus Mozart waren dessen selbst veranstalteten Konzerte. Im Mittelpunkt von deren Programmen stand stets ein Auftritt des Konzertgebers als Pianist mit einer freien Fantasie, einem Solowerk (meist Variationen) oder einem Klavierkonzert."

6 Vgl. ebenda: „Zu Mozarts Zeit war es in Wien selbstverständlich, daß Künstler – Komponisten oder Interpreten – selbst als Konzertveranstalter tätig waren, das heißt, ihre Konzertauftritte selbst organisierten, das (finanzielle) Risiko selbst trugen und den finanziellen Erfolg selbst lukrierten. Zwar fielen in diese Jahre auch die Anfänge kommerziellen Konzertunternehmertums, doch waren sie von geringem Einfluß und von kurzer Dauer... In Wien konnte Mozart bei einem Konzert unter guten Voraussetzungen mit einem Reingewinn von über 500 Gulden rechnen; das war mehr als ein Jahresgehalt im gehobenen Bürgerstand."

7 Vgl. die Entstehung von Mozarts Requiem. Dazu Nowak, Leopold: *Entstehungs- und Überlieferungsgeschichte des Requiem-Fragments,* in: Mozart, Wolfgang Amadeus. *Neue Ausgabe sämtlicher Werke.* Hrsg. v. der Internationalen Stiftung Mozarteum Salzburg. Kassel, Basel 1955 ff. Serie I/1, Abt. 2/1, Kassel, Basel 1965, S. VII. Vgl. auch Biba, Otto, in: *Mozart. Bilder und Känge,* S. 366: „So haben sich im Archiv der Gesellschaft der Musikfreunde in Wien zum Beispiel Manuskripte von Werken Franz Anton Hoffmeisters und Francois Deviennes erhalten, deren tatsächliche Autorenangabe überklebt und von Graf Franz Walsegg-Stuppach eigenhändig durch seinen eigenen Namen ersetzt wurde."

8 Zu einem anderen Beispiel, der Auslieferung von Michael Haydns Gradualia an Kurfürst Ferdinand, siehe Hintermaier, Ernst: *P. Beda Hübner OSB – Nachrichten über das Ableben des großen Tonkünstlers Johann Michael Haydn,* in: *Das Benediktinerstift St. Peter in Salzburg zur Zeit Mozarts.* Hrsg. v. P. Petrus Eder OSB u. Gerhard Walterskirchen. Salzburg 1991, S. 206 f.

9 Zu Mozarts finanziellen Problemen vgl. Braunbehrens, Volkmar: *Mozart in*

Wien. München 1986, passim. Zu den Einkommen und Lebenshaltungskosten in dieser Zeit im allgemeinen vgl. Angermüller, Rudolf, in: *Mozart. Bilder und Klänge*, S. 348 f.

10 Vgl. Redmann, Bernd: *Musik zur Weihe und Tod des Abtes*, in: *Das Benediktinerstift St. Peter*, S. 157, mit dem Zitat aus der Chronik Kaserers über die musikalische Begleitung der Abtweihe Dominikus Hagenauers: „eine unvergleichliche Musik, die der berühmte Tonkünstler H. Michael Haydn eigens hierzu komponierte". Dazu Redmann: „Hervorzuheben ist die Attributierung Haydns als *berühmter Tonkünstler*, ein Terminus, der – in den 1780er Jahren noch wenig verbreitet – von der beginnenden Emanzipation des Komponisten von ‚Handerkwer' zum ‚Genie' und der damit verbundenen sozialen Aufwertung zeugt." (Ebenda)

11 Zum Begriffswandel: das Deutsche Wörterbuch der Brüder Grimm definiert „Tonkünstler" als „verdeutschung von musikant: alias sänger, und saitenspieler sive musicus, philomusus, cantor, musicae peritus" und zitiert den Lexikographen Johann Christoph Adelung (1732–1806, das ist etwa die Lebensspanne von Joseph Haydn): „wenn sie ihn recht ärgern wollte, nannte sie ihn tonkünstler, welchen ausdruck er weniger als alles leiden Konnte; indem er sich hiedurch zu einem töpfer erniedrigt zu sein dünkte."

12 Daß auch das Stift St. Peter immer wieder auf sie zurückgreifen mußte, erhellt aus Eder, P. Petrus OSB: *Die Sankt-Petrischen Musikanten*, in: *Das Benediktinerstift St. Peter*, S. 103: „Für den bei einem Staatsakt wie einer Abtbenediktion notwendigen fürstlichen Pomp konnte allerdings die Stiftmusik nicht sorgen, der Prior mußte die hochfürstlichen Trompeter *wegen ambt, Te Deum laudamus zu Benediction* und die Thurner *ex eodem causa* extra bezahlen."

13 Obersthofmeister und Musik-Inspector war von 1736 bis 1786 Lactanz Graf und Herr zu Firmian.

14 [Leopold Mozart]: *Nachricht von dem gegenwärtigen Zustande der Musik Sr. Hochfürstlichen Gnaden des Erzbischoffs zu Salzburg im Jahre 1757*, in: Marpurg, Friedrich W.: *Historisch-kritische Beyträge zur Aufnahme der Musik*, Bd. III/3. Berlin 1757, S. 197.

15 Zitiert nach Eder, P. Petrus OSB: *Ein Mönch als Zeitgenosse – Salzburg und die Musik zur Mozartzeit widerspiegelt im Diarium des P. Beda Hübner*, in: *Das Benediktinerstift St. Peter*, S. 47 f.

16 In Konkurrenz dazu stand die „Petersschule"; vgl. dazu Eder, P. Petrus OSB: *Die Sankt-Petrischen Musikanten*, ebenda, S. 96 ff.

17 Ebenda, S. 105: „In der Stiftskirche St. Peter durften Frauen in der Kirchenmusik, wenn auch nicht fix engagiert, so doch erlaubtermaßen mitwirken, was sie im Dom zu Salzburg nicht durften."

18 [Leopold Mozart] S. 194 f.

19 Zum Fußtritt vgl. u. a. Chapeaurouge, D. de: *Einführung in die Geschichte der christlichen Symbole*, 1991, S. 40: „Während das Sitzen und Stehen zwar Rangunterschiede verdeutlicht, den niedriger Stehenden aber doch menschlich behandelt, ist dies nicht mehr der Fall bei einem Relikt des despotischen Orients."

20 Vgl. die Eintragung im Diarium P. Beda Hübners, 9. Feb. 1765, in: *Das Benediktinerstift St. Peter*, S. 67: „Zu unserem Kloster kam der Hochwürdigste Abt von Lambach, um dem Fürsten und unserem Erzbischof demütigsten Dank abzustatten, daß er so gnädig gewesen sei, seine vornehmsten Instrumentalisten und Virtuosen … nach Lambach geschickt zu haben, um für die Römische Königin (Josepha von Bayern, Braut Josephs II. auf der Durchreise nach Wien, W. R.) eine Musik zu machen… Es kann sein, daß sie einige Tage dort verbleiben." (Orig. lateinisch)

21 Salzburger Landesarchiv, Hofzahlamt (im weiteren: SLA, HZA) 1782/2/L.

22 Im Falle Mozarts war das Verhältnis etwa 2:1.

23 Mozart an seinen Vater, Wien, 9. Juni 1781, in: *Mozart. Briefe und Aufzeichnungen.* Hrsg. v. W. A. Braun und O. E. Deutsch, 3. Bd. Kassel, Basel 1963, S. 127.

24 SLA, HZA 1784/1/N.

25 Ebenda, 1769/8/G.

26 Die Nebenverdienste durch Spielen in anderen Kirchen der Stadt waren durch die neue Gottesordnung von 1783 gefährdet. Vgl. dazu Krätschmer, B.: *Die deutsche Singmesse,* in: *Singende Kirche,* Bd. 33 (1986), S. 13: Die Musiker waren gewöhnt die abgeschafften „Ämter, Litaneien, Vespern und Prozessionen musikalisch mitzugestalten". Die Colloredosche Reform bedeutete daher eine bedrohliche Verminderung ihres Einkommens. Im Generale vom 9. Jan. 1788 wurde Instrumentalmusik wegen der anhaltenden Schwierigkeiten und Widerstände an Festtagen wieder zugelassen.

27 Siehe die Eintragung im Diarium P. Beda Hübners, 27. Juli 1765 in: *Das Benediktinerstift St. Peter,* S. 47: „Wir hatten an diesem Triduum besonders ausgezeichnete Litaneien de Venerabili; die beiden ersten waren vom Herrn Adelgasser, und die Letzte von H. Haydn. Kein Wunder, daß immer die meisten Hof-Musiker zugegen waren, deren hervorragendste und Hochwürdigster Prälat zum Dank an seine Tafel in den Saal einlud, welche Gnade ihnen sehr willkommen war." (Orig. lateinisch) Beim Requiem für Abt Beda Seeauer (1785) wirkten auch viele Hofmusikanten mit: vgl. ebenda, S. 156.

28 Zu den *Ospedali* vgl. Dörge, H.: *Musik in Venedig.* Wilhelmshaven 1991.

29 Aus dem Entlassungsgesuch Mozarts vom 28. Aug. 1777, Deutsch, Otto E., *Mozart. Die Dokumente seines Lebens,* S. 145 f., ist zu entnehmen, daß Colloredo ihn als „ohnehin nur halb in Diensten" stehend betrachtete.

30 Aus der Eintragung im Diarium P. Beda Hübners, 14. Jan. 1766, in: *Das Benediktinerstift St. Peter,* S. 70, geht hervor, daß der Konkurrenzkampf unter den Sängerinnen heutigen Gepflogenheiten entsprach: „... es ist erst unlängst widerumen eine neue Sängerin von Welschland gekommen, welche auch ein Salzburgerisches Kind, und von dem Erzbischoff ist hineingeschiket worden, so ist nicht zu beschreiben, was diese Sängerin, weillen sie die andere(n), sonderbar in der action, und schwäre zu singen weit übertrieft, schon von ihren mitconsortinen ist cuiniret worden."

31 SLA, HZA 1807/E/12.

32 Leopold Mozart an Lorenz Hagenauer, Paris, 4. März 1764, in: *MB,* 1. Bd., S. 132.

33 Vgl. dazu Hintermaier, Ernst, in: *Mozart. Bilder und Klänge,* S. 110: „Fürsterzbischof Schrattenbach hat den Mozarts zur ‚reyß in Italien' 120 Dukaten geschenkt, das waren immerhin 600 Gulden. Wenn diese auch nicht das volle Äquivalent für den Entgang zweier Jahresgehälter Leopold Mozarts waren – die väterlichen Einkünfte bei Hof ruhten für die Dauer der Reise –, so zeugt dieser Zuschuß aus der Privatschatulle des Salzburger Fürsterzbischofs doch von dessen Wertschätzung und dessen Interesse an beiden Hofmusikern."

34 Neben den Mozart-Briefen und einigen Daten von Adlgassers Italienreise vermittelt vor allem das Tagebuch von P. Placidus Scharl den Eindruck einer musikalischen Italienfahrt Mitte des 18. Jahrhunderts: vgl. dazu Schindler, H. (Hrsg.): *Bayerns goldenes Zeitalter.* München 1968.

35 Zum Eindruck, den die Präsente auf die Zeitgenossen machten vgl. die Eintragung im Diarium P. Beda Hübners, 26. April 1766, in: *Das Benediktinerstift St. Peter,* S. 71: „Ist auch unsäglich, was ... dieser Leopold Mozart mit seinem Sohn Wolfgang Mozart und seinem Töchterlein ... in der Welt vor Geld gewinnet: die kostbarste Verehrungen, und present hat Er aller Orten bey denen Höfen bekommen."

36 Würtz, Roland in: *Mozart. Bilder und Klänge,* S. 198, führt das Beispiel des Kurfürsten Karl Theodor von der Pfalz an, der die Flöte und das Cello spielte.

37 Leopold Mozart an seinen Sohn, Salzburg, 25. Dez. 1780, in: *MB,* S. 70.

JOACHIM REIBER

Druck, Nachdruck, Urheberrecht

Im Mozart-Jahr 1991, inmitten des größten Vermarktungs-Rummels, der je um das Werk eines Komponisten in Gang gesetzt wurde, war es verlockend, eine hypothetische Frage zu stellen: Wieviel könnte Mozart an Tantiemen beziehen, wenn seine Werke nach den heute geltenden Urheberrechtsbestimmungen geschützt wären? Die Frage ließ sich nicht wirklich beantworten; die Gesellschaft der Autoren, Komponisten und Musikverleger in Österreich – kurz „AKM" genannt – schätzte die Summe der mutmaßlichen Mozart-Tantiemen auf Dutzende Millionen Schilling; doch wußte sie selbstverständlich um den rein spekulativen Charakter einer solchen Zahlenangabe, da es keine statistische Erfassung aller Mozart-Produktionen gibt. „Es wäre außerdem auch eine große Frage", gab die AKM zu bedenken, „ob Mozart, wären seine Werke noch geschützt, ebenso häufig aufgeführt werden würde."[1]

Aus derlei hypothetischen Fragen und vagen, ja unmöglichen Antworten wird zumindest eines klar: Die heute herrschenden Gegebenheiten des Urheberrechts unterscheiden sich eklatant von der historischen Situation Wolfgang Amadeus Mozarts. Die Brücke zurück in die Zeit Mozarts läßt sich nur mühsam schlagen. Vielleicht ist es hilfreich, bei der Annäherung an Mozart gleichsam auf halbem Weg Station zu machen. Die Brahms-Sammlung im Archiv der Gesellschaft der Musikfreunde in Wien lädt zu solchen Reflexionen ein. Unter den vielen Brahmsiana, die hier aufbewahrt werden, befindet sich eine fünfzehn Druckseiten umfassende Petition an das österreichische Herrenhaus, in dem die Verfasser auf eine Gesetzesvorlage, „betreffend das Urheberrecht an Werken der Literatur oder Kunst und der Photographie"[2], reagieren und gezielt zu den darin enthaltenen Bestimmungen für die Werke der Tonkunst Stellung nehmen. Das Dokument ist nicht datiert, läßt sich aber nach inhaltlichen Hinweisen dem Jahr 1892 zuordnen; auch die Verfasser sind nicht näher genannt, doch dürften sie aus dem Kreis um Johannes Brahms stammen. Der Komponist wird im Text selbst als „unser() grösste(r) Musikclassiker der Gegenwart"[3] apostrophiert und hat das Dokument jedenfalls kritisch durchgelesen, wovon eigenhändige Korrekturen und Notizen mit Bleistift Zeugnis ablegen.

Aufschlußreich an diesem Text ist zunächst das Selbstbewußtsein, mit dem hier eine Gruppe von nicht näher bezeichneten Persönlichkeiten aus dem Musikleben als Lobby in den Gesetzgebungsprozeß einzugreifen versucht, um ihren eigenen urheberrechtlichen Vorstellungen zum Durchbruch zu verhelfen. Obwohl die Forderungen devot als „ergebenste Bitte"[4] formuliert sind, wird im Text selbst schonungslos deutlich argumentiert. Den „schärfste(n) und ernsteste(n) Protest"[5] erheben die Verfasser der Petition gegen die vorgesehenen Bestimmungen über musikalische Arrangements. Daß der Urheber eines musikalischen Werks nur ein Jahr lang davor geschützt sein soll, seine Komposition im Arrangement eines anderen Autors publiziert zu sehen, erklären die Verfasser für eine Bestimmung von „ecrasirender Wirkung"[6] und als eine krasse Benachteiligung im internationalen Vergleich. Sie weisen darauf hin, daß „das Erträgniss eines Tonwerkes nur zum geringsten Theil in dem Verkauf des Originals, dagegen hauptsächlich in dem der Arrangements liegt".[7] Der Verleger – argumentieren die Verfasser der Petition – sei verständlicherweise nicht bereit, die Autoren adäquat zu bezahlen, wenn die Arrangements als die „eigentlichen Vertriebsartikel"[8] nicht ausreichend geschützt seien: „... nicht blos ihm, dem Verleger, wird sein Handelsgeschäft unterbunden, auch dem Autor wird nicht der Lohn für seine Erfindung, seine geistige Thätigkeit."[9] Um das Problem der Arrangements grundlegend zu lösen, ist nach Meinung der Petitoren der urheberrechtliche Schutz der Melodie unumgänglich. „Die Melodie in ihrer Tonfolge und Rhythmik ist eben die ureigenste Erfindung", argumentieren sie; sie müsse darum wie das ganze musikalische Werk durch entsprechend lange Schutzfristen vor fremdem Zugriff bewahrt werden. Auch hinsichtlich dieser Schutzfristen hat die Lobby um Johannes Brahms andere Vorstellungen als der Gesetzgeber. Während der Gesetzesentwurf vorsieht, daß das Urheberrecht an Werken der Tonkunst nach dreißig Jahren erlösche, fordern die Verfasser der Bittschrift eine Schutzfrist von fünfzig Jahren.[10] Schließlich wünschen sich die Interessensvertreter auch einen klar formulierten Schutz vor der Verbreitung musikalischer Werke durch handschriftliche Kopien. Sie schlagen vor, folgenden Passus in das Gesetz aufzunehmen:

> Als Eingriff in das Urheberrecht ist auch das Abschreiben (insbesondere das Abschreiben mehrstimmiger Gesang-, Orchester- oder Bühnenwerke) im Ganzen oder in Stimmen anzusehen, sobald es dazu bestimmt ist, den Druck zu vertreten, oder sobald die betreffenden Werke oder Stimmen einzeln oder partieweise zum Zwecke der Aufführung im Wege des Handels bezogen werden können.[11]

Brahms selbst hielt diese Bestimmung offensichtlich noch immer für zu weit gefaßt. Die Formulierung „zum Zwecke der Aufführung" wollte er gestrichen wissen; er war also dafür, kommerziell vertriebene Abschriften grundsätzlich als Eingriffe in das Urheberrecht zu behandeln.

Soweit der einleitende Exkurs zu Johannes Brahms und zur Situation des österreichischen Urheberrechts um 1890. Heute, hundert Jahre später, sind die Forderungen des Brahms-Kreises allesamt erfüllt. Die Schutzfrist des Urheberrechts beträgt siebzig Jahre, handschriftliche (oder photomechanische) Vervielfältigungen urheberrechtlich geschützter Werke sind nur in einzelnen Exemplaren zum persönlichen Gebrauch gestattet, und auch die damals erhobene Maximalforderung des

Melodienschutzes ist heute rechtlich verankert.[12] Hundert Jahre früher, also am Ende der Mozart-Zeit, hätten die Forderungen von Brahms und seinen Freunden etwas Phantastisch-Irreales gehabt. Nicht nur, daß Persönlichkeiten des musikalischen Lebens als Interessensvertretung ihre Vorstellungen zur Legislative unterbreiten, wäre in jener vorparlamentarischen Ära undenkbar gewesen. Auch die Voraussetzung der Petition – daß nämlich ein gesetzlich verankertes Urheberrecht zu kritisieren und zu verbessern sei – entspricht nicht den Gegebenheiten des ausgehenden 18. Jahrhunderts. Ein Urheberrecht hat es zu dieser Zeit noch nicht gegeben – ein Recht also, daß vom Urheber eines geistigen Werkes ausgeht und ihm die Legitimität und Schutzwürdigkeit bestimmter Interesssen an diesem Werk zugesteht. Als Voraussetzung eines Urheberrechts gilt die Idee des geistigen Eigentums; diese naturrechtlich fundierte Idee wird zwar im Zuge der Aufklärungsphilosophie im deutschen Raum rezipiert[13], sie schlägt sich jedoch noch nicht in der Gesetzgebung nieder. Erst um die Jahrhundertwende beginnt diese Rechtsvorstellung Platz zu greifen, zuerst 1794 im „Allgemeinen Landrecht für Preußen", dann 1806 und 1809 in der österreichischen und badischen Legislative.[14]

Gegen diese gängige Auffassung von der geschichtlichen Entwicklung des Urheberrechts ist allerdings gerade von musikhistorischer Seite Einspruch erhoben worden. In seiner Studie „Die Frühgeschichte des musikalischen Urheberrechts"[15] sucht Hansjörg Pohlmann den Beweis zu erbringen, daß bereits seit der Renaissance, also lange vor der aufkläerischen Rezeption naturrechtlicher Vorstellungen, Komponisten ein „Urheberrechtsbewußtsein" entwickelt und ihre urheberrechtlichen Vorstellungen in erstaunlich vielen Fällen auch praktisch durchgesetzt hätten. Pohlmann vermag eine Fülle sogenannter „Autorenprivilegien" beizubringen – Privilegien, in denen ein Souverän, in Deutschland zumeist der Kaiser, einen Komponisten auf dessen Antrag vor dem Nachdruck bestimmter Werke schützt. So erwirkte Heinrich Schütz 1637 ein kaiserliches Privileg,

> daß er obgesagte Opera musicalia in offnen truck außgehen Laßen, hin: und wider außgehen, fail haben verkauffen, und ihme oder seinen Ehelichen Leibs Erben solchen innerhalb fünff Jahren, den nechsten nach dato dieß anzurechnen, durch Jemanden wer der auch seye, an keinem orte, weder in größerer noch kleinerer form, nicht nachgetrucket, noch also nachgetruckter distrahirt, fail gehabt oder verkaufft werden sollen, Er habe sich dann zuvor mit ermelten Henrico Sagittario nach Billigkeit verglichen, und von Ihme bewilligung und erlaubnüß bekommen ...[16]

Die angedrohte Strafe von „fünff Mark Löttiges Goldes"[17] soll zur Hälfte ins Budget der Kaiserlichen Kammer, zur Hälfte in die Tasche des Komponisten wandern.

Die Bewertung solcher Autorenprivilegien ist umstritten. Wird hier wirklich der Komponist als Urheber, d. h. als Schöpfer eines geistigen Eigentums geschützt, oder wird er lediglich als Wirtschaftstreibender privilegiert, um den materiellen Vorteil einer gedruckten Publikation ungeschmälert – entweder als Selbstverleger oder in Kooperation mit einem autorisierten Verleger – genießen zu können? Es ist jedenfalls problematisch, derlei Dokumente als Belegstücke für eine „Frühgeschichte des musikalischen Urheberrechts" in Anspruch zu nehmen. Denn wie immer man den Inhalt solcher Quellen bewerten mag, bleibt es doch ein Faktum, daß ein Privileg immer nur eine Regelung für den Einzelfall trifft. Es bedeutet einen erheblichen qualitativen Unterschied, ob der Souverän derartige Sonderregelungen trifft oder ein Urheberrecht im Sinne eines für alle Bürger eines Territoriums gleichermaßen geltenden Rechts zum Schutz geistiger Werke zuläßt. Solche Kodifikationen hat es in Deutschland und Österreich nicht vor dem 19. Jahrhundert gegeben. Erst das preußische „Gesetz zum Schutze des Eigentums an Werken der Wissenschaft und Kunst" 1837 kann als das erste echte

Urheberrechtsgesetz auf deutschem Boden angesprochen werden.[18] Zwischen den Autorenprivilegien, die seit dem frühen 16. Jahrhundert nachweisbar sind, und den eigentlichen urheberrechtlichen Kodizes des 19. Jahrhunderts, gibt es auffallenderweise auch keine Kontinuität. Für das 18. Jahrhundert kann Pohlmann nur ein einziges Privileg anführen, in dem der Kurfürst von Sachsen 1756 seinem Kapellmeister Johann Adolf Hasse „aus besonderer Zufriedenheit über dieser Entreprise“[19] Schutz gegen Nachdruck gewährt. Aus dem 19. Jahrhundert gibt es – als einsamen Nachzügler – ein weiteres sächsisches Autorenprivileg. 1826 versicherte sich Carl Maria von Weber der Protektion seines Landesherren und Dienstgebers, um wenigstens im Königreich Sachsen den Nachdruck seines „Oberon“ zu verhindern.[20] Für das übrige Deutschland verfaßte er ein „Rundschreiben an sämtliche Bühnen“ mit folgendem Inhalt:

> Da, außer in Frankreich und England, das geistige Eigentum noch auf keine Weise gänzlich vor räuberischen Anfällen gesichert ist, diebische Kopisten und gewissenlose Musikhändler aber, wie zum Beispiel Zulehner in Mainz, selbst Bühnen vom ersten Range durch ihr Zudrängen verleitet haben, sich meine Werke auf unrechtmäßigem Wege zu verschaffen, so sehe ich mich genötigt, die Maßregel zu ergreifen, Sie mit Gegenwärtigem zu belästigen, indem ich mir die Ehre gebe, Ihnen anzuzeigen, daß die von mir zunächst für London komponierte Oper „Oberon“ ... zur Aufführung in Deutschland vorbereitet, nur unmittelbar von mir selbst auf rechtmäßige Weise erhalten werden könne. Ich ersuche ergebenst, mir nur mit zwei Roten den Empfang dieser Anzeige zu bestätigen ...[21]

Das Beispiel macht deutlich, daß noch zu Beginn des 19. Jahrhunderts eine Handhabe fehlte, um die nun deutlich ausgeprägte Auffassung vom „geistigen Eigentum“ wirkungsvoll durchzusetzen. Wenn etwa das Wiener *Theater in der Josefstadt* – wie dies wirklich geschah – rasch irgendwoher einen Klavierauszug des „Oberon“ auftrieb, einen Hauskapellmeister mit der Instrumentierung beauftragte und dieses Produkt dann als Werk Carl Maria von Webers über die Bühne gehen ließ[22], so war dagegen noch immer kein Kraut gewachsen. Der Schaden, der dem Komponisten bzw. dessen Erben nicht nur in vermögensrechtlicher, sondern auch in persönlichkeitsrechtlicher Hinsicht (durch eine entstellende Bearbeitung) zugefügt wurde, mußte hingenommen werden.

Tatsächlich hat es, wie Weber in seinem „Rundschreiben" anführt, in England und Frankreich früher urheberrechtliche Regelungen gegeben als in Deutschland. In Frankreich wurde noch vor der Revolution 1786 ein allgemeines Gesetz gegen die eigenmächtige schriftliche Vervielfältigung von musikalischen Werken erlassen, 1793 dann wurde dem Komponisten ein lebenslängliches, seinen Erben ein auf zehn Jahre befristetes ausschließliches Verfügungsrecht über seine Werke zuerkannt.[23] In England hatte bereits 1742 Johann Christian Bach in einem aufsehenerregenden Prozeß gegen einen Verleger klarstellen können, daß der 1709 in einer Parlamentsakte erlassene Schutz gegen Nachdruck auch für Musikalien zu gelten habe.[24]

Weshalb ist es nun in Deutschland nicht schon im 18. Jahrhundert zu urheberrechtlichen Gesetzen gekommen? Sicherlich hat die territoriale Aufsplitterung und innere Destabilisierung des Alten Reichs unter dem Antagonismus Preußen–Österreich eine einheitliche, auf Reichsebene geltende Regelung von vornherein verhindert. Viel wesentlicher aber ist, daß auf territorialer Ebene urheberrechtliche Überlegungen kleingeschrieben wurden, weil einzelne Landesherren, darunter der Kaiser selbst, den Nachdruck ausländischer Geistesprodukte ausdrücklich gestatteten. Um diese Situation zu verstehen, muß die zweite Hälfte des 18. Jahrhunderts wirklich als jene Zeit des tiefgreifenden Umbruchs verstanden werden, als die sie Johann Goldfriedrich schon 1909 in seiner „Geschichte des deutschen Buchhandels" mit dem Begriff einer „Sturm-und-Drang-Zeit" charakteristiert hat. Diese Umwälzung, so Goldfriedrich, „brachte die neuzeitliche Litteratur, den neuzeitlichen Buchhandel; den neuzeitlichen Schriftsteller, den neuzeitlichen Buchhändler; das neuzeitliche Publikum".[25] Die Germanistik hat in den letzten Jahren intensiv versucht, diese Veränderungen in detaillierten literatursoziologischen Studien genauer zu erfassen. Auffallend ist zunächst die explosionsartige Entwicklung des literarischen Marktes mit einem sprunghaften Anstieg der Verlagstätigkeit.[26] Verbunden damit kommt es zu einer wirtschaftlichen Neufundierung des deutschen Buchhandels.[27] Das alte System des Tauschhandels, nach dem die Verleger (und zugleich Sortimenter) auf den Buchmessen in Leipzig und Frankfurt Ware gegen Ware, bedruckte Bogen gegen bedruckte Bogen tauschen, bricht 1764 zusammen. Nun setzt sich der Nettohandel und damit die Geldwirtschaft durch: Die Ware muß gegen bares Geld gekauft werden. Auf diese Weise wird die wirtschaftliche Unterlegenheit der österreichischen und süddeutschen Verleger evident; sie können sich nicht gegen die norddeutsche Konkurrenz behaupten, die – nach Studien für die Jahre 1780–1782 – etwa siebzig Prozent aller Bücherneuerscheinungen in Deutschland herausbringt.[28] Der Nachdruck empfiehlt sich als Ausweg für die Unterlegenen: Die Früchte der norddeutschen Literaturproduktion können auf diese Weise nutzbar gemacht werden, ohne daß Devisen ins Ausland, d. h. vor allem nach Sachsen, fließen.[29] Aufklärerisch-erziehungspolitische und merkantilische Interessen greifen so bei der Förderung des Nachdrucks durch Joseph II. und andere süddeutsche Landesherren ineinander. Diese Politik wurde in Traktaten theoretisch gerechtfertigt – etwa in einer Schrift des wichtigsten Nachdruckers in Österreich, betitelt: „Der gerechtfertigte Nachdrucker oder Johann Thomas von Trattners, des Heil. Römischen Reichs Ritter etc. erwiesene Rechtmäßigkeit seiner veranstalteten Nachdrücke. Wien und Leipzig 1774." Auch wenn sich die aufklärerische Kritik gegen die Billigkeit des Nachdrucks auch in Österreich regte – am profiliertesten vorgetragen von Joseph von Sonnenfels –, so beließ es Joseph II. doch „bei dem freien Nachdruck ausländischer Werke".[30] In Deutschland schalteten sich prominente Autoren in die Diskussion ein – Kant mit einem Aufsatz „Von der Unrechtmäßigkeit des Büchernachdrucks" (1785) oder Fichte mit einem „Beweis der Unrechtmäßigkeit des Büchernachdrucks" (1793). Es bedurfte erst mühsamer Überzeugungsarbeit, um die Auffassung, der Nachdruck sei Diebstahl am geistigen Eigentum, zu allgemeiner Geltung zu bringen. Am Ende des 18. Jahrhunderts war die Zeit in Deutschland noch nicht reif dafür.

Diese Situation, wie sie allgemein für die literarische Szenerie charakteristisch ist, gilt im besonderen auch für den Bereich des Musikverlags. Auch hier wird ein Schutz gegen Nachdruck nur partiell durch einzelne Privilegien auf territorialer Ebene ermöglicht. Zwar erwirbt der Wiener Musikverlag Artaria – Mozarts wichtigster Verleger – noch im Jahr 1782 ein kaiserliches Privileg gegen Nachdruck, dessen Geltungsbereich ausdrücklich auf das ganze Reich bezogen ist. Der Kunsthandlung wird, so im Wortlaut, genehmigt,

> daß dieselbe alle in ihren Verlag herausgebende Kupfer und Schwarzkunststiche, auch die gestochenen Musicalien, mit Beyruckung der Worte oder Buchstaben, cum Priveligio Sacrae Caesareae majestatis, in ofenen Druck auflegen, ausgehen, hin- und wieder ausgeben, und verkauffen möge, auch Ihr solche niemand ohne ihren Wissen, oder Willen, innerhalb Zehn Jahren, von dato dießes Briefes anzurechnen, in heiligen Römischen Reich weder ganz, noch Theilweiß, und in keinerley Form nachdrucken, und verkauffen solle.[31]

Doch in der Praxis zeigte sich, daß das kaiserliche Privileg nicht einmal im süddeutschen Raum effizient war. André in Offenbach publizierte beispielsweise 1786 ungestraft Klaviertrios von Joseph Haydn nach einer eben erst bei Artaria erschienenen privilegierten Ausgabe.[32]

Auch im musikalischen Bereich ist der grassierende Nachdruck ein Teilaspekt eines expandierenden Marktes. Die Ver-

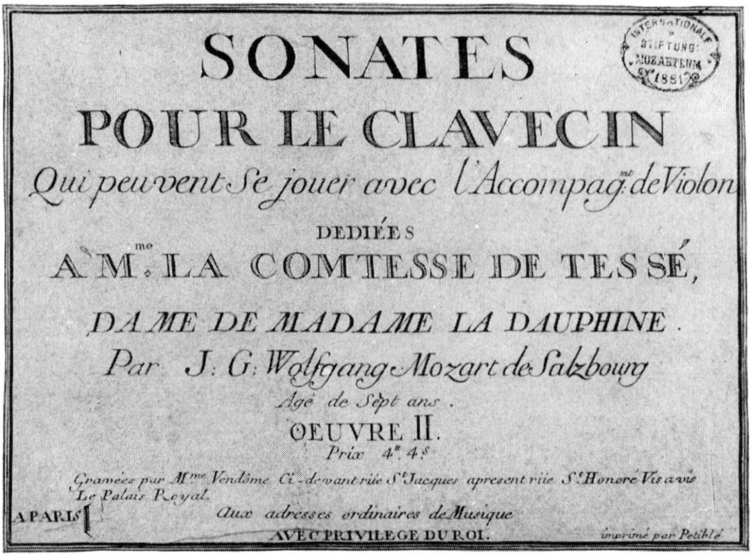

SONATES

POUR LE CLAVECIN

Qui peuvent Se jouer avec l'Accompag.nt de Violon

DEDIÉES

A M.me LA COMTESSE DE TESSÉ,

DAME DE MADAME LA DAUPHINE.

Par J. G. Wolfgang Mozart de Salzbourg

Agé de Sept ans.

OEUVRE II.

Prix 4.tt 4.s

Gravées par M.me Vendôme Ci-devant rüe S.t Jacques apresent rüe S.t Honoré Vis a vis Le Palais Royal.

A PARIS

Aux adresses ordinaires de Musique

AVEC PRIVILEGE DU ROI.

imprimé par Petiblé

Titelblatt des Opus II., Paris 1764.

lage, die zu Lebzeiten Mozarts Werke von ihm veröffentlicht haben, sind zumeist Neugründungen oder zumindest junge Unternehmen. Hier zeigt sich die Dynamik eines wirtschaftlichen Aufbruchs, eine ökonomische Neuorientierung, die mit dem kulturgeschichtlichen Umbruch des 18. Jahrhunderts zusammenhängt. In der Musik ist dieser Umbruch ebenso zu verzeichnen wie in der Literatur, auch wenn – durch die Verschiedenheit der Medien – die Wandlung weniger deutlich zu erfassen ist als die „Leserevolution" auf dem literarischen Sektor.[33] Vereinfacht gesprochen, bedeutet dieser Umbruch, daß sich die Kunst aus der engen, exklusiven Bindung an die höfische Kultur löst und sich einer breiteren Öffentlichkeit aufschließt, wobei diese Öffentlichkeit nicht nur Adressat, sondern auch Träger der Kunst wird. Für den Künstler dieser Zeit, den Dichter wie den Musiker, ist sein Verhältnis zu den Publikationsmedien darum von grundlegender Bedeutung. Wie er mit den neuen Möglichkeiten des Presse- und Verlagswesens umgeht, ist nicht nur eine Frage wirtschaftlich-pragmatischer Art. Es ist vor allem eine Frage, die wesentlich mit dem Selbstverständnis des Künstlers in einer sich wandelnden Gesellschaft zu tun hat.

Vor diesem Hintergrund lassen sich aus der Fülle der Details und den oft nur fragmentarisch überlieferten Daten[34] zum Thema „Mozart und die Verleger" charakteristische Umrisse und typische Konstellationen herausarbeiten. Die genannten Aspekte – die pragmatisch-materielle Seite des Kompositionsgeschäftes und die ideelle Komponente des künstlerischen Selbstverständnisses – bilden die Perspektive, unter der das Problem anhand eines chronologischen Leitfadens dargestellt werden kann.

Die erste gedruckte Ausgabe von Werken Mozarts erscheint im Februar 1764 in Paris. Zwei Sonaten für Klavier und Violine (KV 6 und 7) sind zu einem Opus I vereinigt.[35] Verleger ist Leopold Mozart selbst – auch die bei Lotter in Augsburg gedruckte Violinschule Leopold Mozarts erschien im Selbstverlag –, d. h. der Vater des achtjährigen Debütanten hat die Komposition zum Stechen gegeben, Stich und Druck finanziert und ist nun auch für den Vertrieb selbst verantwortlich. Mit seinem Publikationsunternehmen hat Leopold Mozart zweierlei im Sinn. Zum einen gilt es, die Protektion höchster Adelskreise zu gewinnen. In traditioneller Weise ist darum der Ausgabe eine Widmung vorangestellt, die der Adressatin, einer Tochter Ludwigs des XV., mit zierlich gedrechselter Rede Lorbeer streut.[36] Die Mozarts dürfen sicher sein, daß die Widmung – ebenfalls nach alter Tradition – mit einem großzügigen Geschenk, dem sogenannten Dedikations-Honorar[37], belohnt wird. Zum anderen aber – und hierin liegt der moderne Aspekt – läßt sich sowohl die Drucklegung als auch die Widmung publizistisch auswerten. „stellen sie sich den Lermen für, den diese Sonaten in der Welt machen werden, wann am Titlblatt stehet daß es ein Werk eines Kindes von 7 Jahren ist“[38], schreibt Leopold Mozart noch vor dem Erscheinen der Ausgaben nach Salzburg. Als gewiefter public-relations-Agent seines Sohnes hat er dann selbstverständlich entscheidend dazu beigetragen, „den Lermen“ in der Welt tatkräftig zu verstärken. Nicht nur in der französischen Presse, sondern auch in deutschen Zeitungen wurde ausführlich von Mozarts gedruckten Erstlingswerken berichtet.[39] Es ist bemerkenswert und bezeichnend für Leopold Mozarts Wachsamkeit, daß er die Chancen der „Leserevolution“ des achtzehnten Jahrhunderts wahrnahm und die neuen Möglichkeiten eines expandierenden Pressewesens für Werbezwecke zu nutzen wußte. Auch um den Verkauf der Sonaten hat sich Leopold Mozart rührig bemüht. Der Hausherr der Mozarts, Lorenz Hagenauer, besorgte den Vertrieb in Salzburg, von Leopold Mozart brieflich genauestens über Preisgestaltung und Werbung instruiert.[40] Ferner dürfte Leopold die Drucke bei verschiedenen Händlern gelassen haben, wo es sich eben auf der Reiseroute gerade ergab. Bares Geld sah Vater Mozart wohl erst dann, wenn wirklich etwas von den Drucken verkauft worden war.[41] Welche Maßnahmen Leopold Mozart darüber hinaus ergriff, um die Produkte seines Sohnes ohne Zwischenhändler an den Käufer zu bringen, das zeigt eine Anzeige aus dem Londoner „Public Advertiser" vom April 1765. Wer eine Eintrittskarte zu einem Mozart-Konzert oder das in London gedruckte Opus III des kleinen Wolfgang erstehen will, der kann die Familie täglich zwischen zwölf und zwei aufsuchen:

> Tickets may be had, at 5s each, of Mr. Mozart, at Mr. Williamsons's, in Thrift-street, Soho; where such Ladies and Gentlemen, who chuse to come themselves, and take either Tickets, or the Sonatas composed by this Boy, and dedicated to her Majesty, (Price 10s 6d) will find the Family at home every Day in the Week from Twelve to Two o'Clock, and have an Oppurtinity of putting his Talents to a more particular Proof, by giving him any thing to play at Sight, or any Music without a Bass, which he will write upon the Spot without recurring to his Harpsichord.[42]

Es bedeutet einen qualitativen Sprung, wenn Leopold Mozart dann im weiteren Verlauf dieser großen Europa-Reise professionelle Verleger für Werke seines Sohnes findet und so nicht mehr auf den Selbstverlag mit all seinen beschwerlichen und bedrückenden Begleitumständen angewiesen ist. Burchard Hummel in Den Haag und sein Bruder Johann Julius in Amsterdam übernehmen 1766 die Veröffentlichung von drei Druckenwerken, zwei davon mit Variationen für Klavier, eines mit einer Sammlung von sechs Violinsonaten. Von diesem Werk erscheint schon ein Jahr später ein Nachdruck in Paris, der erste in Mozarts Karriere.[43]

Insgesamt haben elf Verleger in Holland, England, Frankreich und Deutschland zu Mozarts Lebzeiten Nachdrucke seiner Werke herausgebracht.[44]

Die nächste Veröffentlichung in der Chronologie der Mozart-Erstdrucke ist wiederum bemerkenswert, weil sich Mozarts Schaffen hier erstmals mit einem typisch aufklärerischen

Publikationsmedium verbindet. In der „Neuen Sammlung zum Vergnügen und Unterricht", von Stephanie dem Älteren mit belehrender Zielsetzung herausgegeben, finden sich 1768 zwei Lieder von Mozart. Auch in späteren Jahren sind Lieder Mozarts in aufklärerischen Periodika erschienen – im „Wochenblatt für Kinder zur angenehmen und lehrreichen Beschäftigung in ihren Freystunden" oder im „Wiener Musenalmanach", einem wichtigen Forum josephinischer Literatur.

Die Veröffentlichung von Musikalien in Zeitschriften und Almanachen ist bis weit ins 19. Jahrhundert ein wichtiges Medium musikverlegerischer Tätigkeit. Für die Musikwissenschaft, aber auch besonders für interdisziplinäre Fragestellungen in Zusammenarbeit mit der Germanistik bietet sich hier ein großes, noch weitgehend unbearbeitetes Forschungsgebiet. Denn schon das Beispiel des erwähnten Erstdrucks von Mozart zeigt, wie sich eine Liedvertonung – „Freude, Königin der Weisen" nach einem Gedicht von Johann Peter Uz – in das geistige Konzept einer literarischen Publikation einfügt.[45] Davon abgesehen erreicht eine Zeitschrift möglicherweise ein ganz anderes und breiteres Publikum als ein rein musikalischer Druck, sodaß sich aus dem Phänomen auch rezeptionsgeschichtliche Fragen ergeben.

1778, zehn Jahre nach der genannten Wiener Lieder-Publikation, kommt die nächste nachweisbare Erstausgabe von Werken Mozarts heraus. Im dazwischenliegenden Zeitraum fehlt es freilich nicht an Versuchen, weiter im Verlagsgeschäft zu bleiben. Leopold Mozart bemüht sich 1772, seinen Sohn mit dem Hinweis auf dessen italienische Opernerfolge beim renommierten Verlag Breitkopf in Leipzig unterzubringen. Wolfgang Amadeus wird als ein versierter Komponist empfohlen, der gerne auch mit gut verkäuflichen Musikalien zu Diensten stehe:

> sie dorffen nur benamen, was ihnen am Anständigsten wäre. Es mögen *Claviersachen*, oder *Trio* mit 2 Violinen und einem Violoncello, oder *Quartetten*, das ist mit 2 Violinen, einer Viola und

> Violoncello; oder *Sinfonien* mit 2 Violinen, Viola, 2 Corni, 2 Hautbois oder Zwerckflauten und Basso seyn.[46]

Der Verlag ging auf das Angebot nicht ein, und auch spätere Empfehlungsschreiben Leopolds blieben ohne konkrete Resonanz. Daß die Erfolge der Auftragsopern selbst, vom Honorar für die „scrittura" einmal abgesehen, für den Komponisten keinen weiteren Gewinn abwarfen, war eine Tatsache mit der sich die Mozarts – in Anbetracht eines nicht vorhandenen Urheberrechts – abfanden. Von der Vorbereitung des „Mithridate" schreibt Vater Leopold nach Hause: „der Copist ist voll vergnügen, welches eine sehr gute Vorbedeutung ist: indem, wenn die Musik gut ausfällt, der Copist durch verkaufung und verschickung der Arien mehr geld gewinnet, als der Capellmeister für die Composition hat."[47] Nach der Aufführung weiß dann Wolfgang zu berichten, daß der Kopist „meine opera just für den hof nach lisabona schreiben muß".[48] Auch bei Mozarts späteren Opern ist der Vertrieb seiner Musik – sei es im Stück oder im Ganzen, in Partituren oder Klavierauszügen – ein Geschäft der Kopisten, an dem der Komponist nichts verdient.

Die Novitäten, die Mozart 1778 auf den Musikalienmarkt bringt, erscheinen – wieder im Zusammenhang mit einer Reise – in Paris. Noch bevor Wolfgang in die französische Hauptstadt kommt, berichtet er in seinen Briefen von Publikationsvorhaben. Er denkt dabei vor allem an Veröffentlichungen per Subskription[49] – ein Verfahren, das sich im 18. Jahrhundert großer Beliebtheit erfreut. Die Mechanismen des freien Marktes sind noch nicht voll ausgebildet und schlecht zu kalkulieren; Autoren und Verleger suchen daher gerne der Abhängigkeit von einem anonymen Käuferpublikum auszuweichen und sich einen Gutteil der Interessenten persönlich zu sichern. Wer sich zur Subskription eines Werkes entschließt, erklärt sich namentlich bereit, die Druckausgabe nach ihrem Erscheinen zum vereinbarten (günstigeren) Preis zu kaufen; bei der Pränumeration – ist im Unterschied dazu –

der Preis sofort, also vor dem Erscheinen des Werks zu erlegen.[50] Ob Mozart nun an Subskription oder an Pränumeration gedacht hat, als er seinem Vater aus Mannheim von seinen Projekten schrieb, läßt sich wegen der unscharfen Terminologie nicht bestimmen. Jedenfalls hoffte er darauf, in Mannheim genügend Abnehmer für eine Veröffentlichung neuer Violinsonaten zu finden. Doch enttäuscht berichtet er dem Vater im Februar 1778:

> mit suscription ist hier nichts zu machen, es ist eine bettlerey, und der kupferstecher will sie auf seine unkösten nicht stechen; er will mit mir Moitiè von verkauf seyn. da lass ich sie lieber zu Paris stechen, da sind die stecher froh wenn sie was neues bekommen, und Zahlen braf; und mit suscription kann man auch eher etwas machen.[51]

Der Vorschlag des Mannheimer Stechers – es handelt sich um Johann Michael Götz – dürfte so ausgesehen haben, daß nicht nur der Gewinn, sondern auch die Unkosten des Publikationsunternehmens je zur Hälfte vom Autor und vom Verleger zu tragen gewesen wären.[52] Mozart hat dann in Paris tatsächlich den beschriebenen Weg gewählt und die genannten Sonaten gegen bares Geld an den Stecher und Verleger Sieber abgegeben. Über die Verhandlungen berichtet er brieflich:

> ... – meine Sonaten werden bald gestochen werden – bis dato hat mir noch keiner das geben wollen, was ich davor verlangte – ich werde doch endlich nachgeben müssen, und sie um 15 louid'or hergeben – auf diese art werde ich doch am leichtesten bekannt hier –.[53]

Als Mozart 1781 nach Wien kommt und mit der provozierten Entlassung aus dem Salzburger Hofdienst seine Musikerexistenz auf eine neue Grundlage stellt, versucht er einen Einstieg in den dortigen Musikalienhandel mit einem Subskriptionsprojekt. „Nun ist die Suscription auf 6 Sonaten im Gang, und da bekomme ich geld"[54], heißt es in einem Brief an den

Vater vom Mai 1781. Doch das Unternehmen bleibt stecken, im Juli ist das Ergebnis noch immer dürftig, und mit einem Zuwachs an Interessenten ist nicht zu rechnen, „weil alles was geld hat auf dem lande ist“.[55] Das Werk – wieder eine Sammlung von sechs Violinsonaten – kommt dann, ohne Absicherung durch eine größere Zahl von Subskribenten, im November 1781 bei Artaria heraus. Damit ist die Geschäftsbeziehung zum damals größten Wiener Musikverleger hergestellt. Ab 1783 erscheinen dann – bis zu Mozarts Tod und darüber hinaus – jährlich eine oder mehrere Erstausgaben bei Artaria. Daß alle diese Neuerscheinungen vom Komponisten autorisiert gewesen seien, wie dies manchmal in der Mozart-Literatur behauptet wird[56], muß wohl bezweifelt werden. Nicht immer bezog der Verleger seine Vorlage direkt beim Erzeuger; das war allgemeiner Usus der Zeit, und Artaria dürfte darin keine Ausnahme gemacht haben. 1798 berichtet Friedrich Rochlitz:

> Jene spekulativen Herrn (Musikalienhändler) wussten sich dann Abschriften zu verschaffen und druckten nun frisch darauf los. Besonders hatte ein gewisser ziemlich berühmter Kunsthändler eine Menge solcher Geschäffte gemacht, und eine Menge Mozartscher Kompositionen gedruckt, verlegt, verkauft, ohne den Meister nur darum zu fragen. Einst kam ein Freund zu diesem – „Da hat der A (Artaria?) wieder einmal eine Parthie Variationen für's Klavier von Ihnen gedruckt: wissen Sie davon?“ „Nein!“ „Warum legen Sie ihm aber nicht das Handwerk einmal?“ „Ey, was soll man viel Redens machen: er ist ein Lump!“ „Es ist aber hier nicht blos des Geldes, sondern auch ihrer Ehre wegen!“ „Nun – wer mich nach solchen Bagatellen beurtheilt, ist auch eim Lump! Nichts mehr davon!“[57]

Obwohl Artaria Mozarts Hauptverleger blieb, fühlte er sich nicht exklusiv an ihn gebunden. Mit den neu gegründeten Konkurrenzunternehmen von Christoph Torricella und Franz Anton Hoffmeister fand er rasch Verbindung; auch der Kontakt zu Pariser Verlegern – insbesondere zu Sieber – war nicht abgerissen. Diese Fakten mögen für Mozarts Wendigkeit auch im Umgang mit den Publikationsmedien sprechen; daß er flexibel auf die Ansprüche des Publikums zu reagieren wußte, daß er also „marktgerecht" zu komponieren verstand, läßt sich ebenfalls anhand von Dokumenten des Musikalienverlags behaupten: Der Katalog des Hauses Artaria für das Jahr 1785 etwa bietet elf Titel von Mozart in fünf verschiedenen musikalischen Rubriken, während Antonio Salieri beispielsweise nur mit einem einzelnen Werk vertreten ist.[58] Auch die Widmungen sprechen dafür, daß Mozart seine Publikationen auf sein Publikum abzustimmen verstand. Nur wenige Werke der Wiener Zeit tragen eine Widmung; die Widmungsträger sind nicht mehr Personen des Hochadels, sondern Mitglieder seines Bekanntenkreises, die dem Bürgertum oder dem niederen Adel zuzurechnen sind.[59]

Trotz dieser Indizien zögert man, Mozarts Umgang mit den Medien des Musikverlags schlichtweg „erfolgreich" zu nennen, gibt es doch eine ganze Reihe mißlungener Unternehmungen. Bei der Vermarktung der „Entführung aus dem Serail" war es wohl nur der Faktor „Zeit", der Mozart ins Hintertreffen setzte. Beim Versuch nämlich, selbst einen Klavierauszug anzufertigen und damit irgendeinem anderen Arrangeur zuvorzukommen, war er doch nicht schnell genug und mußte zusehen, wie der Verlag Schott aufgrund einer kopierten Quelle eine Erstausgabe herausbrachte.[60] Deprimierender waren wohl die gescheiterten Subskriptionsprojekte, mit denen Mozart Interessenten für handschriftlich kopierte Werke zu finden hoffte. Derartige Angebote – die etwa Joseph Haydn raffiniert mit Druckveröffentlichungen zu kombinieren verstand[61] – blieben bei Mozart 1783 und 1788 ohne Resonanz. Und wenn man dem Bericht Nissens glauben darf, dann erlebte Mozart 1785 gar, daß ihn ein Verleger dafür bezahlte, daß er Werke *nicht* schrieb. Nach dem schlechten Verkaufserfolg des Klavierquartetts KV 478 soll der Verleger Hoffmeister Mozart das volle Honorar für die bestellten drei Quartette ausbezahlt haben mit der Auflage, „dass er die zwey anderen accordirten Quartette nicht schrieb und Hoffmeister seines Contracts entbunden wäre".[62] Schrieb Mozart zu schwer? Blieb er unverstanden? Rasch drängt sich das altvertraute Bild vom vereinsamten Genie wieder auf. Auch Soziologie schützt nicht vor dem Klischee, wie der jüngst aus dem Nachlaß veröffentlichte Band „Mozart" von Norbert Elias beweist.

> Die große Kurve seiner sozialen Existenz: das von den hohen Herrschaften Europas verhätschelte Wunderkind, der schwierige Ruhm der arbeitsreichen Jahre, Resonanzmangel, besonders in Wien, die wachsende Not und die Vereinsamung seiner letzten Zeit, dann der durchaus nicht geradlinige Anstieg seines Ruhmes nach seinem Tod – alles das ist bekannt genug und braucht hier nicht im Detail erörtert zu werden.[63]

Vielleicht sollte es doch im Detail erörtert werden. Die Diskussion über das Thema „Mozart und der Musikverlag" – nicht bloß als Feld (notwendiger) philologischer Feinarbeit, sondern auch als Problem der Kulturgeschichte und der Soziologie – könnte ein solches Detail liefern. Das Resultat solcher Überlegungen dürfte sich nicht in einer „großen Kurve", sondern in einem eher komplexen Bild niederschlagen – einem Bild, in dem Mozarts unbestrittene Präsenz auf dem Musikalienmarkt neben einer mitunter auch bewußt gewählten, exklusiven Distanz[64] steht; einem Bild, in dem es fehlgeschlagene Unternehmungen neben großen Verkaufserfolgen gibt. Das scheinbar Widersprüchliche dieses Bildes ist bezeichnend für den Aufbruch am Ende des 18. Jahrhunderts: Eine neue Form künstlerischer Existenz entsteht im Umfeld eines noch nicht gefestigten, rechtlich ungesicherten Marktes.

Für die Mozart-Forschung ist es wichtig, zunächst einmal die Tragweite der historischen Situation zu erfassen. Erst vor diesem Hintergrund können dann spezielle Fragen der Mozart-Biographie sinnvoll diskutiert werden.

Anmerkungen:

1 Ernst Huemer, der Generaldirektor der AKM, in einem Brief an den Verfasser vom 14. April 1992.
2 Petition zum Urheberrecht im Archiv der Gesellschaft der Musikfreunde, Sign. 17430/179, Bl. 1 r.
3 ebda. Bl. 6 r.
4 ebda. Bl. 8 r.
5 ebda. Bl. 3 v.
6 ebda. Bl. 3 v.
7 ebda. Bl. 5 v.
8 ebda.
9 ebda.
10 ebda. Bl. 5 v. Die vorgesehene Schutzfrist für Aufführungen soll von zwanzig auf dreißig Jahre verlängert werden.
11 Bl. 7 v.
12 Zu den heute geltenden Regelungen vgl. Movsessian, Vera und Fedor Seifert: *Einführung in das Urheberrecht der Musik.* Wilhelmshaven 1982. Die Publikation berücksichtigt nur das deutsche Urheberrecht.
13 Vgl. von Ungern-Sternberg, Wolfgang: *Schriftsteller und literarischer Markt,* in: *Hansers Sozialgeschichte der deutschen Literatur vom 16. Jahrhundert bis zur Gegenwart, Bd. 3: Deutsche Aufklärung bis zur Französischen Revolution 1680–1789.* Hrsg. v. Rolf Grimminger. München, Wien 1980, S. 162.
14 Vgl. Kiesel, Helmuth und Paul Münch: *Gesellschaft und Literatur im 18. Jahrhundert. Voraussetzungen und Entstehung des literarischen Markts in Deutschland.* München 1977, S. 143 f.
15 Pohlmann, Hansjörg: *Die Frühgeschichte des musikalischen Urheberrechts (ca. 1400–1800). Neue Materialien zur Entwicklung des Urheberrechtsbewußtseins der Komponisten.* Kassel, Basel, London, New York 1962.
16 Zit. nach ders., ebda. S. 288.
17 Ebda.
18 Vgl. Movsessian, Seifert: *Urheberrecht,* S. 71; ferner: Schule, Erich: *Urheberrecht in der Musik.* Berlin, New York ^{4}1972, S. 41.
19 Zit. nach Pohlmann, *Frühgeschichte Urheberrecht,* S. 297.
20 Vgl. ebda. S. 226.
21 Weber von, Carl Maria: *Kunstansichten. Ausgewählte Schriften.* Hrsg. v. Carl Laux. Leipzig 1975, S. 110. Das im selben Schreiben angekündigte Vorhaben, diese Anzeige mit dem Verzeichnis der Bühnen, denen sie zugesandt wurde, in Zeitungen zu veröffentlichen, wurde nicht verwirklicht.
22 Die Premiere dieses „Oberon"-Verschnitts fand am 20. März 1827 statt. Die Kritik allerdings fand das Verfahren respektlos, „denn", so las man in Bäuerles Theaterzeitung, „es handelt sich hier nicht um das ephemere Leben einer Burleske oder Posse, sondern um ein Meisterwerk von einem deutschen Meister, dem deutschen Vaterlande geschenkt, – und dieses sollte als solches Achtung verdienen." (31. März 1827, S. 158.)
23 Vgl. Schuster, Heinrich M.: *Das Urheberrecht der Tonkunst in Oesterreich, Deutschland und andern europäischen Staaten mit Einschluss der allgemeinen Urheberrechtslehren.* München 1891, S. 34 ff.
24 Vgl. ebda. S. 48 f.
25 Goldfriedrich, Johann: *Geschichte des Deutschen Buchhandels.* Bd. III. Leipzig 1909, S. 2.
26 Detailliertere statistische Angaben hierzu bei: Wittmann, Reinhard: *Soziale und ökonomische Voraussetzungen des Buch- und Verlagswesens in der zweiten Hälfte des 18. Jahrhunderts,* in: G. Göpfert, Herbert, Gerhard Kozielek, Reinhard

Wittmann (Hrsg.): *Buch- und Verlagswesen im 18. und 19. Jahrhundert. Beiträge zur Geschichte der Kommunikation in Mittel- und Osteuropa.* Berlin 1977, S. 8 f.

27 Vgl. ebda. S. 7 f.

28 ebda. S. 9.

29 Vgl. Wittmann, Reinhard: *Buchmarkt und Lektüre im 18. und 19. Jahrhundert. Beiträge zum literarischen Leben 1750–1880.* Tübingen 1982, S. 69 ff.

30 Zit. nach: Kiesel, Münch, *Gesellschaft und Literatur,* S. 133.

31 Zit. nach Hilmar, Rosemary: *Der Musikverlag Artaria & Comp.* Tutzing 1977, S. 129.

32 Vgl. Matthäus, Wolfgang: *Das Werk Joseph Haydns im Spiegel der Geschichte des Verlages Jean André,* in: *Haydn Year Book III* (1965), S. 62: „Es ist bemerkenswert, daß André das Privileg Artarias unbeachtet lassen konnte; er hatte ja als Markt für seine Drucke (ebenso wie Artaria) die Frankfurter Messe, also den Ort des Kaiserlichen Bücherkommissars." Matthäus weiß auf der anderen Seite auch Fakten beizubringen, aus denen der Schluß zu ziehen ist, daß das „Privileg Artarias André stark behinderte", ebda. S. 55.

33 Musik braucht zu ihrer Realisation mehr als den Text; sie ist in einen komplizierteren institutionellen Apparat eingebunden als die Literatur. Ein Indiz des genannten Umbruchs ist freilich auch die Loslösung der Musik von aufwendigen institutionellen Apparaten und ihre stärkere Einbeziehung in den häuslich-privaten Bereich, wie sich dies, deutlich dann vor allem im frühen 19. Jahrhundert, an der Expansion einfacherer, d. h. im häuslichen Kreis spielbarer Klaviermusik ablesen läßt.

34 Im Unterschied zu Haydn oder Beethoven existieren von Mozart fast keine Briefe mit Verlegern.

35 Zu den quellenkritischen Fragen vgl. Haberkamp, Getraut: *Die Erstdrucke der Werke von Wolfgang Amadeus Mozart.* Bibliographie, Textband. Tutzing 1986, S. 67 f.

36 Widmungstext bei Deutsch, Otto Erich: *Mozart. Die Dokumente seines Lebens.* Kassel, Basel, London, New York 1961, S. 30.

37 Vgl. Pohlmann, *Frühgeschichte Urheberrecht,* S. 137 ff.

38 *Mozart. Briefe und Aufzeichnungen, Gesamtausgabe,* hrsg. v. W. A. Braun und O. E. Deutsch, Kassel, Basel, London, New York 1962–1975, Bd. 1, S. 126: Brief vom 1. 2. 1764.

39 Vgl. Deutsch, *Mozart. Dokumente,* S. 32 f.

40 *MB, Bd. 1,* S. 177: Brief vom 3. 10. 1764.

41 *MB, Bd. 2,* S. 241: Brief Leopold Mozarts an Frau und Sohn vom 26. 1. 1778.

42 Deutsch, *Mozart. Dokumente,* S. 44.

43 Vgl. ebda. S. 70 u. 73.

44 Vgl. Deutsch, Otto Erich: *Mozarts Verleger,* in: *Mozart-Jahrbuch 1955,* S. 54. Der Verlag Boßler in Speyer, den Deutsch ebenfalls „nur unter den Nachdruckern" klassifiziert sehen möchte (ebda.), ist nach den Forschungen von Schneider, Hans: *Der Musikverleger Heinrich Philipp Bossler 1744–1812.* Tutzing 1985, S. 178 ff., doch anders einzustufen. Die zu Lebzeiten Mozarts bei Boßler erschienenen Drucke sind in drei Fällen als Erstdrucke, ansonsten als Parallelausgaben doer Frühdrucke zu qualifizieren.

45 Vgl. Zeman, Herbert: *Dichtung und Musik – Zur Entwicklung des österreichischen Kunstliedes vom 18. zum 19. Jahrhundert,* in: Ders. (Hrsg.): *Festschrift für Anton Dermota zum 70. Geburtstag.* Wien 1980, insbes. S. 21 ff.

46 Brief vom 7. 2. 1771, in: Deutsch, *Mozart. Dokumente,* S. 126.

47 *MB, Bd. 1,* S. 408: Brief vom 15. 12. 1770.

48 *MB, Bd. 1,* S. 416: Brief vom 12. 1. 1771.

49 *MB, Bd. 2,* S. 161 u. 178: Briefe vom 3. 12. 1777 und 10. 12 1777.

50 Vgl. Haberkamp, *Erstdrucke Mozart,* S. 24; ferner, im Blick auf die Subskrip-

tion und Pränumeration literarischer Werke: Wittmann, *Buchmarkt und Lektüre im 18. und 19. Jahrhundert*, S. 46 ff.

51 *MB, Bd. 2*, S. 305: Brief vom 28. 2. 1778.

52 1773 erschienen jedenfalls bei Götz sechs Sonaten von Cannabich mit dem Vermerk „Chez l'Autuer et Chez M. Götz", was besagt, daß sich Komponist und Verleger die Druckkosten teilten. Vgl. Schneider, Hans: Der Musikverleger Johann Michael Götz, S. 51.

53 *MB, Bd. 2*, S. 409: Brief vom 18. 7. 1778 (Nachschrift, datiert 20. 7.).

54 *MB, Bd. 3*, S. 118: Brief vom 19. 5. 1781.

55 *MB, Bd. 3*, S. 141: Brief vom 25. 7. 1781. Mozart zitiert hier eine Äußerung der Gräfin Thun.

56 Pohlmann, Hansjörg: *Mozart und das Urheberrecht*, in: *Acta Mozartiana 6*, 1959, Heft 2, S. 26.

57 Allgemeine Musikalische Zeitung, 7. 11. 1798, Sp. 83, zit. nach: Haberkamp, *Erstdrucke Mozart*, S. 18.

58 Vgl. Katalog des Verlags Artaria für das Jahr 1785 (Bibliothek der Gesellschaft der Musikfreunde in Wien, Sign. 1060/44 [4]).

59 Vgl. Haberkamp, *Erstdrucke Mozart*, S. 40 f.

60 Vgl. Schenk, Erich: *Mozart. Eine Biographie.* Mainz 1989, S. 467 f.

61 Vgl. Haydn, Joseph: *Gesammelte Briefe und Aufzeichnungen.* Unter Benützung der Quellensammlung hrsg. von H. C. Robbins Landon, herausgegeben u. erläutert von Denes Bartha. Kassel, Basel, Paris, London, New York 1965, S. 106 f.

62 Zit. nach Haberkamp, *Erstdrucke Mozart*, S. 241.

63 Elias, Norbert: *Mozart. Zur Soziologie eines Genies.* Hrsg. v. Michael Schröter. Frankfurt ^{2}1991, S. 69.

64 Vgl. Haberkamp, *Erstdrucke Mozart*, S. 21. Mozart hatte offenbar kein Interesse daran, die Werke, die er selbst in Konzerten vortrug oder vortragen ließ, zu veröffentlichen.

ERNST WANGERMANN

Ethik und Ästhetik: Moralische Auflagen an die schönen Künste im Zeitalter der Aufklärung

Im Jahrzehnt vor dem Ausbruch der Französischen Revolution war in der musikalischen Literatur Frankreichs die Rede von der „Revolution“, die Gluck durch seine späten Opern im Geschmack der Franzosen bewirkt hätte.[1] Ich möchte untersuchen, was unter diesem Begriff einer musikalischen Revolution zu verstehen ist, und dann die Fragen aufwerfen, ob diese Revolution mit der bald darauf folgenden Französischen Revolution zusammenhing, und ob sie das ästhetische Umfeld zu Mozarts Musikschaffen bestimmte.

Die entscheidende Anregung zu der von Gluck bewirkten „Revolution“ ging von den Schriften des dritten Grafen von Shaftesbury aus. Obwohl dieser kein systematischer Denker war, erreichte er durch seine Schriften einen überragenden Einfluß auf die Ideen des achtzehnten Jahrhunderts, und das vor allem auf dem Gebiet der Ethik und Ästhetik.

In seiner *Untersuchung über die Tugend* verglich Shaftesbury das Verhalten der Tiere und der Menschen. Bei den Tieren stellte er eine auf deren „öffentliches Wohl“ perfekt abgestimmte Verhaltensweise fest. Bei den Menschen dagegen schienen ihm trotz des Beistandes der Religion und der Gesetze starke „Antipathien“ und „Aversionen“ eine deren allgemeinem Interesse zuträgliche Verhaltensweise meistens zu vereiteln. Mit diesem Vergleich hatte Shaftesbury die uralte Frage nach dem moralischen bzw. unmoralischen Verhalten der Menschen zueinander auf eine ganz neue Weise gestellt und hatte es, wie es seinen Lesern schien, verständlicher gemacht, warum die alten Formeln der Prediger und deren Ermahnungen, die natürlichen Impulse zu beherrschen, den Ge-

Johann Georg Sulzer, 1720–1779.

boten der geoffenbarten Religion zu gehorchen und die Gesetze einzuhalten, so wenig fruchteten. Das Beispiel der Tiere schien ja zu zeigen, daß ein moralisches Verhalten der Menschen nicht voraussetzte, daß sie gegen ihre Natur ankämpften, sondern, ganz im Gegenteil, daß sie sich ihr besser anpaßten. Sie müßten als Menschen so natürlich leben wie die Tiere als Tiere lebten.[2] Bei der so verstandenen notwendigen Veränderung ihrer Verhaltensweise konnte nach Shaftesburys Überzeugung der Künstler den Menschen eher helfen als der Prediger oder der Moralphilosoph: Indem der Künstler den Menschen die Schönheit und Harmonie der Natur vermittelte, konnte er in ihnen eine dieser Schönheit und Harmonie entsprechende moralische Empfindung und damit die Grundlage zu einer tugendhaften Verhaltensweise auslösen. Das war nach Shaftesbury und seinen Schülern die eigentliche und erhabene Aufgabe des Künstlers.

Shaftesburys Ideen, die in den zuerst im Jahre 1711 veröffentlichten *Characteristics* ihren Niederschlag fanden, verbreiteten sich sehr schnell, vor allem unter Künstlern. James Thomson, Dichter der *Jahreszeiten,* wandte sich als erster der Naturdichtung ausdrücklich mit der Begründung zu, der moralischen Aufgabe Rechnung zu tragen, die Shaftesbury den Künstlern zugewiesen hatte. Im Vorwort zum *Winter* (1726) schrieb er:

> Kein Gegenstand ist erhebender, erheiternder oder geeigneter, die dichterische Begeisterung, philosophische Betrachtung und moralische Empfindung zu erwecken, als die Werke der Natur.[3]

Shaftesburys Einfluß dehnte sich schnell auch über die Grenzen seiner Heimat aus. Vor allem die deutschen Aufklärer ließen sich von seinen Gedanken über die Verbindung von Moral und Kunst, von Ethik und Ästhetik, bezaubern. Der erste deutsche Übersetzer Shaftesburys, der Theologe Johann Joachim Spalding, machte sich – ganz im Geiste seines Mentors – die schöne Natur zum moralischen Vorbild:

> Wie gleichgültig, wie geschmacklos und todt sind mir jene gekünstelten phantastischen Schimmer der Üppigkeit und Pracht, gegen den lebendigen Glanz der wahrhaftig schönen Welt! gegen die Eindrücke der Fröhlichkeit, der Ruhe und Bewunderung von einem blühenden Gefilde, von einem rauschenden Bache … oder von dem majestätischen Auftritte unzähliger Welten! Selbst die nächsten und gemeinsten Gestaltungen der Natur rühren mich mit einem tausendfachen Ergetzen, wenn ich sie mit einer Seele empfinde, die zur Freude und zum Bewundern aufgelegt ist … Überall Ordnung, Verhältniß, Richtigkeit Vollkommentheit zu finden und zu lieben; welch' ein hohes, erhebendes Gefühl für den menschlichen Geist. Ich verliere mich mit der innigsten Lust in der Erwägung dieser allgemeinen Schönheit, davon ich selbst ein nicht verunstalteter Theil zu seyn trachte.[4]

Im Kontext dieser ethisch-ästhetischen Auffassung war es naheliegend, Künstler und ihre Werke nicht nach ausschließlich ästhetischen Kriterien zu beurteilen. Die Wirksamkeit eines Kunstwerkes oder einer Kunstform hinsichtlich der moralischen Aufgabe der Künste war in diesem Kontext das entscheidende Kriterium. Nur wenn wir diesen Aspekt berücksichtigen, können wir das hohe Ansehen und die große Popularität einiger Künstler und Kunstformen der Aufklärungsepoche verstehen, die sie uns heute, jedenfalls aufgrund rein ästhetischer Kriterien, nicht zu verdienen scheinen. Als Beispiel dafür sei hier nur an die große und fast allgemeine Popularität der *Idyllen* Salomon Geßners erinnert. Turgot, sein französischer Übersetzer, schrieb über ihn:

> Er zeigt uns das ganze Panorama des Landlebens mit allen seinen Attraktionen. Niemand zeichnet die schöne Natur besser als er. Aber sein eigentlicher Zweck ist es immer, seinen Lesern die Attraktionen der Tugend verspüren zu lassen, so gewaltig, wie er sie selbst verspürt.[5]

Geßner war tatsächlich der erste deutschsprachige Schriftsteller, der außerhalb des deutschsprachigen Raumes allgemeine Bekanntschaft und Beliebtheit genoß.

Ein anderer deutschsprachiger Schriftsteller, der gebürtige Schweizer Johann Georg Sulzer, war es auch, der die locker formulierten Gedanken Shaftesburys in den 1770er Jahren in eine feste theoretische Form goß und ihnen dadurch einen bis über die Jahrhundertwende hinaus andauernden Einfluß, nicht zuletzt auch in Österreich, verschaffte. In seiner *Allgemeinen Theorie der Schönen Künste* formulierte er Shaftesburys Grundidee wie folgt:

> Ohne Zweifel wollte die Natur durch die von allen Seiten auf uns zuströmenden Annehmlichkeiten unsre Gemüther überhaupt zu der Sanftmuth und Empfindsamkeit bilden, wodurch das rauhe Wesen [des Menschen] ... mit Lieblichkeit gemäßiget wird. ... Also müssen wir die schönen Künste als die nothwendigen Gehülfen der Weisheit ansehen, die für das Wohlseyn der Menschen sorget. [Die Weisheit] weiß alles, was der Mensch seyn soll; sie zeichnet den Weg zur Vollkommenheit und der nothwendig damit verbundenen Glückseeligkeit. Aber die Kräfte, diesen oft steilen Weg zu besteigen, kann [die Weisheit] nicht geben; die schönen Künste machen ihn eben und bestreuen ihn mit Blumen, die durch ihren lieblichsten Geruch den Wanderer zum weitern Fortgehen unwiderstehlich anloken.[6]

Diesem Passus folgt ein weiterer Schlüsselsatz:

> Der Verstand würkt nichts als Kenntniß, und in dieser liegt keine Kraft zu handeln. Soll die Wahrheit würksam werden, so muß sie in Gestalt des Guten nicht (nur) erkannt, sondern empfunden werden; denn nur dieses reizt die Begehrungskäfte.[7]

Unter allen Kunstformen räumten die Ästhetiker in der Nachfolge Shaftesburys der Musik in Verbindung mit der Poesie den höchsten Rang ein. Die Musik konnte zwar nicht die Natur so getreu darstellen („imitieren") wie z. B. die Malerei, aber mehr als alle anderen Künste konnte sie die Emotionen erregen, oder, wie es die Aufklärer so gerne formulierten, „das Herz rühren". Und das war hinsichtlich der moralischen Aufgabe der Künste das Entscheidende, denn sie konnten diese Aufgabe nur erfüllen insofern sie Emotionen erregten und Empfindungen auslösten, die allein die Kraft hatten, tugendhaftes Verhalten zu bewirken. Die Ästhestiker richteten sich mit ihren Forderungen daher in erster Linie an die Komponisten und die aufführenden Musiker. Ihre Musik sollte weniger dem Ohr schmeicheln und mehr das Herz rühren. Das hohe Ansehen, das Gluck nach seinen ersten Balletten und Reformopern und Carl Philipp Emanuel Bach als Komponist und Pianist bei den Ästhetikern der Aufklärung genossen, beruhte vor allem auf deren erfolgreichem Bemühen, dieser Forderung Genüge zu leisten.[8]

Die bedeutendste Entwicklung auf dem Gebiet der musikalischen Form, die durch die Forderung der aufgeklärten Ästhetiker hervorgebracht wurde, war die Entstehung und die überragende Popularität des Konzert-Oratoriums. Das Oratorium war in der ersten Phase seiner Entwicklung integraler Bestandteil des religiösen Ritus sowohl der katholischen als auch der evangelischen Kirche. Im Laufe des 18. Jahrhunderts löste es sich jedoch aus diesem Rahmen heraus und wurde zu einem integralen Bestandteil der öffentlichen Musikkultur. Protagonist dieser Entwicklung war Georg Friedrich Händel mit seinen zu englischen Texten komponierten Konzert-Oratorien.

Der Zusammenhang zwischen der Ästhetik Shaftesburys und den Oratorien Händels ist in allen Phasen der Beschäftigung des letzteren mit dieser Kunstform sehr deutlich zu erkennen. Händel verkehrte im Kreis der englischen Shaftesbury-Anhänger. Niemand geringerer als der vierte Graf von Shaftesbury selbst führte ihn in die Gedankenwelt seines Vaters ein.[9] Der Geburtsort der Händel'schen Oratorien war *Cannons,* der Landsitz des Herzogs von Chandos und kultureller Sammelpunkt der Shaftesbury-Anhänger, wo er mit Alexander Pope sein erstes Oratorium, *Hamann und Mordecai* schuf.[10] Nachdem die vom Londoner Adel favorisierte italienische Oper in den 1730er Jahren in eine tiefe kulturelle und finanzielle Krise geraten war, widmete sich Händel vorrangig dem englischen Oratorium. Der Umstand, daß der durchschlagende Erfolg mit dieser neuen Kunstform erst im Jahre 1742 im irischen Dublin gelang, ist ebenfalls symptomatisch für den Zusammenhang mit der Gedankenwelt Shaftesburys. Auftraggeber für ein neues Oratorium, mit dem ein neuer Konzertsaal in Dublin eröffnet werden sollte, war die *Dublin Charitable Music Society,* die Spitäler finanzieren half und durch entsprechende Zuwendungen in Schuldhaft geratene Arrestanten aus dem Gefängnis befreite.[11] Am 12. April 1742 erschien folgende Ankündigung in einer Dubliner Zeitung:

> Nächsten Donnerstag vormittags findet eine Aufführung des neuen Oratoriums (Messias) zu gunsten dreier sehr wichtiger wohltätiger Zwecke statt. Viele Damen und Herren, die die wohltätigen Zwecke unterstützen, für welche das Oratorium komponiert wurde, ersuchen, daß die Damen ohne Reifrock erscheinen mögen, damit mehr Leute Platz haben, wodurch die Wohltätigkeit ungemein gewinnen wird.[12]

Die Premiere des *Messias* in Dublin war ein außerordentlich großer Publikumserfolg. Daß dieser Erfolg nicht ausschließlich der Musik, sondern der Verbindung dieser Musik mit einer besondern Form der Wohltätigkeit zuzuschreiben war, hat Händels erster Biograph, John Mainwaring, ausdrücklich festgehalten:

> (Händel) machte sie die Rechnung, daß er sich den Weg zum Vorteil nicht besser bahnen könnte, als wenn er zum Anfange ein rührendes Beispiel gemeinnütziger Handlung von Großmut und Wohltätigkeit gäbe. Den ersten Schritt tat er also in Dublin damit, daß er den *Messias* zum Nutzen der Gefangenen in den Stadtkerkern aufführte. So eine Handlungsweise zog nicht allein alle Liebhaber der Musik, sondern auch alle Freunde der Menschheit herbei. Das Thema des Oratoriums selbst war dieser Handlungsweise ganz besonders angemessen, und Händels finanzielle Lage zeichnete sie zusätzlich aus. Durch einen Aufenthalt in Dublin verbesserte sie sich beträchtlich. [13]

Die Rechnung, die sich Händel nach der Darstellung Mainwarings gemacht hatte, ging schließlich auch in London auf. Nach seiner Rückkehr aus Irland brachte er auch dort die Liebhaber der Musik und die Freunde der Menschheit zusammen. Die Popularität seiner Oratorien erreichte den Höhepunkt, wenn ihre Aufführung mit wohltätigen Zwecken verbunden wurde. *Messias* wurde nach 1750 jährlich zugunsten der neuesten und berühmtesten Wohlfahrtseinrichtung Londons – Captain Corams Findelhaus – aufgeführt, dem Händel auch das Autograph vermachte.[14] Danach wurden derartige Wohltätigkeitskonzerte Höhepunkte des öffentlichen englischen Musiklebens.[15]

Einschlägige Quellen ermöglichen es uns zu ermessen, in welchem Maße es Gluck mit seinen Reformopern und Händel mit seinen Oratorien gelang, den Forderungen der Ästhetiker zu entsprechen und die Herzen ihrer Zuhörer zu rühren. Stellvertretend für mehrere derartige Zeugnisse zitiere ich die Schrift, in der Sonnenfels seine Gefühle nach der Erstaufführung von Glucks *Alceste* zum Ausdruck brachte:

> Die Musik in den Händen eines Mannes, der die Tonkunst nicht bloß in einer studierten Reihe von Accorden und Auflösungen bestehen läßt, sondern die Accente der Leidenschaften, und, wenn ich … das Wort wagen darf, die Accente der Seele aufzufinden, und dadurch den Gesang ausdrucksvoll und redend zu machen weiß; in den Händen eines solchen Mannes, der mit dem Geiste des Dichters setzet, und da, wo dem musikalischen Handwerker von den gemeinen Regeln Fessel angelegt sind, diese Fessel zerbricht, sich über die Regeln hinwegschwingt, und mit der Freyheit des Genies selbst Regel und Muster wird, in den Händen eines solchen Mannes muß die Musik Wunderwerke thun. … Seine Arien sind neu, von einer einfachen aber gefühlvollen Melodie, an denen mich besonders der Schluß ganz ausser mich selbst gesetzt hat.[16]

Die schriftlich überlieferten englischen Reaktionen auf die Erstaufführungen der Händel'schen Oratorien sind in Otto Erich Deutschs Dokumentarischer Biographie Händels angeführt.[17] Hier möchte ich jedoch das in seiner Art einzigartige Zeugnis zitieren, das uns ein deutscher Dichter über seine

Reaktion auf die erste deutsche *Messias*-Aufführung in Hamburg Anfang 1776 hinterlassen hat. Er schrieb darüber an seine Braut:

> Vorigen Sonntag fuhr ich mit Claudius nach Hamburg, um Händels *Messias* anzuhören … und o Himmel! welche Musik. Es sind lauter biblische Sprüche vom Messias, die Händel nach der Folge der Geschichte geordnet und in Musik gesetzt hat. … Gleich das erste begleitete Rezitativ: Tröstet, tröstet mein Volk! war bis zu Tränen rührend und die Windhem sang's auch wie ein Engel. Aber nichts kam an die Chöre. Mir schlug das Herz fast, wie in deiner Umarmung, und ich hätte durch die Wolken fliegen mögen. Besonders der Chor: Uns ist ein Kind zum Heil geboren! hat einen Schwung, den ich der Musik nie zugetraut habe. Stell dir die größte Freude in vier Stimmen ausgedrückt vor, wo immer eine durch die andere entzündet zu werden scheint, und noch lebhafter und noch jauchzender die fröhliche Botschaft ausruft: Uns ist ein Kind geboren! Dann fugenweise: die Herrschaft wird auf seiner Schulter liegen; und nun ein paar Stimmen ganz mäßig: Und sein Name wird genennet. Darauf alle Stimmen mit Donnerton: Wunderbar! Die Instrumente donnern nach. Noch lauter: Herrlichkeit! Die Musik steigt ebenso. Aber nun, als ob Blitz und Schlag zugleich käme, mit dem höchsten Ausdruck, der auf Erden möglich ist: Allmächtiger Gott! daß man zusammenfährt, und hinsinken will vor der Gegenwart des Hocherhabenen. Der Donner der Stimmen und Instrumente dauert noch fort bei: der Ewigkeiten Vater! und dann verliert er sich in ein stilles fernes Gemurmel, wann der West über die Donnergegend dahersäuselt: Friedensfürst! Hierauf wieder mit der Stimme des Entzückens von Anfang: Uns ist ein Kind zum Heil geboren! zum Heil! zum Heil! ein Kind ist uns geboren! uns zum Heil! – und das viermal so durch. Ich hätte 24 Stunden ohne Essen und Trinken dastehen und mir bloß den Chor vorspielen lassen mögen. … O Händel! Händel! wer ist unter den Sängern der Erde, der gleich dir, kühnen Flugs, Zaubereien tönt![18]

Die in England bereits zur Tradition gewordene Verbindung der *Messias*-Aufführungen mit Wohltätigkeitszwecken griff ebenfalls auf den Kontinent über. Die von Carl Philipp Emanuel Bach dirigierten *Messias*-Aufführungen in Hamburg waren „zum Besten der Armen" veranstaltete öffentliche Konzerte.[19] Die Verbindung der Aufführung von Konzert-Oratorien mit Wohltätigkeit wurde schließlich auch in Wien – vor allem im Zusammenhang mit den Haydn-Oratorien – zur Tradition, wobei in erster Linie die Chöre für die Erregung der entsprechenden Emotionen sorgten.

Ich möchte nach dieser Untersuchung über die Beschaffenheit der in der zweiten Hälfte des 18. Jahrhunderts bewirkten „Revolution" in der Musik und im musikalischen Geschmack, mit einigen Bemerkungen zu den eingangs aufgeworfenen Fragen schließen.

1) Besteht ein Zusammenhang zwischen der Revolution in der Musik und der bald darauf folgenden Französischen Revolution von 1789? Führten die künstlerischen Bestrebungen, individuelles tugendhaftes Verhalten zu fördern zu den Bestrebungen, eine „Herrschaft der Tugend" zu errichten? Ein Mitglied der Erziehungskommission des französischen National-Konvents stellte tatsächlich einen derartigen Zusammenhang fest. Im Rahmen der Diskussionen über die Gründung eines nationalen Musik-Konservatoriums schrieb er:

> Marie Antoinette zog vor einigen Jahren den gefeierten Deutschen nach Frankreich, dem wir die Schöpfung unserer dramatischen Musik verdanken. Das war unvorsichtig. Ich übertreibe nicht, wenn ich sage, daß Glucks musikalische Revolution die Regierung in Angst versetzt haben muß. Seine mächtigen Harmonien erregten die warmen Herzen der Franzosen so sehr, daß sie ihre alten Schwächen beweinten. Es gab damals bereits Anzeichen einer Kraft, die bald darauf zum Durchbruch kam. Der Thron war erschüttert. Nun kam die Reihe an die Freunde der Freiheit, die Musik in Dienst ihrer Sache zu stellen – eine Musik, in der jene männlichen Akzente ertönten, die wir bei Gluck gelernt hatten.[20]

Bei den revolutionären Festen der 1790er Jahre wurden Chöre aus den späten Gluck-Opern angestimmt, sowie von diesen inspirierte revolutionäre Hymnen. In diesen Festen wurde das antike Griechenland, wie man es sich aus den Büchern und Dramen vorstellte, auf der größeren Bühne der nationalen Politik inszeniert, um in der durch die Revolution entstandenen Krise den Gemeingeist und den Patriotismus der Nation anzufachen. Wie bei den Aufführungen der Oratorien, waren es in erster Linie die Chöre, die die entsprechenden Emotionen erregten.[21]

2) Hat die von Shaftesburys Ideen ausgehende „Ethico-Ästhetik" auch das ästhetische Umfeld von Mozarts Musikschaffen bestimmt? In Mozarts Briefen gibt es, so viel ich weiß, keine Hinweise auf Shaftesbury oder Sulzer. Mit den von ihnen verbreiteten ästhetischen Ideen kam Mozart jedoch auf Schritt und Tritt in Berührung. Gottfried van Swieten, der ihn mit der Bearbeitung von Händels Oratorien beauftragte, war von diesen Ideen so eingenommen, daß er 1783 die Ästhetik wegen ihrer moralischen Bedeutung als Pflichtfach im philosophischen Lehrgang einführte, den damals alle Studierenden absolvieren mußten.[22] Otto von Gemmingen, Meister vom Stuhl der Loge „Zur Wohltätigkeit", in die Mozart 1784 als Lehrling aufgenommen wurde, war nicht weniger von diesen Ideen eingenommen, wie wir aus seinen Bemühungen um die „bürgerliche Verbesserung" des österreichischen Adels sehen können, den er zur tätigen Mitarbeit am josephinischen Reformwerk motivieren wollte. Im Zuge einer Empfehlung für die deutsche Ausgabe von Henry Home's *Elements of Criticism* an die Leser seiner Wochenschrift *Der Weltmann* gab er sein moralisch-ästhetisches Glaubensbekenntnis in folgenden Worten ab:

> Arbeiten Sie diesem Verfasser nach und Sie werden beständig eine reizende Verbindung der Kritik mit der Moral, des guten Geschmacks mit der Tugend finden. Sie werden sich von der Wahrheit überzeugen, daß eine richtige Kultur der schönen Wissenschaften das Herz bessert: und haben Sie dieß Buch recht verdauet, so bin ich Ihnen Bürge, Sie werden den Weg zu ernsthaften Beschäftigungen gefunden haben, werden Ekel für Ihre bisherige Lebensart bekommen, Ihr Leben zwischen Geschäfte

> und mäßige, anständige Ergözung theilen, und glückliche Menschen werden, wenn Sie aus dem gegenwärtigen Taumel erwachen.[23]

Wir dürfen vermuten, daß Mozart im Umgang mit Otto von Gemmingen und Gottfried van Swieten mit diesen ästhetischen Ideen häufig in Berührung kam. Wir wissen aber auch, daß er bei einer Gelegenheit, nämlich anläßlich seiner Aufnahme in die Loge „Zur Wohltätigkeit" damit unmittelbar konfrontiert wurde. Der Logenredner bei diesem Anlaß, der damals ziemlich bekannte Dichter Friedrich Hegrad, begrüßte den Komponisten und Virtuosen mit folgenden Worten:

> Sie aber, mein Bruder! Liebling eines höheren Genius! Freund der süssesten Muse! Von der gütigen Natur ausersehen durch seltne Zauberkraft Herzen zu bewegen, und Trost und Erquickung in unsre Seelen zu giessen! – Sie werden mit all der warmen Empfindung die Menschheit umfassen, die Sie durch Ihre Finger so wunderbar ausdrücken, die alle die herrlichen Werke Ihrer glühenden Phantasie durchströmt! Ihr Leben wird Ihrer Musik gleichen, ebenso harmonisch und ebenso liebevoll. Sie werden bey jeder Gelegenheit beweisen, wie ähnlich das Gefühl der Saiten mit dem Gefühl der Tugend und Menschenliebe ist… Ihr Talent und Ihr Herz werden zusammen ringen; so wie jenes der Menschheit Lust und Vergnügen schaffet, ihr Gefühl verfeinert, und ihren Geschmack für das Schöne ausbildet, ebenso wird dieses mit gleichem Eifer beschäftiget seyn, durch Freundschaft und Liebe den Menschen zu dienen, sie ohne Ausnahme als Brüder anzusehen, und es ihnen bey jeder Gelegenheit zu beweisen suchen.[24]

Die Libretti, die sich Mozart für seine Opernkompositionen auswählte und die Veränderungen, die er an ihnen vornahm; der eminente Stellenwert des Themas „Vergebung nicht Vergeltung" und die musikalische Umrahmung, die er diesem Thema gab; die Kompositionen, die er für Kirche und Freimaurer Loge schuf –, sie alle rechtfertigen, wie ich glaube, die Vermutung, daß Hegrads Worte Mozarts eigenes Kunstverständnis nicht ganz verfehlten.

Anmerkungen:

1 Leblond, G. M. (Hrsg.): *Mémoires pour servir à l'histoire de la révolution opérée dans la Musique par M. le Chevalier Gluck.* Neapel 1781.
2 Tuveson, Ernest: *The importance of Shaftesbury,* in: *A Journal of English Literary History,* Bd. 20 (1953), S. 275.
3 Thomson, James: *Poetical Works,* hrsg. v. Robertson, J. Logie. London 1908, S. 240 f.
4 Spalding, Johann J.: *Die Bestimmung des Menschen. Verbesserte u. vermehrte Aufl.* Leipzig 1768, S. 39–40.
5 *Oeuvres de M. Turgot, Ministre d'État,* Bd. 9. Paris 1810, S. 159.
6 *Allgemeine Theorie der Schönen Künste,* 2. Aufl., Bd. 3. Leipzig 1792/94, S. 73, 78.
7 Ebenda, S. 78.
8 Zu Gluck vgl. Pestelli, G.: *The Age of Mozart and Beethoven.* Übers. v. E. Cross, Cambridge 1984, S. 71–76. Zu C. P. E. Bach vgl. Pauly, Reinhard G.: *Music in the Classic Period,* 2. Aufl. Englewood Cliffs 1973, S. 24–25.
9 Händel an den vierten Grafen von Shaftesbury, 29. Juni 1736, in: Deutsch, Otto E.: *Händel, a documentary Biography.* London 1954, S. 412.
10 Siegmund-Schultze, Walther: *Georg Friedrich Händel. Sein Leben – Sein Werk.* München 1984, S. 55–56.
11 Grattan Flood, W. H.: *Crow Street Music Hall, Dublin, from 1730 to 1754,* u. Fishamble Street Music Hall from 1741 to 1777, in: *Sitzungsberichte der internationalen Musikgesellschaft,* Bd. 11 (1909–10), S. 445 u. Bd. 14 (1912–13), S. 51.
12 Deutsch, *Händel,* S. 545.
13 *Memoirs of the Life of the late George Frederick Handel.* London 1760, S. 97 f. Meine Übersetzung weicht einigermaßen von der zeitgenössischen Übersetzung Johann Matthesons ab.
14 Manson Myers, R.: *Handel's Messiah. A Touchstone of Taste.* New York 1948, S. 135–145; Robbins Landon, H. C.: *Handel and his World.* London 1984, S. 192–202.
15 Manson Myers, *Handel's Messiah,* S. 188–196.
16 Briefe über die wienerische Schaubühne (Brief datiert 5. Jänner 1768), in: Sonnenfels, Joseph: *Gesammelte Werke,* Bd. 5. Wien 1784, S. 162–163, 167.
17 Z. B. Deutsch, *Händel,* S. 729.
18 Johann Heinrich Voss an Ernestine Boie, 5. Jänner 1776, in: Voss, A. (Hrsg.): *Briefe von J. H. Voss nebst erleuternden Beilagen, Bd. 1.* Halberstadt 1829, S. 295–297.
19 Finscher, Ludwig: *Zur deutschen Händel-Rezeption im 18. Jahrhundert,* in: Assmann, A. (Hrsg.): *Kanon und Zensur.* München 1987, S. 274.
20 Leclerc, Jean B.: *Essai sur la propagation de la musique en France.* Paris 1796, zit. nach den englischen Auszügen in: Le Huray, P. (Hrsg.), *Music and Aesthetics in the Eighteenth and Early-nineteenth Centuries.* London 1979, S. 241.
21 Wangermann, Ernst: *Revolution in Music – Music in Revolution,* in: Porter, R. und M. Teich (Hrsg.): *Revolution in History,*Cambridge 1986, S. 236.
22 Wangermann, Ernst: *Aufklärung und staatsbürgerliche Erziehung: Gottfried van Swieten als Reformator des österreichischen Unterrichtswesens 1781–1791.* Wien 1978, S. 68–71.
23 *Der Weltmann,* 5. Stück, S. 80–84: Rezension der Grundrisse der Kritik von Henry Home, hier S. 82.
24 Hegrad, Friedrich: *Vermischte Schriften.* 2 Bde. Frankfurt, Leipzig 1785, Bd. 2, S. 203–204.

Ein Kapellmeister im Chorrock, Kuenburg-Sammlung.

THEOPHIL ANTONICEK

Musik in Pädagogik und Unterricht des 18. Jahrhunderts

Das Problem des Musikunterrichtes im 18. Jahrhundert hat viele Facetten und muß daher in differenzierter Form dargestellt werden. Grundsätzlich ist zu unterscheiden zwischen eigentlichem, das heißt ausschließlich auf Musik beschränktem Unterricht und solchem, in dem die Musik neben anderen Gegenständen unterrichtet wird; innerhalb des ersteren zwischen der Ausbildung der Berufsmusiker und jener der Liebhaber, ferner zwischen Einzel- und Simultanunterricht. Das Bild ändert sich auch je nach der sozialen Stellung der Unterrichtenden wie der Schüler, im ersten Fall etwa ob es sich um einen berühmten Mann handelt, um dessen Unterweisung man sich bemüht, oder um jemanden, der auf die Einkünfte aus dem Unterricht angewiesen ist und den man einfach gegen enstprechende Bezahlung engagiert, im zweiten Fall ob es sich um eine hochgestellte Persönlichkeit handelt, die sich oder ihre Kinder aus Liebhaberei unterrichten läßt, oder um jemanden, für den die Ausbildung etwas Unumgängliches, unter Umständen die Befolgung einer im Grunde genommen lästigen Konvention bedeutet. Nicht zuletzt ändert sich das Bild je nachdem ob es sich um Unterricht in der Theorie (Kompositionslehre) oder Praxis (Gesang, Instrumente) handelt, in letzterem Fall oft je nach den speziellen Bedürfnissen der jeweiligen Sparte.

Für den eigentlichen Musikunterricht, also im wesentlichen die Ausbildung von Berufsmusikern, gab es im 18. Jahrhundert in Italien, in Neapel und Venedig, eine Reihe von weitberühmten Konservatorien[1], die sich mit dem Namen erstklassiger Lehrer wie Schüler schmücken konnten. Diese Anstalten bestanden in Italien seit dem 15. Jahrhundert. Die Zielsetzung ihrer Gründung war allerdings durchaus keine primär musikalische. Konservatorien waren zunächst im Wortsinn Bewahranstalten, und zwar für Kinder, die entweder keine Eltern mehr hatten oder von diesen weggelegt wurden. Weniger Waisen als vor allem Kinder der freien Liebe stellten ein ungeheures Problem dar, bedeuteten sie doch für die Eltern (meist für die Mutter allein) aufgrund der religiösen und gesellschaftlichen Begriffe der Zeit eine existenzbedrohende Katastrophe. Den Betroffenen blieb kein Ausweg, als sich der Kinder nach der Geburt zu entledigen. Die Konservatorien nahmen sich dieser in die Tausende gehenden Findlinge an; es wurden an den Außenwänden der Findelhäuser sogar eigene Vorrichtungen in Form drehbarer Nischen angebracht, mit denen man die Säuglinge möglichst ungesehen ins Innere des Waisenhauses befördern konnte (was, wenn bereits größere Kinder weggelegt wurden, oft zu Verletzungen bzw. zum Tod führte).[2] Die Kinder wurden innerhalb der Anstalten großgezogen, wobei die dafür nötigen Mittel durch Stiftungen und Sammlungen hereingebracht wurden. Um ihnen zu ermöglichen, sich späterhin selbst zu ernähren, wurden sie in verschiedenen Fertigkeiten unterrichtet, darunter auch in Musik. Der Erfolg dieses Unterrichtes, der zunächst nur den im Hause selbst befindlichen Kindern zuteil wurde, machte diese Anstalten in Neapel und Venedig (hier wurden nur Mädchen ausgebildet) rasch berühmt, so daß die musikalischen Darbietungen der Konservatorien zu einer Attraktion nicht nur für die Stadtbewohner, sondern auch für Besucher aus ganz Europa wurden. Dazu trugen wesentlich hervorragende Musikerpersönlichkeiten bei, die von den Leitern der Waisenhäuser als Lehrer engagiert wurden. Im weiteren Verlauf wurden von verschiedenen dieser Anstalten, vor allem in Neapel, auch externe Schüler aufgenommen, und aufgrund des Ruhmes dieser Ausbildungszentren kamen solche bald auch von weither, auch aus dem Ausland (wie etwa Johann Adolph Hasse).

1784 wurde außerhalb Italiens, in Paris, das erste ausschließlich musikalischen Zwecken dienende Konservatorium gegründet, das, zunächst zur Ausbildung der Opernsänger bestimmt, seinen Wirkungskreis bald auf den Gesamtbereich der Musik ausdehnte und vorbildhaft für ganz Europa wurde. Was Paris für Europa, wurde Prag (gegründet 1811) für die habsburgischen Staaten. Auch das Konservatorium der Gesellschaft der Musikfreunde in Wien, das sich dann ebenbürtig neben Prag stellte, orientierte sich zunächst wesentlich an den Vorbildern von Paris und Prag.[3]

An institutionellen Möglichkeiten zum Musikunterricht bestanden sonst die stehenden besoldeten Kapellen, vor allem solche der Höfe, aber auch etwa der großen Kirchen und Klöster. Sie waren natürlich in erster Linie für die Musikausübung bestimmt, doch spielte auch die Nachwuchsförderung eine gewisse Rolle, und zwar nicht nur für die Sängerknaben, sondern auch für Lernende auf verschiedenen Instrumenten. Es bestand der Brauch, bestimmten hiefür geeigneten Kapellmitgliedern „Scholaren" zum Unterricht anzuvertrauen.[4] Die Lehrer erhielten für ihre Tätigkeit ein Extraentgelt, für das sie aber nicht nur zum Unterricht, sondern überhaupt zum Lebensunterhalt der Knaben verpflichtet waren, das heißt, die Schüler lebten im Hause des Lehrers (was im übrigen auch außerhalb der Kapellen üblich war, man denke etwa an Johann Nepomuk Hummel im Haushalt Mozarts).

Eine gewisse Modifikation dieses Usus bestand bei den Trompetern und Heerpaukern, die, da ihre primäre Funktion im Kriegs- und Heroldswesen lag, auch administrativ einen eigenen Körper bildeten, der nicht wie die Hofmusik dem Obersthofmeisteramt, sondern dem Obersthofmarschallamt unterstand. Hier war die Ausbildung der Nachwuchskräfte handwerklich-zunftmäßig organisiert, und die Lernenden wurden daher nicht als Scholaren, sondern als Lehrjungen bezeichnet. Als solche hatten sie ihrem Meister nach Handwerksbrauch Kost-, Aufding-, Lehr- und Freisprechgeld zu entrichten (die an den Höfen natürlich von diesen getragen wurden). Diese Art der Ausbildung gab es sonst vor allem außerhalb der Höfe, insbesonders bei den städtischen Musikern, den sogenannten Turnermeistern. Inhaltlich und methodisch wird sich der Unterricht wohl nicht grundlegend von dem der Scholaren unterschieden haben. Sicherlich war er weniger auf den Erwerb theoretischer Kenntnisse und mehr auf die unmittelbare Praxis ausgerichtet, war hier aber vielfältiger als der übliche Musikunterricht, da beispielsweise Turnermusiker, die in vielen Sätteln gerecht sein mußten (sie hatten in den Städten für den gesamten musikalischen Bedarf von der Kirchenmusik bis zum Tanzboden zu sorgen), gewöhnlich eine Mehrzahl von Instrumenten beherrschten.

In allen diesen Fällen, wo der Unterricht ein Bestandteil des gesamten Musikbetriebes einer Kapelle war, spielte dieses Eingebundensein in die Praxis, der ständige Umgang mit professionellen Musikern womöglich unter der Leitung von ersten Musikern der Zeit eine mindestens ebenso große Rolle wie der direkte Unterricht. Dies ist ein Faktor, der etwa für die Sängerknabenzeit Franz Schuberts ohne Zweifel eine ganz entscheidende Rolle spielte.

Eine weitere Möglichkeit war natürlich der private Unterricht bei einem bestimmten Lehrer, der bei angehenden Musikern, wie schon angedeutet, zumeist mit der zeitweiligen Aufnahme in dessen Familie verbunden war, sodaß auch hier die ununterbrochene Erfahrung aus dem praktischen Musizieren eine große Rolle spielte. Anders verhielt es sich mit dem Unterricht von Liebhabern, im 18. Jahrhundert also im wesentlichen sozial höhergestellten Personen, Adeligen oder Repräsentanten des vermögenden Bürgertums etwa der Reichsstädte. Hier war, wie eingangs angedeutet, in der Regel die soziale Konstellation des Unterrichts eine andere als beim Musikscholaren oder -lehrling. Joseph Haydn mußte sich, als er bei Nicola Porpora, einem der berühmtesten Lehrer seiner Zeit, korrepetierte und studierte, allerhand Temperamentsausbrüche und Schimpfkanonaden des cholerischen Meisters gefallen lassen.[5] Beim Hauslehrer einer aristokratischen Familie ist ein solches Verhalten sicherlich nicht denkbar, und auch nicht beim einträglichen Unterricht von Söhnen aus reichem Hause, wie sie zum Beispiel bei Antonio Vivaldi und anderen Meistern in Italien gegen gutes Geld Stunden zu nehmen pflegten. Solche Lehrerpersönlichkeiten – zu Mozarts Zeiten etwa der berühmte Padre Giovanni Battista Martini, zu dem die Mozarts ja auch pilgerten – genossen oft weiten internationalen Ruhm und waren Anziehungspunkte für Lernbegierige aus allen Ländern. Vielfach erhielten besonders begabte junge Musiker Gelegenheit, auf Kosten ihres Dienstgebers, oft jahrelang, bei derartigen Autoritäten zu studieren. Ein Nebeneffekt dieser Glorifizierung einzelner großer Lehrer ist die durch Jahrhunderte zu beobachtende Gewohnheit, bedeutende Musiker, deren Lehrer man nicht kannte, unbesehen zu Schülern ebenso bedeutender Meister zu machen. Palestrina oder Legrenzi hätten wahrscheinlich Tag und Nacht unterrichten müssen, um alle Schüler, die man ihnen zuschrieb, bewältigen zu können. Immerhin ist daraus aber eine sehr positive Einschätzung der Lehrerpersönlichkeit auch auf dem Gebiet der Musik abzulesen, was nicht außer acht bleiben sollte.

Analoges gilt für ein Gebiet, das ebenfalls in einem weiteren Sinn in den Bereich des Musikunterrichtes fällt, nämlich die Lehrwerke, von denen einige zu immer wieder angerufenen Instanzen wurden: etwa der *Gradus ad parnassum* von Johann Joseph Fux. Für das spätere 18. Jahrhundert gelten drei Lehrbücher als maßgebliche Kompendien des musikalischen Wissens ihrer Zeit. Bei allen drei handelt es sich nicht mehr um allgemeine Lehrbücher der Musik, sondern um Unterrichtswerke für bestimmte Instrumente: Johann Joachim Quantz für die Querflöte, Philipp Emanuel Bach für das Klavier und Leopold Mozart für die Violine. Freilich umfaßte der Instrumentalunterricht immer auch allgemeinen Musikunterricht bis hinauf zur Komposition, und so sind die drei genannten Werke bis heute hervorragende Quellen für die Kenntnis der Musikpraxis ihrer Zeit geblieben.

Für die Praxis des Unterrichts freilich ist auch den Lehrbüchern nicht allzuviel zu entnehmen. Hier ist sicherlich das Studium von einzelnen Lebensläufen ergiebiger, doch sind hier die Berichte merkwürdig unergiebig und gehen meistens über die Berufung auf diesen oder jenen tüchtigen Lehrer wenig hinaus. Neben der Unterweisung des Lehrers spielte offensichtlich die Eigentätigkeit des Schülers eine sehr große Rolle, und zwar sowohl das immer wieder bezeugte Durcharbeiten von Lehrwerken wie der oben genannten als auch ganz besonders das Studium bereits vorliegender Kompositionen, was beispielsweise Mozart bis an sein Lebensende getan hat. Damit hängt auch eine bestimmte Vorgangsweise zusammen, die zweifellos von eminenter pädagogischer Effizienz war, nämlich das Komponieren nach Modellen, das heißt zum Beispiel das Verfertigen eines Musikstückes nach dem genauen Muster eines bereits vorliegenden, jedoch mit anderem musikalischem Material.[6] Diese Methode läßt sich bis zu Richard Wagner verfolgen, der selbst berichtet, daß ihn sein Lehrer Christian Theodor Weinlig zu derartigen Arbeiten angehalten habe. „Meine Eltern schikten mich in die dasige lateinische Schule [Leonberg in Württemberg], und mein Vater, Stadt- und Amts-Zinkenist allda, gab mir auch Unterricht in der Musik, und wollte mich zu seiner Kunst erziehen; die Vorsehung aber lenkte es […] dahin, dass ich den Studien gewidmet wurde."[7] Viel Raum nahm auch das immer wiederholte Einüben technischer Fertigkeiten ein. Charakteristisch dafür ist die berühmt gewordene Anekdote, daß der nachmals weltberühmte Kastrat Gaetano Caffarelli während seiner Ausbildung bei dem schon genannten Nicola Porpora jahrelang nichts als Solfeggi singen mußte, bis ihm der Lehrer dann nach langer Zeit eines Tages eröffnete, der Unterricht sei abgeschlossen, Caffarelli sei der beste Sänger seiner Zeit.[8] Diesem gleichsam zellenhaften Lernen entspricht auf der theoretischen Seite die Frage-Antwort-Methode in der Art des Katechismus, mit der beispielsweise im Lateinunterricht ein Satz bis ins seine letzten Bestandteile zerlegt, diese bis in alle möglichen Verbindungen und Assoziationen hinterfragt wurden. Auch viele musiktheoretische Werke, beispielsweise Fuxens „Gradus“, bedienen sich dieser Vorgangsweise.

In manchem ähnlich, in manchem verschieden gestaltete sich der Musikunterricht für Liebhaber. Diesen konnten sich natürlich nur Personen mit entsprechenden Mitteln leisten, also Angehörige der Oberschichten. Die Rolle des Adels für die Musikgeschichte des 18. Jahrhunderts, vor allem in Österreich, ist evident, Joseph Haydn als Exponent dieser aristokratischen Kultur Beleg genug dafür. Es ist auch bekannt, daß die Vertreter der herrschenden Schichten selbst musikalisch tätig, als „Dilettanten“ im besten Sinne des Wortes, ja daß in Einzelfällen Angehörige des Adels selbst Musiker wurden wie etwa Benedetto Marcello. In Österreich ging die Herrscherfamilie selbst mit leuchtendem Beispiel voran. Ferdinand III., Leopold I. und Joseph I. errangen als Komponisten und ausübende Musiker die Achtung der Mit- und Nachwelt, Karl VI., von dem nicht geklärt ist, ob er selbst auch schöpferisch tätig war, war ohne weiteres in der Lage, musikalische Aufführungen zu leiten. Musikunterricht war daher für die Kinder der Kaiserfamilie obligat. Dies gilt auch für die Zeit nach 1740, als die Musik selbst ihren Rang im offiziellen Hofleben so gut wie völlig eingebüßt hatte, und diese Tatsache ist sehr charakteristisch für die Einstellung der Aufklärung zur Musik, die im privaten Bereich als Rekreationsmittel einen sehr hohen Stellenwert haben konnte, im öffentlichen Leben aber gar keinen einnahm. Dies schlägt sich, wie sich noch abschließend zeigen wird, auch auf dem Gebiet des allgemeinen Erziehungswesens nieder.

Die Blütezeit der aristokratischen Musikkultur, die zahlreichen Hofmusikkapellen in den Stadtpalais und Landschlössern, die emsige Anteilnahme hochadeliger Persönlichkeiten am Schicksal der Hoftheater in Wien, Persönlichkeiten wie der lautenspielende Graf Johann Adam Questenberg oder der Baryton-Enthusiast Fürst Nikolaus Esterhazy – all das läßt vermuten, daß der Musik im Bildungsweg der aristokratischen Gesellschaft eine feste Stellung zugekommen sein muß. Leider läßt sich dies nur selten quellenmäßig bestätigen, und man gewinnt beim Studium der Ausbildungsgänge adeliger Personen den Eindruck, daß entweder der Musikunterricht außerhalb des eigentlichen Erziehungsweges stattfand, also „eigentlich" nicht dazugehörte, oder daß es sich bei den bekanntgewordenen Fällen aktiven Musizierens von Personen der oberen Gesellschaftsschichten um Ausnahmefälle handelt, die eben ihrer Kuriosität wegen Beachtung fanden. Ein Indiz für die erstere Möglichkeit ist es zum Beispiel, daß Graf Karl Zinzendorf, von dem eine musikalische Ausbildung in der Literatur nicht erwähnt wird, nach eigener Aussage schon im Vaterhause Klavierunterricht erhielt, diesen während seines Studiums in Jena fortsetzte und dort auch Kompositionsunterricht nahm, und sich schließlich in den langen Mußezeiten während seines Kriegsdienstes bei den Maltesern im Mittelmeer täglich zwei Musikstunden geben ließ.[9] Wir kommen wohl auch hier um die Feststellung nicht herum, daß die Musik zu etwas geworden war, an dem man Vergnügen finden konnte, das man bei genügend Zeit und Geld auch aufwendig pflegen konnte, das aber letzten Endes entbehrlich war.

Das Gesagte gilt in vollem Umfang auch für die Stellung der Musik im Bildungswesen überhaupt. Hier war sie allerdings schon wesentlich früher als an den Höfen aus dem Gesamtgebäude der ernsten Geschäfte des Menschen herausgefallen. Die Stellung der Musik im Bildungs- und Erziehungsgebäude des 18. Jahrhunderts resultiert in gerader Linie aus positiven und negativen Auswirkungen der Entwicklung seit dem Mittelalter. Dort gab es die ihrerseits auf antiken

Wurzeln basierende Trennung in verschiedene Bereiche: Musik als der hörbare Niederschlag der zahlenmäßig faßbaren, göttlichen Ordnung gehörte untrennbar in das spekulative Gebäude des mittelalterlichen Kosmos und war als eine der Disziplinen des Quadriviums (neben Arithmetik, Geometrie und Astronomie) fester Bestandteil der Lehre an Schulen und Universitäten; daneben wurde praktische Ausübung der Musik als Mittel zum Preis Gottes in der Liturgie den Studenten abverlangt und auf ihre Pflege besonderer Wert gelegt; die letzte, unterste und aus der Ordnung herausfallende Stufe war das Schreien und Fiedeln der Weltlichen, wo, vor allem wenn es mit Tanz verbunden war, der Teufel seine Hand leicht darin haben konnte, und gegen die man immer wieder mit Verboten vorging.[10] Von diesen genannten Bereichen hielt sich der erste das ganze Mittelalter hindurch bis ins 16. Jahrhundert, allerdings in stetiger Abwärtsentwicklung, die, wohl schon vom Anfang an vorgezeichnet war: Musik ist im Grunde genommen nur das Medium der drei anderen Disziplinen des Quadriviums, der mathematischen als deren hörbarer Niederschlag, und ebenso der Astronomie, da man ja die Vorstellung hatte, daß die ihrerseits mathematische Ordnung der Sterne im Tönen der Sphären zum Ausdruck komme. Es verwundert daher nicht, daß Musik vom Anfang an meist vom Magister der Mathematik mit versehen wurde und im Verlauf der Entwicklung immer mehr zum Appendix der Mathematik, dieser ohne eigenen Lehrstuhl angegliedert, wurde. So war es auch in Österreich. Figuriert sie innerhalb der Universitätsreform Ferdinands I. zunächst noch am Rande der Mathematik, so ist sie bei deren endgültiger Fassung gänzlich aus dem Lehrgebäude der Universität verschwunden (sie sollte erst im 19. Jahrhundert wiederkehren).[11] Auch bei der Gründung des Salzburger Gymnasiums durch Marcus Sitticus von Hohenems war Musikunterricht nicht mehr vorgesehen (Lehrgegenstände waren Moraltheologie, Philosophie, Rhetorik, Poetik, Syntax, Grammatik).[12]

Anders verhält es sich mit dem Musikunterricht der Schüler im Hinblick auf deren Einsatz bei liturgischen und anderen religiösen Funktionen. Hier ging die Tradition praktisch ungebrochen weiter, wobei auch die Praxis aufrecht blieb, für die gehobene, schwieriger auszuführende Musik die Begabten auszuwählen und ihnen einen intensiveren Unterricht angedeihen zu lassen, für die allgemeinen Gesänge (z. B. Kirchenlieder) aber streng darauf zu sehen, daß alle sich daran beteiligten. Dies gilt für den katholischen wie für den protestantischen Bereich. Jedenfalls war es in allen Fällen aber ein Unterricht, der nicht etwa dazu diente, Musiker auszubilden oder den Schülern ein Mittel zu ihrer Unterhaltung an die Hand zu geben, sondern der eine strenge Zweckbestimmung hatte. Im weiteren Sinne gehört dazu auch der Brauch der „Kurrende": Musikbegabte Schüler wurden dazu eingesetzt, bei verschiedenen Gelegenheiten – vom Ständchen bis zum Begräbnis – ihre musikalischen Fähigkeiten zu produzieren, wobei das hereingebrachte Geld zum größten Teil der Schule abgeliefert werden mußte.[13]

Im 17. Jahrhundert erkannten vor allem die Jesuiten, in ihrem Gefolge aber auch verschiedene andere pädagogisch tätige Orden die erzieherischen Möglichkeiten der Musik. Die musikbegabten Schüler wurden vor allem in den dramatischen Darbietungen der Ordensschulen, in denen die Musik einen steigenden Anteil erhielt, zur Mitwirkung herangezogen. Ohne Zweifel war dies für die Verbreitung der Musikkultur von großer Bedeutung, man darf aber nicht daraus schließen, daß die Musik etwa auf diesem Wege in das Bildungsgebäude der Zeit zurückgekommen wäre. Sie war ein pädagogisches Vehikel, es handelte sich bestenfalls um Musikerziehung ohne musikalische Intention. Dasselbe gilt für die Heranziehung der Schüler für die teilweise äußerst aufwendige Musikpflege geistlicher Zentren, vor allem der Stifte, die sich praktisch nicht von der der weltlichen Höfe unterschied.

Bleibt schließlich noch über Bildung und Unterricht allgemein zu sprechen. An Büchern, die das Bildungsgut der jeweiligen Zeit zusammenfassend darstellen, fehlt es nicht. Kaum jemals fällt darin auch nur am Rande ein Wort über Musik, und wenn, dann wieder nur als gleichsam nebensächlicher Aspekt etwa der Poetik oder der Mathematik. Immerhin widmet noch 1727 Gottlieb Stolle in seiner Anleitung „Zur Historie der Gelahrtheit“[14] der Musik ein Unterkapitel im Rahmen des Abschnittes über die „Freyen Künste“, wobei sich mehr als drei der vier Seiten mit der Antike beschäftigen.[15] Ähnliches ist der Fall bei Johann Matthias Gesner[16], Johann Sebastian Bachs Leipziger Vorgesetztem und Freund, der sich in einem Abschnitt mit Musik im Zusammenhang mit Zahlen beschäftigt[17]; in einem anderen, allerdings wiederum auf die antike Musik bezogen, spricht er von dieser in hohen Tönen, allerdings als von einer längst vergangenen und nicht mehr wiederzugewinnenden Sache:

> Pictura apud antiquos et musica, ut utraque ars est liberalissima, ita etiam habita fuit. Graphicen, initia picturae, initia musicae omnes discere debebant. Sed, esse pictorem et musicum dedita opera, maximus est honos: non tantum quod lucrosae sunt artes; sed etiam quod aditum ad reges et principes, eorumque adeo amicitiam, parant. Arripuit hic Heracliti sententiam de inconstatia rerum, et sequi inde dicit hoc, Nos nihil certo affirmare posse de rebus, quae extra nos sunt. Nempe, quae nimis celeriter moventur, ea disticte considerari non possunt.

Gesner wie Stolle beziehen offensichtlich den größeren Teil ihres Wissens aus früheren Werken dieser Art. Stolle kennt immerhin repräsentative Werke des musikalischen Schrifttums wie Wolfgang Caspar Printz, Marcus Meibom oder Bonnet-Bourdelot. Da seine Darstellung auf der damals vorliegenden Literatur basiert, war eine Kenntnisnahme dieser Werke allerdings kaum zu umgehen, und wenn er von den artes liberales spricht, ist natürlich eine Behandlung der Musik unumgänglich.

Nicht mehr gilt dies für Johann August Ernestis Initia doctrinae solidioris[18], ein Werk, dessen Autor, Gesners Nachfolger als Rektor der Leipziger Thomasschule, sich etwas auf seine Reformvorschläge zugute hält. Sollte man aber dabei eine Erweiterung der traditionellen Disziplinen erwarten, so geht man fehl; es handelt sich lediglich um eine auch in anderen einschlägigen Werken auftretende Kritik an der Methode des Lateinunterrichtes bzw. auch überhaupt dessen allzu starke Dominanz im Unterricht. Die Lehrgegenstände haben sich im grundsätzlichen Verständnis seit dem Mittelalter praktisch nicht geändert: Mathematik mit Arithmetik und Geometrie, ferner die in drei Abteilungen gegliederte philosophische Ausbildung, die auf der ersten Stufe Psychologie (als Seelenlehre im damaligen, religiös gefärbten Verständnis), Ontologie und Theologia naturalis (über Gott, seine Werke und seine Verehrung) umfaßte, auf der zweiten Dialektik (Logik), auf der dritten schließlich Moral mit Naturrecht und Ethik sowie Physik und Rhetorik enthielt. Daß im Falle Ernestis das Fehlen der Musik in seinem theoretischen Konzept sich auch in seiner Geschäftsführung als Schulleiter niederschlug, ist aus seinem berühmten Streit mit Bach hinlänglich bekannt.

Um dieselbe Zeit wettert auch Joachim Lange[19] gegen die bestehende Unterrichtspraxis. Seine Reformvorschläge laufen aber ebenfalls keineswegs auf eine gründsätzliche Revision des Lehrplanes in Beziehung auf die zu lehrenden Gegenstände hinaus, sondern wollen innerhalb der Unterrichtsmaterien eine gestraffte und von unnötigem Ballast befreite Lehrpraxis. So soll der Sprachunterricht – er umfaßt Latein, Griechisch und Hebräisch – „in einer richtigern und kürtzern Methode" vorgetragen werden.[20]

> Ausser denen Sprachen werden in den grössern Schulen und Gymnasiis billig noch andere nützliche Wissenschaften getrieben: sonderlich das studium geographicum und historicum, als ein Spiegel göttlicher Providentz; das mathematicum, zur Schärfung des Verstandes und zu anderen Nutzbarkeiten; das

physicum zur Erkentniß des Schöpfers in seinen Geschöpfen. Das letzte wird, so nicht gar hindangesetzt, doch mit den ersten insgemein nicht recht tractiret. [...] Die ihres Nutzens und der Anmuthigkeit halber sonst sehr beliebte mathesis bleibet fast gar liegen. Was davon in arithmeticis und musicis noch übrig, ist kaum ein Schatten zu nennen.[21]

Immerhin stellt die letzte kurze Bemerkung ein Plädoyer dar, die Musik nicht gänzlich aus dem Auge zu verlieren – allerdings, wie auch aus den theologischen Argumentationen deutlich wird, aus noch durchaus mittelalterlicher Sicht.

Benjamin Hederichs Meinung von den für einen Bürger in Zukunft nützlichen Kenntnissen geht aus dem Titel seines Werkes hervor: *Anleitung zu den vornehmsten einen künftigen Bürger und andern so eben nicht studiren wollen nützlichen Sprachen und Wissenschaften nämlich zur Deutschen, Lateinischen und Frantzösischen Sprache, zur Rechenkunst, Meßkunst, Baukunst, Mechanik, Weltkunde, Zeitrechnung, Historie, den biblischen Alterthümern und der bürgerlichen Klugheit.*[22] Was er unter Wissenschaft vesteht, deckt sich mit dem Geist des Universitätskonzeptes von Maria-Theresia und van Swieten in Wien:

Die Wissenschaften sind entweder allgemeine, womit sich theils das Gedächtnüß, theils der Verstand, theils der Wiz beschäftigt, und welche man entweder mit grösserem oder minderem Fleisse durchgehen muß, je mehr oder weniger sie eine Beziehung auf die besondern haben, deren Absicht dreyerley zu seyn pfleget, als, den Weg zur Seligkeit zu kennen und zu lehren, Recht und Billigkeit nach den natürlichen und geschriebenen Gesäzzen zu handhaben, und den Ursprung der Krankheiten nebst ihren Gegenmitteln zu erforschen.[23]

Unter den „besonderen" Wissenschaften verbergen sich verschiedene Disziplinen. Etwa subsumiert Hederich unter die historischen Wissenschaften Geographie, Chronologie, Genealogie, Historie (Politische, Kirchen-, gelehrte Geschichte, Geschichte der Künste und Naturgeschichte), Altertumskunde, Mythologie und Heraldik.[24] Wie unter den zwölf aufgezählten angewandten mathematischen Wissenschaften die Akustik fehlt[25], so werden Erwartungen in Beziehung auf die Musik, aber auch die bildenden Künste (mit Ausnahme der zu den angewandten mathematischen Wissenschaften gerechneten Architektur) bei den „schönen Wissenschaften" – sie umfassen die drei Bereiche Redekunst, Dichtkunst und Kritik – ebenso enttäuscht wie bei den „wizzigen", die fünf Gattungen der literarischen Prosa umfassen.[26] Kein Wunder also, wenn sich auf dem Frontispiz des Werkes, das Hermes mit einem offensichtlich gelehrten Mann darstellt, unter den diesen umgebenden Attributen der Wissenschaft zwar allerlei mathematische und physikalsiche Geräte befinden, aber keines von den in solchen Darstellungen sonst (auch dann, wenn im Werk selbst davon nicht die Rede ist) vorkommenden, meist antiken Musikinstrumenten. Denselben Befund wie für Hederich ergibt eine Durchsicht der Wissenschaftskunde von Johann Joachim Eschenburg noch in der Auflage von 1813[27]: Innerhalb der Physik fehlt die Akustik, von den schönen Künsten wird nur die Literatur behandelt.

Aus den Lebensläufen verschiedener Persönlichkeiten geht hervor, daß man im Privatunterricht der höhergestellten Kreise zwar im wesentlichen an diesen Lehrinhalten festhielt, konkret aber doch eine mehr praxisorientierte Ausbildung betonte: Fremdsprachen, Mathematik, Geographie, Geschichte, Staatskunde.[28] Wie immer sich das Bild aber verändert oder differenziert, es bleibt festzuhalten: Die Musik hatte keinen Platz in der Erziehung – auch dann, wenn der Lehrer selbst über die nötigen musikalischen Fähigkeiten verfügte wie Johann Jakob Heinrich Nast, der über seine Ausbildung – recht charakteristisch im Bezug auf die Einstellung zur Musik – berichtet:

> „Meine Eltern schikten mich in die dasige lateinische Schule [Leonberg in Württemberg], und mein Vater, Stadt- und Amts-Zinkenist allda, gab mir auch Unterricht in der Musik, und

> wollte mich zu seiner Kunst erziehen; die Vorsehung aber lenkte es [...] dahin, dass ich den Studien gewidmet wurde.[29]

1747 erhielt Nast die Aufgabe, einen jungen Freiherrn von Wieler auf die Universität vorzubereiten:

> Mit meinem Zögling aber durchgieng ich das ganze Feld der Geschichte, las mit ihm einige der vorzüglichsten römischen Classiker, und lernte, zugleich mit ihm, aus Gundling, Achenwall, Schmausen, Mosern &c. die Verfassungen der europäischen Staaten, des deutschen Reichs, und meines Vaterlands. Dabei sezte ich die theologischen Studien nicht beiseite [...].[30]

Friedrich der Große, als begeisterter Musikliebhaber und Musiker bekannt, ordnet in den Instruktionen für den Erzieher seines Neffen Friedrich Wilhelm, Adrian Heinrich Graf Borcke, vom 24. September 1751 an, daß der Prinz selbstverständlich Lesen, Schreiben und Rechnen zu lernen habe, dann Geschichte, vor allem alte Geschichte, Geographie, Logik, lateinische Rhetoriker, Dramen von Racine, Kenntnisse über die verschiedenen Religionen, im weiter fortgeschrittenen Alter Fortifikationslehre; körperliche Übungen könne er treiben. Und: „Wenn das Kind Lust haben sollte, Latein zu lernen, Polnisch oder Italienisch, so steht das ganz bei ihm; aber wenn er keine Neigung dazu bekundet, so muß man ihn nicht dazu zwingen, ebenso wenig zur Musik".[31] In einem Schreiben an seinen Minister Karl Abraham Freiherrn von Zedlitz vom 5. September 1779 teilt Friedrich auch seine Vorstellungen über die Schulanstalten und was dort zu lehren sei mit: Rhetorik nach Quintilian (in deutscher Übersetzung bzw. „Abrégé"), Logik nach Wolff, dann sehr wohl Latein („davon gehe ich nicht ab"), deutsche Grammatik, lateinische und französische Autoren in deutscher Übersetzung, Geschichte, Philosophie, ferner für spezielle Ausbildung wie „Commerce" oder Militär die entsprechende Literatur, wobei bemerkenswert ist, daß Friedrich bei den Offizieren, wie bei seinem Thronfolger, größten Wert auf die Historie legte.[32]

Von Musik, es ist bereits überflüssig zu sagen, ist nicht einmal mehr am Rande die Rede. Ähnlich verhält es sich in einem fingierten Schreiben eines Vaters an einen Professor, der ihm einen Hofmeister verschaffen soll, in Gottlieb Wilhelm Rabeners Satiren:

> Ich verlange weiter nichts von ihm, als daß er gut Latein versteht, sich in Wäsche und Kleidung rein und sauber hält; Französisch und Italienisch sprechen kann, eine schöne Hand schreibt, die Mathematik versteht, Verse macht, so viel man fürs Haus braucht, tanzen, fechten und reiten kann, und wo möglich, ein wenig zeichnet. In der Historie muß er auch gut beschlagen seyn, vor allem Dingen aber in der Wapenkunst.[33]

Einen Umschwung im Denken brachte die philanthropische Bewegung im Gefolge von Pestalozzi und Rousseau.[34] Gerade Pestalozzi – vor ihm schon Comenius – legte großen Wert auch auf die Einbeziehung der Musik in die Erziehung der Kinder, und er entwickelte auch verhältnismäßig weitgehende Vorstellungen über die dabei einzuhaltende Vorgangsweise, so in der Betonung der Gehörbildung, des Selbstmusizierens, des Improvisierens. Auch legte er Wert auf die musikalische Ausbildung der Lehrer. Im Gefolge dieser Bewegung nahmen sich führende Künstler ihrer Zeit, wie der Dichter Christian Felix Weiße und die Musiker Johann Adolph Scheibe und Johann Adam Hiller, des Kinderliedes an. Johann Friedrich Herbart, der ja auch ein ausgezeichneter Musiker war, ging mit diesen Ideen konform. In einem seiner Berichte, die er als Privatlehrer der Söhne des Landvogtes Karl Friedrich Steiger in Bern an diesen richtete, schreibt er im Herbst 1798:

> In der Klavierstunde macht Rudolf glückliche Fortschritte. Sie ist mir für ihn sehr wichtig; schon wegen der trefflichen Beschäftigung in müßigen Stunden, wenn ich auch nicht aus Erfahrung die mannigfachen Freuden und Vorteile für Einsamkeit und Geselligkeit kennte, welche die sorgfältige Ausbildung der musikalischen Anlage gewährt.[35]

Beim feierlichen Akt der öffentlichen Vorführung der modernen Unterrichtsmethode am *Philanthropin* in Dessau, dem unter anderem Basedow angehörte, hatte die Musik ihren Anteil: Die fürstliche Kapelle und *geschickte Liebhaber* führten das Oratorium *Der Tod Abels* von Johann Heinrich Rolle auf, am Schluß wurde Friedrich Wilhelm Rusts *Herr Gott dich loben wir* gesungen[36], letzteres möglicherweise von allen Anwesenden. Die Tatsache, daß Rust als Lehrer am Philanthropin wirkte, beweist, daß hier die Musik Eingang in den Lehrplan gefunden hatte.

In Österreich freilich war es noch lange nicht so weit. Dies scheint im Widerspruch zu der Tatsache zu stehen, daß hier vor allem auf dem Land der Beruf des Schullehrers in der Regel mit dem des Mesners, Chorregenten und Organisten verbunden war. Man würde also erwarten, daß der Lehrer auch im Unterricht von seinen musikalischen Fähigkeiten und Kenntnissen Gebrauch gemacht habe und seinen Schülern entsprechende Unterweisung angedeihen ließ, jedenfalls daß zumindest die angehenden Lehrer in den Normalschulen und als Schulgehilfen musikalisch ausgebildet wurden. Es muß wohl angenommen werden, daß dies – wenigstens was die Lehrgehilfen betrifft – in irgendeiner Form der Fall gewesen ist. Im vorgesehenen Plan des Unterrichts ist die Musik aber ebensowenig zu finden wie in Schulzeugnissen und anderen Schulakten.[37] Zum Lehrplan gehörte die Musik also nicht. Es ergibt sich also der analoge Befund wie in anderen, vorhin erwähnten Bereichen: Wenn Musik unterrichtet wurde, dann sozusagen inoffiziell, als Zusatzleistung. Erst im 19. Jahrhundert wurde an den Präparandien Orgel und Generalbaß gelehrt. Und selbst das war eigentlich erschlichen worden, in Wien durch Joseph Drechsler, in Linz durch Johann August Dürrnberger, die ihren Unterricht zunächst in Form einer Art geduldeten Freifaches erteilten und erst nach Jahren den Einbau in die allgemeinen Lehrpläne erreichten.[38] In den Lehrplan der allgemeinen Schulen kam die Musik erst 1869 im Zuge des Reichsvolksschulgesetzes.[39]

Literaturverzeichnis

Ambros, August Wilhelm: *Das Conservatorium in Prag. Eine Gedenkschrift bei Gelegenheit der 50jährigen Jubelfeier der Gründung.* Prag 1858.

Antonicek, Theophil: *Musik- und Theaterleben an der alten Universität,* in: *Das alte Universitätsviertel in Wien, 1385-1985.* Wien 1985.

Branberger, Jan: *Das Konservatorium für Musik in Prag. Zur 100-Jahrfeier der Gründung.* Prag 1911.

Dies, Albert Christoph: *Biographische Nachrichten von Joseph Haydn.* Wien 1810.

Doflein, Erich: *Pädagogik der Musik. Grundsätzliches.* In: *Die Musik in Geschichte und Gegenwart,* Bd. 10 (1962), Sp. 573-590.

Ernesti, Io. Augustus: *Initia doctrinae solidioris.* 3. Aufl. Leipzig: Ioannes Wendler 1750.

Eschenburg, Johann Joachim: *Lehrbuch der Wissenschaftskunde, ein Grundriß encyklopädischer Vorlesungen.* 3. Aufl. Berlin-Stettin: Aloys Doll 1813.

Federhofer-Königs, Renate und Hellmut Federhofer: *Musikerziehung - Geschichte der Musikerziehung bis um 1800,* in: *Die Musik in Geschichte und Gegenwart,* Bd. 9 (1961), Sp. 1105-1120.

Fertig, Ludwig (Hrsg.): *Bildungsgang und Lebensplan. Briefe über Erziehung von 1750 bis 1900.* Darmstadt 1991, S. 15 f.

Fuchs, Ingrid und Leopold Vobruba: *Studien zur Biographie von Karl Frieberth,* in: *Studien zur Musikwissenschaft* 34 (1983), S. 21-59.

Gesner, Johann Matthias: *Primae lineae isagoges in eruditionem universalem nominatim philologiam, historiam et philosophiam in usum praelectionum ductae [...],* Bd. 2, 2. Aufl. Leipzig: Caspar Fritsch 1784.

Göllerich, August: *Anton Bruckner. Ein Lebens- und Schaffens-Bild,* Bd. 1. Regensburg 1922.

Griesinger, Georg August: *Biographische Notizen über Joseph Haydn.* Hrsg. v. Franz Grasberger. Wien 1954.

Groat, James de: *Leben und Singspiele des Ignaz Umlauf.* Diss. Wien 1984.

Haböck, Franz: *Die Kastraten und ihre Gesangskunst.* Berlin-Leipzig 1927.

Hederich, Benjamin: *Anleitung zu den vornehmsten einen künftigen Bürger und andern so eben nicht studiren wollen nützlichen Sprachen und Wissenschaften nämlich zur Deutschen, Lateinischen und Frantzösischen Sprache, zur Rechenkunst, Meßkunst, Baukunst, Mechanik, Weltkunde, Zeitrechnung, Historie, den biblischen Alterthümmern und der bürgerlichen Klugheit.* 2. Aufl. Berlin: Friedrich Nicolai 1762.

Lach, Robert: *Geschichte der Staatsakademie und Hochschule für Musik.* Wien 1927.

Lange, Joachim: *Verbesserte und Erleicherte Lateinische Grammatica mit einem Paradigmatischen und Dialogischen Tirocinio.* 30. Aufl. Halle: Waisenhaus 1755.

Nast, Johann Jakob Heinrich: *Ueber Homers Sprache aus dem Gesichtspunkt ihrer Analogie mit der allgemeinen Kinder- und Volkssprache.* Stuttgart: Johann Benedikt Metzler 1801.

Niero, Antonio e Antonio Tommaseo: *La Pietà a Venezia. Guida alla Chiesa e Breve Storia dell'Istituzione.* Venezia 1988.

Perger, Richard von und Robert Hirschfeld: *Geschichte der Gesellschaft der Musikfreunde in Wien.* Wien 1912.

Pierre, Constant: *Le conservatoire national de musique et de déclamation. Documents historiques et administratifs.* Paris 1900.

Pohl, Carl Ferdinand: *Die Gesellschaft der Musikfreunde des österreichischen Kaiserstaates und ihr Conservatorium.* Wien 1871.

Schaal, Richard: *Konservatorium,* in: *Die Musik in Geschichte und Gegenwart,* Bd. 7 (1958), Sp. 1459-1482.

Schünemann, Georg: *Geschichte der deutschen Schulmusik.* Leipzig 1928.

Seebauer, Renate: *Erneuerungsversuche der Musikerziehung der österreichischen Pflichtschule der Zehn- bis Vierzehnjährigen. Vom Reichsvolksschulgesetz bis zur Gegenwart mit besonderer Berücksichtigung Wiens. Erster Teil*, in: *Studien zur Musikwissenschaft*, Bd. 35 (Tutzing 1984), S. 198.

Sowa, Georg: *Anfänge institutioneller Musikerziehung in Deutschland (1800-1843).* Regensburg 1973.

Stolle, Gottlieb: *Anleitung Zur Historie der Gelahrtheit, denen zum besten, so den Freyen Künsten und der Philosophie obliegen [...].* 3. Aufl. Jena: Johann Meyers sel. Witwe 1727.

Thadden, Franz-Lorenz von: *Feldmarschall Daun. Maria Theresias größter Feldherr.* Wien-München 1967.

Tittel, Ernst: *Die Wiener Musikhochschule. Vom Konservatorium der Gesellschaft der Musikfreunde zur staatlichen Akademie für Musik und darstellende Kunst.* Wien 1967.

Wagner, Richard: *Mein Leben.* Hsg. Martin Gregor-Dellin., Bd. 1.- o.O. 1969. (Neue Schweizer Bibliothek).

Wessely, Othmar: *Die Entwicklung der Musikerziehung in Österreich,* in: *Musikerziehung,* Jg. 6 (1952/53), S. 325-330.

Wessely, Othmar: *Alte Musiklehrbücher aus Österreich,* in: *Musikerziehung,* Jg. 7 (1953/54), S. 128-132, 205-208.

Wolf, Norbert Richard: *Geschichte des akademischen Gymnasiums,* in: *350 Jahre Akademisches Gymnasium Salzburg 1617-1967.* Salzburg s. a.

Zschinsky-Troxler, Elsa Margherita Freifrau von: *Mozarts D-Dur-Violinkonzert und Boccherini,* in: *Zeitschrift für Musikwissenschaft* 10 (1928), S. 415-422.

Anmerkungen:

1 Federhofer-Königs, Renate und Hellmut Federhofer: *Musikerziehung - Geschichte der Musikerziehung bis um 1800,* in: *Die Musik in Geschichte und Gegenwart,* Bd. 9 (1961), Sp. 1105-1120. - Doflein, Erich: *Pädagogik der Musik. Grundsätzliches.* Ebda. 10 (1962), Sp. 573-590. - Schaal, Richard: *Konservatorium.* Ebda. 7 (1958), Sp. 1459-1482. - Sowa, Georg: *Anfänge institutioneller Musikerziehung in Deutschland (1800-1843).* Regensburg 1973.

2 Niero, Antonio und Antonio Tommaseo: *La «Pietà a Venezia. Guida alla Chiesa e Breve Storia dell'Istituzione.* Venezia 1988.

3 Pierre, Constant: *Le conservatoire national de musique et de déclamation. Documents historiques et administratifs.* Paris 1900. - Ambros, August Wilhelm: *Das Conservatorium in Prag. Eine Gedenkschrift bei Gelegenheit der 50jährigen Jubelfeier der Gründung.* Prag 1858. - Branberger Jan: *Das Konservatorium für Musik in Prag. Zur 100-Jahrfeier der Gründung.* Prag 1911. - Lach, Robert: *Geschichte der Staatsakademie und Hochschule für Musik.* Wien 1927. - Perger, Richard von und Robert Hirschfeld: *Geschichte der Gesellschaft der Musikfreunde in Wien.* Wien 1912. - Pohl Carl Ferdinand: *Die Gesellschaft der Musikfreunde des österreichischen Kaiserstaates und ihr Conservatorium.* Wien 1871. - Tittel, Ernst: *Die Wiener Musikhochschule. Vom Konservatorium der Gesellschaft der Musikfreunde zur staatlichen Akademie für Musik und darstellende Kunst.* Wien 1967.

4 Hiefür und zu den unten erwähnten Lehrjungen finden sich reiche Belege in den Personalständen des Kaiserhofes: Wien, Haus-, Hof- und Staatsarchiv, Obersthofmeisteramt, Sonderreihe (OMeA, SR), 184-193. - Zum Scholarensystem im 18. Jahrhundert: Fuchs, Ingrid und Leopold Vobruba: *Studien zur*

Biographie von Karl Frieberth, in: *Studien zur Musikwissenschaft* 34 (1983), S. 46-47. - Groat, James de: *Leben und Singspiele des Ignaz Umlauf.* Diss. Wien 1984, S. 21-56 passim.

5 Vgl. Albert, Christoph: *Biographische Nachrichten von Joseph Haydn.* Wien 1810, S. 35 f. - Griesinger, Georg August: *Biographische Notizen über Joseph Haydn.* Hrsg. v. Franz Grasberger. Wien 1954, S. 12.

6 Ein Beispiel, wo diese Technik sogar bei einem sehr bekannten Werk zur Anwendung kam, bespricht Zschinsky-Troxler, Elsa Margherita Freifrau von: *Mozarts D-Dur-Violinkonzert und Boccherini,* in: *Zeitschrift für Musikwissenschaft* 10 (1928), S. 415-422.

7 Wagner, Richard: *Mein Leben.* Hrsg. v. Martin Gregor-Dellin. Bd. 1.- o.O. 1969, S. 63.

8 Haböck, Franz: *Die Kastraten und ihre Gesangskunst.* Berlin-Leipzig 1927, S. 381 f.

9 Wien, Deutschordens-Zentralarchiv, Handschriften, HS 52: Briefe von Karl Graf Zinzendorf an seinen Bruder Ludwig, Jena, 17. 1. 1760; Jena, 26. 4. 1760; undatierter Brief zwischen 27. 11. und 14. 12. 1765.

10 Antonicek, Theophil: *Musik- und Theaterleben an der alten Universität,* in: *Das alte Universitätsviertel in Wien, 1385-1985.* Wien 1985, S. 161 f.

11 ebda. S. 164.

12 Wolf, Norbert Richard: *Geschichte des akademischen Gymnasiums,* in: *350 Jahre Akademisches Gymnasium Salzburg 1617-1967.* Salzburg s.a., S. 30.

13 Vgl. für Wien Antonicek, *Musik- und Theaterleben«,* S. 162.

14 Stolle, Gottlieb: *Anleitung Zur Historie der Gelahrtheit, denen zum besten, so den Freyen Künsten und der Philosophie obliegen [...].* 3. Aufl. Jena: Johann Meyers sel. Witwe 1727.

15 Das Werk umfaßt drei Teile mit folgenden Kapiteln: *„Erster Theil. Von der Historia literaria überhaupt, und der freyen Künste insonderheit. Vorbericht von der Historie der Gelahrtheit überhaupt":* 1. Freie Künste, 2. Grammatik (latein, griechisch, hebräisch, französisch, deutsch), 3. Kritik (römische, griechische, hebräische und deutsche Antiquitäten, Münzen), 4. Rhetorik, 5. Poetik, 6. Historie mit Chronologie, Genealogie und Heraldik, 7. Mathematische Wissenschaften; *„Der andere Theil. Von der Historia literaria der Philosophie überhaupt, und der Instrumental- und Theoretischen Philosophie überhaupt":* 1. Philosophie überhaupt, 2. Logik und Metaphysik, 3. *„Pneumatic oder Geister-Lehre",* 4. Physik; *„Dritter Theil. Von der Historia literaria der practischen Philosophie":* 1. Moral, 2. Naturrecht, 3. *„Lehre des Wohlstandes",* 4. Ethik, 5. Politik, 6. *„Haußhaltungs-Kunst".*

16 Gesner, Johann Matthias: *Primae lineae isagoges in eruditionem universalem nominatim philologiam, historiam et philosophiam in usum praelectionum ductae [...],* Bd. 2, 2. Aufl.- Leipzig: Caspar Fritsch 1784, S. 62 f. bzw. 76 f.

17 Laut Register; leider fehlt in dem mir zur Verfügung stehenden Exemplar die entsprechende Stelle im Haupttext.

18 Ernesti, Io. Augustus: *Initia doctrinae solidioris.* 3. Aufl. Leipzig: Ioannes Wendler 1750.

19 Lange, Joachim: *Verbesserte und Erleicherte Lateinische Grammatica mit einem Paradigmatischen und Dialogischen Tirocinio.* 30. Aufl. Halle: Waisenhaus 1755.

20 *Von Verbesserung des Schulwesens* [Vorwort], ebda. S. 18.

21 ebda. S. 19.

22 Hederichs, Benjamin: *Anleitung zu ...* 2. Aufl. Berlin: Friedrich Nicolai 1762.

23 ebda., S. 1.

24 ebda. S. 4-5.

25 ebda. S. 3-4.

26 ebda. S. 8-9.

27 Eschenburg, Johann Joachim: *Lehrbuch der Wissenschaftskunde, ein Grundriß encyklopädischer Vorlesungen«.* 3. Aufl. Berlin-Stettin: Aloys Doll 1813.

28 So bei Leopold Graf Daun, der, *„entsprechend den Gewohnheiten in der Wiener aristokratischen Welt"*, Unterricht in diesen Fächern erhielt: Thadden, Franz Lorenz von: *Feldmarschall Daun. Maria Theresias größter Feldherr.* Wien-München 1967, S. 23.

29 Nast, Johann Jakob Heinrich: *Ueber Homers Sprache aus dem Gesichtspunkt ihrer Analogie mit der allgemeinen Kinder- und Volkssprache.* Stuttgart: Johann Benedikt Metzler 1801, S. 62, 63-64.

30 ebda., S. 64.

31 Zitiert nach Fertig, Ludwig (Hrsg.): *Bildungsgang und Lebensplan. Briefe über Erziehung von 1750 bis 1900.* Darmstadt 1991, S. 15 f.

32 ebda. S. 43-47.

33 ebda. S. 112-113.

34 Schünemann, Georg: *Geschichte der deutschen Schulmusik.* Leipzig 1928, S. 255, 296.

35 Zitiert nach Fertig, *Bildungsgang,* S. 166.

36 ebda. S. 75-78.

37 Dies geht beispielsweise aus den Schulakten Normal- und Hauptschule bei St. Anna (und ihrer Nachfolgeinstitutionen) hervor, die bei der Kommission für Musikforschung der Österreichischen Akademie der Wissenschaften treuhändig verwahrt werden.

38 Eva Kitzler, *Joseph Drechsler und seine Kirchenmusik.* Masching. Diss. Wien 1983. - Zu Dürrnberger: Göllerich, August: *Anton Bruckner. Ein Lebens- und Schaffens-Bild,* Bd. 1. Regensburg 1922, S. 144-146.

39 Seebauer, Renate: *Erneuerungsversuche der Musikerziehung der österreichischen Pflichtschule der Zehn- bis Vierzehnjährigen. Vom Reichsvolksschulgesetz bis zur Gegenwart mit besonderer Berücksichtigung Wiens. Erster Teil.* In: *Studien zur Musikwissenschaft,* Bd. 35 (Tutzing 1984), S. 198.

Titelbild des Textbuches der Oper „Die Zauberflöte", Stich von Ignaz Alberti.

EDITH ROSENSTRAUCH-KÖNIGSBERG

Zur Philosophie der österreichischen Freimaurer und Illuminaten mit Blick auf Mozart

Die Rolle der Despina

In *Così fan tutte* finden wir die für die Literatur der österreichischen Aufklärung typische Satire und Persiflage, deren sich der Italiener Da Ponte in der bewährten Zusammenarbeit mit Mozart bedient, zu höchster Vollendung geführt. Zugleich drückt diese Satire, die 1790 entstand, viel von der Enttäuschung und Desillusionierung dieser Jahre aus: die politische Desillusionierung wird in die Sphäre des Privaten übertragen.

Die edle Liebe der *Entführung aus dem Serail* aus dem Jahre 1782 wird in *Così fan tutte* des Jahres 1790 zur Satire. Das Geheimnis der Freimaurerei wird zum Geheimnis von Despina und Don Alfonso, die Enttäuschung über das Ende der Träume und Vorstellungen, der Utopien, führt in dieser Oper zu einer Persiflage des Geheimnisses. Nun gibt es weder wahre Liebe noch große Ideale. Die Philosophie der Aufklärung wird ersetzt durch eine Philosophie des Sich-Abfindens mit den Tatsachen, der Resignation – im Privaten wie im Öffentlichen. Auch der edle Glaube an die Liebe der beiden Offiziere zu den beiden Schwestern mündet in eine Resignation, die der Enttäuschung folgt. Das Leben geht weiter, wir müssen mit Enttäuschungen leben – ist die Moral von der Geschichte.

Despina ist nicht nur die Vertraute der Schwestern, sie hat die Fäden in der Hand. Vergleiche mit Figaro sind naheliegend, doch übertrifft sie diesen in gewisser Hinsicht. Der

Höhepunkt dieser Veränderung der sozialen Stellung der Zofe scheint mir in ihrer Usurpation der Funktion des Notars zu liegen. Hiemit wird Despina nicht nur zur Standesperson, sie wird zur öffentlichen Amtsperson. Bezeichnend ist das Rezitativ der Despina in der 8. Szene des 1. Aktes:

> Che vita maledetta
> È il far la cameriera!
> Dal mattino alla sera
> Si fa, si suda, si lavora, e poi
> Di tanto, che si fa, nulla è per noi.
> È mezz'ora che sbatto;
> Il cioccolatte è fatto, ed a me tocca
> Restar ad odorarlo a secca bocca?
> Non è forse la mia come la vostra?
> O garbate Signore,
> Che a voi dessi l'essenza, e a me l'odore!
> Per Bacco, vo' assaggiarlo.[1]

Hier gibt es keine Akzeptanz des Standesunterschieds mehr, hier wird nicht um Anerkennung gebeten, hier wird das Recht auf Gleichheit gefordert. Hier ist der Widerspruch, die Empörung, von der hohen Ebene des Staates in die Sphäre des Alltags abgerutscht, dennoch klar zum Ausdruck gebracht. Energischer als im „Figaro“ wird hier Gleichheit gefordert. Es ist 1790, die Französische Revolution hat in den Köpfen der unteren Schichten bedeutende Veränderungen angerichtet. Die Szene gemahnt an die Äußerungen der Lerchenfelder Fratschelweiber in den „Eipeldauerbriefen“, die sich nicht nur über Menschenrechte unterhalten, sondern diese auch fordern.

Auffallend ist die Bezugnahme auf Doktor Mesmer. Bekanntlich war Doktor Mesmer in Wien, spielte auch eine Rolle in den Wiener Freimaurerlogen, war allerdings aller Wahrscheinlichkeit nach Rosenkreuzer. Das Textbuch weist darauf hin, daß Mozarts *Bastien und Bastienne* in Doktor Mesmers Haus in Wien im Jahre 1768 uraufgeführt worden war. Die

Kenntnis von Mesmers Magnetismus ist daher naheliegend. Jedenfalls bedient sich Despina des Mesmerschen Magnetismus zur scheinbaren Heilung der beiden Herren, die angeblich Arsen genommen hätten; sie tut dies in der Rolle des Arztes, also auch hier schon eine Standesperson mimend. Während sie einen großen Magneten aus ihrer Arzttasche holt, erklärt sie mit gewichtigen Worten dessen Bedeutung, was „dem damaligen Publikum sicher viel Spaß machte..."[2] Die magnetischen Behandlungen des Dr. Franz Anton Mesmer, der erst 1778 Wien verlassen hatte, nachdem die Behandlung der blinden Klavierspielerin Paradis soviel unliebsames Aufsehen erregt hatte, waren noch im Gedächtnis der Wiener:

Questo è quel Pezzo
Di calamita:
Pietra mesmerica,
ch'ebbe l'origine
Nell'Alemagna,
Che poi sì celebre
Là in Francia fù.[3]

Mozart logierte nicht nur in Doktor Mesmers Gartenhaus, komponierte dort nicht nur *Bastien und Bastienne* im Jahre 1768, auch die Uraufführung dieses Singspiels fand dort statt und er gab dort noch zumindest ein großes Konzert im Jahre 1773 – alles Beweise für die großzügige Unterstützung, die Doktor Mesmer ihm angedeihen ließ. Da Mozart, wie wir heute wissen, sehr wesentlich an den Libretti seiner Opern mitwirkte, sind diese Verse ohne Zweifel eine Hommage Mozarts an Mesmer.

Solcherart ist auch die Beziehung Mozarts zu Ignaz von Born zu sehen, und hier liegt gewiß auch die Wurzel für die bis in unsere Tage reichende Behauptung, daß Born das Vorbild für den Sarastro der *Zauberflöte* gewesen sei.

Mozart war zwar am 14. Dezember 1784 als Lehrling in die Loge „Zur Wohlthätigkeit" aufgenommen worden, deren Meister vom Stuhl Gemmingen war, den er noch von Mannheim her kannte, wurde aber sehr schnell zum Gesellen befördert – und zwar in der Loge „Zur wahren Eintracht". Die Verbindung dieser beiden Logen zueinander war, wie aus allen Berichten hervorgeht, äußerst eng. Man besuchte die Bruderloge, die „Wohlthätigkeit", benutzte auch das Logenlokal der „Wahren Eintracht" und man feierte das Johannisfest gemeinsam.

Aus diesen Zusammenhängen erscheint es wahrscheinlich, daß eine ganze Reihe von Leuten, die der Loge „Zur Wohlthätigkeit" angehörten, nur deshalb in diese Loge aufgenommen wurden, weil die „Wahre Eintracht" zu sehr angewachsen war. So wich man in die eng befreundete und mit der „Wahren Eintracht" zusammenarbeitende Loge „Zur Wohlthätigkeit" aus. Das gilt für den aus Bayern geflüchteten Autor des *Faustin* Johann Pezzl ebenso wie für Mozart.

Wenn Mozart wahrscheinlich in der Loge nur musikalisch in Erscheinung trat, so war er doch mit dem Gedankengut, mit der Philosophie dieser beiden Logen gewiß vertraut und dies spiegelte sich nicht nur in der maurerischen Trauermusik oder in der Vertonung von Maurerliedern.

Auf diese Kenntnis und das Verständnis der Philosophie der Freimaurerei, wie sie durch die beiden genannten Wiener Logen vermittelt wurden, weist auch Robbins Landon in seinem Bändchen *Mozart and the Masons* mit Bezugnahme auf die „Maurerische Trauermusik" besonders hin: „This Masonic Funeral Music, with its heavy symbolism … reveals Mozart's total involvement with the theories and philosophies of death and their symbolic relationship to the First Degree of the Craft."[4]

Und dies schöpfte er eben aus der Freimaurerei und aus

der Lektüre des „Journals für Freymaurer", das von der „Wahren Eintracht" herausgegeben wurde.

Borns Abhandlung *Ueber die Mysterien der Aegyptier* war nicht nur von ungeheurer Bedeutung sowohl für die Philosophie der Freimaurer im allgemeinen als auch für Mozarts Zauberflöte, sie war auch von ebensolcher Bedeutung für jene Brüder, die sich ernsthaft mit ähnlichen Fragen, besonders in bezug auf die Religion beschäftigten.

Im ersten Band des *Journals für Freymaurer* geht die von den Herausgebern verfaßte „Vorerinnerung" über den Zweck des *Journals* einzig und allein auf die Schaffung einer Genealogie der Freimaurer ein und betont, daß diese Nachrichten von den Mysterien aller Völker, deren Aufgabe es sein sollte, diese Materialien,

> aus denen einst ein philosophischer Genealoge [ihres] Bundes, der Scharfsinn genug hat, der Grundidee einer geheimen Verbrüderung durch alle Modifikationen, und Gestalten, die sie in dem Geiste der verschiedenen Völker angenommen hat, nachzugehen, und sie auf ihren ersten Ursprung zurückzuführen, eine philosophische Geschichte der Freymaurerey nach allen ihren Zweigen und Gestalten entwerfen kann.[5]

In diesem Sinne wollen auch wir darin eine Quelle der Philosophie der Freimaurerei – zur Zeit Borns, zur Zeit der Aufklärung – sehen und uns zunächst der eben auf diese Einleitung folgenden Ausarbeitung *Ueber die Mysterien der Aegyptier*[6], verfaßt von Ignaz von Born, dem Meister vom Stuhl der Loge „Zur wahren Eintracht", zuwenden – wobei bekanntlich diese Mysterien der alten Ägypter ebenso wie Ignaz von Born in engen Zusammenhang mit Mozarts *Zauberflöte* gebracht wurden.

Kaum einer, der heute über Ignaz von Born spricht oder schreibt, verabsäumt es, hinzuzufügen: „der Sarastro der Zauberflöte" – eine Feststellung, die freilich nicht erst in unseren Tagen geprägt wurde, sondern bereits auf die Zeitgenossen Borns und Mozarts – die übrigens beide im selben Jahr 1791 starben – zurückgeht.

Diese Zeitgenossen stellten allerdings indirekt eine zweite Verbindung her: Friedrich Münter schrieb vor seiner Abreise aus Wien, im September 1784 in sein Tagebuch, daß Georg Forster die Frau von Born gewöhnlich die Königin Macbeth genannt habe.[7] Von wo es gewiß nicht weit ist zur Königin der Nacht.

Es gibt einen weiteren Hinweis in dieser Richtung: Der Musikwissenschaftler Hans-Josef Irmen weist in seinem 1988 erschienenen bemerkenswerten Mozartbuch *Mozart – Mitglied geheimer Gesellschaften* darauf hin, daß die „Maurerische Trauermusik" von Mozart in jener Logenzusammenkunft vorgetragen wurde, in der gleichzeitig Bruder König und Bassegli akzeptiert wurden. König war aus Venedig kommend in Wien eingetroffen, nachdem die Loge in Venedig von den Behörden überfallen worden war.[8] Über dieses Ereignis berichtet übrigens Friedrich Münter sehr ausführlich in seinen Briefen und Tagebüchern.[9] Der Zusammenhang, die Trauer über das Los der Brüder in Venedig, wie das gleichzeitige Schicksal der Brüder in Bayern, ist gegeben. Doch es gab einen zweiten, allerdings eher freudigen Grund, diese Logenzusammenkunft besonders feierlich abzuhalten. Der aus Ragusa (Dubrovnik) stammende Patriziersohn Thomas (Graf von) Bassiljewitsch, oder wie er sich auf Italienisch nannte: Bassegli, Mitglied der Loge „Freundschaft" zu Basel, der gleichzeitig mit König in der Wiener Loge befördert wurde, war Borns geliebter Tochter Maria verlobt worden. Ob nicht jener Bassegli das Vorbild des Tamino gewesen ist, sei in den Raum gestellt.

Die erwähnte Meisterloge fand am 12. August 1785 in Anwesenheit des Landesgroßmeisters Fürst Dietrichstein statt. Born war eben von seiner Badekur in Gastein zurückgekehrt. Mozart nahm an der Logenarbeit teil. Die Meisterloge wurde mit einem Lied von Bruder Gottlieb Leon, in Musik gesetzt von Bruder Mozart, eröffnet.

Laut dem bei Irmen[10] wiedergegebenen Logenprotokoll hielt Bruder Este, ein Weltpriester auf Bruder König eine Laudatio in italienischer Sprache, worin er diesem das Mitgefühl und die Verbundenheit der Loge „Zur wahren Eintracht" aussprach, zugleich über die Standhaftigkeit sprach, die den Charakter des Maurers ausmache, und solcherart einen Mann wie König die Unbill ertragen ließ, die er um des Ordens willen ertragen mußte, da er aus Venedig, seiner Heimat, verwiesen wurde. König hatte nach dem Überfall auf die Loge „fedeltà" den Befehl erhalten, binnen 24 Stunden Venedig und in längstens 3 Tagen das Gebiet der Republik zu verlassen.[11]

„Alles dieses geschah ohne alle gerichtliche Ordnung, und ward als eine Sache behandelt, die bloß der weisesten Fürsorge der Staatsinquisition für das Beste der Republik überlassen werden mußte", heißt es in dem ausführlichen Bericht über dieses Ereignis im *Journal für Freymaurer*[12]. Bei dieser Logenarbeit wurden nicht nur die beiden genannten Brüder in den Meistergrad erhoben, die aus fremden Logen hier weilten, sondern auch ein Mitglied der eigenen Loge, Bruder Czepelack.

Die Mysterien der Ägypter

Wesentlich zur Kenntnis der Philosophie der Wiener Freimaurerlogen trug das von der Loge „Zur wahren Eintracht" herausgegebene *Journal für Freymaurer* bei, das nur an Meister und Brüder des Ordens abgegeben werden durfte.

Das Gedankengut dieser Wiener Logen wurde weitgehend durch das Journal vermittelt und verbreitet, besonders in der gesamten Habsburger Monarchie – worin die Loge „Zur wahren Eintracht" und deren Redakteur, der Dichter und Zensor Aloys Blumauer, der gleichzeitig für den Vertrieb des Journals sorgte, ihre besondere Aufgabe sahen. Ignaz von Born und Joseph von Sonnenfels traten hier besonders hervor.

Wesentliche Auskünfte über die Philosophie der österreichischen Freimaurer, d. h. besonders der Loge „Zur wahren Eintracht" geben jene Aufsätze, die als Vorträge, oder wie es heute in der Freimaurerei genannt wird, als Baustücke in den von Ignaz von Born initiierten Übungslogen gehalten wurden. Richtungweisend dafür waren Borns eigene Vorträge *Ueber die Mysterien der alten Aegyptier*, die wesentliche Auskünfte über die Philosophie der Loge geben. Von Born selbst stammt auch der Aufsatz *Über die Mysterien der Indier.* Auf ihm aufbauend sind vor allem die sich mit Fragen der Religion auseinandersetzenden Vorträge bzw. Aufsätze von dem Theologen Karl Michaeler und dann ganz besonders jene von Karl Leonhard Reinhold, dem ehemaligen Barnabitenmönch und späteren Schwiegersohn Wielands.

Born bedauert den Verlust der heiligen Jahrbücher Ägyptens, die, „unter der unbestechlichen Aufsicht der Oberpriester von dem heiligen Schreiber des ehrwürdigsten Priesterthums, das je zum Dienste der Gottheit bestimmt war, aufgezeichnet und in dem Tempel der Wahrheit niedergelegt" wurden.[13] Dies sei umso bedauerlicher, als sie „zur vollständigen Kenntniß einer der aufgeklärtesten und ältesten Nationen" entscheidend hätten beitragen können.[14]

> In diesem, jedem Profanen, so wie jeder unedeln Absicht, unzugänglichen Heiligthume, wurden die Handlungen der Fürsten vor dem Richterstuhle der Bewahrer der Gesetze und der Religion mit ernster Strenge geprüft, ein geheimes Register ihrer Tugenden und Laster gehalten, und nach dem Tode des Königs dem Volke vorgelesen, welches entscheiden sollte, ob seinem vormaligen Beherrscher das feyerliche Leichengepränge versagt, oder zugelassen werden müsse ... Dort ward endlich die lange Reihe der priesterlichen Wissenschaften, ihrer Erfahrungen, Kenntnisse und Geheimnisse, ohne irgend einer Hülle, zwar in der heiligen, aber dem erfahrnen Mystagogen verständlichen Sprache vorgetragen.[15]

Diese Dokumente gingen verloren, als

> Barbarn nach Aegypten zogen, die Pforten der Tempel mit gewafneter Hand durchbrachen, bis in das Innere derselben

> drangen, und mit diesen Gebäuden die schätzbarsten Urkunden des Menschengeschlechts verheerten. Die Priester entflohen und verbargen sich, ein neuer Gottesdienst ward eingeführt, die heilige Sprache, der Sinn der Hieroglyphen verlohr sich und ward zum unverständlichen Räthsel, unauflösbar den Profanen und Unkundigen ...[16]

Indem Born vorwiegend auf Diodorus zurückgreift, gibt er einen Überblick über die verschiedenen Könige und deren Einschätzung durch die Priester. Darin findet sich die für das Verständnis der ganzen Abhandlung wichtige Feststellung: „Osiris war ein Sterblicher. Wir bezeichnen die Sonne, dies unwandelbare Sinnbild der Gottheit, mit seinem Namen."[17]

> Nichts blieb uns von diesen wichtigen Urkunden übrig, als hie und da einige Fragmente, aufgesammelt von den glücklichen Weisen, welchen, obschon Fremdlinge, der Zutritt zu den Geheimnissen vergönnet wurde, die bey den Vorstehern des Heiligthums Unterricht einholten, ... wovon der sorgfältige Forscher hie und da einen Funken in ihren zurückgelassenen Schriften beobachtet.[18]

Seine eigene Vorgangsweise mit Bezugnahme auf diese erhaltenen Fragmente definiert Born folgendermaßen:

> Diesen Ruinen, welche die Größe und den weiten Umfang der Kenntnisse eines, vormals so erhabenen und nun so sehr herabgewürdigten Volkes muthmassen lassen, habe ich nachgespürt und die in den Werken der ältesten Schriftsteller zerstreuten Bruchstücke zusammengetragen, um meine eigene Wißbegier zu befriedigen, die mich auffordert, mich in allem was auf unsern ehrwürdigen Orden Bezug haben kann, – und wie nahe ist dieser mit den Mysterien der ältesten Zeiten verwandt – zu unterrichten.[19]

Aufgrund dieses Studiums kommt Born zu einem vernichtenden Urteil über die Arbeiten mancher Geschichtsschreiber seiner Tage, welche die alten Ägypter nach den neueren beurteilten und „ihre Kenntnisse und Geheimnisse als Thorheiten und Gaukeley ansahen."[20]

„Aufgebracht durch diese ungerechten Machtsprüche, zeichnete ich mir zu meiner eignen Belehrung einen Umriß der Verfassung Aegyptens in den ältesten Zeiten vor", erklärt Born nun seine eigene Vorgangsweise,

> sammelte richtigere Begriffe von der Religion des Volkes und der Priester auf, spürte ihren Zeremonien, Religionsübungen, der Art ihrer Einweihung, und den Pflichten der Eingeweihten nach, maß den Umfang ihrer Kenntnisse, beobachtete das Wohl, welches aus dem Innern des Tempels sich über die Nation verbreitete, und verglich endlich die Gebräuche und Zeremonien der ägyptischen Mysterien mit jenen der Maurerey.[21]

Doch Born, dem zunächst nur an diesem Vergleich mit der Maurerei gelegen war, erkannte, daß er hiezu die Geschichte Ägyptens studieren müsse – und dieser widmet er sich nun tatsächlich in erster Linie. Born gibt also einen Überblick über die Frühgeschichte Ägyptens, sieht in Osiris einen König; er ist Sohn des Vulkans, der das Feuer gebracht hatte. Osiris war demgemäß ein Mann, der die Menschen, unter welchen er wohnte, umgestalten wollte. In der Folge berichtet er über die Isis und Osiris betreffenden Sagen, behauptet allerdings, daß diese einstigen Herrscher Ägyptens erst nach ihrem Tode vergöttert wurden: „Auch Isis und ihr Sohn Horus wurden nach ihrem Tode vergöttert. Bis dahin ward das Land, nach der Sage der Aegyptier, von Göttern beherschet."[22] Born bezweifelt nicht den historischen Hintergrund dieser Sagen.

Eben daraus ist zu erklären, was sonst kaum verständlich wäre, daß nämlich Born nur positive Eigenschaften dieser Herrscher aufzeigt, besonders da, wo er auf bereits historisch belegte Könige zu sprechen kommt. Dies trifft besonders auf Sesostris zu.

Die Sage, die einzig Kunde von der Vorzeit gibt, wird nun als geschichtliches Faktum dargeboten, doch zugleich wissend, daß es sich um eine Sage handelt:

> Wenn ich aber in der Folge die Gesetze, Veranstaltungen und Handlungen der Regenten, in so weit sie auf die Erklärung der Mysterien einen Bezug haben, anführe, so nenne ich zugleich die wohlthätigsten und weisesten Männer, weil nach den Gesetzen des Landes nur jene, die sich durch irgend eine wohlthätige Handlung des Thrones würdig machten, zu Königen gewählet werden konnten.[23]

Es hat also den Anschein, als träten die Ägypter von diesem Zeitpunkt an in einen historischen Konnex. Hier wird zunächst Hermes II. genannt, „der Wiederhersteller der Wissenschaften und Künste."[24] Ihm folgten angeblich lauter edle Fürsten, denn – so behauptet Born:

> Täglich wuchs das Wohl des Landes, das durch die weisesten Gesetze geleitet, durch Fürsten regiert wurde, die alle zu einem Orden gehörten, dessen Grundregel die Reinigkeit der Sitten und Wohlthun war, die kein andres Glück, keinen andren Stolz kannten, als irgend ein Denkmaal ihrer Sorge für das Beste des Landes, das sie beherrschten, zurückzulassen ...[25]

Darauf wendet er sich dem Herrscher zu, den er für einen der bedeutendsten hält: Sesostris, von dessen Weisheit die heiligen Bücher voll seien, „dieser Salomon Aegyptens"[26]. „Immer ward aber die Religion mit eingemengt, weil diese von jeher der mächtigste Zaum war, das Volk nach den Absichten der Regenten zu lenken"[27], betont allerdings der Aufklärer Born.

Was die Einrichtung der Pyramiden betraf, so maß er diesen bestimmt mehr Bedeutung bei, als ihnen zukommt. Vor allem gab er aber seiner Meinung Ausdruck, daß es mehr als wahrscheinlich sei, „daß sie bloß in der Absicht aufgerichtet worden seyen, um mit dem ganzen Umfang ihrer politischen, bürgerlichen und priesterlichen Kenntnisse überschrieben zu werden; so daß sie gleichsam bestimmt waren die Bibel der Aegyptier zu werden, deren Buchstaben und Charaktere aber vielleicht durch die Zeit ausgelöscht und unleserlich gemacht worden sind."[28] Doch spricht er zugleich von deren astronomischer Bedeutung.

> Alle diese Kenntnisse und Künste aber, ... die weise, das Wohl des Landes befördernde Gesetzgebung, welche Moses, Solon und Lycurg, diese grossen Gesetzgeber anderer Nationen, ihnen abborgten, die fast unglaubliche Bevölkerung und der Reichthum des Landes, alles dieses war eine Folge der Weisheit und Fürsorge, des alle Wissenschaften, Künste und Kenntnisse bewahrenden ägyptischen Priesterthums.[29]

Eben dies im folgenden Abschnitte, von den ägyptischen Priestern und ihren Kenntnissen zu untersuchen, kündigt Born hiemit an.[30] Davon ausgehend, daß die Erkenntnis einer Gottheit der Grundstein jeder Religion sei, weist er darauf hin, daß schon die ältesten Ägypter fühlten, daß ihr Dasein und die „Mannigfaltigkeit der Geschöpfe um sie her die Wirkung eines höhern Wesens seyn müsse."[31] Die Pracht der Sonne, ihr Licht und ihre Wärme, die den Keim der Fruchtbarkeit in allen Geschöpfen erweckt, habe sie bestimmt, eben dieses Gestirn als die mächtigste über sie wachende Gottheit anzusehen, und es unter dem Namen des Osiris zu verehren, wie andere Nationen die Sonne unter anderen Namen göttlich verehrten[32]. „So wie sich der Wohlstand der Aegyptier verbesserte, so ward auch mehr Pracht in ihre Religionsübungen eingeführt. Feldfrüchte waren ihre erste Nahrung und ihr erstes Opfer."[33]

Als dann die Viehzucht eine größere Rolle zu spielen begann, schlachteten sie auch Tiere und opferten diese der Gottheit. „Menschen, welche sich diesen Verrichtungen und damit gleichsam ganz dem Dienste der Götter widmeten, gewannen oder gaben sich bald einiges Ansehen über die übrigen ... und machten allmählig eine eigene Klasse Menschen aus."[34]

Zum Glück hätten aber Thoit und die auf diesen folgenden Gesetzgeber des Landes „ihrer Verfassung diejenige Richtung gegeben, welche sie würdig machte, die Bewahrer der Gesetze des Landes, der höhern Kenntnisse und der erhabensten Geheimnisse zu werden, und an der glücklichen Verwaltung Aegyptens Theil zu nehmen, dessen Wohl der einzige Endzweck dieses merkwürdigen Priesterthums war."[35]

„Den Göttern dienen und sich der Weisheit befleissigen, war die gesetzmässige Bestimmung dieser Priester."[36] Daher wurden diejenigen, die in deren Orden aufgenommen werden sollten, sehr strenge ausgewählt und mußten, wie Born betont, freie Menschen sein; Handwerker, Ackerleute und Hirten waren davon ausgenommen – ebenso wie bei den Freimaurern. „Der Neuling mußte sich den strengsten Prüfungen seiner Standhaftigkeit und Beharrlichkeit und endlich der Beschneidung unterziehen."[37] Ähnlichen Prüfungen mußte sich auch Tamino in der Zauberflöte unterziehen.

Von da gelangt Born zum Wichtigsten, was er über die Priester Ägyptens zu sagen hat, nämlich zur Erklärung ihrer Vorstellung von Gott, wobei er sich vor allem auf Jamblichius stützt und diesen zitiert.[38]

> Gott aber, der Urheber der ganzen Natur, der den Keim der Zeugung in alle Körper gelegt hat, der die Elemente schuf, ist über alles, und schließt alles in sich. Er ist über die ganze Natur erhaben, ist nicht Materie oder Körper, sondern Geist, ewig, untheilbar, ganz von sich selbst, in in sich selbst gehüllet; und obschon er alles in sich fasset, obschon er sich der ganzen Schöpfung mittheilet, und aus allen Theilen derselben hervorleuchtet, obschon er sich über alles verbreitet, so ist er dennoch von allen unterschieden, und abgesondert. ... Vor allen Dingen also, die da sind, und vor dem Anfange aller Dinge war Gott. Er allein, älter als die Sonne, damals unbewegt und in seine Einheit verborgen. Nichts, was der Verstand begreiffen kann, ist in ihm. Keine Vorstellung die wir uns von ihm machen, ist seiner würdig. Er ist aus sich selbst ausgegangen und wahrhaft gütig. Giebt es was grösseres und älteres als er ist? Die Quelle alles Guten, die Wurzel, aus der alle Wesen und aller Verstand sprossen. Er ist sich selbst genug, ist sein eigener Urheber. Der Anfang aller Dinge, der Gott der Götter, die Einheit und das Urwesen, aus dem Geschöpf und Wesenheit flossen.[39]

Das in unserem Zusammenhang wesentliche dieser Aussagen faßt Born in wenige Worte zusammen: „Das, was das

Volk als besondre von einander unterschiedne Götter ansah, war für den Priester eine Vorstellung der verschiednen Eigenschaften des einigen Gottes, den er in den Mysterien kennen lernte."[40]

Freilich handelt es sich hier um die Vermittlung eines griechischen Philosophen, der die Lehren der ägyptischen Priester mehr als eineinhalb Jahrtausende später erfaßt haben wollte.[41]

Der dritte und letzte Abschnitt von Borns Abhandlung, „Vergleichung der Zeremonien und Gebräuche der ägyptischen Mysterien mit jenen der Maurerei", enthält, was dieser Titel besagt. Born betont jedoch, daß, obwohl das, was in diesen Mysterien vorging, einen dreifachen Sinn hatte, nämlich einen moralischen, einen mystischen und einen historischen, er selbst sich nur auf den historischen Sinn beschränken könne, da die moralische Auslegung der Gebräuche und Hieroglyphen höchst willkürlich sei, der moralische Sinn daher höchst unbestimmt. Noch schlimmer stehe es um den mystischen Sinn in Anbetracht des tiefen Stillschweigens der Eingeweihten und der älteren Schriftsteller über alles, was im Innern des Tempels vorging. So widmet sich Born also im wesentlichen den Vergleichen von Äußerlichkeiten.

Meine eigenen Studien zu diesem Thema werden durch den bekannten Ägyptologen Siegfried Morenz bestätigt[42], der 1952 darauf hinwies, daß das Ägyptenbild von Ignaz von Born vornehmlich durch griechische Quellen vermittelt wurde, gleichzeitig aber zeigt, welche Bedeutung eben diese Abhandlung von Born für die *Zauberflöte* hatte.

Morenz weist zunächst auf den Roman *Sethos* des Abbé Terrasson, der 1731 anonym erschienen war und 1777 in einer deutschen Übersetzung von Matthias Claudius herauskam. Der Name des Prinzen Sethos ist in *König Thamos*, einem Drama von Tobias Philip Gebler, zu dem Mozart bereits 1780 eine Zwischenaktmusik geschrieben hatte, übernommen worden, dort als Name des Oberpriesters. Die Mysterienhandlung des *König Thamos* aber ist die gleiche wie in Terrassons *Sethos.* Der französische Gelehrte Terrasson war zugleich der Übersetzer des Ägyptenbuchs von Diodor, und sein Roman basiert daher auf dessen genauer Kenntnis. Diese Übersetzung des Terrasson bringt Morenz in direkten Zusammenhang mit der Abhandlung Ignaz von Borns, und er betont, daß diese sich tatsächlich auf eingehende Diodorusstudien ihres Autors Born gründet.[43]

> Dieser Aufsatz verbindet Quellenstudien und Begeisterung so, daß man an ihm beispielhaft das Bemühen um die wissenschaftliche Kunde von einer geliebten und verwandten Welt ablesen kann. Natürlich öffnet sich dem großen Freimaurer nicht das alte Ägypten, sondern die hellenistische Mysterienreligion ... aber eben diese hellenistische Frömmigkeit und Ägypten-Romantik ist unmittelbar aus der Quelle geschöpft, und gelegentliche Eigendeutungen und Ausmalungen vermögen daran nichts zu ändern. Die Wirkung von Borns auf Schikaneder und Mozart kann kaum überschätzt werden.[44]

Und weiterhin überschwenglich äußert sich der Wissenschaftler Morenz über Borns „Mysterien der Aegyptier":

> Dem Werk Borns gebührt ein Platz in der Mitte unseres Bemühens. Von ihm aus gelangen wir nicht nur zu Diodor, sondern es öffnet sich in voller Weite der Blick auf die Fülle der literarischen Überlieferung aus der alten Welt, die man damals las. Von Born zitiert seine Quellen. Diodor, an dem er eigene Studien getrieben hatte, wird an neunzigmal genannt und steht damit weit an der Spitze. Plutarch (über Isis und Osiris) wird neunzehnmal, Apuleius (Verwandlungen) viermal (sehr ausführlich!), Prophyrius viermal, Jamblich zweimal, Macrobius einmal herangezogen, außerdem die Kirchenväter Clemens von Alexandrien (viermal) und Euseb (Praeparatio evangelica, einmal). Wir sind glücklicherweise in der Lage, nachzuweisen, welche Mittel dem begeisterten Sucher zur Hand waren. Von Born erwähnt in seinem Aufsatz (S.52) das Pantheon Aegyptiorum des Frankfurter Professors P.E. Jablonski, eine 1750 erschienene Zusammenstellung griechischer und lateinischer Zeugnisse zur

ägyptischen Religion, deren Reichhaltigkeit auch dem modernen Forscher staunende Bewunderung abnötigt; ... Bei Jablonski und von Born kommt eine bedeutsame Verwandtschaft in Geist und Ziel hinzu, insofern der Erstere sowohl die ursprünglich monotheistische Glaubenshöhe wie die umfassende esoterische Weisheit und Wissenschaftlichkeit der ägyptischen Priester zu erweisen strebt, so gießt sein Werk Öl ins Feuer der Begeisterung von Borns.[45]

Da Diodorus neunzigmal von Born zitiert wird, und dies immer wieder an entscheidenden Stellen seiner Abhandlung, ist, was Morenz über diesen Autor zu sagen hat, von großer Bedeutung und sei daher in diesem Zusammenhang zitiert:

Diodor der Sizilier kompilierte zur Zeit des Augustus unter dem Titel ‚Historische Bibliothek' eine Geschichte der Völker von den Anfängen bis zu Cäsars Tagen. Buch 1 ist den Ägyptern gewidmet. In dieser Monographie sind manche ältere griechische Historiker und Ethnographen aufgehoben, besonders Herodot und der frühhellenistische Hekataios von Abdera; die Quellen werden im Werke, nach der in der Antike üblichen knappen Zitierungsweise, gelegentlich genannt (so Hekataios: I,46). Der Absicht des gesamten Opus entsprechend wird von der ägyptischen Religion nicht insonderheit gehandelt; der Verfasser betont sogar, daß er Götter und Mythen einem eigenen Werke vorbehalten will (I, 6). Trotzdem ist er auf weite Strecken mit der Religion befaßt (I, 11ff.; I, 83ff.), die Anfang und Ende des Ägyptenbuches beherrscht und in der Mitte nicht ausgeschaltet ist. Wie sollte es auch anders sein bei der Schilderung eines Volkes, von dem jedenfalls die Griechen den Eindruck hatten, daß sein ganzes Leben in hohem Grade der Religion verbunden sei! So läßt Diodor eine reiche Quelle ägyptischer Religion fließen für alle, die aus ihr zu schöpfen kamen. Dabei eignet diesem Schriftsteller in selten ausgeprägter Weise die Tendenz, alle Kulturtaten und selbst spezifische Leistungen des griechischen Geistes, die sich an Namen wir Orpheus und Homer, Solon und Plato knüpften, aus Ägypten herzuleiten. So hat er seinen Lesern im 18. Jahrhundert und speziell den freimaurerischen Freunden der hellenistischen Mysterienreligionen den Glauben zum vermeintlich beurkundeten Wissen gemacht, daß alle Weisheit und die Mysterien aus Ägypten stammten. Wir haben inzwischen erkannt, daß diese Übertreibungen eigentlich

> auf das Konto des Hekataios kommen und daß sie eben Übertreibungen sind, die einer antiken Ägyptomanie frönten. Aber das vermag natürlich nicht zu beeinträchtigen, was unter dem Namen Diodor in den Tagen der Zauberflöte seine Wirkung tat. Was Diodor bietet, wird freilich kaum in den Einzelheiten des Operntextes greifbar. Aber es ruft, mit Liebe und Begeisterung gelesen, die Mysterienwelt ins Leben und lockt vor allem ihren ägyptischen Zauber herbei.[46]

„Eine Geschichte der antiken Ägypten-Romantik kann hier nicht gegeben werden", sagt Morenz an anderer Stelle des Büchleins über die Zauberflöte und setzt fort:

> Es genügt die Feststellung, daß sie in Religion und Kunst bis in die Spätantike angehalten hat. Damit hängt es zusammen, daß die Tradition über Ägypten niemals abgerissen ist, ... damit hängt es aber auch zusammen, daß die junge abendländische Welt ihre Kenntnis und ihre Sicht Ägyptens von der klassischen Antike übernahm. So wurde das griechisch-römische Ägypten-Bild die Schicksalsmacht des Abendlandes für anderthalb Jahrtausende, bis die experimentelle kritische Wissenschaft des 19. Jahrhunderts den direkten Zugang zu den altägyptischen Quellen erschloß.[47]

Durch zahlreiche Arbeiten zur ägyptischen Religion erschloß der 1970 verstorbene deutsche Ägyptologe Siegfried Morenz, der an den Universitäten von Leipzig und Basel lehrte, ein tieferes Verständnis ihrer Phänomene, besonders des Götterglaubens. Es sei in diesem Zusammenhang darauf verwiesen, daß er auch in allen seinen späteren Werken – *Die Zauberflöte* ist ein Frühwerk – der Tatsache, daß ein Großteil unseres Wissens über die Ägypter über die Griechen vermittelt wurde, besondere Bedeutung beimißt. Bei Reinhold werden wir freilich feststellen können, daß ein Teil unseres Wissens über die Ägypter auch aus der Bibel geschöpft ist.

Schon im 2. Band des *Journals für Freymaurer* erschien ein äußerst interessanter und aufschlußreicher Aufsatz von dem katholischen Weltpriester Karl Michaeler, der an der Universität Innsbruck Universalgeschichte gelehrt hatte und nunmehr Kustos der Wiener Universitätsbibliothek war – und Mitglied der Loge „Zur wahren Eintracht". Bruder Michaeler schrieb *Ueber Analogie zwischen dem Christenthume der erstern Zeiten und der Freymaurerey*[48] – damit ganz den Intentionen von Born folgend. Michaeler scheut sich nicht, gleich eingangs zu erklären, daß „der christlichen Religion Thatsachen und religiöse Begriffe zum Grunde liegen, die älter sind, als sie selbst, und durch welche ihr Ursprung begreiflich, und ihre Wahrheit erweislich wird." Sie verdiene aber unsere volle Bewunderung vor allem deshalb, „weil sie von älteren Religionssystemen nichts entlehnte, was sich nicht aus der Religion der Natur herleiten liesse." Darin sieht Michaeler die Einzigartigkeit des Christentums. Und er fügt hinzu: „Nach dieser Voraussetzung braucht es keinen Beweis, daß das Christenthum an sich selbst an allen den Zusätzen und Schlacken, die es im Durchzuge durch die finsteren Köpfe von Barbaren und Fanatikern erhielt, keine Schuld, [sic!] habe."[49] Es schöpfe aus der gleichen Quelle, „aus welcher alle Völker aller Zeiten mehr oder weniger schöpften… Denn wirklich führen alle Religionen zu Gott und es kömmt nur auf die Frage an, welche den besten Weg dazu einschlägt."[50] Also ein äußerst weit gefaßtes Christentum!

Hauptsächlich geht es in dieser Abhandlung aber darum, die Ähnlichkeiten zwischen Urchristentum und Freimaurerei zu entwickeln. Michaeler vergleicht die Disciplina Arcani[51] mit dem Stillschweigen des Freimaurers, die drei großen Sakramente des Christentums: Taufe, Abendmahl und Priesterweihe, den drei Graden der Johannes-Maurerei, betont aber ausdrücklich, daß es sich im Urchristentum um keine Kindertaufe handelte.

Die Gründe für das Arcanum sieht er in der Unreife der Menschen, d. h.

> die Wahrheiten des Christenthumes konnten nur so lange Geheimnisse bleiben als die Geisteskräfte der Menschen nicht ge-

> nug entwickelt waren ... Eben diese Verschiedenheit der Geisteskräfte machte sinnliche Bilder und Zeremonien zum Besten der Proselyten nothwendig. Hiezu kamen endlich auch gewisse äußere Umstände, welche machten, daß einige Christen gewisse besondere Geheimnisse, die sie nur unter sich kannten, vor anderen Glaubensgenossen verborgen hielten.[52]

Bestimmte Zeichen und Griffe, Allegorien und Sinnbilder seien bei den ersten Christen aufgrund der schweren Verfolgungen, denen sie ausgesetzt waren, notwendig gewesen, wodurch ein Christ den andern wie der Freimaurer seinen Bruder erkennen konnte.

Von hier gelangt jedoch Michaeler zu einem Vergleich mit den ägyptischen Mysterien, den er allerdings nur andeutet. Er kommt aber zu dem Schlusse, daß der Hang, hier Ähnlichkeiten zu finden, dadurch begünstigt werde, daß die ältesten Kirchenväter, bevor sie sich zum Christentum bekannten, Anhänger philosophischer Sekten waren.

> Allein eben so einleuchtend ist die Ursache, warum sie die besonderen Einsichten ihrer philosophischen Theologie als Geheimnisse behandelten. Ohne dem christlichen Pöbel durch die Mittheilung von Kenntnissen, die über gewöhnliche Empfänglichkeiten erhaben waren, zu nützen, würden sie sich damit bey ihren gewöhnlichen Zeitgenossen dem Verdachte des Heydenthumes ausgesetzt haben.[53]

Michaeler endet mit einer Spekulation darüber, was uns durch diese Geheimhaltung verlorengegangen sei.

Die Mysterien der alten Hebräer

Es sei aber nun auf jene Arbeiten hingewiesen, die gerade in unserem Jahrhundert neue Bedeutung erlangten. Es handelt sich um zwei Aufsätze – zum gleichen Themenkreis – des Philosophen und Schriftstellers Karl Leonhard Reinhold, der als der Popularisator und Vermittler von Kants Philosophie gilt, der aber erst im letzten Jahrzehnt darüber hinaus als eigenständiger Philosoph erkannt wurde.

Der Kantianer Karl Leonhard Reinhold war 1757 in Wien geboren, besuchte das Jesuitengymnasium in Wien, wurde mit 15 Jahren Novize im Domus Probationis der Jesuiten in der Annagasse in Wien und war dort mit Blumauer, Ratschky und anderen Größen der österreichischen Aufklärung befreundet. Zum Unterschied von diesen kehrte er aber, als der Jesuitenorden 1773 aufgelöst wurde, nicht in die Welt zurück, wie dies damals hieß, sondern bat, da er sich im normalen Leben nicht zurechtfinden konnte, um Aufnahme in den Barnabitenorden zu St. Michael in Wien. Im Herbst 1780 wurde er – mit Einverständnis des Erzbischofs – Novizenmeister und Lehrer der Philosophie am Barnabitenkollegium. Im Herbst 1782 wurde er Mitarbeiter an der von Aloys Blumauer, seinem Kollegen aus dem Jesuitennoviziat herausgegebenen Realzeitung, vor allem für die neue Sparte „Theologie und Kirchenwesen“. So kam er in den Bornschen Kreis und wurde im April 1783 über Vorschlag von Blumauer Mitglied der Loge „Zur wahren Eintracht“ – und Illuminat unter dem nom de guerre Decius. Wie sich anhand der Logenprotokolle feststellen läßt, nahm er auch regelmäßig an den Logensitzungen teil. Als ihm als Mönch hier der Boden zu heiß wurde, entschloß er sich zur Flucht nach Leipzig. Seine Anwesenheit an einer protestantischen Universität wurde aber von den dortigen Jesuiten nach Wien gemeldet, so ging er über Borns Rat und mit Unterstützung der Loge nach Weimar zu Wieland, wo er eine ausgezeichnete Aufnahme fand und 1785 Wielands Tochter Sophie heiratete. 1784 wurde Reinhold Ehrenmitglied der „Wahren Eintracht“ und Mitarbeiter am *Journal für Freymaurer*, später Mitarbeiter des *Teutschen Merkur*, und aufgrund seiner dort veröffentlichten acht *Briefe über die Kantische Philosophie* erhielt er eine Berufung als außerordentlicher Professor für Philosophie an die Universität Jena, 1793 dann den Ruf als ordentlicher Professor der theoretischen Philosophie in Kiel.

Reinholds eigene Leistung als Philosoph wurde wegen seiner Geltung als bester Kommentator zu Kants Philosophie lange übersehen. Erst in neuester Zeit wurde sein eigener Beitrag zur Ausbildung der Philosophie als Wissenschaft, der Übergang vom Kommentator Kants zum Verfechter der Philosophie aus einem Prinzip in Auseinandersetzung mit Kant, Fichte, Hegel und Schelling erkannt und gewürdigt.

Seine Aufsätze im *Journal für Freymaurer* erschienen übrigens anonym, d. h. auch ohne die sonst üblichen Initialen und Endbuchstaben des Namens, wurden aber 1788 als Buch unter dem Titel *Die hebräischen Mysterien oder die älteste religiöse Freymaurerey* unter seinem Illuminatennamen Decius veröffentlicht.[54]

Reinholds im 9. Bande des *Journals für Freymaurer* anonym erschienener Aufsatz *Ueber die Mysterien der alten Hebräer* steht in engem Zusammenhang mit Borns Abhandlung über die Ägypter, die von so großer Bedeutung für die Zauberflöte war.

Reinhold vertritt darin Auffassungen, die erst von Freud in seinem *Mann Moses*[55] wieder aufgenommen wurden, wonach Moses, der die Juden aus Ägypten hinausführte, ein Ägypter war.

Reinhold war der Meinung – und untermauerte diese sehr glaubwürdig –, daß Moses ein ägyptischer Priester gewesen sei. Die Auffassung vom einig-einzigen Gott als wichtigem, wenn nicht wichtigstem Mysterium der ägyptischen Priester, vermittelte bereits Born in seinen *Mysterien der Aegyptier* im ersten Bande des *Journals*. Was demnach dem ägyptischen Volke als viele Gottheiten vermittelt wurde, weil sie den Gedanken an einen einzigen unteilbaren Gott nicht fassen hätten können, wären für den Priester die verschiedenen Eigenschaften dieses einzigen Gottes gewesen. Dieses Mysterium wird bei den Juden Allgemeingut, das heißt, die Hauptaufgabe von Moses war es, den Juden, die aus Ägypten den Götzendienst, den Glauben an viele Gottheiten mitgebracht hatten, den Gedanken eines einzigen Gottes einzutrichtern.

Es scheint mir, daß diese Darstellung im Sinne des aufgeklärten, josephinischen Denkens gelegen war, das bemüht war, zur Urkirche, zum Urchristentum zurückzukehren und die barocke Heiligenverehrung – eine späte Form des Götzendienstes wie der Marienkult – zugunsten eines Gottesdienstes in des Wortes eigentlicher Bedeutung fallenzulassen. Ich glaube, daß etwas davon in die Abhandlungen von Born und Reinhold einfloß – ohne daß dies expressis verbis gesagt wurde. Doch dies nur am Rande.

Im ersten Teil dieser Abhandlung über die Mysterien der alten Hebräer widmet sich Reinhold zunächst der Frage nach der Bedeutung der Mysterien, des Gebrauchs, des allzu häufigen Gebrauchs oder vielmehr des Mißbrauchs des Wortes „Mysterien" im Rahmen der Freimaurerei. Er weist darauf hin, daß dieses Wort völlig sinnlos und sinnentleert verwendet werde, daß die einen sehr wenig, die anderen sehr viel darin sehen, keiner eigentlich wisse, wovon er spreche, da alles mögliche als Mysterien bezeichnet werde. Das führt ihn zu den Mysterien der alten Ägypter zurück und zur Auflösung dieses Begriffes bei den Hebräern, dem zentralen Thema dieses und seines nächsten Aufsatzes im 11. Band des *Journals.*

Laut Le Rider[56] reiht Sigmund Freud Moses unter die Vorläufer der Aufklärung, der an die historisch-kritische Deutung der Bibel anknüpft, die aus Moses bereits im 18. Jahrhundert einen Aufklärer vor der Zeit gemacht hätte und bewußt oder unbewußt, indem er auf einer ägyptischen Herkunft des Moses bestand, eine alte polemische These der Aufklärung aufgriff. Friedrich Schiller hatte im Sommer 1789 an der Universität Jena in der Vortragsreihe „Einführung in die Universalgeschichte" über die Sendung Moses' gesprochen. Er beschrieb Moses als denjenigen, dem der erste moderne Ausgleich von Religion und Staat zu verdanken sei. Die von Moses begründete Religion schaffe jene Einheit, die die Gesetze allein nicht hervorzubringen vermöchten, und sie übersetze die Wahrheit in eine dem Volk verständliche Sprache, womit sie für die Emanzipation dieses Volkes und für den Sieg der Vernunft in der Geschichte wirke. Moses wäre also ein entfernter Vorfahre der Aufklärung.[57]

Le Rider weist ausdrücklich darauf hin, daß sich Schiller auf das Werk des Kantianers, Freimaurers und Jenaer Universitätsprofessors Karl L. Reinhold bezog, das 1788 unter dem Pseudonym Br. Decius in Leipzig unter dem Titel *Hebräische Mysterien oder die älteste religiöse Freymaurerey* erschienen sei[58]. Dabei räumt Le Rider ein, daß es ungewiß sei, ob Freud überhaupt den Schillerschen Text kannte. Das ganze ist wohl eine hübsche Gedankenspielerei von Le Rider, der Freuds *Moses* – nicht ganz unberechtigt – mit der Aufklärung in Verbindung bringen wollte – und wohl, ohne es zu wissen, mit der österreichischen Aufklärung und Freimaurerei in Verbindung brachte. „Br. Decius" war allerdings kein Pseudonym im eigentlichen Sinne, sondern vielmehr der Illuminatenname Reinholds, wobei die Abkürzung „Br." für Bruder stand, und der fragliche Aufsatz von Reinhold bereits 1786 im 9. Band des *Journals für Freymaurer* in Wien erschienen war.

Am Ende seines Aufsatzes *Wenn Moses ein Ägypter war* stellt Freud fest, daß er nunmehr zum Abschluß seiner Arbeit gelangt sei, „die ja nur der einzigen Absicht dienen sollte, die Gestalt eines ägyptischen Moses in den Zusammenhang der jüdischen Geschichte einzufügen."[59]

Von Freud wird die ethische Seite des Moseskults, des von Ichnathon, von den Ägyptern übernommenen Moseskults, der schon bei diesen einen solch hohen ethischen Wert hatte, besonders hervorgehoben. Freud weist in diesem Zusammenhang auf die Bedeutung des Ichnathonkults, auf die Maath in der Übernahme dieser Religion durch die Juden hin und stellt Moses, den Ägypter, zu Recht als ethische Person dar, als Führer eines unterdrückten Volkes, also der Sklaven. Wenn Moses ägyptischer Priester war, wenn er ein Königssohn war, wenn er höchsten Kreisen Ägyptens angehörte und die Führung des unterdrückten, des versklavten jüdischen Volkes übernahm, so lag darin ein hohes Ethos, das vielleicht höher zu werten ist, als das eines Juden, der seine eigenen Brüder hinausführt.

Reinhold, der durch seine Beschäftigung mit den Mysterien der alten Hebräer Borns Ausführungen weiterführte, zeigte somit auf, daß die jüdische Religion im wesentlichen aus diesen alten ägyptischen Mysterien hervorgegangen sei, und – hier die wesentliche Aussage – daß Moses ein ägyptischer Priester gewesen sei, der sich zum Führer der Juden gemacht hatte und daß daher sehr vieles aus dem ägyptischen Heiligtum in diese Religion des Moses eingeflossen sei.

Wichtigste Schlußfolgerung ist für Reinhold, daß, was im ägyptischen Heiligtum ein Mysterium war, nun etwas wurde, das dem ganzen Volke der Juden zur Lehre wurde. Dabei geht es vor allem um die Frage des einzigen Gottes, der der Volksreligion der Ägypter gegenübergestellt wird, wo es zahlreiche Gottheiten gab. Diese einzige Gottheit wird als den Ägyptern bereits bekannt angesehen, und zwar nur den ägyptischen Priestern bekannt, die in dem, was für das Volk zahlreiche Götter waren, nur die verschiedenen Eigenschaften eines einzigen Gottes sahen.

Reinhold kommt allerdings dann auch auf die Herkunft Moses' zu sprechen und die schlimme Lage der Juden in Ägypten. Auch zeigt er, daß die Israeliten nach 400 Jahren Aufenthalt in Ägypten weitgehend die Sitten der Ägypter und auch deren Volksreligion angenommen hatten. Während aber der Glaube an den einzigen Gott in der ägyptischen Religion lediglich eine Wahrheit für die Auserwählten, für die Priesterschaft war, wurde dieser Glaube bei den Juden zu einem Glauben für das gesamte Volk, zu einem Glauben für den Pöbel, wie es Reinhold nennt.

Während für die Ägypter ebenso wie für die Griechen, auf deren Kenntnissen, wie Morenz beweist, unsere Kenntnis

Ägyptens beruht, die Aufrechterhaltung der Vielgötterei, des Götzendienstes eine Notwendigkeit war, um die Einhaltung der Gesetze zu gewährleisten, war für die Juden genau das Gegenteil der Fall, denn Moses bezog seine Autorität von Gott, vom einig-einzigen Gott, auf dem allein er die Einhaltung der Gesetze Gottes sichern konnte. So mußte also für die Ägypter und wohl auch für die Griechen Mysterium bleiben, was für die Juden das wichtigste Glaubenselement wurde, nämlich die Existenz des einig-einzigen Gottes, neben dem es ihnen verboten war, andere Götter zu haben, andere Götter anzubeten oder auch nur anzuerkennen.

Was bei den Ägyptern – und nicht nur bei diesen – Mysterium war, und einem kleinen Kreis von Eingeweihten vorbehalten war, wird somit bei den Juden Allgemeingut, wird allen zugänglich. Das Volk, „der Pöbel", wird somit mündig erklärt, die Religion des einig-einzigen Gottes ist nicht mehr den wenigen im Heiligtum vorbehalten, sie wird zum Besitztum des ganzen Volkes.

Durch die Dreiteilung des einig-einzigen Gottes und die Heiligenverehrung ist in die christliche Religion und insbesondere in die katholische Kirche wieder ein Element der Vielgötterei eingekehrt, ein Problem, das damals als wesentliches Problem der katholischen Aufklärung angesehen wurde. Das Bemühen, sich von diesem extremen Heiligenkult, der in gewissem Sinne einem Götzendienst vergleichbar ist, freizumachen, ist ein wesentliches Anliegen der österreichischen Aufklärung gewesen und kommt in ihrer Literatur sehr eindeutig zum Ausdruck. Es ist anzunehmen, daß dieser Aufsatz von Reinhold auch im Hinblick auf diese Problematik geschrieben wurde.

Während demnach das Wissen um die Existenz eines einzigen Gottes bei den Ägyptern nur einem kleinen Kreis von hochgebildeten Männern in ihren Mysterien zugänglich war, und sie diese Kenntnis sehr wohl vor dem unwissenden Volke verbargen, wurde auf der gleichen Grundlage den Juden diese Erkenntnis des einig-einzigen Gottes von Moses eingetrichtert. Das ägyptische Volk wird von Reinhold als unwissend dargestellt, wobei er sich ebenso auf Quellen bezieht wie bei der Darstellung des jüdischen Volkes, dessen Kenntnisse und Bildung demgemäß zur Zeit der ägyptischen Sklaverei unter der des ägyptischen Volkes stehen mußte, da sie als Sklaven noch viel weniger Möglichkeiten hatten, eine höhere Kulturstufe zu erreichen. Daher – behauptet Reinhold – mußte Moses sein Volk, das Volk der Juden zum Glauben an den einig-einzigen Gott zwingen.

Reinhold führt dafür auch Beispiele aus den Büchern Moses an. – Er zitiert hier aus dem 29. Kapitel des 5. Buches Moses', demzufolge Moses noch kurz vor seinem Tode dem Volke ins Gesicht sagen mußte: „Der Herr hat Euch bis auf den heutigen Tag noch nicht gegeben ein Herz, das verständig wäre, Augen, die da sehen, und Ohren, die da hören."[60] Und die Schlußfolgerung, die Reinhold daraus zieht, lautet:

> Alle die Jahrhunderte hindurch, die vorübergehen mußten, bevor die Einheit Gottes in den Köpfen ihrer Priester zu einem Verstandesbegriffe reifen konnte, war der Beyfall, den sie dieser so einfachen Lehre gaben, nichts weiter als der größte durch Feuer und Schwerdt erzwungene Glauben. Moses hätte entweder täglich neue Mirakel wirken, oder die Mission seiner Leviten, die bey Gelegenheit des goldenen Kalbes 3000 Juden in Stücke zerhauen mußten, viel öfter wiederholen müssen, als es ihm auch nur in politischen Rücksichten lieb seyn konnte, wenn er bey seiner neuen Religion auch nur das geringste auf den Verstand, und nicht alles auf die Sinnen dieses Volkes angelegt … hätte.[61]

Reinhold zitiert in diesem Zusammenhang auch Rabbi Jehuda, und zwar die Pirke Elieser, Kap. 47, worin er gesteht: „Wo immer die Kinder Israel sich in der Wüste niederliessen, machten sie sich Götzenbilder."[62]

Weiters zitiert er den Propheten Amos: „Gott spricht durch diesen Propheten: ‚Habt ihr vom Hause Israel mir in der Wüste die 40 Jahre lang Schlachtopfer und Speisopfer geopfert? Ihr trugt daselbst den Sichuth euren König, Chium euer Bild, den Stern eurer Götter, welche ihr euch selbst gemacht habt.'" Und gleichzeitig beruft er sich auch wieder auf die Thorah, das 32. Kapitel des 2. Buches Moses. „Ihre gedankenlosen Köpfe", schreibt er, „fanden so viele Schwierigkeit die Idee eines einzigen Gottes aufzufassen und fest zu halten, daß sie dieselbe bey der geringsten Veranlassung wieder fallen liessen, und selbst ihre erstaunungswürdige Befreyung aus Aegypten den Göttern dieses Landes durch ein Freudenfest danken zu müssen glaubten."[63]

Im 11. Band des *Journals für Freymaurer* meldet sich Reinhold nochmals zu Worte, unter dem Titel: *Ueber die größern Mysterien der Hebräer*[64], wieder anonym. Hier ist Reinhold weit klarer und eindeutiger in seinen Ausführungen über die Übernahme des einzigen Gottes durch die Hebräer aus dem ägyptischen Heiligtume und gibt auch einigermaßen plausible Erklärungen dafür, daß bei den Hebräern Allgemeingut für das Volk sein sollte, was bei den Ägyptern nur den Priestern vorbehalten war. Reinhold betont, daß der Grundsatz der Eingeweihten – wie er behauptet bis zu den Zeiten des Varro – gelautet hätte: „Es gäbe viele Wahrheiten, die der Pöbel nicht ohne Schaden erfahren könne, und viele Irrthümer, die der Pöbel zu seinem Vortheil nicht dafür ansehen dürfe"[65]. Daher dürfe man sich nicht wundern, daß die Hebräer so lange Zeit das einzige Volk geblieben seien, dem das Geheimnis der Mysterien öffentlich vorgetragen wurde.

> Freylich hätte Moses, der am Hofe erzogene, und in aller Weisheit des Landes unterrichtete Pflegesohn einer Königstochter, ein Uneingeweihter seyn müssen, wenn er nicht die Ungereimtheit der ägyptischen Volksreligion, und den einzigen Iao (Gott) der Weisen schon vor der Erscheinung des brennenden Dornbusches kennen gelernt hätte. Allein diese wichtigen Aufschlüsse einer ganzen Nation, zumal einer so tief gesunkenen beyzubringen, war eine Unternehmung, die er, ohne durch jene Erscheinung dazu berechtigt zu werden, nie gewagt haben würde.[66]

Damit zeigt Reinhold, wie wichtig es war, daß Moses Gott selbst, also Jehovah, und seine Autorität ins Spiel brachte. Moses habe den Hebräern auf einmal die Götter genommen, die sie in Ägypten anzubeten gewohnt waren, und sie dafür an eine Gottheit verwiesen, die ihnen bisher sogar dem Namen nach unbekannt war. Deshalb habe er den Weg der Gewalt einschlagen müssen. Die Bücher Moses seien voll von Beispielen für das Schwanken der Juden zwischen Aberglauben und Unglauben und ihrer wiederholten Rückkehr zum ägyptischen Götzendienst.[67]

> Sollte der Nationalgott der Hebräer von der Gottheit der ägyptischen Eingeweihten mehr als den bloßen Namen haben, so mußte er für den Einzigen anerkannt werden. Dieß gab unstreitig die größte Schwierigkeit, die der Gesetzgeber zu überwinden hatte. So sehr auch jedes Volk geneigt war, seine Schutzgötter allen übrigen vorzuziehen, so hatte sich bis dahin noch keines beygehen lassen, den fremden Schutzgöttern ihre Gottheit streitig zu machen.[68] Das schwere Joch der ägyptischen Sklaverei war auch keineswegs geeignet, ihnen vorteilhafte Begriffe von der Herrlichkeit ihres Beschützers einzuflößen. Auch nachdem sie am Sinai feierlich gelobt hatten, ihn für den Einzigen zu erkennen, und keine fremden Götter neben ihm zu haben, erwachte ihre große Meynung von den Göttern ihrer vorigen Herren bey unzähligen Gelegenheiten wieder, und sie lernten auf ihrer Reise keine einzige fremde Nation kennen, deren Schutzgöttern sie nicht alsogleich huldigen zu müssen glaubten. Man sieht also wie unentbehrlich die Sanktion der Wunderwerke und des levitischen Schwerdtes war, um unter den Hebräern den Glauben an jene Wahrheiten festzusetzen, die in dem ägyptischen Heiligthume auf historische und philosophische Kenntnisse gegründet waren.[69]

Im wesentlichen bringt Reinhold hier zum Ausdruck, daß, will man einem ganzen Volke, und nicht einigen besonders Ausgebildeten die Lehre von der Existenz eines einig-einzigen Gottes beibringen, so kann man dies nicht allein auf Erkenntnisse der Wahrheit gründen, sondern muß sich des Glaubens bedienen, und muß diesen Glauben dem Volke mit allen Mitteln einhämmern. Die Erkenntnis der Wahrheit bleibt auch in diesem Kreise zunächst einer kleinen Minderheit vorbehalten.

Doch diese Wahrheiten waren notwendig,

> um den Hebräern ihre Staatverfassung zu geben, und für die Zukunft sicher zu stellen. Eben die Ursache, welche die ägyptischen Epopten nöthigte, sowohl die Nichtigkeit der Volksgötter, als das Daseyn eines einzigen Urwesens vor ihrem Pöbel zu verheimlichen, war beym Moses der zureichende Grund geworden, diese Geheimnisse seinem ganzen Volke zu offenbaren.[70]

Gerade das Gegenteil war bei den Ägyptern der Fall. Sollten ihre Landesgesetze ihre Wirkung behalten, so durfte der Glauben an ihre alten Götter nicht erschüttert werden. Reinhold betont hiemit den Primat des Staats- oder Nationalinteresses, weshalb der Glauben in den Dienst dieses Staatsinteresses gestellt werden müsse. In der Folge legt Reinhold seine Gründe für diese Notwendigkeit dar, nämlich der Gegensatz zwischen Priestern und Königen, zwischen geistlicher und weltlicher Macht, bei den Ägyptern. Der weise Moses habe daraus die Lehre gezogen, daß es notwendig sei, weltliche und geistliche Macht in eine Hand zu legen.

Aus einer Fußnote an späterer Stelle[71] geht ganz deutlich hervor, daß es hiebei für Reinhold um die christliche Kirche geht, um eine Erklärung für den Kampf des Papstes um die weltliche und geistliche Macht, um eine Erklärung für die Wurzel dieses Anspruchs.

Während demnach Moses sich angeblich die weltliche und geistliche Macht als Stellvertreter Gottes sicherte, delegierte er bei seinem Nachfolger Josua die geistliche Macht an den Hohepriester, machte daher Josua vom Hohepriester abhängig, womit er zum ersten Untertan der Hierarchie wurde.[72] ("Josua wurde nicht mehr, wie Moses, von Jehovah selbst, sondern vom Hohenpriester belehrt, und hieng von demselben, nicht nur in Rücksicht auf seine Bestättigung, sondern auch auf die ganze Führung seines Amts ab. Von ihm mußte er seine Verhaltungsbefehle einholen, durfte ohne dessen ausdrückliche Bewilligung keinen Schritt von einiger Wichtigkeit thun, und war folglich nichts weiter als der erste Unterthan der Hierarchie.")[73]

Mit all dem unterstreicht Reinhold die große Bedeutung der Religion der Hebräer, der Religion von Moses, zugleich der Religion ihrer Väter und damit des einzigen Gottes für die Moral dieses Volkes und für die Aufrechterhaltung dieser Moral. Andere Sklavenaufstände waren zum Scheitern verurteilt, weil ihnen diese Quelle der Moral fehlte. Der Aufstand der hebräischen Sklaven konnte nur erfolgreich sein dank der Führung von Moses, der diese Sklaven dem einzigen Gotte zuführte, Moses der ihnen moralischen Halt und damit auch das nötige Selbstvertrauen und die Zuversicht gab, die es ihnen ermöglichte die Not und Bedrängnis der 40jährigen Wanderschaft in der Wüste zu ertragen.

> Die zerstreuten Horden umherirrender Wilden, für die auch die sanftesten Bande des bürgerlichen Lebens drückende Fesseln seyn mußte, beugten freywillig ihren unbändigen Nacken unter das schwere Joch der Dienstbarkeit, sobald es ihnen im Namen eines höhern Wesens auferlegt wurde.[74]

Auffällig ist das Bestreben Reinholds, wo irgend möglich rationale Erklärungen zu geben oder zumindest zu implizieren. Dies gilt besonders für das Verbot, den Namen Gottes auszusprechen.

Reinhold erwähnt in diesem Zusammenhang, daß Namensgebung stets der Unterscheidung des einen vom andern diene, daß sich aber dort, wo nur ein einziges existiere, diese Unterscheidung erübrige. Er sagt aber nicht expressis verbis, daß dies der Grund für das Verbot sei, den Namen des Herrn auszusprechen – eine gewiß interessante Fragestellung, die aber über den Rahmen dieser Arbeit hinausgeht.

Allgemein kann gesagt werden, daß Reinholds Arbeiten

über die hebräischen Mysterien durch neuere Erkenntnisse der Wissenschaft bestätigt werden. Nicht nur die eher spekulative Arbeit über *Moses der Ägypter* von Freud weist in diese Richtung, sondern vor allem auch die Arbeiten des oben erwähnten Ägyptologen Siegfried Morenz.

Manches des hier Gesagten ist heute aufgrund der neuesten Erkenntnisse der Wissenschaft zwar umstritten, manches vielleicht tatsächlich überholt. Es ist sicher verständlich, daß all diesen neuen Erkenntnissen, die auf Ausgrabungen und neuen Funden basieren, in diesem Rahmen nicht Rechnung getragen werden kann.

Worum geht es also in diesem Aufsatz? Um nicht weniger, ja, ich würde fast sagen um mehr, als wir in dem 1937–1939 entstandenen letzten Werk Sigmund Freuds *Der Mann Moses und die monotheistische Religion* finden: Es geht bei Reinhold um den ägyptischen Moses, der die Juden aus Ägypten hinausführt. Moses, der einstige Priester des ägyptischen Heiligtums, nimmt sich ihrer an und verkündet ihnen die Lehre, die er aus dem Heiligtum mitgebracht hatte: Es gibt keinen anderen Gott als den einig-einzigen Gott und es sei Frevel, andere Götter anzubeten – eine Lehre, welche die Israeliten, die die Religion ihres Wirtsvolkes, die ägyptische Volksreligion, kannten und in den Jahren der Diaspora angenommen hatten, deshalb nicht akzeptieren wollten.

Die Schlußfolgerung Reinholds lautet, „daß die Religion der Hebräer sowohl in ihren Grundwahrheiten als auch in ihren vornehmsten äußerlichen Bestandteilen schon vor Moses in dem ägyptischen Heiligthume dagewesen sey." Und er fährt fort:

> Ich glaube bisher bewiesen zu haben, daß die Hebräer 1) im Besitze der Wahrheiten gewesen sind, die bey den übrigen Nationen entweder gar nicht oder nur unter der Hülle des Geheimnisses da waren, und den Hauptgegenstand aller echten Mysterien abgaben, und daß sie 2) mehrere mystische Einweihungen, Hieroglyphen und Ceremonien hatten.[75]

Die von Born zuerst aufgezeigte Vermutung, daß die vielen Götter des ägyptischen Volkes nur verschiedene Aspekte der Allgottheit darstellten – nämlich im Glauben und in den Begriffen der ägyptischen Priester, wurde bei Reinhold zur Gewißheit. Das wurde durch neuere Forschungen bestätigt, und zwar durch jene des Ägyptologen Siegfried Morenz in seinen in den 60er Jahren verfaßten Werken *Ägyptische Religion* und *Gott und Mensch im alten Ägypten.* Durch zahlreiche Arbeiten zur ägyptischen Religion erschloß dieser deutsche Ägyptologe ein tieferes Verständnis ihrer Phänomene besonders des Götterglaubens. Da er, wie bereits ausgeführt, 1952 eine Arbeit über die *Zauberflöte* verfaßt hatte, schließt sich hiemit der Kreis, denn vieles davon spiegelt sich in Mozarts *Zauberflöte,* deren Priester von ähnlichem Ethos getragen waren.

Anmerkungen:

1 Wolfgang Amadeus Mozart: *Così fan tutte.* In der Originalsprache (Italienisch) und in deutscher Fassung. Hrsg. von Kurt Pahlen unter Mitarbeit von Rosemarie König.- München 1983, S. 69.
Deutsche Übersetzung: Welch ein verwünschtes Leben ist das der Kammerzofe! Von frühmorgens bis abends Arbeit und Schwitzen und viel Plage, und dann ist alles, was man tut, nur für die andern. Eine Stunde schon wart' ich mit dem fertigen Frühstück, und ich genieße von ihrer Schokolade nur die Düfte. Ist mein Mund denn nicht ebenso wie Eurer? ja, gnädige Damen, für Euch sind die Getränke, für mich die Düfte. Doch nun will ich sie kosten.

2 Ebenda, S. 134.

3 Ebenda, S. 135. In deutscher Übersetzung: Hier ein Magnetstein, / den ich empfangen /Aus Doktor Mesmers Hand. / Den man im deutschen Land / Zuerst entdeckte / Und der so großen Ruhm / In Frankreich fand.

4 Robbins Landon, H.C.: *Mozart and the masons. New Light on the Lodge* ‚Crowned Hope'. London 1982, S. 20.

5 *Journal für Freymaurer.* Als Manuskript gedruckt für Brüder und Meister des Ordens. Herausgegeben von den Brüdern der Loge zur wahren Eintracht im Orient von Wien. Ersten Jahrgangs. Erstes Vierteljahr.- Wien 5784 (d.i. 1784), S. 13.

6 Ebenda, S. 15 - 132.

7 Andreasen, Øjvind: *Aus den Tagebüchern Friedrich Münters. Wander- und Lehrjahre eines dänischen Gelehrten. 1.Teil.* Kopenhagen und Leipzig 1937, S. 107: „Forster nannte die Bornin gewöhnlich die Königin Makbeth."

8 Irmen, Hans-Josef: *Mozart - Mitglied geheimer Gesellschaften.* Prisca-Verlag 1988, S.159 - 164.

9 Rosenstrauch-Königsberg, Edith: *Freimaurer, Illuminat, Weltbürger. Friedrich Münters Reisen und Briefe in ihren europäischen Bezügen.* Berlin 1984, S. 93 f.
10 Irmen, *Mozart,* S. 160ff.
11 Die Loge „fedeltà " war vom Pfarrer des Kirchspiels und einem dienenden Bruder denunziert worden und deshalb am 10. Mai 1785 im Auftrag der Inquisitoren des Staates überfallen worden, worauf alle Gerätschaften der Loge zu Staub und Asche verbrannt wurden. (Irmen, Mozart, S. 162.)
12 *Journal,* Bd. 6, S. 252 - 254; Zitat: S. 253.
13 (Ignaz von Born:) *Ueber die Mysterien der Aegyptier,* in: *Journal für Freymaurer,* Bd. 1, Wien 5784 (d.i.1784) Ersten Jahrgangs. Erstes Vierteljahr. S. 17 - 134; hier: S 20.
14 Ebenda, S. 23.
15 Ebenda, S. 20f.
16 Ebenda, S. 23f.
17 Ebenda, S. 22.
18 Ebenda, S. 24.
19 Ebenda.
20 Ebenda, S. 25.
21 Ebenda
22 Ebenda, S. 32.
23 Ebenda, S. 31f.
24 Ebenda, S. 33.
25 Ebenda.
26 Ebenda.
27 Ebenda, S. 37.
28 Ebenda, S. 43f.
29 Ebenda, S. 44f.
30 Ebenda, S. 45.
31 Ebenda, S. 45f.
32 Ebenda, S. 46.
33 Ebenda, S. 47.
34 Ebenda, S. 47f.
35 Ebenda, S. 48.
36 Ebenda, S. 49.
37 Ebenda.
38 Ebenda, S. 56 -58, Zitat aus Jamblichius: *De Mysteriis.* l. 7, C. 2. Jamblichius war ein griechischer Philosoph der neo-platonischen Richtung, der ein Werk über die Mysterien Ägyptens verfaßte.
39 Ebenda, S. 56 - 58, Zitat aus Jamblichius: *De Mysteriis.*
40 Ebenda, S. 59.
41 Der griechische Philosoph Jamblichius lebte etwa von 250 n. Chr bis 330 n. Chr.
42 Morenz, Siegfried: *Die Zauberflöte.Eine Studie zum Lebenszusammenhang Ägypten - Antike - Abendland.* Münster-Köln 1952. Rosenstrauch-Königsberg, Edith: *Zirkel und Zentren. Aufsätze zur Aufklärung in Österreich am Ende des 18. Jahrunderts.* Wien 1992.
43 Vgl. ebenda, S. 18.
44 Ebenda, S.18.
45 Ebenda, S.18f.
46 Ebenda, S.19f.
47 Ebenda, S.32.
48 In: *Journal,* Bd. 2, S. 5 - 64.
49 Ebenda, S. 5.
50 Ebenda, S. 6.

51 Die Disciplina Arcani war eine Lehrschule von Kenntnissen, die dem „gemeinen Haufen" unbekannt bleiben mußte.

52 *Journal*, Bd. 2, S. 7f.

53 Ebenda, S. 63.

54 Die spätere Fassung weist nur mehrfache stilistische Änderungen auf. Vgl. Schönborn, Alexander von: *Karl Leonhard Reinhold. Eine annotierte Bibliographie.* Stuttgart-Bad Canstatt 1991.

55 Freud, Sigmund: *Der Mann Moses und die monotheistische Religion.* Lizenzausgabe der Bibliothek Suhrkamp nach: Gesammelte Werke. 16. Bd., 2. Aufl., 1961.

56 Le Rider, Jacques: *Das Ende der Illusion. Die Wiener Moderne und die Krisen der Identität.* Aus dem Französischen übersetzt von Robert Fleck.- Wien 1990. Französische Originalausgabe: *Modernité Viennoise et crises de l'identité.* Paris 1990.

57 Ebenda, S. 325f. mit Berufung auf: Friedrich Schiller: *Die Sendung Moses*, in: ders.. *Sämtliche Werke.* Hrsg. von Gerhard Fricke und Herbert G.Göpfert, München 1976, Bd. 4, S. 783 - 804.

58 Ebenda, S. 326.

59 Freud, *Moses*, S. 67.

60 *Journal*, Bd. 9, S. 50.

61 Ebenda, S. 50 f.

62 Ebenda, S. 40.

63 Ebenda, S. 41.

64 In: *Journal*, Bd. 11.

65 *Journal*, Bd.11, S. 16.

66 Ebenda, S. 16f.

67 Ebenda, S. 17f.

68 Ebenda, S. 20.

69 Ebenda, S. 21.

70 Ebenda, S. 21f.

71 Ebenda, S. 39, Anm. 20.

72 Ebenda, S. 38.

73 Ebenda, S. 38 mit Berufung auf das 4. Buch Moses, 27.Kap. V. 18f.

74 Journal, Bd. 11, S. 6.

75 *Journal*, Bd. 9, S. 76 und 78.

SONJA PUNTSCHER RIEKMANN

Das Drama der Freiheit – Variationen von W. A. Mozart

Ihr werdet nicht zu Don Juans der Erkenntniß,
weil ihr nicht Consequenz genug und Charakter habt.
Friedrich Nietzsche

Mozart ist kein politischer Künstler. Dieser Satz ist richtig und falsch zugleich. 1789, der Sturm auf die Bastille, das Ende des Ancien Régime: Sie sind ihm keine Notiz wert. Im Sommer des Revolutionsjahres hat er Geldsorgen, und Constanze will nach Baden zur Kur. Er komponiert das Streichquartett D-Dur (KV 575) und das Klarinetten-Quintett A-Dur (KV 581). Im Herbst und Winter schreibt er an *Così fan tutte.* Die im Jänner 1790 uraufgeführte Oper ist allerdings revolutionär: musikdramatische Apotheose der Aufklärung und deren Dialektik zugleich. Was mit der Hymne auf die bürgerliche Tugend, das moralische Fundament der neuen Gesellschaft, beginnt, endet im Debakel ihrer Unmöglichkeit. Die Liebe erweist sich als Sprengsatz der Ordnung, die auf Zwang beruht, aber der Einsicht in die Relativität des Gefühls trägt man erneut durch Disziplin, durch Unterdrückung Rechnung. Das Schlußensemble feiert die im rationalen Akt wiederhergestellte Ausgangskonstellation, den Verlust des neuen Glücks ertränkt man im Lachen, so wie Fiordiligi, Dorabella und Ferrando einige Szenen davor Verstand und Erinnerung in Wein ertränkt hatten. Der „Schandpfahl"[1] des Partnertausches, den man in der zeitgenössischen Presse zu allem Überfluß aus Gründen der Frauenfeindlichkeit kritisierte, ist der Plot der Mozart-Oper im Jahr der bürgerlich-liberalen Revolution. Daß die Adjektiva sich auf verschiedene Substantiva beziehen werden: bürgerlich auf die Gesellschaftsordnung und liberal auf den Markt, ist in *Così fan tutte* implizit vorweggenommen.

Mit der Freiheit waren nicht alle menschlichen Realitäten gemeint, das hatte Mozart schon im *Don Giovanni* gezeigt. Die neue Gesellschaft will im Sinne der Nützlichkeit die dunklen, unkalkulierbaren Leidenschaften, Liebe und Sexualität, in die klar überschaubaren Bahnen der bürgerlichen Ehe und Familie lenken und als vernünftig moderierte erhalten. So entsteht die Formel von „Kopf und Herz" als Garanten des Glücks. Nur, der utilitaristischen Moderation fällt beides zum Opfer: der Kopf wie das Herz. Mit dem Kopf soll gedacht werden, was ein nützliches Instrument hervorbringt, mit dem Herzen soll gefühlt werden, was der Ordnung dient.

Operierten *Le Nozze di Figaro* und *Don Giovanni* noch mit der Dunkelheit als bühnentechnischem Täuschungsmittel, so ist *Così fan tutte* ein Laborexperiment in naturwissenschaftlicher Helle. Da der Betrug stets durchschaubar ist, kann er nur als Selbstbetrug funktionieren. Der eigentliche Clou der Oper ist nicht die kreuzweise Eroberung der Mädchen, sondern die Involvierung der Männer in das eigene Spiel. Sie gehen auf je eigene Weise sich selbst in die Falle: Guglielmo aus Lust am Abenteuer, an der Bestätigung der eigenen Attraktivität, der empfindsame Ferrando aus Liebe. Was das Libretto nur zum Teil zugibt, verrät die Musik. Eine Schlüsselstelle der Oper findet sich in II, 16, jener Szene, in der die bis dahin streng gewahrte Symmetrie – Dorabella und Fiordiligi auf der einen, Ferrando und Guglielmo auf der anderen Seite – aufbricht: Dorabella, Fiordiligi und Ferrando singen das Kapitulationsterzett, in das der außerhalb stehende Guglielmo sein zorniges A einfügt:

Fiordiligi: E nel tuo nel mio bicchiero
Dorabella: Si sommerga ogni pensiero.
Ferrando: E non resti più memoria
Del passato, ai nostri cor.

Gugliemo (per se): Ah bevessero del tossico
Queste volpi senza onor.

(In deinem/in meinem Glas/Laßt uns jeden Gedanken ertränken./Und es bleibe unseren Herzen/keine Erinnerung mehr an die Vergangenheit.//Ach tränken sie doch Gift/Diese Füchsinnen ohne Ehr.)

Zumindest Ferrando wäre damit einverstanden, das Spiel hier abzubrechen und die Vergangenheit zu vergessen. Aber Don Alfonso, der Gefühlschemiker, will sein Aufklärungsprojekt zu Ende führen, einen Abbruch des Versuchs würde er nicht pardonnieren. Und schließlich hatte man ja auch die eigene Offiziersehre verwettet. Don Alfonsos Lehre ist: die neuen Verhältnisse sind um keinen Deut stabiler als die alten, also könne man gleich in der ersten Zusammensetzung heiraten. Ruhe – „la bella calma" – ist das Ziel im öffentlichen wie im privaten Leben: der Staat und die Familie als Kunstwerke der Stabilitätspolitik.

Dagegen setzt Don Giovanni die Kunst der Erotik als Kunst der Freiheit. Er ist – wenn ein politischer Terminus denn vonnöten ist – der Revolutionär auf der Opernbühne. Der atheistische Libertin muß aber an der Schwelle zum bürgerlichen Zeitalter erst recht in die Hölle: zur Strafe und zur Abschreckung, denn allzuviele haben mit seiner Freiheit kokettiert, Leporello ebensosehr wie Zerlina, Donna Anna und Donna Elvira. Der Diener imitiert ihn bei jeder sich bietenden Gelegenheit und läßt sich gar schnell und noch mitten in seinen Moralpredigten korrumpieren, Donna Anna will den langjährigen Don Ottavio partout nicht heiraten, und Donna Elvira nimmt nach gelungener Rache keinen anderen, sondern den Schleier. Nur Zerlina fügt sich in ihr Schicksal mit dem braven Masetto. Aber wer weiß, wie lange dieses Fügen dauern wird?

Adorno huldigte Zerlina in einem kurzen Text aus dem Jahre 1952/53: „Im Bild der Zerlina hält der Rhythmus von Rokoko und Revolution inne. Sie ist keine Schäferin mehr und noch keine citoyenne. Sie gehört dem geschichtlichen Augenblick dazwischen an, und an ihr geht flüchtig eine Humanität auf, die unverstümmelt wäre vom feudalen Zwang und geschützt vor bürgerlicher Barbarei."[2] Auch Don Giovanni steht zwischen den Zeiten und den sozialen Räumen: Er macht keinen Gebrauch mehr von seinem Privileg zu feudaler Willkür, er will die Eroberung im Spiel und im Sturm. Der Plan, die Intrige sind seine Sache nicht. Zuerst erklärt er eine nahestehende Hütte zu seinem Eigentum, in dem die Lust gleich konsumiert werden kann, dann lädt er – wozu eigentlich? – die ganze Hochzeitsgesellschaft auf sein Schloß. Alle sollen an diesem Spiel teilhaben, und für einen Augenblick scheint dies auch zu gelingen, als in der 21. Szene des ersten Aktes Don Giovannis Aufforderung an die drei Maskierten, sein Fest zu besuchen (E' aperto a tutti quanti: / viva la libertà! – Es ist allen offen: / Es lebe die Freiheit) in einem Viva la libertà! aller kuliminiert. Auf einer Prager Bühne im Jahre 1787 wurde diese Textzeile automatisch zum Politikum. Mozarts Don Giovanni aber weist – wenn er überhaupt diesen meint – über den Freiheitsdrang der Böhmen gegenüber habsburgisch-feudalen Zwängen hinaus: Er meint die Freiheit der erotischen Lust und damit auch im politischen Sinne eine viel weitere. Don Giovannis Herausforderung an das Jenseits hat nichts mehr von der Desakralisation des Don Juan Tenorio aus Tirso de Molinas Stück von 1630, seine Begegnung mit dem Steinernen Gast ist stark lakonisiert. „Hol ein zweites Gedeck", befiehlt er Leporello beim Eintreffen des ermordeten Komtur. Es ist ihm ein Spaß, kein Frevel mehr. Don Giovanni ist der enttäuschte Diesseitige schlechthin. Das Paradies liegt in der erotischen Klimax. Nicht Tröstung oder Versöhnung im Jenseits will er, sondern Genuß hier und jetzt, keine Metaphysik, sondern „Physik" tout court. Dort liegt das Absolute.

Das Bürgertum bedurfte zwar der Entzauberung aller Geheimnisse der Natur und des Göttlichen zur Eroberung der

Welt, aber für die Neuordnung der Gesellschaft waren christliche Moral und Metaphysik durchaus nützlich. Jedoch Don Giovanni, der Consequente, treibt die Entzauberung auf die Spitze und erschüttert permanent alle Gewißheiten. Und in der Tat: Seine „Opfer" sind endgültig erschüttert. Das Finale und seine platte Moral sind Tribut an die Theaterkonvention und nicht das Resultat einer organischen Entwicklung. Daher ist auch die Existenz einer Fassung der Oper, die mit Don Giovannis Untergang endet, keineswegs verwunderlich. Eigentlich gibt es danach nichts mehr zu sagen. Schließlich hatten sich alle mit ihm ins Bett gelegt. Einem Mann, dessen Verführungen in die Tausende gehen, muß ja ein gewisser Ruf vorausgeeilt sein, und Donna Anna und Don Ottavio waren obendrein mit ihm befreundet gewesen. Alle haben ihn gemocht, den angstlosen und damit wahrhaft Freien. An ihm haben sie einen Augenblick die Freiheit gelernt und sich gleich wieder angstvoll verboten.

Don Giovanni, die Oper der Opern, ist die Hymne auf die Freiheit, auf die Sprengung der Balance von Kopf und Herz, auf die Unsicherheit, die Unversöhnlichkeit, die Zerrissenheit. Und: Don Giovanni ist die Hymne auf die Tat. Er ist kein schmachtender Verlobter wie Don Ottavio, er tut nicht nur, was er will, sondern vor allem, weil er tun will, denn Freiheit ist für ihn keine Kategorie des Intellekts, sondern des Willens. Er verkörpert die Idee der Freiheit im Sinne Nietzsches: „… er (der Intellekt) ist stolz darauf, mehr zu können, schneller zu laufen, im Augenblick fast am Ziel zu sein –, und so erscheint das Reich der Gedanken im Vergleich mit dem Reiche des Thuns, Wollens und Erlebens, als ein Reich der Freiheit: während es … nur ein Reich der Oberfläche und der Genügsamkeit ist."[3] Don Giovanni ist damit der wahre Aufklärer, er imaginiert nicht, er macht die Probe aufs Exempel. Wenn das Ziel der Aufklärung das Begreifen ist, so muß sich dieses durch die Tat verifizieren lassen. Die Gesellschaft wird ihm zum Reagenzglas, in dem er ihre Theoreme auf deren Wahrheit hin prüft. Aber der Test verläuft negativ, ja dieser selbst wird ihm verboten, und er soll wie Galilei der Neugier abschwören. Darauf reagiert er mit einem großartigen NO in Moll und fährt konsequent zur Hölle auf der Suche nach der „letzten Erkenntniß, die ihn verführt".[4] Er will, er muß alles wissen: das kann der – allerdings sympathische – Spießer Leporello nicht verstehen und fordert ihn verzweifelt zum Abiura auf, „Dito di no" (So sagt doch nein). Das „sese conservandi" des Bürgertums setzt Zensur voraus. In *Don Giovanni* und in *Così fan tutte* wird diese Erkenntnis auf die Spitze getrieben, und die Lösung heißt Sturz oder Eingliederung in die Seilschaft.

Le Nozze di Figaro kennen diese gähnenden Höhen noch nicht. Es ist ein zuversichtliches Stück, das eine zuverlässige Ordnung in Aussicht stellt. Es gibt kleine Brüche, da und dort: Vom Eros des Cherubino bleiben weder die Gräfin noch die tüchtige Susanna unberührt, aber die leise Unruhe, die er verbreitet, zerreißt nicht. Alles in allem ist es ein positives Stück: Der feudale Herr muß vom Privileg des ius primae noctis absehen, seine von Marcellina, Bartolo und Basilio unterstützte Intrige schlägt fehl, Figaro und Susanna heiraten, der Graf kehrt in den Hafen der Ehe zurück, und die großmütige Gräfin hat fürs erste gewonnen, auch wenn niemand zu sagen weiß, wie lange Almavivas „Besserung" anhält. Er hat wohl ein Spiel verloren, aber deswegen ändert man nicht gleich den Charakter.

Die Hochzeit des Figaro ist die Vertonung eines Textes, den Josef II. in der durch Johann Rautenstrauch besorgten Übersetzung für die Sprechbühne verboten hatte. In Österreich war der Kaiser der Aufklärer und er bestimmte Maß und Tempo, mit denen seine Untertanen am Absolutismus zu zweifeln hatten. Dem durch Da Ponte scheinbar entpolitisierten Libretto gab er sein Placet, aber 1785 erließ er das „Freimaurerpatent" und zerstörte damit die Zirkel der wichtigsten Transporteure aufklärerischen Denkens in Österreich. Die

Klügsten verließen die Logen, manche wie Ignaz von Born sogar das Land. Aus freimaurerischen Kreisen aber hatte Mozart die Anregung erhalten, den *Tollen Tag* des Beaumarchais zu vertonen. Da Ponte machte aus dem Theaterstück ein Libretto, das zwar allen opernästhetischen Kriterien Genüge leistete, aber die politische Brisanz des Originals erhielt: Gegen die Willkür des Adels setzt das Bürgertum persönliche Freiheitsrechte, gegen die Ehe aus Interesse jene aus Liebe, gegen die Ruchlosigkeit das Ideal der Constantia, gegen die maßlose und nur im aristokratischen Privileg genießbare Leidenschaft die Balance von Kopf und Herz.

Politisches Gewicht aber erwächst der Story erst aus dem Durchbrechen eines im 18. Jahrhunderts geltenden opernästhetischen Prinzips: Die Figuren der opera buffa entstammen dem Kleinadel, dem Bürgertum, der Schäferwelt. Der Hochadel, Könige und Königinnen haben ihren Auftritt in der opera seria, dem Ort des Erhabenen. Mozart und Da Ponte holen den hohen Aristokraten Almaviva in die buffa herab. Almaviva ist kein kleiner Landbaron, sondern Minister des Königs mit eigenen Heeresbatallionen und einer diplomatischen Mission in London, ein hochrangiger politischer Akteur also, den man in kleinlichen Intrigen und Lobbies zur Eroberung einer Kammerzofe darstellt. Winkeladvokaten und Gesangslehrer sind seine – ungeschickten – Helfer, die obendrein auch eigene Rache- und Heiratsinteressen verfolgen.

Der Graf hat das automatische und durch feudale Macht legitimierte Recht auf seine Magd verloren, die er sich nicht mehr einfach ins Bett diktieren kann, sondern zunächst durch juristische Tricks – die Wiederbelebung des alten und von ihm selbst aufgehobenen ius primae noctis – und dann durch lächerliche Machinationen zu erobern sucht. Seine eigentliche „Feindin" in diesem Spiel ist aber die Gräfin, die den in aristokratischen Ehen vorherrschenden Konsens über die Nichteinmischung in die erotischen Abenteuer des Partners aufkündigt und damit der neuen Moral Rechnung trägt. Der

Bruch des Stückes liegt in der Verbürgerlichung der Aristokratin, die nicht die Freiheit, es dem Gemahl gleichzutun, will, sondern seine Liebe und Treue. Sie will, was Figaro und Susanna als neues Lebensideal postulieren. Cherubino gefällt ihr, und einige Jahrzehnte zuvor hätte sie das Abenteuer mit dem kleinen Schwärmer noch genossen. Jetzt zensuriert sie ihr Herz und ihre Lust. Cherubino ist die einzige Figur der nozze, die ein wenig die Theamtik des *Don Giovanni* und *Così fan tutte* antizipiert, allerdings fernab aller Tragik in melancholischer Heiterkeit. Seine Arie „Non so più, cosa son, cosa faccio" (Ich weiß nicht mehr, was ich bin, was ich tu) irritiert das allzu klare Bild, das die Bürger und mit ihnen die Gräfin von der neuen Gefühlskultur zeichnen. Aber es ist ein disorganischer Klecks und noch nicht der Riß des großen Zweifels.

In chronologisch absteigender Linie gelangen wir zu jener Oper, die das Ideal des aufgeklärten Absolutismus, der fürstlichen Milde einerseits und jenes der alles überwindenden treuen Liebe andererseits in größter Konsistenz zeigt: *Die Entführung aus dem Serail.* Das Geschehen ist in den exotischen Orient verlagert – ein beliebter, weil ungefährlicher Kunstgriff der Zeit – und soll von hier aus die feudale Willkür und Sittenlosigkeit des Abendlandes kritisieren. Bassa Selim vergibt seinem Feind, obwohl er allen Grund zur Rache hätte, mit der expliziten Absicht, Niedertracht nicht mit Niedertracht zu vergelten. Und er liefert ihm die angebetete Konstanze im Respekt vor ihrer Liebe wieder aus. Weder ist für ihn das Hängen und Spießen der Gefangenen, wie es Osmin in seiner hektischen Arie vorschlägt, noch der Zwang gegenüber Konstanze ein lohnendes politisches oder privates Projekt. Osmins Hektik resultiert nicht nur aus der unbefriedigten Geilheit auf Blondchen, sondern auch aus einer sehr deutlichen Sicht der politischen Entwicklung: Bassa Selims Milde ist das Ende einer bestimmten Form von Herrschaft, das er trotz kurzfristiger alkoholischer Korruption gerade noch verhindert hatte.

Osmin ist nur einen Augenblick lang schwach gewesen, der Bassa aber eröffnet eine neue politische Perspektive, die in der „clemenza" des *Titus* kulminieren wird und im Verzicht auf absolute Macht und im Rückgriff auf eine an humanitären Idealen orientierte Rechtsstaatlichkeit begründet ist.

Mozarts *La clemenza di Tito* markiert den Endpunkt einer ästhetisch-politischen Entwicklung, die den Rahmen des aufgeklärten Absolutismus sprengte, die höfische Rezeption dieser Oper aber den Auftakt zur restaurativen Wende. Während das bürgerliche Publikum applaudierte, zog die Kaiserin Maria Ludovica mit ihrem Urteil über die opera seria anläßlich der Prager Uraufführung im Juli 1791 zur Krönung Leopolds II. die Grenze: „una porcheria tedesca".[5] Was hier als deutsche Schweinerei apostrophiert wurde, war die Überarbeitung eines im 18. Jahrhundert vielvertonten Metastasio-Librettos aus dem Jahre 1734 durch den italienischen Dichter am sächsischen Hof Caterino Mazzolà in Zusammenarbeit mit Mozart. Gefeiert wurde darin der aufgeklärte principe filosofo, der die Milde zum Regierungsprinzip erklärt. Im Vergleich der beiden Libretti offenbart sich der Bruch des Jahrhunderts. Metastasios Titus verzeiht dem Freund, der im Komplott die Hand gegen ihn erhoben hatte, was er sonst niemandem verzeihen würde. Denn als man zunächst den Höfling Annio des Verrats verdächtigt, bleibt Tito ungerührt. Durch das Streichen dieser Szene verleihen Mozart/Mazzolà dem Verzeihen etwas Allgemeines, Prinzipielles, und gefährden damit absolutistische Herrschaft an sich. Ihr idealer Titus ist der Gegenentwurf zum wiederaufflammenden Streit um Machiavellis Herrscherbild[6], dessen Macht aus der Tugend (virtù) der Unnachgiebigkeit beruht. Titus' Arie im 2. Akt, 20. Szene, wäre für ihn, Machiavelli, die Absage an Macht überhaupt:

Se all'impero, amici Dei,
Necessario è un cor severo;
O togliete a me l'impero,
O a me date un altro cor.

Se la fè de' regni miei
Coll'amor non assicuro:
D'una fede non mi curo,
Che sia frutto del mio timor.
(Wenn für die Herrschaft, freundliche Götter,/Ein strenges Herz vonnöten ist,/Nehmt mir entweder die Herrschaft,/Oder gebt mir ein anderes Herz.//Wenn ich die Treue meiner Reiche/Nicht mit Liebe gewinnen kann,/Liegt mir nichts an Treue,/Die eine Frucht der Angst wäre.)

Die Machiavelli-Rezeption des späten 18. Jahrhunderts zeigt das ganze Dilemma des neuen politischen Denkens, das nicht nur bürgerliche Philosophen, sondern auch Könige erfaßte. Die rechtsstaatliche konstitutionelle Machtausübung hebt das Recht des absoluten Monarchen auf Strafe als Rache für das Unrecht an seiner Person und mithin den Absolutismus auf.[7] Selbst an den Interessen des principe filosofo Leopold II. zeigt sich die Brisanz der zeitgenössischen Auseinandersetzung um Absolutismus und Konstitutionalismus: Der Großherzog der Toskana ist sowohl Auftraggeber einer neuen Machiavelli-Ausgabe (1782/83) als auch Leser des Mailänder Rechtsphilosophen Giovanni Beccaria, dessen Strafrechtskritik *Dei delitti e delle pene* (1764) den Auftakt zur Strafrechtsreform in ganz Europa gab.

Der von den beiden Habsburgern Josef II. und Leopold II. innerhalb zweier Jahrzehnte eröffnete Weg für eine moderne rechtsstaatliche Herrschaftsform diesseits und jenseits der Alpen ermöglichte eine intellektuelle und künstlerische Arbeit, die sich allerdings verselbständigte und nur mehr als gebrochene höfische Repräsentanz diente. *La clemenza di Tito* ist zugleich Huldigung an den Monarchen und Neudefinition seiner Herrscherrolle. Im höfischen Auftragswerk des Figaro-Autors wird der *poeta cesareo*, der Dichter als Beamter des Hofes, endgültig zu Grabe getragen. Das konnte das aristokratische Publikum zu einem Zeitpunkt, an dem die Habsburgerin Marie Antoinette nach der mißglückten Flucht nach Varennes am 22. Juli 1791 Gefangene des Französischen Volkes war, weder überhören noch ertragen. Das ästhetische Paradoxon, daß gerade eine *opera seria*, die höfische Kunstform par excellence, zu einem Erfolg des bürgerlichen Theaters Prags wird und bis weit ins 19. Jahrhundert hinein zu den beliebtesten Opern Mozart überhaupt gehört, findet seine Lösung in der politischen Dimension des Werkes.

Mozart spielt, ob bewußt oder unbewußt ist hier irrelevant, auf jeden Fall grandios mit den Ambivalenzen, den Widersprüchen, der Dialektik der Aufklärung. Natürlich suchte er sich die Libretti auch oder vor allem aufgrund ihrer Bühnenwirksamkeit aus. Er liebte komische Plots, denn „wie kommischer, desto besser"[8], und er liebte den Erfolg, das Geld, die Anerkennung. Er konnte auch eine kompositorische Idee der „geläufigen Gurgel" einer Sängerin opfern. Mozart war genau, aber war kein Puritaner. Am in Wien nicht gefallenden *Don Giovanni* hat er weiterkomponiert: Neue Arien und Szenen entstanden und wurden wieder gestrichen. Das alles tat dem großen Wurf keinen Abbruch. Wichtig war die Konsistenz von Text und Musik. Er haßte schlechte Texte und verwarf sie hundertweise. Er gab den Librettisten genaue Anweisungen, wie wir der Korrespondenz über den *Idomeneo* entnehmen können. Der Vorwurf, er habe beliebig alles vertont, hat seine Gründe nicht in der Realität. In Da Ponte hatte Mozart den kongenialen Partner gefunden. Und gerade wenn wir Da Pontes Texte für Salieri oder Martìn y Soler mit jenen für Mozart vergleichen, zeigt sich, wie groß der Beitrag des Musikers zu den Libretti gewesen sein muß. Der Eingriff in Da Pontes Arbeit war nicht nur aufgrund von Mozarts Italienischkenntnissen, sondern präziser Vorstellungen von der textlichen Basis für die Musik möglich.

Allerdings darf Da Ponte selber nicht unterschätzt werden. Der Abenteurer aus Friaul, dessen Karriere als Priester und Erzieher in Treviso begann und als Italienischlehrer in New York endete, war nicht nur ein begnadeter „Casanova", mit dem er auch befreundet war, sondern ein Intellektueller der

Aufklärung, ein politischer Kopf, ein geschickter Unternehmer, ein Pionier, dessen Unruhe ihn nahezu zwangsläufig von der Alten in die Neue Welt führen mußte. Daß er dort sowohl mit einem Drugstore sein ökonomisches Glück versuchte, als auch Professor für italienische Literatur an der Columbia Universität wurde, zeigt die Palette seiner Talente. Er ist sozusagen der „neue Mann" einer neuen Zeit, der in seinem langen Leben – er starb neunzigjährig im Jahre 1838 – das Ancien Régime und seinen Zusammenbruch, die neue bürgerliche Ordnung und den alle Segel setzenden Kapitalismus sah. Er war als Kosmopolit überall zu Hause gewesen: in Venedig, Dresden, Wien, Amsterdam, London, New York. Ob er die Enge des nationalistischen 19. Jahrhunderts noch registrierte? Mit dem „teutschen" Mozart jedenfalls dürfte der Welsche ausgezeichnet zusammengearbeitet haben. Das belegen nicht nur die Resultate, sondern auch die Tatsache, daß Da Ponte in den politisch und ökonomisch schwieriger werdenden späten achtziger Jahren Mozart zu einem Neuanfang in London bewegen will. Mozart spielt mit dem Gedanken, aber Da Ponte reist allein. Da Ponte war es auch gewesen, der Mozart den Don Juan-Stoff zur Vertonung vorschlug, der diesem „unendlich gefiel".[9] Die Umarbeitung des Bertati-Librettos, das kurz davor in einer Komposition von Giuseppe Gazzaniga in Venedig aufgeführt wurde, zeigt die neue – ästhetische wie politische – Leistung von Mozart und Da Ponte. Sie säuberten den Text von allen unnötigen, von Tirso und Molière übernommenen Nebenhandlungen und Episoden, konzentrierten sich auf die erotische Sprengkraft des Helden, der keine retardierenden Arien singt, sondern im Rezitativ oder im Ensemble handelt. Sogar die beiden Don Giovanni-Arien „Fin ch'han dal vino" (I, 15) und „Metà di voi qua vadano" (II, 14) sind Handlungsanweisungen, Befehle zur Tat: In der ersten ordnet er die Organisation des Festes an, in der zweiten führt er seine Verfolger in die Irre, indem er sie auf den in seinen, Don

Giovannis, Kleidern steckenden Leporello hetzt. Die erste meint textlich und musikalisch so sehr die Aktion, daß sie in ihrer Geschwindigkeit schon manchem Sänger Schwierigkeiten bereitete. Don Giovannis Arien sind keine Räsonnements, keine Beschwörungen, keine Resumées. Die Register-Arie, die es schon bei Bertati gibt, ist das Werk des Buchhalters Leporello. Es gibt Interpretationen, die wegen dieser Arie in Don Giovanni den heraufkommenden Kapitalisten sehen wollen. Diese Rolle spielt aber Leporello viel besser. Dafür spräche auch, daß er übrigbleibt, während Don Giovanni untergeht.

Auch *Così fan tutte* dürfte Da Pontes Idee gewesen sein. Libretti und Theaterstücke zum Thema gibt es im 18. Jahrhundert zuhauf. Aber auch hier sind die Reduktion auf wenige Figuren, die Konzentration auf den Verführungsakt zum Beweis eines eingangs postulierten Theorems, die kühle Ironie des Textes, die Lapidarität des Schlusses eine Leistung, die völlig neue Maßstäbe setzt. Nicht auf die Begründung einer Moral kommt es an, sondern auf die Kritik ihrer Brüche, das Ziel ist nicht die ästhetische Versöhnung, sondern der unaufhebbare Zweifel. Formal erfolgt dies in einer Dynamisierung des dramatischen Geschehens, in dem keine Arie einen Moment der Ruhe entstehen läßt. Die großen Halt und Einhalt suchenden Arien Dorabellas und Fiordiligis sind Auftakt zur Zerstörung von Sicherheiten, Anlaß zum entideologisierenden Schlag. Auch das Terzett von Fioridiligi, Dorabella und Don Alfonso „Soave sia il vento" (I, 6) ist ein Abgesang auf das Constantia-Ideal, seine Melancholie nicht Trost, sondern dramaturgische Voraussetzung für die kommende Demontage: bis nichts mehr bleibt als der rationale Griff zum „befreienden" Lachen. Die Größe dieser Opern liegt in der dramaturgisch präzisen Zuspitzung des Konflikts, den die Autoren aus der Tradition einer linearen Abfolge von Arien und Rezitativen herauslösen und im Ensemble, in der direkten Konfrontation der Gegner zur Explosion bringen.

Darin liegt die neue ästhetische und politische Kompetenz des Musikers Mozarts und seines Librettisten Da Ponte.

Anmerkungen:

1 Zitiert nach Braunbehrens, Volkmar: *Mozart in Wien*. München 1986, S. 329.
2 Adorno, Theodor W.: *Musikalische Schriften IV, Gesammelte Schriften*, hrsg. v. Rolf Tiedemann, Bd. 17. Frankfurt a. M. 1982, S. 34.
3 Nietzsche, Friedrich: *Morgenröte. Idyllen aus Messina. Die fröhliche Wissenschaft* (Kritische Studienausgabe, hrsg. v. Giorgio Colli u. Mazzino Montanari, Bd. 3). München, Berlin, New York 1988, S. 116 f.
4 Ebda., S. 232.
5 Pross, Wolfgang: *Neulateinische Tradition und Aufklärung in Mazzolà/Mozarts „La clemenza di Tito"*, in: *Die österreichische Literatur. Ihr Profil an der Wende vom 18. zum 19. Jahrhundert*. Hrsg. v. Herbert Zeman. Graz 1979, S. 379–401.
6 Vgl. ebda.
7 Vgl. Nagel, Ivan: *Autonomie und Gnade. Über Mozarts Opern*. München 1988, S. 9–53.
8 Mozart an seinen Vater, Wien, 6. 12. 1783, in: *Mozarts Briefe und Aufzeichnungen, Gesamtausgabe*. Hrsg. von der Internationalen Stiftung Mozarteum, 7 Bde. Kassel, Basel, London, New York 1962–1975, Bd. 3, S. 295.
9 Da Ponte, Lorenzo: *Memorie*. Mailand 1976, S. 125.

Autoren/innenverzeichnis

ANTONICEK, Theophil: geb. 1937, Studium der Musikwissenschaft tit. ao. Univ.Prof. an der Universität Wien, Oberrat bei der Kommission für Musikforschung an der Akademie der Wissenschaften, Veröffentlichungen zur Musikgeschichte Österreichs in der Neuzeit.

BAUER, Günther: geb. 1928, Studium von Schauspiel und Regie am Mozarteum und der Theaterwissenschaften, Germanistik und Kunstgeschichte an den Universitäten Wien und Salzburg, 1971 Prof. für Schauspiel am Mozarteum, 1983-1991 Rektor, Gründer des Institutes für Spielforschung und Spielpädagogik, Veröffentlichungen zur historischen Spielforschung, Spielpädagogik und Zwergenforschung.

BARTH-SCALMANI, Gunda: geb. 1958, Studium der Geschichte, Germanistik, Kunstgeschichte und Volkskunde in Wien und Salzburg, Franz-Triendl-Preisträgerin für die Dissertation über „Der Salzburger Handelsstand am Ende des 18. Jahrhunderts. Altständisches Bürgertum in Politik, Wirtschaft und Kultur", Lehrbeauftragte, Vertragsassistentin, Mitarbeit an Forschungsprojekten zur österreichischen Frauengeschichte; Publikationen zur Frauengeschichte.

HEINDL, Waltraud: geb. 1939, Studium der Geschichte, Kunstgeschichte, Germanistik an der Universität Wien, stellvertr. Leiterin des Österreichischen Ost- und Südosteuropa-Institutes, Leiterin des Projektes „Edition der Ministerrats-Protokolle", Univ.Doz. für Neuere Geschichte, Schwerpunkt der Veröffentlichungen in Bürokratie- und Verwaltungsgeschichte, Bürgertums- und Frauengeschichte.

HERZOG, Mirko: geb. 1961, Studium der Anglistik und Geschichte, Arbeiten über Filmgeschichte, Transport-, Post- und Verkehrsgeschichte, Geschichte der Kleidung; Mitglied des historischen Tanzensembles „Musica et Saltatoria", Salzburg.

MAZOHL-WALLNIG, Brigitte: geb. 1947, Studium der Geschichte, Publizistik, Slawistik an der Universität Salzburg, der Rechtswissenschaft an der Universität Wien, 1980 Univ.Assistent in Salzburg, 1986 Habilitation, 1993 o.Univ.Prof. Universität Innsbruck. Einschlägige Publikationen zur Verfassungs- und Verwaltungsgeschiche (Österreichischer Verrwaltungsstaat und administrative Eliten im Königreich Lombardo-Venetien 1815-1859; 1993), zur italienischen und österreichischen Geschichte des 18. und 19. Jahrhunderts, zur Post- und Kommunikationsgeschichte und Frauengeschichte.

MITTENDORFER, Monika: geb. 1959, Studium der Musikwissenschaft und Publizistik, Dissertation über „Salzburger Quellen zur Tanzkultur der Mozartzeit", Ausbildung in Tanztherapie und Tanzpädagogik, Lehrtätigkeit für Blockflöte und Kreativen Kindertanz am Salzburger Musikschulwerk, Lehrveranstaltung für historischen Tanz am Mozarteum, Assistentin an der Lehrkanzel für Geschichte und Theorie der Musik (Prof. Peter Maria Krakauer) am Orff-Institut.

MITTENZWEI, Ingrid: geb. 1929, Studium der Geschichte in Leningrad/St. Petersburg, Mitarbeiterin der Akademie der Wissenschaften der DDR bis 1989, Dissertation über „Der Joachimsthaler-Aufstand von 1525. Seine Ursachen und Folgen", Habilitation über „Preußen nach dem Siebenjährigen Krieg. Auseinandersetzungen zwischen Bürgertum und Staat um die Wirtschaftspolitik" (1979), „Friedrich II. von Preußen. Eine Biographie", 5 Auflagen seit 1979, „Brandenburg-Preußen 1648–1789. Das Zeitalter des Absolutismus in Text und Bild." Berlin 1987; zahlreiche Veröffentlichungen, die sich mit dem Thema des aufgeklärten Absolutismus und der hugenottischen Minderheit in Brandenburg-Preußen, mit Bürgertumsgeschichte und historiographischen Fragen beschäftigen.

NEUMAYR, Anton: geb. 1920, während des Gymnasiums Absolvierung der Meisterklasse Klavier am Mozarteum, Medizinstudium an der Charité in Berlin und in Wien, 1944 Dr. med., Facharzt für klinische Geriatrie, 1956 Venia legendi an der Universität Wien, 1963 Ao. Univ.-Prof., Leiter des Ludwig Boltzmann Institutes für klinische Geriatrie; rund 300 wissenschaftliche Arbeiten, zuletzt „Musik und Medizin" 3 Bde.

PUNTSCHER-RIEKMANN, Sonja: geb. 1954, Literatur- und Politikwissenschaftlerin, Mitglied des Bundesvorstandes der Grünen Alternative. Publikationen zu Mozart, Gramsci und Pasolini, Stadtpolitik, Sozialpolitik, Feminismus und Politischer Theorie.

RAINER, Werner: geb. 1937, Studium von Violoncello/Viola da Gamba und der Musikwissenschaft, Orchestermusiker der „Camerata Academica", 1964-1972 Archivar der Salzburger Festspiele, seit 1973 Bibliotheksdirektor der Hochschule „Mozarteum", Aufsätze und Monographien zur Salzburger Musikgeschichte des 18. Jahrhunders, Editionen von Partituren.

REIBER, Joachim: geb. 1958, Studium der Germanistik, Geschichte und Musikwissenschaft in Tübingen, Dissertation über Opernlibretti in Wien (1983), 1989-1993 Bibliothekar im Archiv der Gesellschaft der Musikfreunde, seit 1994 redaktionelle Leitung der Veröffentlichungen der Gesellschaft der Musikfreunde. Publikationen zur Literatur- und Musikgeschichte des 18. bis zum 20. Jahrhundert.

ROSENSTRAUCH-KÖNIGSBERG, Edith: geb. 1921, Studium 1938 aufgrund rassistischer Diskriminierung unterbrochen, Emigration, Rückkehr 1946, Wiederaufnahme des Studiums, 1970 Promotion in Germanistik mit einer Arbeit über Aloys Blumauer, die seit ihrer Veröffentlichung als Standardwerk gilt. Veröffentlichungen zur Geschichte der Freimauerei und Illuminaten in Österreich, veröffentlicht unter dem Titel „Zirkel und Zentren. Aufsätze zur Aufklärung in Österreich am Ende des 18. Jahrhunderts", Wien 1992.

WALLNIG, Josef: geb. 1946, Studien an den Musikhochschulen Salzburg und Wien (Orchester- und Chorleitung, Klavier, Komposition), Dr.iur. der Univ. Wien, Prof.. für Operninterpretation an der Hochschule „Mozarteum", künstlerischer Direktor des MOSI (Mozart Opera Studies Institute, Californien), internationale Konzert- und Lehrtätigkeit (BRD, Italien, Bulgarien, USA, Rußland, Japan, Ägypten), einschlägige wissenschaftliche Veröffentlichungen.

WANGERMANN, Ernst: geb. 1925, 1962-1984 Dozent und außerordentlicher Professor für Geschichte der Neuzeit an der Universität Leeds; seit 1984 Professor für Österreichische Geschichte an der Universität Salzburg. Publikationen u.a.: Von Joseph II. zu den Jakobinerprozessen. - Wien 1966, The Austrian Achievement 1700-1800. -London 1973, Aufklärung und staatsbürgerliche Erziehung: Gottfried van Swieten als Reformator des österreichischen Unterrichtswesens 1781-1791. - Wien 1978.

Bildnachweis

Seiten 10, 120, 210, 268, 316 aus: Mozart und seine Welt in zeitgenössischen Bildern. Vorgelegt v. Otto Erich Deutsch, hrsg. v. Internationale Stiftung Mozarteum, Kassel, Basel, London, New York: Bärenreiter, 1961, © Internationale Stiftung Mozarteum, Mozart-Archiv.

Seite 34 aus „Journal des Luxus und der Moden", Derra de Moroda Archiv, Institut für Musikwissenschaft, Salzburg.

Seiten 102, 172, 246, 294 Kuenburg-Sammlung, MM-Verlag, Salzburg.

Seite 134 „Das Neue Königliche L'Hombre, ...", Hamburg, 1757.

Seite 226 Historisches Museum der Stadt Wien.

Seite 282 Fotoarchiv der Österr. Nationalbibliothek, Wien.